"十四五"职业教育国家规划教材

大数据财务分析

（第二版）

孙 义 牛 力 黄菊英 主编

董萍萍 何 猛 副主编

中国财经出版传媒集团

中国财政经济出版社

北京

图书在版编目（CIP）数据

大数据财务分析 / 孙义，牛力，黄菊英主编 .—2 版 . -- 北京 : 中国财政经济出版社，2023. 12（2025.5重印）

“十四五”职业教育国家规划教材

ISBN 978 - 7 - 5223 - 2016 - 8

Ⅰ. ①大… Ⅱ. ①孙… ②牛… ③黄… Ⅲ. ①财务管理－数据处理－职业教育－教材 Ⅳ. ①F275

中国国家版本馆 CIP 数据核字（2023）第 248906 号

责任编辑：温彦君　　责任印制：张　健

封面设计：卜建辰　　责任校对：胡永立

大数据财务分析

DASHUJU CAIWU FENXI

中国财政经济出版社 出版

URL：http：//www. cfeph. cn

E - mail：cfeph@ cfeph. cn

（版权所有　翻印必究）

社址：北京市海淀区阜成路甲 28 号　邮政编码：100142

营销中心电话：010 - 88191522

天猫网店：中国财政经济出版社旗舰店

网址：https：//zgczjjcbs. tmall. com

北京密兴印刷有限公司印刷　各地新华书店经销

成品尺寸：185mm × 260mm　16 开　24. 25 印张　590 000 字

2023 年 12 月第 2 版　2025 年 5 月北京第 2 次印刷

定价：59. 00 元

ISBN 978 - 7 - 5223 - 2016 - 8

（图书出现印装问题，本社负责调换，电话：010 - 88190548）

本社质量投诉电话：010 - 88190744

打击盗版举报热线：010 - 88191661　QQ：2242791300

序言

财务工作一直与经济发展相伴同行，经济越发展，财务越重要。随着信息技术的发展，财务工作已经经历了电算化、信息化，目前正在向自动化、数字化和智能化阶段演变。从上海国家会计学院主办的“影响中国会计从业人员的十大信息技术”评选结果来看，大数据对财务人员的影响越来越大。当前，我国企业的财务工作正在从“核算型”向“管理型”转变，业务驱动财务，财务衍生数据，数据服务管理，管理规范业务，在企业形成良性管理闭环的过程中，大数据技术的作用更加凸显。

《大数据财务分析》一书首开大数据财务分析课程体系建设之先河，由长期从事会计专业教学且具有信息技术专业技能的双师型教师撰写，在众多长期从事大数据财务咨询服务和财务管理实践的企业专家指导下，深入剖析了企业大数据财务分析的工作流程、岗位职责、技能要求，重新定位了企业财务分析人员的职能和管理决策需求，结合财经专业发展趋势和大数据技术在企业财务管理实践中的应用方法，对专技结合的财务类专业人才培养目标进行了前瞻性探索，为财务类专业教学改革与专业建设提供了新思路。

本书在大数据财务分析领域进行了有益探索，我们期待本书为财经类专业教学改革和企业财务转型发挥积极作用，作出更大贡献。

中国财经出版传媒集团董事长

劉志

编写说明

本教材是“十四五”职业教育国家规划教材，作为职业院校财经类教材使用。

习近平总书记在党的二十大报告中强调，增强文化自信，围绕举旗帜、聚民心、育新人、兴文化、展形象建设社会主义文化强国。本教材选用我国自主研发、具有知识产权先进的大数据技术平台，以大数据技术在企业财税岗位工作流程为依据，以企业财务分析应用技术变化为驱动，将大数据技术与企业财务分析理论有机融合，并以典型工作任务形式引入教学。教材以企业大数据财务分析岗位技能要求为标杆，遵循新技术驱动专业发展的核心思想，精心设计、组织教材内容，基础篇重点介绍数据加工基本原理和方法，应用篇介绍以大数据技术进行财务分析的思路、方法和数据可视化呈现。

课程标准

本教材依托大数据财务分析教学实训平台，按大数据处理流程将数据采集加工、分析与挖掘、数据可视化等最新技术和行业最新应用融入教材及实训中，为胜任大数据财务分析岗位最新技能要求提供有力支撑。全书由悦岚（上海）数据服务有限公司首席科学家牛力博士做技术指导，辽宁经济职业技术学院孙义编写导论和项目一，重庆城市管理职业学院黄菊英和北京财贸职业学院董萍萍编写项目二和项目三，辽宁经济职业技术学院李盼盼和田书源编写项目四、项目五和项目六，红塔辽宁烟草有限责任公司沈阳卷烟厂张晴编写项目七，华润置地（武汉）数据咨询服务有限公司沈阳分公司于微和盘锦职业技术学院刘银玲编写项目八，华润置地（武汉）数据咨询服务有限公司沈阳分公司于微和辽宁省交通高等专科学校何猛编写项目九，华润置地（武汉）数据咨询服务有限公司沈阳分公司于微和辽宁省交通高等专科学校徐姜编写项目十，苏州大学应用技术学院章政编写项目十一。

授课计划

授课教案

本教材配套了在线开放课程、操作视频、微课慕课、PPT 教学课件、实习实训操作等资源，教材中精选部分资源嵌入二维码链接，读者可以随时随地通过移动终端扫码学习，也可以在学银在线教学平台搜索“大数据财务分析”运用网上教学资源进行线上教学，有力支撑院校线上线下教学改革需求。本教材既可以作为中等职业学校、高等职业院校、应用型本科、成人高等院校财经类专业大数据财务分析教学教材，也可以用作在职人员的职业技能拓展及企业岗前培训教材。

大数据平台
账号申请

读者可按本教材导论中介绍的方法下载安装客户端，如需了解教材配套资源的相关信息，可以电子邮件的形式联系中国财政经济出版社，Email：caijingjiaocai@163.com。如需使用本教材配套大数据平台进行教学或练习，可以向技术支持单位免费申请账号，具体可以扫描右侧维码按流程进行操作。

编　者

2023 年 12 月

目　录

导　论
大数据财务分析概述

大数据财务
分析概述

一、财务分析概述

财务分析是以财务核算数据和报表信息及相关资料为基础，运用专门的技术和分析方法，对经济组织过往的筹资、投资、经营等经济活动的盈利、营运、偿债和增长等各方面能力进行分析与评价的管理活动。高质量的财务分析对企业经营活动中的预测决策、计划控制和考核评价等都有极其重要的作用。

传统的财务分析是指各类经济组织运用比较（趋势）分析法、比率分析法、因素分析法等成熟的分析方法和技术手段，总结以往经营成果，评估当下财务状况，预测未来经营趋势，为包括投资者、经营者、债权人、政府机关等利益相关者提供财务决策依据。财务分析主要是以各类经济组织的业务数据衍生的财务指标和财务报表，结合组织内部业务数据、外部经济环境等信息，运用科学的分析技术手段和方法，通过加工、整理、分析等处理过程生成针对性的财务分析结果。

比较分析法主要有纵向比较分析和横向比较分析两种方法。纵向比较分析法也叫趋势分析法或水平分析法，主要是指对该组织不同期间、相同业务的业务和财务数据进行比较，进而深入分析该组织的业务成果、财务状况和发展趋势。横向比较分析则是对相同期间和行业中多个组织的财务分析数据进行比较，确定该组织在该行业中的优势和劣势。

比率分析法是指以一个组织业务成果、财务状况的构成比率、效率比率、相关比率来分析该组织的业务和财务经营状况的方法，该方法可以用于不同规模、不同行业间的比较。

因素分析法是假设某单项因素变化而其他所有因素不变，计算其对总指标或特定指标的影响程度，并依次更换指定的单项因素，总结各单项因素对总指标或特定指标的影响程度，所以因素分析法亦称连环替代法。

《企业财务通则》中将财务分析指标界定为三类，以资产负债率、流动比率、速动比率为主的偿债能力指标；以应收账款周转率、存货周转率为主的营运能力指标；以资本金利润率、销售利润率或营业收入利税率、成本费用利润率为主的盈利能力指标。杜邦分析是企业常用的财务分析指标体系，鉴于传统杜邦分析体系存在“总资产”与“净利润”不匹配、未区分经营损益和金融损益、未区分有息负债和无息负债等诸多局限，故应基于改进的管理用财务报表重新设计财务分析体系，指标体系关系如图 0－1 所示。

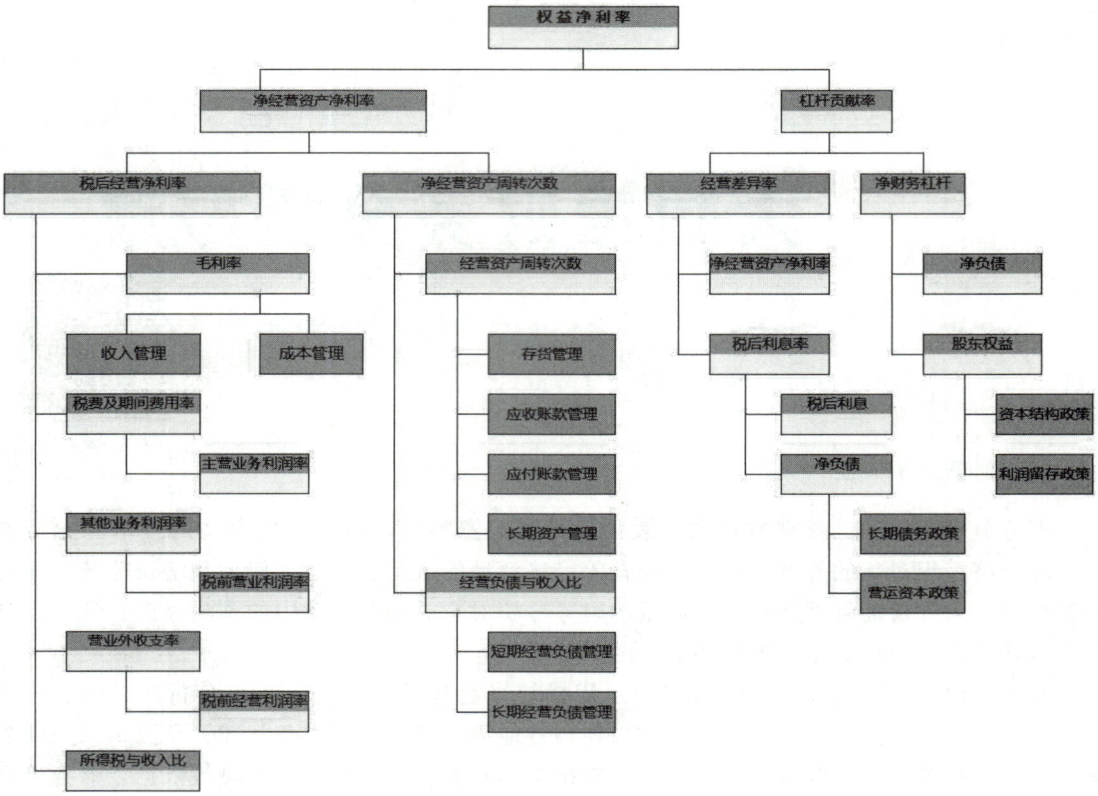

图 0－1　财务分析指标体系

二、财务分析的不足

（一）对财务分析的重视程度不够

经济组织财务分析结果的提供者和使用者对财务分析均没有引起足够重视。组织内的财务分析提供者通常是财务人员，他们往往认为财务分析是额外工作，对其重视程度不足；组织外的提供者对组织的熟悉程度又不够深入，多种因素导致财务分析质量不尽如人意，或者对使用者需求针对性不强；组织的决策者通常仅重视财务分析中对经营管理状况的描述，并未将其作为发展战略制订的决策依据，进而形成财务分析不受重视的恶性循环局面。

（二）财务分析依据的信息有缺陷

及时、准确的海量基础业务数据决定了财务分析的质量，但传统财务分析主要依据是按会计准则进行加工处理的财务数据而衍生的财务指标，没有结合政策、行业及业务数据、内部管理等重要信息，指标计算的技术手段和自动化程度均处于较低水平，不仅耗时而且容易失真，无法从根本上保证财务分析报告的时效性和准确性，难以满足高质量财务分析支撑企业战略决策的要求。

（三）财务分析的技术手段需要改进

传统财务分析主要依赖 Excel、WPS 等办公自动化软件，手段相对落后，难以支撑时效性强的高质量财务分析要求。以按会计准则要求生成的财务数据为基础，叠加财务核算人员的主观思维后产生的财务指标相对于业务数据不可避免地产生失真现象，而传统财务分析的技术手段又无法实现以企业经济业务数据为基础，按企业经营管理需求进行财务分析，大数据、人工智能等新技术手段将是未来财务分析的必备工具。

（四）财务分析的辅助决策效果欠缺

传统财务分析主要以财务人员按会计准则规范核算产生的财务数据和报表数据为主要分析对象，旨在通过对财务指标进行深入分析找出问题根源，并提出决策建议。由于财务数据源于业务数据，而传统财务分析没有将财务数据与业务数据建立关联，即有效的业财融合，所以无法找出问题产生的根源，也就无法从业务视角分析财务指标失衡的内在因素，最终导致辅助决策作用不明显。

三、财务分析的发展趋势

随着信息技术的发展及应用的深入，大数据、人工智能等新技术为财务分析的发展提供了必要的基础条件，财务分析在新技术的推动下，在分析依据、方法手段和作用等方面都呈现出新的发展趋势。

趋势一是业财一体化。以往财务核算是在经济活动发生后，以货币化度量的方式记录经济活动，有明显的滞后性。如上市公司的财务报表通常要到次年 4 月才开始公布，无法即时反映该企业当下的真实运营情况，但现实中业务和财务是同步发生的，而大数据技术可以通过实时财务报表从根本上解决财务分析滞后的问题，变静态分析为动态分析。这就要求我们在做财务分析前，要分析该企业的经济业务，如判断上市公司是否安全，更多关注的不是财务指标是否安全、经营状况是否安全，还要关注该企业的战略、行业、产品或服务是否符合行业发展趋势。企业真正的风险通常不是财务风险，而是其他风险导致的财务问题。

趋势二是财务分析大数据化。传统财务分析是以企业经济活动按现行会计准则进行加工处理产生的财务数据或财务报表数据为基础进行分析的。而在大数据时代，通过大数据技术和互联网，我们可以整合经济组织内外环境的大数据进行系统全面的财务分析，财务分析的数据不仅包括企业自有数据，还包括国内国际经济环境、行业政策以及同行的经济数据信息。财务分析数据的真实有效是确保财务分析结果真实有效的基础，包括行业数据的大数据从某种意义上可以验证企业数据的真实性，检验企业将业务数据加工成财务数据的过程中是否出现错误，揭露企业的舞弊造假行为。同时还可以将企业的财务分析结果进行横向对比，这样，财务分析才有可能对经济组织进行系统全面的分析，形成适合利益相关者需要的财务分析结果。

趋势三是财务分析智能化。实现智能化之后，各种指标、与同行业的差距、与竞争对手的差距等标准化的重复指标计算，都会交由智能化软件完成，财务人员只需有效解读各种数据分析的结果。比如，与竞争对手存在 5% 的差距，产生差距的原因在哪里、解决问题的有效途径是什么，等等。财务人员应想方设法提高企业内外部大数据的利用率，让大数据为企业风险防控和实施战略目标作出贡献。针对会计信息使用者的不同需求和财务分析智能化的优势，制订动态的、个性化的财务分析模型，提高会计信息的及时性，从而使管理决策更为有效。

在数字化时代，财务分析应该站在新时代的角度看发展，业务与财务一体化、大数据分析与智能化分析连在一起，财务分析才可能有广阔的发展前景。这有利于丰富会计的管理职能，有利于优化会计资源配置，但也对财会人员提出了更高的职业要求。

四、大数据技术与财务分析

大数据技术泛指大数据处理的应用技术，涵盖大数据处理平台和指数体系等大数据应用技术。随着经济社会和信息技术的发展，几乎各行各业均已进入大数据时代。党的二十大报告明确提出的“数字中国”战略有效地促进了我国国家治理体系和治理能力现代化水平的不断提高，数据的分析应用已经快速渗透到国民经济发展的各个领域，大数据技术为数字经济发展提供了强有力的支撑，有效地促进了经济社会的发展。大数据财务分析是大数据技术与财务分析的有机结合，是业财融合的具体表现，是企业防控风险和科学决策的基础，代表了财务分析的发展趋势，是大数据技术的典型应用之一。

传统财务分析以财务核算数据和报表信息及相关资料为主要分析对象（见图 0－2）；而大数据财务分析则增加了经济环境及政策数据、企业基础信息和涵盖企业全部经营活动的业务数据，分析数据既包括结构化数据和非结构化数据，又包括静态财务数据和动态业务数据，如图 0－3 所示。

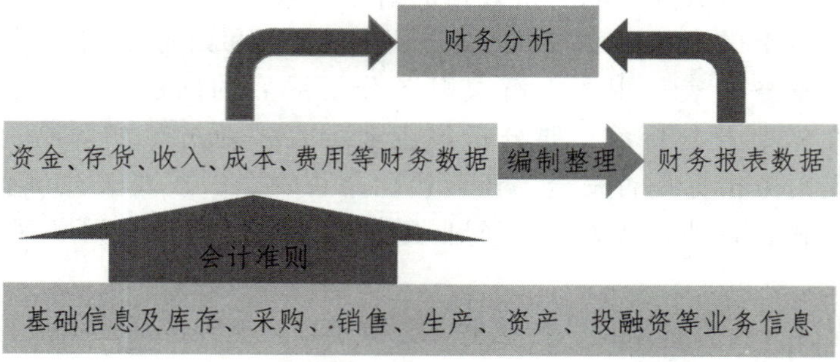

图 0－2　传统财务分析

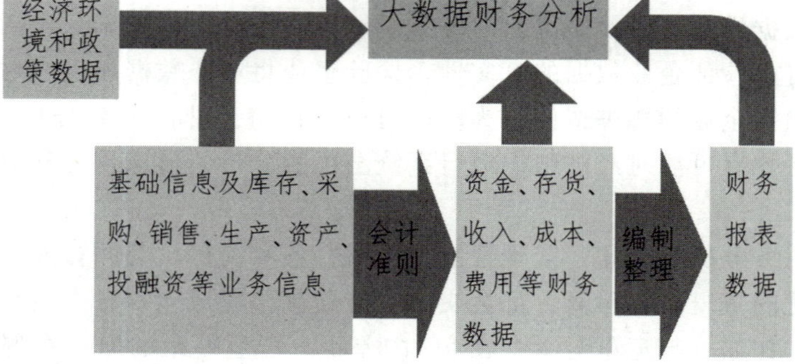

图 0－3　大数据财务分析

随着互联网、大数据、人工智能等信息技术的普及，大数据财务分析可以较低成本，更加快捷、准确、全面地获取企业经营相关内外部经济信息，不再局限于企业内部静态的财务报表及相关财务核算数据。大数据财务分析呈现出如下特征：

指标分析量越来越大。企业内部静态的财务指标是财务人员依据会计准则对基础经营数据加工而成的，加工过程中不可避免地会产生数据失真现象，分析依据的数据越基础、越全面，越会产生高质量的财务分析。传统财务分析的人工处理方式，根本不可能在短时间内准确地完成海量数据的处理工作，大数据财务分析通过信息技术和人工智能对扁平化的海量数据进行优化处理，分析指标数量也越来越多。

非财务指标比重越来越大。大数据财务分析将包括政策导向、市场变化、行业趋势等在内的外部指标，以及涵盖企业人才储备、产品研发、管理革新、市场反馈等在内的内部指标，这些内外部非财务指标和业务指标是有力支撑高质量财务分析的基础。在人工处理的方式下获取这些指标难度很大，而大数据、人工智能技术则提供了完美解决这一问题的有效方法，并且实现了对非量化指标的比较和分析，将非量化指标也变成财务分析的依据，这是传统财务分析根本无法想象的。

业务与财务交互趋势越来越明显。传统财务分析的依据主要是静态财务数据指标，是在整理业务数据的基础上产生的，但与业务数据的交互查询几乎无法实现。大数据财务分析运用信息技术通过建模的方式，将内外部数据与企业动态和静态业务数据融合处理，直接生成高质量的财务分析结果，建立指标与动态业务数据间的交互查询关系，这种充分体现时效性和交互性的高质量财务分析结果，是企业进行科学决策和风险控制的重要依据，也是财务分析的发展趋势。

智能化、精细化要求越来越高。大数据财务分析运用智能化的数据处理技术对海量的基础数据进行收集整理，并按照确定的逻辑进行对比、计算和分析，构建智能化的财务分析模型体系。财务分析人员把繁重的数据处理工作交给系统，充分利用人工智能技术的优势，根据不同财务分析结果，提供多视域、交互式的个性化财务分析报告。指导企业实践是财务分析的重要目的，对经济业务的指导性越强，对财务分析的精细化要求也越来越高。财务分析的精细化要求主要表现在两个方面：一是分析数据来源精细化，确保业务数据更准确具体，这是保证财务分析质量的基础；二是要求财务分析报告中指导意见的精细化，按业务领域、业务流程深入分析，有针对性提供指导意见。

五、财务大数据思维

（一）数据思维框架

数据思维框架（Data Awareness Framework，DAF）是在大数据时代，充分利用公司长期积累的数据来指导决策、管理、生产、经营活动的一整套体系，是以真实数据为基础并且贯穿全过程，包括决策思维、人才思维、数据价值链思维、工具思维四个方面。

决策思维是通过对客观业务数据进行加工、分析、挖掘及可视化呈现为基础进行决策的思维，以数据提示企业运营的状态及规律，解决企业经营中的痛点难点问题，提升企业的管理模式。数据对管理模式提升有局部分析、整体分析和预测分析三个层次，如图 0－4 所示。

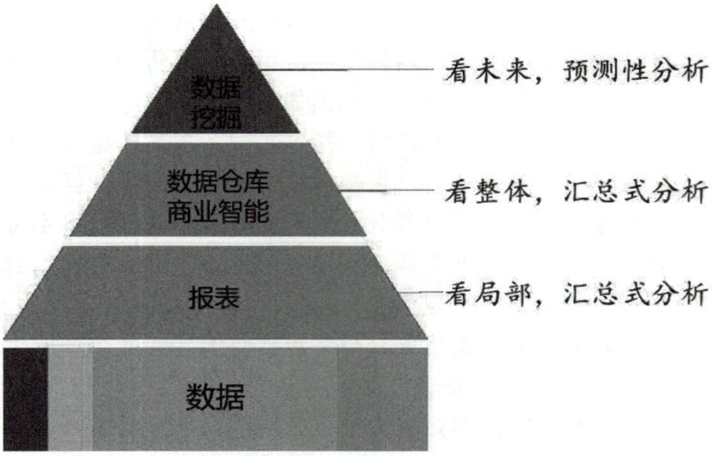

图 0－4　数据对管理模式的提升

报表是从不同业务视角展示的局部数据，数据仓库商业智能汇集不同业务来源的整体数据，数据挖掘则是对现有数据进行前瞻性的预测分析。

人才思维是指企业按战略发展目标需求，根据工作内容和性质而确定的业务型、应用型和技术型三种类型的数据人才。三类人才的主要知识结构和技能结构包括大数据思维、大数据工具、IT 通识、专业知识、沟通能力等。业务型数据人才熟悉各种经济业务流程，具有丰富的业务实践经验，能针对不同业务场景提出业务需求；应用型数据人才是业务型和技术型数据人才沟通的纽带，具有将业务需求准确地转换为技术需求的能力，并能将大数据技术处理的数据成果转换为具有实践指导作用的分析结果，指导业务实践；技术型数据人才具有根据技术需求准确实现特定功能和技术目标的数据成果能力。

数据价值链思维是指根据决策数据分析结果确定具体业务发展目标的思维，主要包括提出业务需求、框定业务数据、开发数据流程、解决业务问题。

工具思维是指技术型数据人才准确选择实现技术目标的大数据工具思维。大数据工具很多，不同的工具适用人员、场景和应用成本并不相同，故实际工作中需根据人才技术能力、业务应用场景和平台使用资金成本确定大数据工具。

（二）业财融合的数据分析思维

财务数据来源于业务数据，财务数据按既定规则可以衍生指标数据，支持企业经营决策。业务数据、财务数据和决策数据有密切的逻辑关系，业财融合的数据分析思维是进行大数据财务分析必备的数据分析思维，主要包括对比思维、细分思维、转化思维和分类思维四种类型。

对比思维主要有横向和纵向两个角度。纵向对比通常是在时间维度上进行对比，即趋势分析；横向对比是与有竞争关系的同类进行对比，即截面分析。

细分思维是把一个大的财务指标分解成由更多细小的量化指标构成关系，从而更全面、准确地描述指标的构成元素。图 0－5 详细描述了企业收入数据的细分过程。

转化思维是指业务步骤间存在的转化关系会导致指标间的转化关系。图 0－6 详细描述了不同业务流程间交易的转化关系。

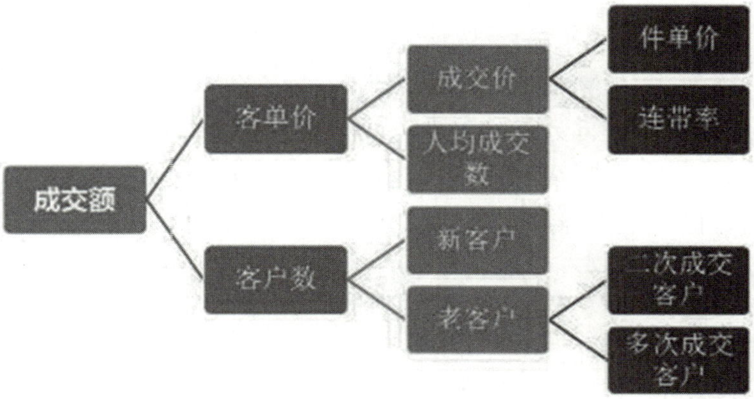

图 0－5 企业收入数据的细分

图 0－6 不同业务流程间交易转化关系

分类思维就是把对象按确定的规则划分为若干类别，并分析类别特征指导实践。

六、大数据全链路处理工作流程

大数据处理流程主要有数据采集、存储、加工分析和可视化等重要过程，确定大数据处理工作流程的方法很多，不同的技术和平台的大数据处理工作流程也不尽相同，这里根据大数据财务分析的数据处理特点，确定由数据源、数据汇集、数据湖、数据加工、分析挖掘和数据可视化组成的大数据全链路处理工作流程，具体如图 0－7 所示。

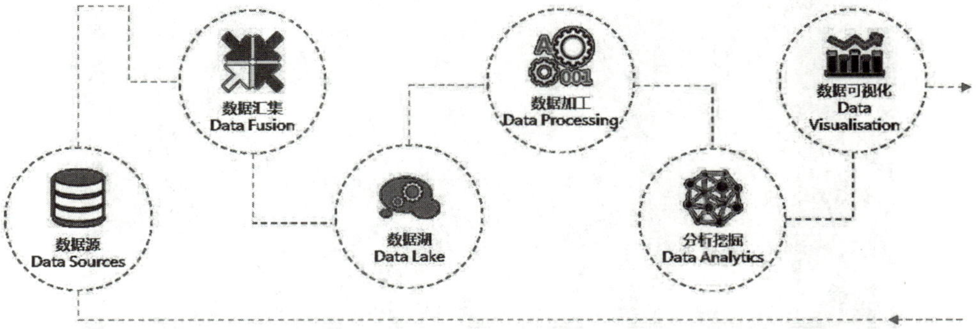

图 0－7 大数据全链路处理工作流程

数据源是指数据库应用程序所使用的数据库或者数据库服务器，是提供某种所需要数据的器件或原始媒体。数据源是大数据生态系统的基础，主要有来源、结构、可变性、数据量四个属性。根据数据来源不同，可以分为内部数据和外部数据；根据数据结构不同，可以分为结构化数据和非结构化数据；根据数据的可变性，可以分为可添加修改数据和不可添加修改数据。数据源可以源自企业内部的业务系统和管理系统，如 OA、ERP、HR、CRM 等系统；也可以源自企业外部的数据平台和互联网，如经济发展数据，区域、行业、产品等相关数据。

数据汇集是将数据源中杂乱无章的各种内外部数据进行整理，汇集到数据湖中，为后期的数据加工、分析挖掘和数据可视化提供支撑。数据湖中包含以原始格式存储的完成某项具体大数据财务分析项目所需的全部数据，数据可以是结构化数据和非结构化数据。

数据加工是将大量相关、抽象的大数据转换为对特定分析目标有价值、有意义的信息，转换过程包含对数据的收集、存储、加工、分类、归并、计算、排序、转换、检索和传播的加工整理过程。

分析挖掘是通过对数据的分析，挖掘出有价值的信息，常用的方法主要有分类、回归分析、聚类、关联规则、特征、变化和偏差分析、Web 挖掘等。

数据可视化是将相对晦涩的数据通过可视和交互的方式进行展示，以达到形象、直观地表达数据的内涵和规律，它借助于图形展示事物的原理、规律和逻辑，数据可视化由坐标、大小、色彩、标签、关联等视觉要素组成。

七、大数据技术客户端安装与配置

本教材实训平台选用 DEEP 大数据财务分析教学实训平台，该平台目前只支持 Windows 操作系统。DEEP 大数据分析系统采用 C/S 系统架构，可以云服务器或局域网服务器的方式进行实训环境的构建。

（1）打开 IE 浏览器输入网址 http：//cdn. shuliecloud. com/deep/deep_setup. exe，下载 DEEP 大数据财务分析客户端安装程序。

（2）双击下载的安装包，进入安装向导，点击“下一步”按钮，进入安装环境检测，具体如图 0－8 所示。

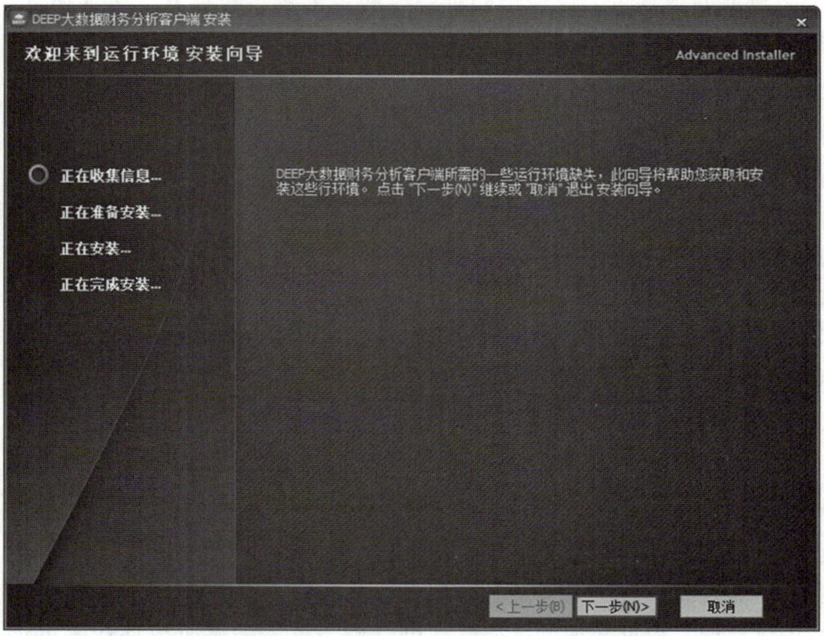

图 0－8

如出现图 0－9 所示的界面，则表明“这台计算机中已经安装了 Microsoft. NET Framework 4. 5. 2 或版本更高的更新”，选择关闭即可。

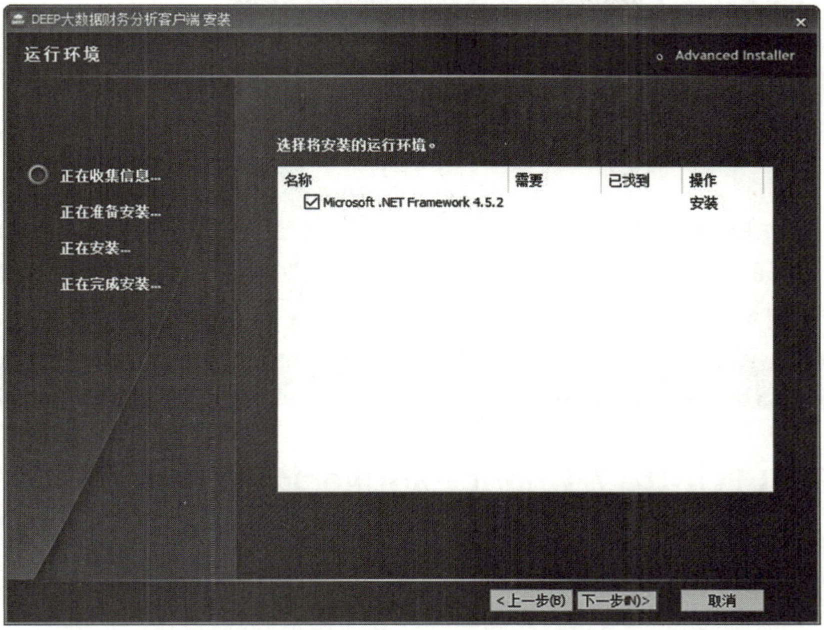

图 0－9

（3）点击“安装”按钮，开始安装 DEEP 大数据财务分析教学实训平台，如图 0－10 所示。

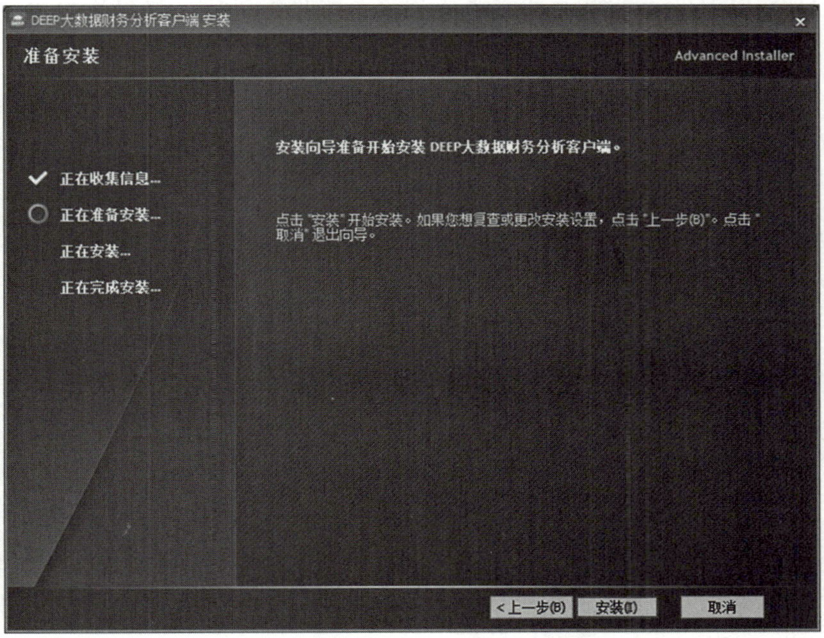

图 0－10

（4）安装完成后，双击图标打开 DEEP 大数据财务分析教学实训平台客户端，如图 0－11 所示。

图 0－11

（5）输入 DEEP 大数据财务分析教学实训平台服务统一资源定位符 URL 地址：http：//finance. shuliecloud. com：8899（该地址须与 DEEP 大数据平台技术服务人员或机房管理员联系确定），如图 0－12 所示。

图 0－12

（6）输入 DEEP 大数据财务分析教学实训平台账号密码后（账号通常为手机号，密码默认为 12345678）成功进入 DEEP 大数据财务分析教学实训平台，如图 0－13 所示。

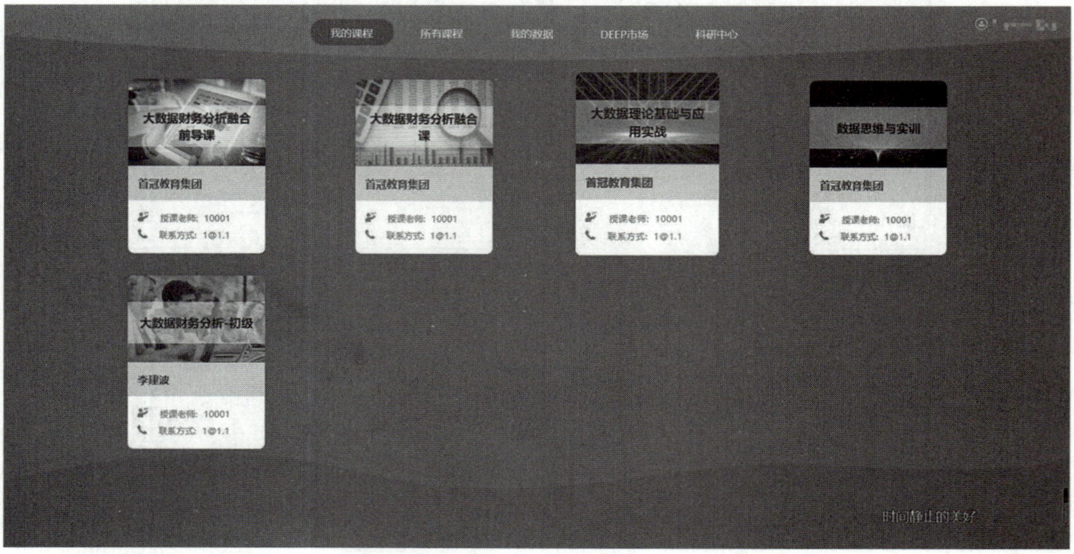

图 0－13

基础篇

项目一　数据加工
项目二　数据分析挖掘
项目三　数据可视化

项目一
数据加工

【能力目标】

- □ 掌握文本函数进行数据加工的方法
- □ 掌握数值函数进行数据加工的方法
- □ 掌握日期函数进行数据加工的方法
- □ 掌握集合函数进行数据加工的方法
- □ 掌握逻辑函数进行数据加工的方法
- □ 掌握量化加工函数进行数据加工的方法

【知识准备】

对文本类型的数据进行加工，通常包括单文本数据加工、多文本数据加工、文本地址加工、文本特征获取和文本数据类型转换。单文本函数的处理对象是一个文本字符串，输出结果也是一个文本字符串；多文本函数处理的对象是一组存在一定逻辑关系的文本字符串，输出结果也是一组文本字符串；文本地址加工函数可以从文本字符串中获取不同级别的地址信息；文本特征获取函数就是获取文本字符串的特征值；文本数据类型转换函数可以实现文本数据和其他类型数据的转换（见表 1－1 至表 1－5）。

表 1－1　单文本函数

函数名称	输入参数	输出参数	功能	备注
Left	1. 被截取的源字符串 2. 截取的长度	字符串：NVARCHAR	从一个字符串的左边截取特定长度的字串	字符串后面的空格不计入长度但是前面和中间的都计入长度
LeftTrim	字符串：NVARCHAR	字符串：NVARCHAR	去掉一个字符串左边的空格	
Lower	字符串：NVARCHAR	字符串：NVARCHAR	把一个字符串转换成小写串	

续表

函数名称	输入参数	输出参数	功能	备注
Replace	字符串：NVARCHAR	字符串：NVARCHAR	在一个字符串中寻找一个子串，并全部替换为另外一个字串	
Replicate	字符串：NVARCHAR	字符串：NVARCHAR	重复一个字符串指定次数	
Reverse	字符串：NVARCHAR	字符串：NVARCHAR	把一个字符串倒序后返回	
Right	1. 被截取的源字符串； 2. 截取的长度	字符串：NVARCHAR	从一个字符串的右边截取特定长度的字串	
RightTrim	字符串：NVARCHAR	字符串：NVARCHAR	去掉一个字符串右边的空格	
Substring	1. 字符串：NVARCHAR； 2. 整数：Int； 3. 整数：Int	字符串：NVARCHAR	从一个字符串中截取特定长度的子串	
TermExtract	字符串：NVARCHAR	字符串：NVARCHAR	从输入字符串的左边开始搜索，提取出和RegExpression匹配的第TermIndex个字串。如果没有，则返回空	
Trim	字符串：NVARCHAR	字符串：NVARCHAR	去掉一个字符串左边和右边的空格	
Upper	字符串：NVARCHAR	字符串：NVARCHAR	把一个字符串转换成大写串	

表 1-2　　多文本函数

函数名称	输入参数	输出参数	功能	备注
ArraySplit	1. 需要分隔的字符串：NVARCHAR； 2. 用来分隔的字符串：NVARCHAR	字符串数组：Array	把一个字符串按照指定字符串分隔成数组	当分割方式选择“按正则表达式”时分割方式为匹配并提取
ArrayTerm Extract	1. 需要提取的原始字符串：NVARCHAR； 2. 用来匹配的字符串：NVARCHAR	字符串数组：Array	从输入字符串左侧开始搜索，提取出和正则表达式匹配的所有字符串组成的数组。如果没有匹配，则返回空	

续表

函数名称	输入参数	输出参数	功能	备注
Concatenate	任意个字符串：NVARCHAR	字符串：NVARCHAR	把多个字符串按次序连接成一个字符串	
Similarity	1. 源字符串：NVARCHAR； 2. 源字符串：NVARCHAR	浮点数：Double	计算两个字符串的相似度	算法（0：basic，1：soundex）

表 1－3　　文本地址加工函数

函数名称	输入参数	输出参数	功能
City	字符串：NVARCHAR	字符串：NVARCHAR	从字符串中获取城市名称
Country	字符串：NVARCHAR	字符串：NVARCHAR	从字符串中获取国家名称
District	字符串：NVARCHAR	字符串：NVARCHAR	获取地址中的区县级名称
Province	字符串：NVARCHAR	字符串：NVARCHAR	获取地址中的省份名称
Street	字符串：NVARCHAR	字符串：NVARCHAR	获取地址中的街道名称

表 1－4　　文本特征获取函数

函数名称	输入参数	输出参数	功能
Length	字符串：NVARCHAR	整数：Int	返回一个字符串的长度
PatternIndex	1. 字符串：NVARCHAR； 2. 字符串：NVARCHAR	整数：Int	搜索一个字符串，返回另一个字符串（可以是正则表达式）在其中第 1 次出现的位置。如果没有出现返回 －1

表 1－5　　文本数据类型转换函数

函数名称	中文名称	输入参数	输出参数	功能
BinaryToString	二进制转字符串	varbinary	字符串：NVARCHAR	把二进制转换为字符串
CsnToString	CSN 转字符串	CSN	字符串：NVARCHAR	把一个 CSN 序列转换成字符串
NumericToString	数值转字符串	浮点数：Double	字符串：NVARCHAR	把一个数值数据转换为字符串
Char		整数：Int	字符	把一个 ASCII 整型数值转换为一个对应的字符
StringToNumeric	字符串转数值	字符串：NVARCHAR	浮点数：Double	把一个字符串转换为数值
AscII		字符	整数	返回一个字符的 ASCII 数值
Unicode		字符串：NVARCHAR	整数：Int	返回一个字符的 Unicode 数值

对数值类型数据的加工，通常包括数值函数、四则计算、指数对数和三角函数。详细函数功能见表 1－6。

表 1－6　　数值函数

函数名称	中文名称	输入参数	输出参数	功能
Constant	常量	无	用户指定	定义一个常量，可以是不同类型
Pi	圆周率	无	浮点数：Double	返回 PI 的常量值
Random	随机数	无	浮点数：Double	返回 0 到 1 之间的一个随机数
Calculation	四则运算	1. 浮点数：Double； 2. 浮点数：Double	Decimal	对两个数值进行四则运算
Abs	绝对值	浮点数：Double	浮点数：Double	求绝对值
Ceiling	向上取整	浮点数：Double	整数：Int	
Floor	向下取整	浮点数：Double	整数：Int	
Mod	取模	1. 整数：Int； 2. 整数：Int	整数：Int	对一个整数取模
NumericCast	精度转换	1. 浮点数：Double； 2. 整数：Int	用户选定：BIGINT、DECIMAL、DOUBLE、FLOAT、INT、REAL、SMALLINT、TINYINT、BIT	
Round	舍入	1. 浮点数：Double； 2. 整数：Int	浮点数：Double	返回一个舍入到指定长度的数值
Sign	符号函数	浮点数：Double	整数：Int	返回指定表达式的正号（+1）、零（0）或负号（－1）
Acos	反余弦	浮点数：Double	浮点数：Double	返回其余弦是所指定的 float 表达式的弧度
Asin	反正弦	浮点数：Double	浮点数：Double	返回其正弦是所指定的 float 表达式的弧度
Atan	反正切函数	浮点数：Double	浮点数：Double	
Cos	余弦	浮点数：Double	浮点数：Double	
Cot	余切	浮点数：Double	浮点数：Double	
Radians	角度转弧度	浮点数：Double	浮点数：Double	对于在数值表达式中输入的度数值返回弧度值
Sin	正弦	浮点数：Double	浮点数：Double	
Tan	正切	浮点数：Double	浮点数：Double	

对日期型数据进行加工处理，我们通常会用日期型函数进行包括日期格式的变换，日期的计算，日期转字符串，Unix 时间戳与日期的相互转换，获取日期中年、月、日信息等操作，主要函数及功能见表 1－7。

表 1－7　　日期型函数功能表

函数名称	中文名称	输入参数	输出参数	功能
DateDiff	日期时间差	1. 开始日期 datetime； 2. 结束日期 datetime； 3. 日期差单位	整数：Int	计算两个日期之间的差
DateFormat	日期时间格式化	1. 日期值； 2. 日期值的格式	字符串：NVARCHAR	把一个日期值格式化为 DataShire 系统内部统一格式
DateInc	日期增减	1. 要做增减运算的日期； 2. 增减量； 3. 增减单位（年/月/日/小时/分钟/秒/毫秒）	日期时间：datetime	
DatePart		1. 原始日期； 2. 提取日期的某部分	整数：Int	提取日期时间的某部分转换为整型数值
DatetimeToString	日期时间转字符串	原始日期 datetime	字符串：NVARCHAR	把一个 YYYY-MM-DD hh：mm：ss［.nnn］日期时间转换为字符串
DateToString	日期转字符串	原始日期 date	字符串：NVARCHAR	
DateToUnixtime	时间戳	原始日期 datetime	整数：BigInt	把一个标准的系统日期转换为 Unix 时间戳数字
FormatDate	日期格式化	字符串：NVARCHAR	日期时间 datetime	把一个日期值格式化为系统内部统一格式
StringToDatetime	字符串转日期时间	要转换的日期	日期时间 datetime	把一个 YYYY-MM-DD hh：mm：ss［.nnn］字符串转换为日期时间
SystemDatetime	系统当前日期时间	无	日期时间 datetime	返回一个 YYYY-MM-DD hh：mm：ss［.nnn］类型的系统当前日期和时间
UnixtimeToDate	时间戳转日期	long	日期时间 datetime	把一个 Unix 时间戳数字转换为标准的系统日期

项目 1－1　加工函数

任务 1－1－1　文本数据加工

文本数据加工

【任务情境】

本任务以上海地区的天气为例，任务要求将气压文本值转换成数值、获取气象站位置信息中的区、计算城市 id 的长度，最后将一系列天气指标整合成一条数据。

【数据准备】

本任务所使用的源数据上海天气数据表存储在“大数据财务分析”课程的【课程数据库】中，数据表的字段说明见表 1－8。

表 1－8　　天气数据表字段说明

字段名	字段说明
air_pressure	气压
cityid	城市 id
humidity	湿度
station	气象站
temp	温度
wind_direction	风向
wind_power	风力

数据预览如表 1－9 所示。

表 1－9　　数据预览

表数据预览：shanghai_weather

temp	station	humidity	wind_direction	cityid	wind_power	air_pressure
23.7	上海市闵行区	75%	东北风	101020200	小于3级	1005.7hPa
22.3	上海市宝山区	82%	东南风	101020300	小于3级	1006.4hPa
24.2	上海市嘉定区	78%	东风	101020500	小于3级	1005.8hPa
20.4	中国上海市南汇区	93%	东南风	101020600	小于3级	1006.6hPa
19.8	上海市金山区	91%	东风	101020700	小于3级	1005.5hPa
23.9	上海市青浦区	83%	东风	101020800	小于3级	1005.9hPa
24.4	上海市松江区	73%	东风	101020900	小于3级	1005.5hPa
21.1	上海市奉贤区	93%	东风	101021000	4级	1006hPa
21.6	上海市崇明县	89%	南风	101021100	5级	1006.6hPa
23.5	上海市徐汇区	80%	东北风	101021200	小于3级	1006.4hPa
21.5	中国上海市浦东新区	87%	东风	101021300	4级	1007.1hPa

【技术准备】

- Replace、District、Length、StringToNumeric 等函数的使用方法；
- 数据预览、运行调试技能。

【任务实施】

第 1 步：创建【数据工作流】。

登录系统后，选择“大数据财务分析”课程，选择“项目 1－1 加工函数”下的“文本数据加工”实验，点击“进入实验”按钮并选择“自己做练习”后，启动实验，在项目面板中右键点击免费数猎场创建“数据加工”项目后，再右键点击“数据加工”项目创建“文本函数”数据工作流，双击打开文本函数数据工作流，如图 1－1至图 1－3 所示。

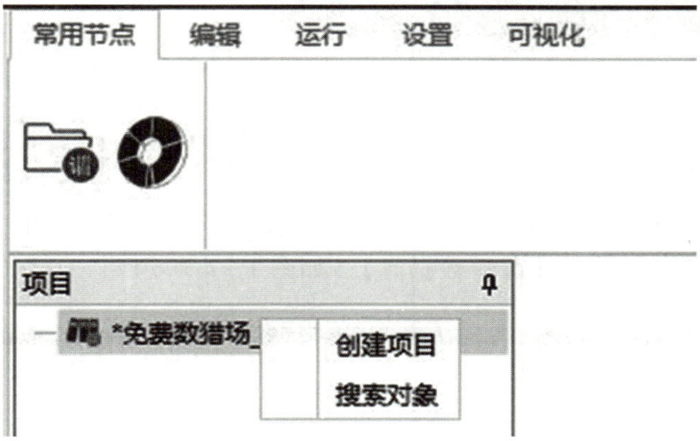

图 1－1

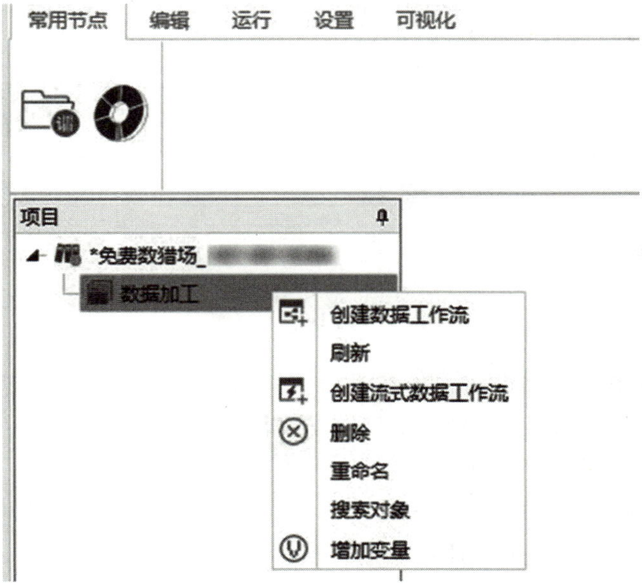

图 1－2

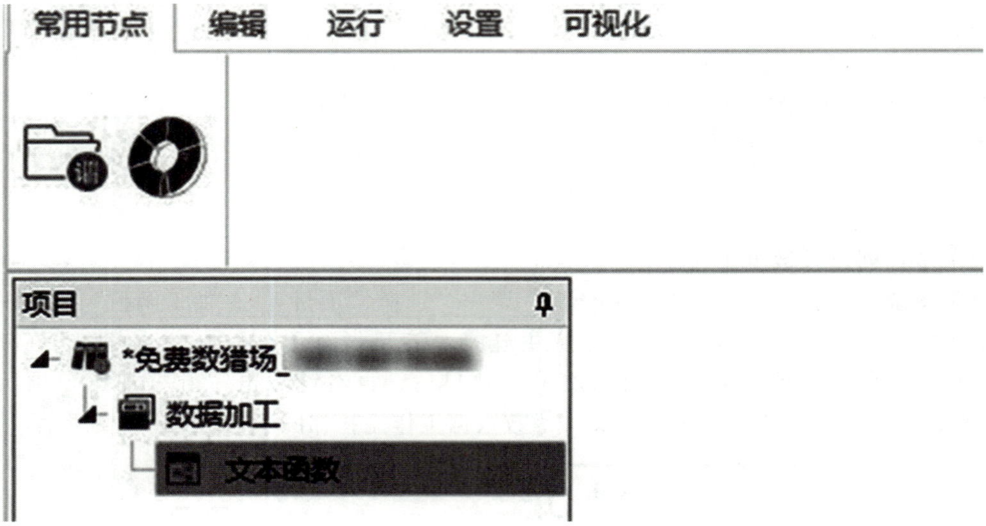

图 1-3

第 2 步：创建【课程数据库】。

我们从【工作流节点】面板的数据源分组找到“课程数据库”组件，使用鼠标左键将其拖到数据工作流工作区创建【课程数据库】，如图 1-4 所示。

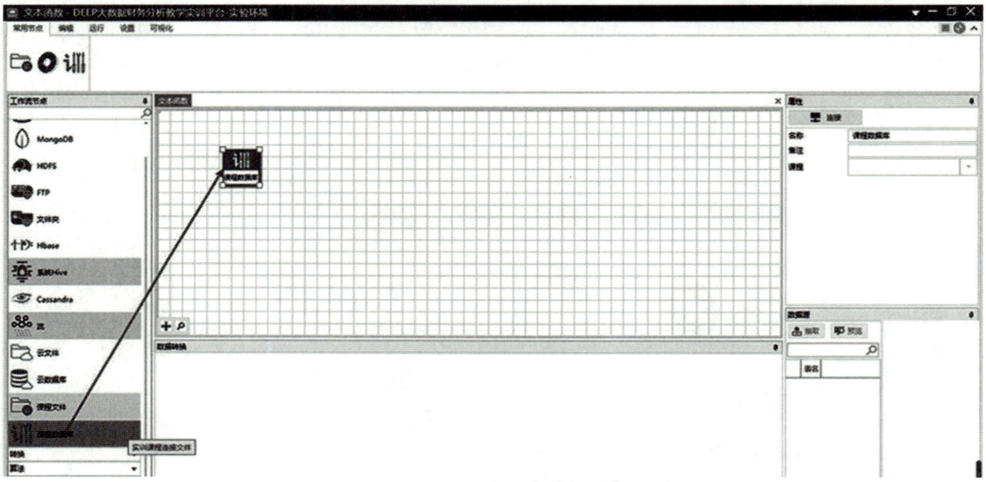

图 1-4

选择课程为：大数据财务分析，然后点击【连接】按钮，完成数据库的连接，可以在【数据源】面板看到数据库中的列表，如图 1-5 所示。

第 3 步：创建【上海天气数据】。

在【数据源】面板中将销售表“shanghai_weather”拖到工作流设计区或选中该表点击【抽取】按钮也可以完成相同的操作，结果如表 1-10 所示。

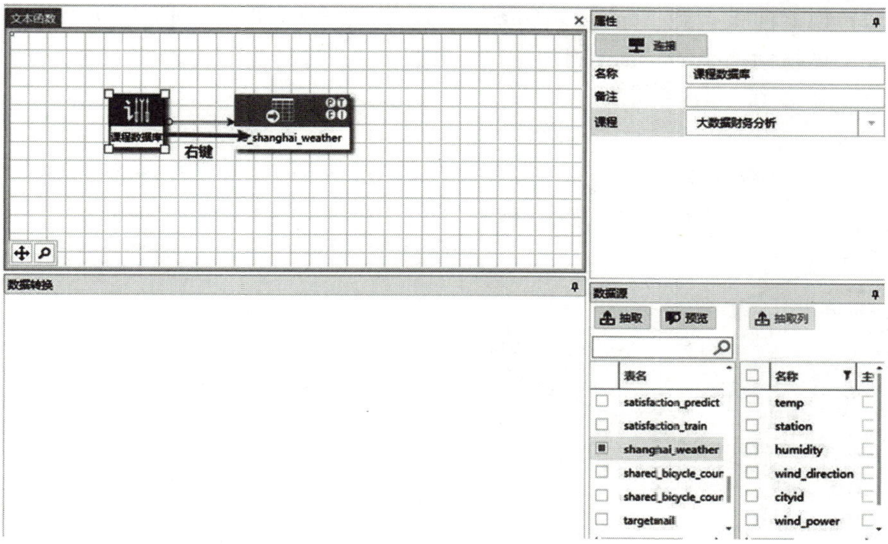

图 1－5

表 1－10　　　　　　　　　　　　【上海天气数据】节点属性

属性名	值
引用源	shanghai_weather
分片控制列	cityid
分片数目	1

第 4 步：创建【数据加工】。

拖一个【转换】工作流节点到设计区，重命名为数据加工，右键连入上游的上海天气数据节点，如图 1－6 所示。

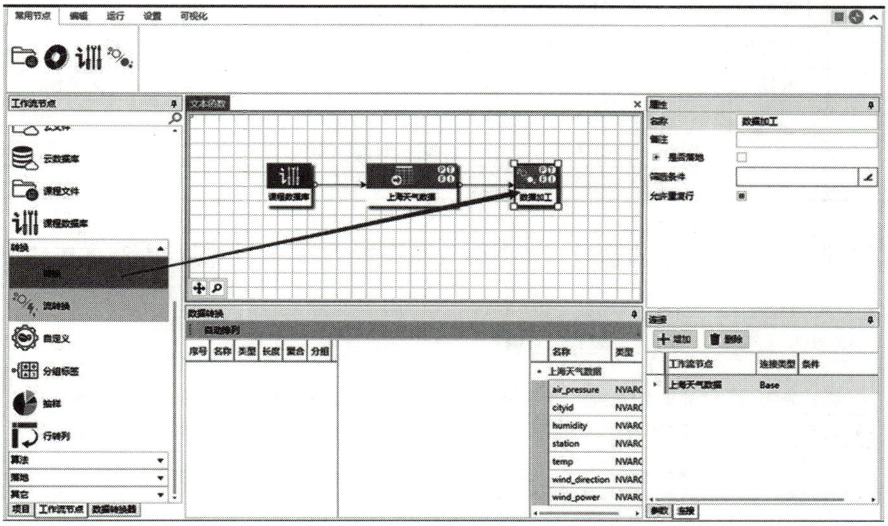

图 1－6

在数据转换器面板找到 Replace、District、Length、StringToNumeric 四个数据转换器分别拖到加工区，再拖动两个 constant 到加工区，按图 1－7 进行连线设置。

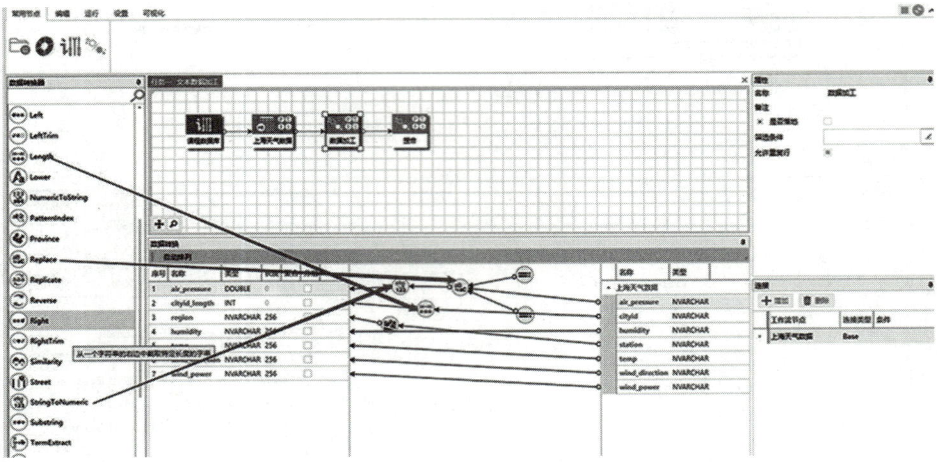

图 1－7

数据加工过程说明：

- 通过 Replace 转换器将字符串类型的 air_pressure 中的气压单位“hPa”替换成空字符串，然后通过 StringtoNumeric 转换成数值型的数据。
- 通过 Length 转换器计算出 cityid 的长度，可以判断该字段是否是正常长度 9。
- 通过 District 转换器，提取出 station 中的区。

【数据转换器】参数如表 1－11 所示。

表 1－11　　【数据转换器】参数

<table>
<tr><th>名称</th><th colspan="4">参数</th></tr>
<tr><td>Constant</td><td colspan="4">【常量数据类型】：NVARCHAR，【值】：“hPa”</td></tr>
<tr><td>Constant_2</td><td colspan="4">【常量数据类型】：NVARCHAR，【值】：“”</td></tr>
<tr><td rowspan="4">Replace</td><td>编号</td><td>类型</td><td>备注</td><td>变换输入</td></tr>
<tr><td>0</td><td>NVARCHAR</td><td>在此字符串中搜索</td><td>air_ pressure</td></tr>
<tr><td>1</td><td>NVARCHAR</td><td>替换成此字符串</td><td>Transformation：Constant_2</td></tr>
<tr><td>2</td><td>NVARCHAR</td><td>匹配模式</td><td>Transformation：Constant</td></tr>
</table>

选中【数据加工】节点，点击设置查看器按钮设置查看器，然后点击调试按钮，如图 1－8 所示。

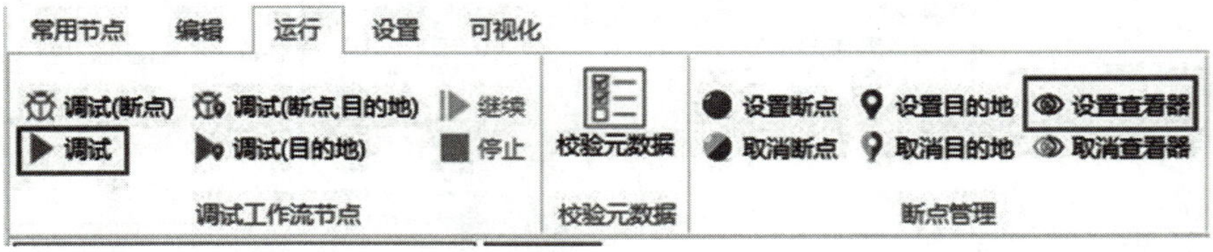

图 1－8

运行结果如图 1－9 所示。

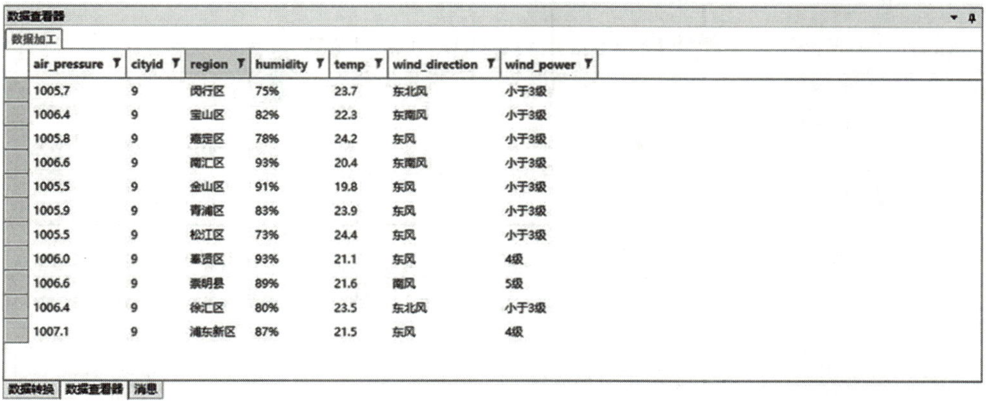
数据查看器

数据加工

air_pressure	cityid	region	humidity	temp	wind_direction	wind_power
1005.7	9	闵行区	75%	23.7	东北风	小于3级
1006.4	9	宝山区	82%	22.3	东南风	小于3级
1005.8	9	嘉定区	78%	24.2	东风	小于3级
1006.6	9	南汇区	93%	20.4	东南风	小于3级
1005.5	9	金山区	91%	19.8	东风	小于3级
1005.9	9	青浦区	83%	23.9	东风	小于3级
1005.5	9	松江区	73%	24.4	东风	小于3级
1006.0	9	奉贤区	93%	21.1	东风	4级
1006.6	9	崇明县	89%	21.6	南风	5级
1006.4	9	徐汇区	80%	23.5	东北风	小于3级
1007.1	9	浦东新区	87%	21.5	东风	4级

数据转换 数据查看器 消息

图 1－9

第 5 步：创建【整合】节点。

在数据转换器面板找到 Concatenate 数据转换器拖到加工区，再拖动 4 个 constant 到加工区，分别在参数面板改名为 region、temp、wind_direction、wind_power，按图 1－10 进行连线设置。

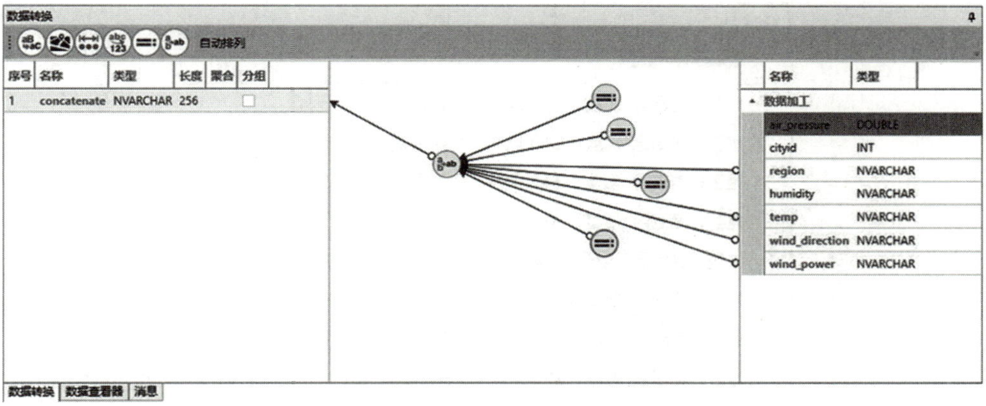

图 1－10

数据加工过程说明：通过 Concatenate 转换器，将地区（region）、温度（temp）、风向（wind_direction）、风力（wind_power），整合成一条数据。

【数据转换器】参数如表 1－12 所示。

表 1－12　　【数据转换器】参数表

转换器	参数
Constant（region）	【常量数据类型】：NVARCHAR，【值】：'地区：'
Constant（temp）	【常量数据类型】：NVARCHAR，【值】：'温度：'
Constant（wind_direction）	【常量数据类型】：NVARCHAR，【值】：'风向：'

续表

转换器	参数	
Constant（wind_power）	【常量数据类型】：NVARCHAR，【值】：'风力：'	
Concatenate	0	Transformation：region
	1	Column：region
	2	Transformation：temp
	3	Column：temp
	4	Transformation：wind_direction
	5	Column：wind_direction
	6	Transformation：wind_power
	7	Column：wind_power

选中【整合】节点，点击设置查看器按钮设置查看器，然后再点击调试按钮，运行结果如图 1－11 所示。

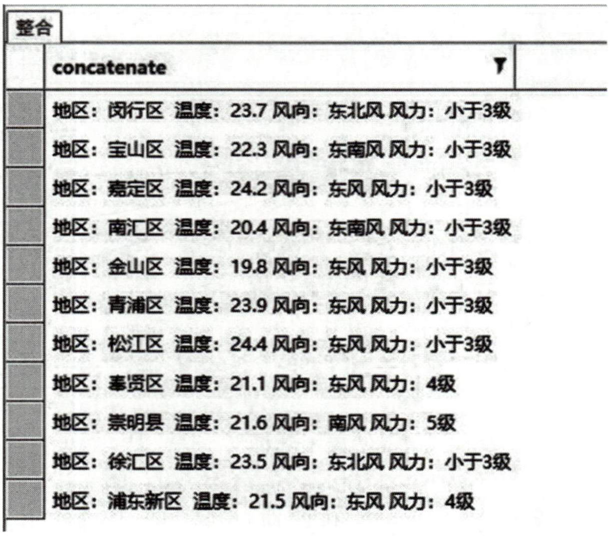

图 1－11

任务 1－1－2 数值函数加工

数值函数加工

【任务情境】

本任务以木料数据表为基础，任务要求根据基础数据计算出每一根木料的半径和面积。

【数据准备】

本次任务要处理的数据存放在“大数据财务分析”课程的【课程数据库】中木料数据表中（wood_radius），源数据表字段说明如表 1－13 所示。

表 1－13　　字段说明

字段名	字段说明
angle	加工角度
id	id 列
length	长度（单位：米）
r	半径（单位：米）

数据预览如图 1－12 所示。

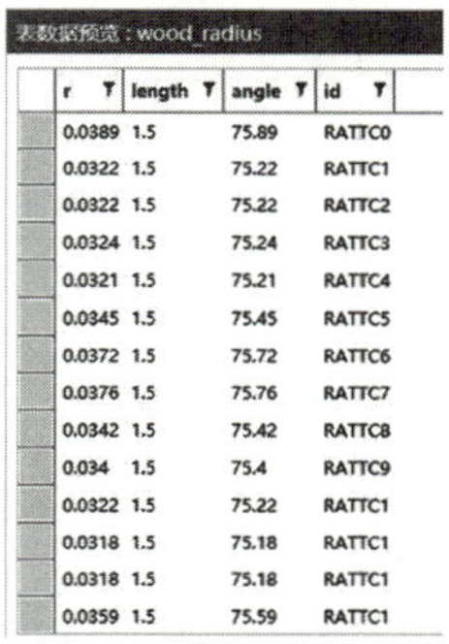
表数据预览：wood_radius

r	length	angle	id
0.0389	1.5	75.89	RATTC0
0.0322	1.5	75.22	RATTC1
0.0322	1.5	75.22	RATTC2
0.0324	1.5	75.24	RATTC3
0.0321	1.5	75.21	RATTC4
0.0345	1.5	75.45	RATTC5
0.0372	1.5	75.72	RATTC6
0.0376	1.5	75.76	RATTC7
0.0342	1.5	75.42	RATTC8
0.034	1.5	75.4	RATTC9
0.0322	1.5	75.22	RATTC1
0.0318	1.5	75.18	RATTC1
0.0318	1.5	75.18	RATTC1
0.0359	1.5	75.59	RATTC1

图 1－12　数据预览

【技术准备】

- Radians、Constant、Round、Square、Pi、Calculation 等函数的使用方法。
- 数据预览、运行调试技能。

【任务实施】

第 1 步：创建【数据工作流】。

登录系统后，参照前述任务的操作步骤创建并打开“数值函数”数据工作流，如图 1－13 所示。

第 2 步：创建【课程数据库】。

我们从【工作流节点】面板的数据源分组找到“课程数据库”组件，使用鼠标左键将其拖到数据工作流工作区创建【课程数据库】，如图 1－14 所示。

选择课程为：大数据财务分析，然后点击【连接】按钮，完成数据库的连接，可以在【数据源】面板看到数据库中的列表（见表 1－14）。

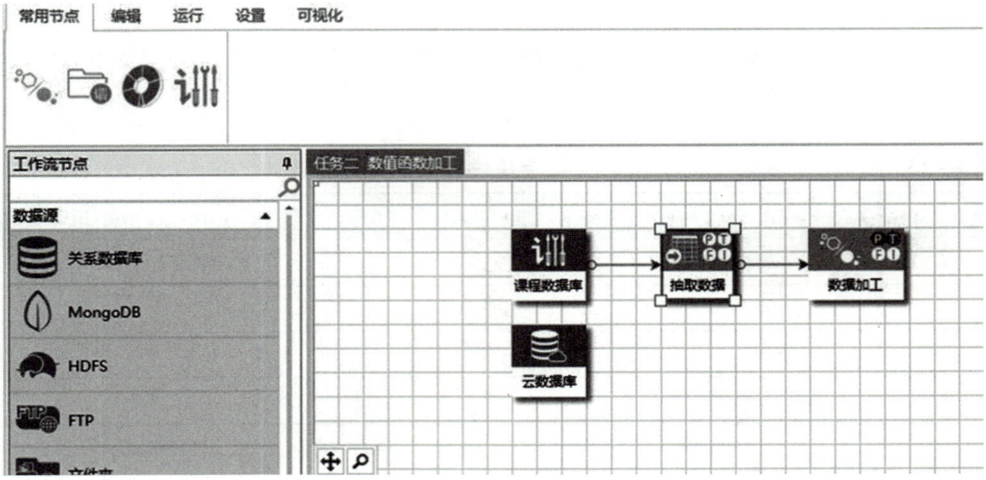
常用节点
编辑
运行
设置
可视化
工作流节点
数据源
关系数据库
MongoDB
HDFS
FTP
任务二 数值函数加工
课程数据库
抽取数据
数据加工
云数据库

图 1－13

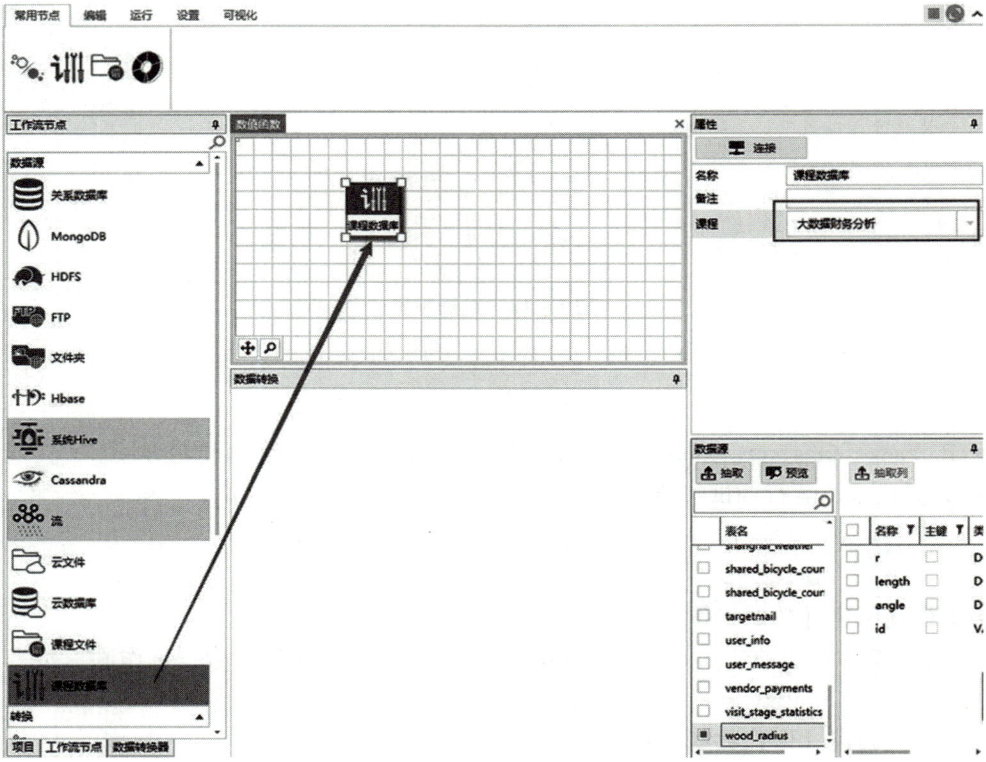
常用节点
编辑
运行
设置
可视化
工作流节点
数据源
关系数据库
MongoDB
HDFS
FTP
文件夹
Hbase
系统Hive
Cassandra
流
云文件
云数据库
课程文件
课程数据库
转换
项目
工作流节点
数据转换器
数值函数
数据转换
属性
连接
名称
课程数据库
备注
课程
大数据财务分析
数据源
抽取
预览
抽取列
表名
shared_bicycle_cour
shared_bicycle_cour
targetmail
user_info
user_message
vendor_payments
visit_stage_statistics
wood_radius
名称
主键
r
length
angle
id

图 1－14

表 1－14 【课程数据库】节点属性

属性名	值
名称	课程数据库
课程	大数据财务分析

第 3 步：【抽取数据】。

在【数据源】面板中将销售表“wood_radius”拖动到工作流设计区或选中该表点击【抽取】按钮也可以完成相同的操作，并将节点名称改为“抽取数据” （见表 1－15、图 1－15）。

表 1－15 【抽取数据】节点属性

属性名	值
名称	抽取数据
引用源	wood_radius

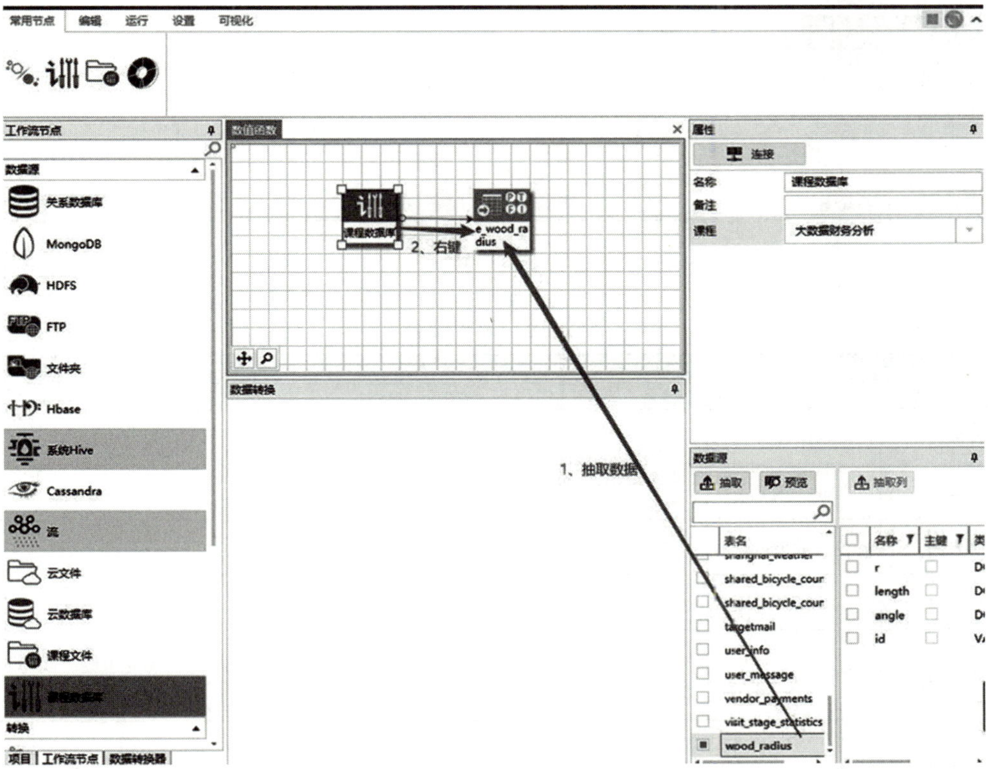

图 1－15

第 4 步：创建【数据加工】节点。

拖一个【转换】工作流节点到设计区，重命名为数据加工，右键连入上游的抽取数据节点（见图 1 - 16、表 1 - 16）。

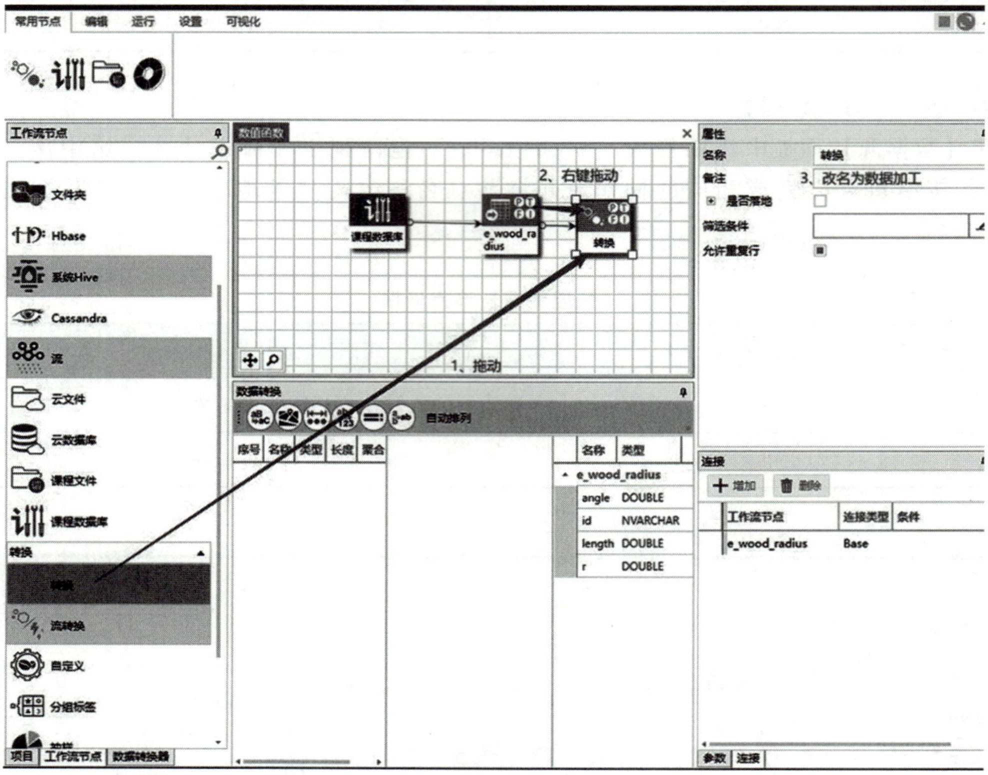

图 1 - 16

表 1 - 16　　【属性】面板设置

属性名	值	备注
名称	数据加工	
是否落地	True（勾选）	
落地表名	wood_data	
落地目标	云数据库	
清空旧数据	True（勾选）	该属性用于每次调试时清空落地表中已经存在的数据，这里为了防止多次调试数据多次重复落地，大家根据自身需求设置

在数据转换器面板找到 Radians、Constant、Round、Square、Pi、Calculation 数据转换器分别拖到加工区，按图 1 - 17 进行连线设置。

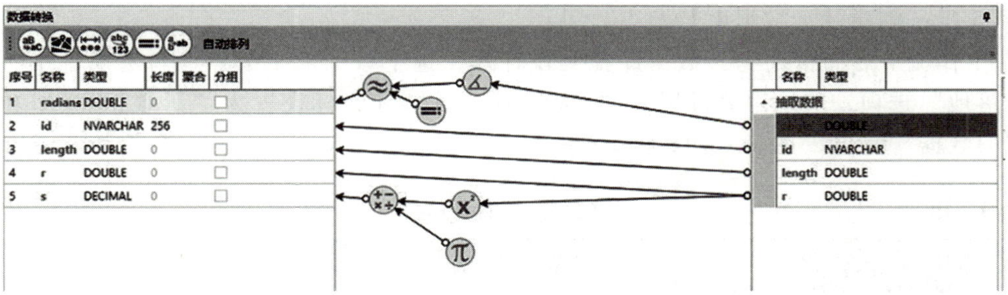

图 1－17

数据加工过程说明：

- 通过 Radians 转换器将数值型的 angle 中的角度转弧度，然后通过 Round 转换器四舍五入为 Constant 常量数据指定的 2 位小数。
- 通过 Pi 、Square 和 Calculation 转换器根据面积公式计算出木材的截面面积。

【数据转换器】参数如表 1－17 所示。

表 1－17　　【数据转换器】参数

转换器	参数	输入参数
Radians	无	angle
Constant	【常量数据类型】：INT，【值】：2	无
Round	无	【浮点数】：Radians 【舍入长度】：Constant
Square	无	r
Pi	无	无
Calculation	【运算符】：乘	【参加运算的第一个浮点数】：Pi 【参加运算的第一个浮点数】：Square

选中【数据加工】节点，点击设置查看器按钮设置查看器，然后点击调试按钮进行调试，运行结果如图 1－18 所示。

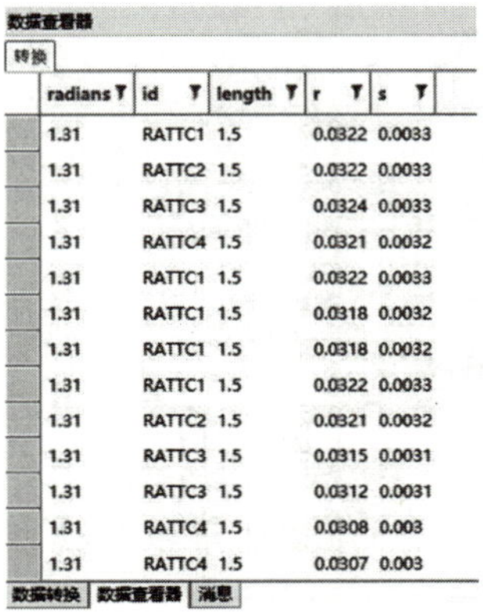

radians	id	length	r	s
1.31	RATTC1	1.5	0.0322	0.0033
1.31	RATTC2	1.5	0.0322	0.0033
1.31	RATTC3	1.5	0.0324	0.0033
1.31	RATTC4	1.5	0.0321	0.0032
1.31	RATTC1	1.5	0.0322	0.0033
1.31	RATTC1	1.5	0.0318	0.0032
1.31	RATTC1	1.5	0.0318	0.0032
1.31	RATTC1	1.5	0.0322	0.0033
1.31	RATTC2	1.5	0.0321	0.0032
1.31	RATTC3	1.5	0.0315	0.0031
1.31	RATTC3	1.5	0.0312	0.0031
1.31	RATTC4	1.5	0.0308	0.003
1.31	RATTC4	1.5	0.0307	0.003

图 1－18

第 5 步：创建【云数据库】节点。

在工作流节点面板找到云数据库拖到设计区，选中数据加工节点，勾选属性面板中的"是否落地"选项，落地表名设置为"wood_data"，落地目标设置为"云数据库"，再勾选"清空旧数据"选项，见表 1－18 和图 1－19。

表 1－18　　【属性】面板设置

属性名	值	备注
名称	数据加工	
是否落地	True（勾选）	
落地表名	wood_data	
落地目标	云数据库	
清空旧数据	True（勾选）	该属性用于每次调试时清空落地表中已经存在的数据，这里为了防止多次调试数据多次重复落地，大家根据自身需求设置

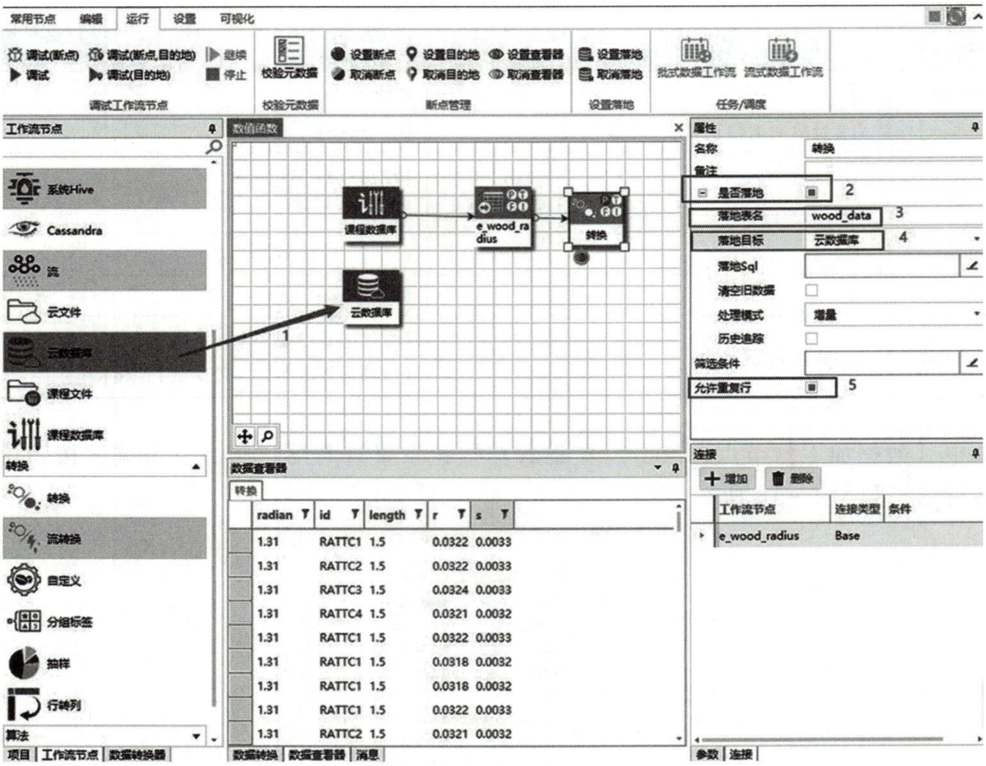

图 1－19

右键选中数据加工节点，点击"创建落地对象"选项后，再进行调试操作，将结果落地到【云数据库】中（见图 1－20）。

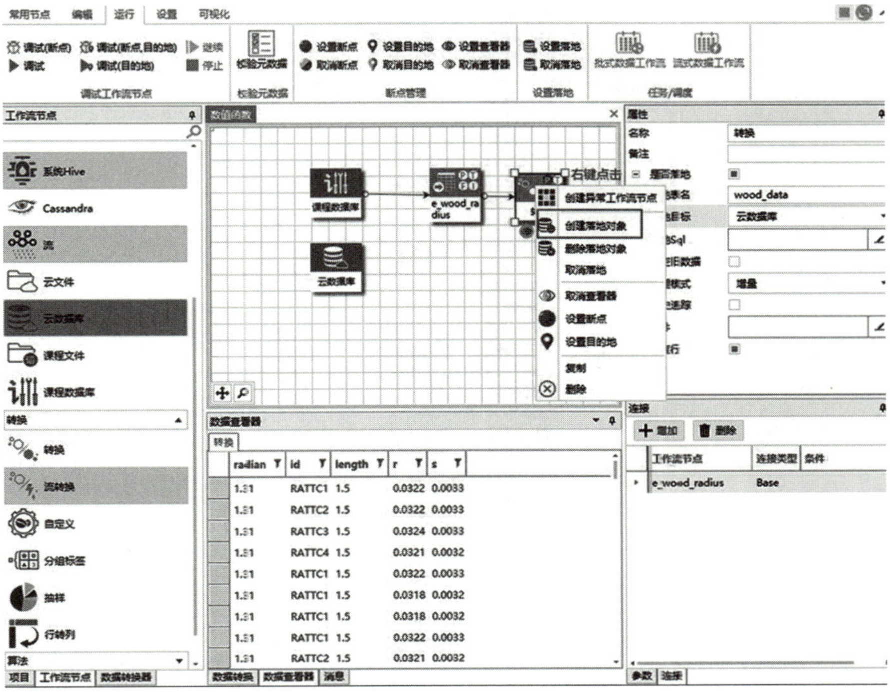

图 1－20

任务 1－1－3　日期数据加工

日期数据加工

【任务情境】

本任务以母婴用品店客户的婴儿数据为例，根据婴儿出生日期，计算出婴儿年龄和出生年份。

【数据准备】

源数据 mum_baby. csv 存放在“大数据财务分析”课程的【课程文件】中，数据表的字段说明见表 1－19。

表 1－19　　字段说明

字段名	字段说明
user_id	用户 id
birthday	出生日期
gender	性别

具体数据预览如图 1－21 所示。

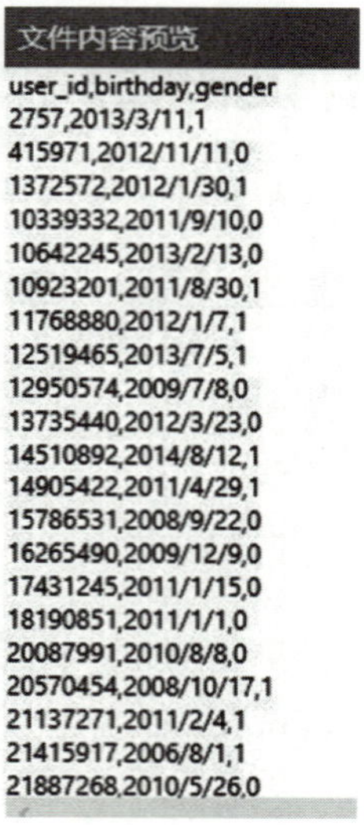

文件内容预览

```
user_id,birthday,gender
2757,2013/3/11,1
415971,2012/11/11,0
1372572,2012/1/30,1
10339332,2011/9/10,0
10642245,2013/2/13,0
10923201,2011/8/30,1
11768880,2012/1/7,1
12519465,2013/7/5,1
12950574,2009/7/8,0
13735440,2012/3/23,0
14510892,2014/8/12,1
14905422,2011/4/29,1
15786531,2008/9/22,0
16265490,2009/12/9,0
17431245,2011/1/15,0
18190851,2011/1/1,0
20087991,2010/8/8,0
20570454,2008/10/17,1
21137271,2011/2/4,1
21415917,2006/8/1,1
21887268,2010/5/26,0
```

图 1－21

【技术准备】

- 掌握 Formatdate、Datediff、Datepart 等日期函数的使用方法。
- 数据预览、运行调试技能。

【任务实施】

运用前述任务所学习的操作方法建立【课程文件】【抽取数据】（改名）和【婴儿数据加工】（转换节点）三个节点，流程如图 1－22 所示。

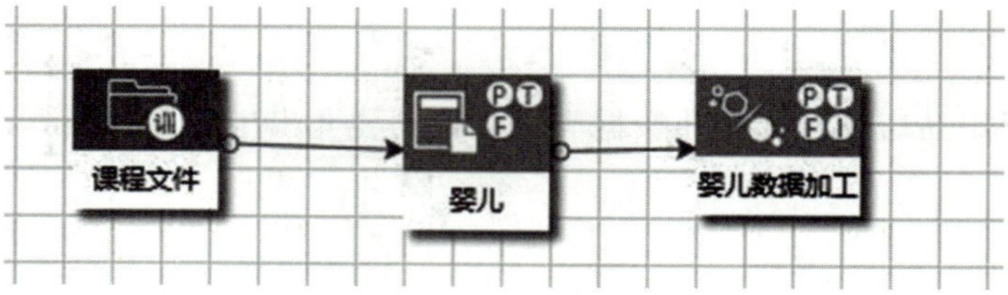

图 1－22

1. 【课程文件】节点。

【课程文件】节点属性（见表 1－20）

表 1－20

属性名	值
课程	大数据财务分析

2. 【婴儿】节点。

【婴儿】节点属性见表 1－21。

表 1－21

属性名	值
标题行号	1
起始数据行号	2
换行方式	Windows － CR/LF
引用源	mum_baby. csv

3. 【婴儿数据加工】节点

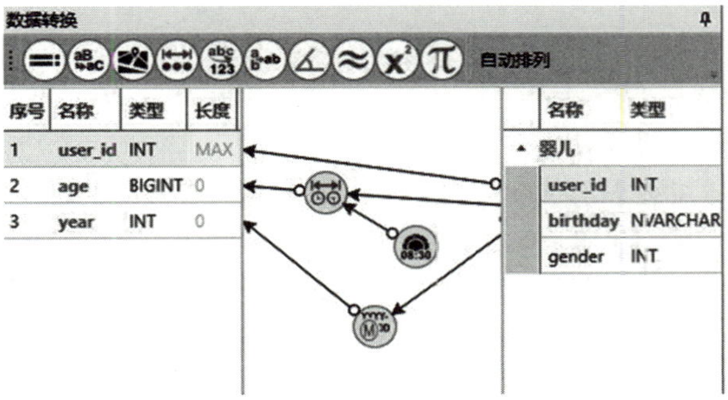

图 1－23

【婴儿数据加工】节点的数据加工转换逻辑定义见图 1－23。【婴儿数据加工】节点数据加工过程：

（1）通过 Formatdate 转换器将 birthday 字段的数据类型由字符串转换成 DateTime，然后通过 DateDiff 转换器，计算当前时间和出生日期之间差的年份，就是婴儿的年龄。

（2）通过 Datepart 组件提取出生日期中的年数据得到婴儿的出生年份。

【数据转换器】参数见表 1－22。

表 1－22

转换器	名称	参数
Formatdate	Formatdate	【日期格式】：yyyy/MM/dd
Datediff	Datediff	【日期差单位】：年
Datepart	Datepart	【时间单位】：年

运行结果见图 1－24。

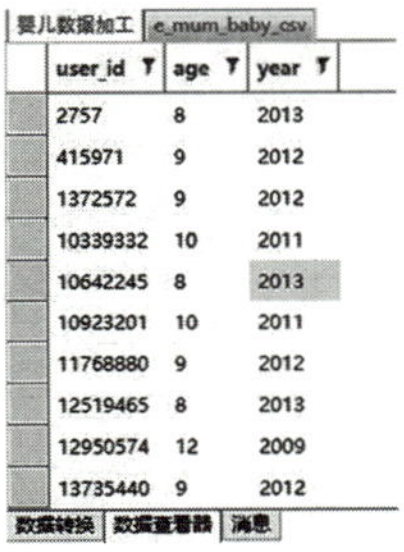

图 1－24

项目 1－2　数据筛选和抽样筛选

【能力目标】

☐ 掌握 CSV 文件抽取的方法
☐ 掌握数据筛选的使用方法
☐ 掌握数据抽样的原理和作用
☐ 培养学生数据抽样的思维

【知识准备】

要分析出海量数据所蕴含的价值，在数据加工前筛选出有价值的数据可以减少资源耗费，降低算法选择难度，有利于数据的分析挖掘，对大数据财务分析非常重要。通常我们可以使用逻辑运算符（AND、OR、NOT，见表 1－23）、比较运算符（见表 1－24）、LIKE、BETWEEN 和 IN 关键字来实现数据筛选。

表 1－23　　逻辑运算符

运算符	说明
NOT	对输入取反，使用 NOT 过滤掉不满足表达式的记录
AND	当两个表达式均为 TRUE 时返回 true，筛选出满足所有条件的记录
OR	任一表达式为 TRUE 时返回 true，筛选出满足任一条件的记录

表 1－24　　比较运算符

运算符	说明
=	测试两个表达式是否相等的运算符
< >	测试两个表达式彼此不相等的条件运算符
! =	测试两个表达式彼此不相等的条件运算符
>	测试一个表达式是否大于另一个表达式的运算符
> =	测试一个表达式是否大于或等于另一个表达式的运算符
! >	测试一个表达式是否不大于另一个表达式的运算符
<	测试一个表达式是否不大于另一个表达式的运算符
< =	测试一个表达式是否小于或等于另一个表达式的运算符
! <	测试一个表达式是否不小于另一个表达式的运算符

LIKE 关键字可以确定特定字符串是否与指定模式相匹配，通常会使用通配符，常见的通配符见表 1－25。

表 1-25

通配符	说明	示例
%	包含零个或多个字符的任意字符串	title LIKE '%computer%' 筛选出 title 字段中任意位置包含 computer 的所有记录
_（下划线）	任何单个字符	au_fname LIKE '_ean' 筛选出 au_fname 字段以 ean 结尾的所有 4 个字母的记录
[]	指定范围（[a~f]）或集合（[abcdef]）中的任何单个字符	au_lname LIKE '[C-P]arsen' 将筛选出 au_lname 字段中以 arsen 结尾并且介于 C 与 P 之间的任何单个字符开始的记录
[^]	不属于指定范围（[a~f]）或集合（[abcdef]）中的任何单个字符	au_lname LIKE 'de[^l]%' 将筛选出 au_lname 字段中以 de 开始并且其后的字母不为 l 的记录

BETWEEN 和 IN 关键字用来确定筛选范围，分别为介于和包含的意思，且可以和运算符配合使用以更精确筛选数据。

抽样是从全部样本中抽取一部分样本，属推论统计方法，通过观察样本的某一或某些属性，依据所获得的数据对总体的数量特征得出具有一定可靠性的估计判断。常用的抽样方法有概率抽样和非概率抽样两大类，概率抽样包括简单随机抽样、分层抽样、整群抽样、系统抽样、多阶段抽样五种；非概率抽样包括方便抽样、判断抽样、自愿样本、滚雪球抽样、配额抽样五种。

任务 1-2-1 数据筛选

数据筛选

【任务情境】

筛选在数据加工的各项环节中属于一种比较重要的数据加工手段，数据加工过程中，通过针对各字段设置筛选条件，过滤掉噪音数据的同时，筛选出目标数据来完成数据加工。本任务以一个年级的成绩表为源数据，通过 exam_name、class、chinese 字段筛选出 1 班 2016—2017 学年第一学期期中考试语文成绩不少于 100 分的学生。

【数据准备】

本任务所使用的源数据 grade_score.csv（年级成绩表）存储在“大数据财务分析”课程的【课程文件】中，数据表的字段说明见表 1-26。

表 1-26 字段说明

字段名	数据类型	字段说明
exam_name	字符串	考试名称
class	字符串	班级

续表

字段名	数据类型	字段说明
number	数值	学号
name	字符串	姓名
chinese	数值	语文成绩
math	数值	数学成绩
english	数值	英语成绩
physics	数值	物理成绩
chemistry	数值	化学成绩

数据预览如图 1－25 所示。

文件内容预览

```
exam_name,class,number,name,chinese,math,english,physics,chemistry
2015-2016学年第二学期期末考试,1班,20170101,成玮,73,76,90.5,61,0
2015-2016学年第二学期期末考试,1班,20170102,范贝加,81,93,95.5,74,0
2015-2016学年第二学期期末考试,1班,20170103,胡甄昀,77,86,81.5,64,0
2015-2016学年第二学期期末考试,1班,20170104,金海宁,74,70,80.5,46,0
2015-2016学年第二学期期末考试,1班,20170105,孔攸文,78,95,97.5,74,0
2015-2016学年第二学期期末考试,1班,20170106,陆沁怡,60,55,58.5,26,0
2015-2016学年第二学期期末考试,1班,20170107,路心遥,82,88,87,68,0
2015-2016学年第二学期期末考试,1班,20170108,马景昉,70,75,87.5,56,0
2015-2016学年第二学期期末考试,1班,20170109,庞璟曈,86,89,89.5,55,0
2015-2016学年第二学期期末考试,1班,20170110,王子怡,70,82,71,37,0
2015-2016学年第二学期期末考试,1班,20170111,颜正挥,71,77,49,51,0
2015-2016学年第二学期期末考试,1班,20170112,杨佳妍,74,76,90.5,57,0
2015-2016学年第二学期期末考试,1班,20170113,杨璐萌,66,83,77.5,55,0
2015-2016学年第二学期期末考试,1班,20170114,于子荃,80,92,93,74,0
2015-2016学年第二学期期末考试,1班,20170115,虞丹芮,76,86,79.5,59,0
2015-2016学年第二学期期末考试,1班,20170116,张静雯,74,80,64.5,55,0
2015-2016学年第二学期期末考试,1班,20170117,杨奕,63,91,89.5,58,0
2015-2016学年第二学期期末考试,1班,20170118,寇行健,81,93,94.5,71,0
2015-2016学年第二学期期末考试,1班,20170119,李顾炜,69,89,76,44,0
2015-2016学年第二学期期末考试,1班,20170120,李骏熠,76,81,85.5,65,0
2015-2016学年第二学期期末考试,1班,20170121,李思奇,77,97,94,90,0
```

图 1－25

【技术准备】

- 掌握筛选条件的设置方法。
- 数据预览、运行调试技能。

【任务实施】

运用前述任务所学习的操作方法建立【课程文件】【抽取数据】和【选择数据】（转换节点）三个节点，流程如图 1－26 所示。

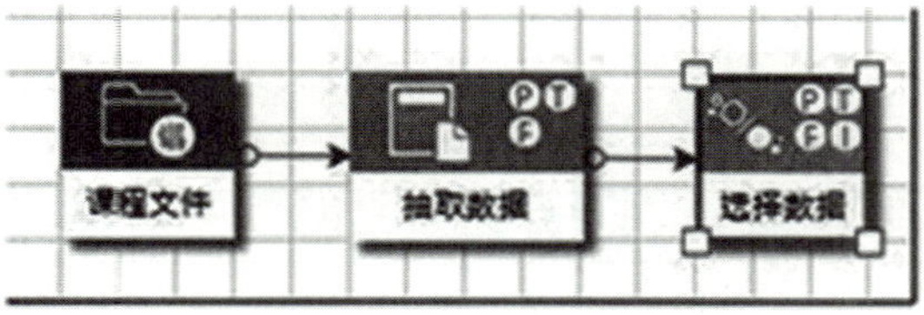

图 1－26

1.【课程文件】节点。

【课程文件】节点属性见表 1－27。

表 1－27

属性名	值
课程文件	大数据财务分析

2.【抽取数据】节点。

【抽取数据】节点属性见表 1－28。

表 1－28

属性名	值
标题行号	1
起始数据行号	2
换行方式	Windows-CR/LF
引用源	grade_score. csv

3.【选择数据】节点。

选中【选择数据】节点，在属性面板中点击筛选按钮，在弹出的表达式编辑器窗口中输入筛选条件“抽取数据 . exam_name = '2016—2017 学年第一学期期中考试'AND 抽取数据 . class = '1 班'AND 抽取数据 . chinese > = 100”后，关闭该窗口。如图 1－27 所示。

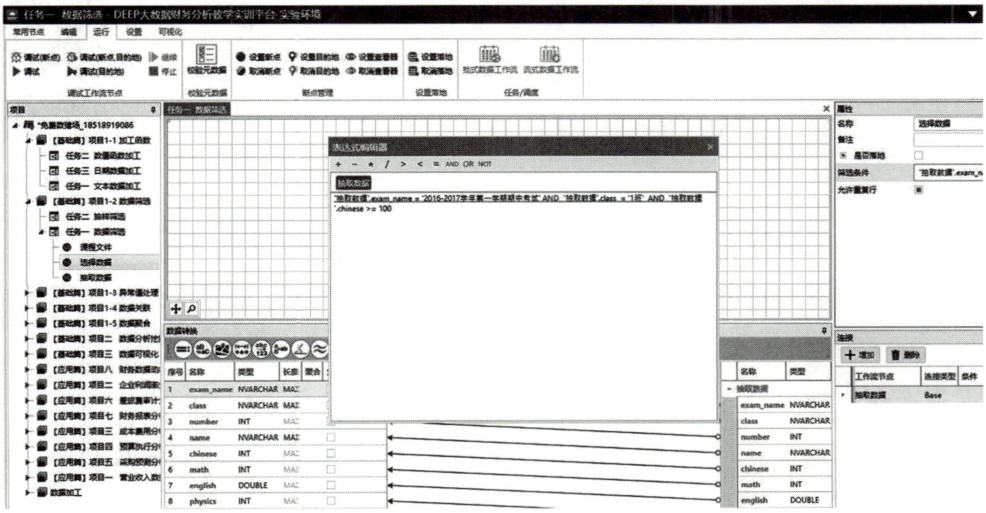

图 1－27

【属性】面板见表 1－29。

表 1－29

属性名	值
筛选条件	抽取数据 . exam_name = '2016 － 2017 学年第一学期期中考试' AND 抽取数据 . class = '1 班' AND 抽取数据 . chinese > = 100

将选择的数据节点设置查看器，无须添加任何数据转换器，点击调试按钮，调试运行如图 1－28 所示。

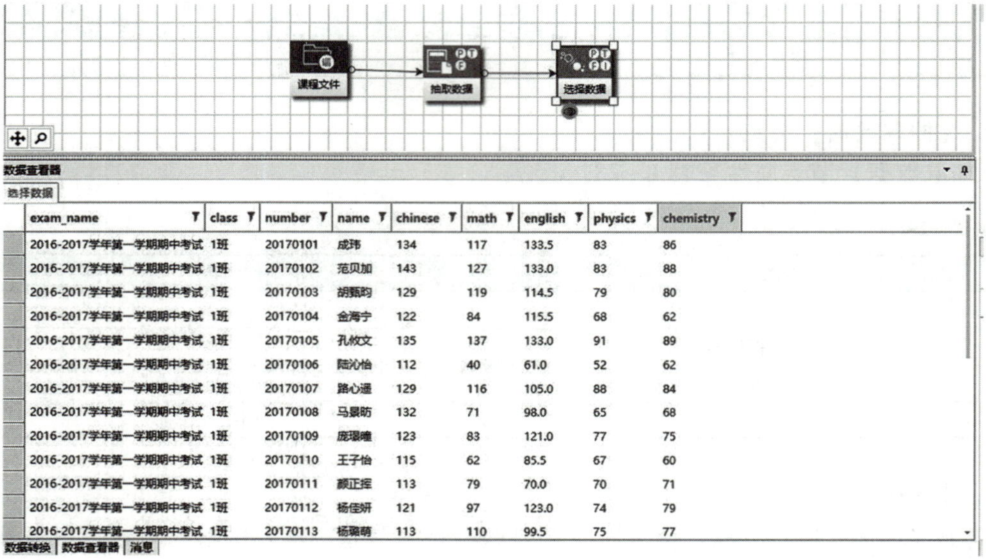

图 1－28

任务 1－2－2　抽样筛选

抽样筛选

【任务情境】

抽样也叫取样，是从预研究的全部样本中抽取部分样本单位进行分析，是统计分析中常用的方法。本任务是以鸢尾花数据源为基础，对全部品类鸢尾花数据按 10% 进行抽样筛选分析。

【数据准备】

鸢尾花数据集文件 iris. csv 存放在“大数据财务分析”课程的【课程文件】中，源数据表的字段说明见表 1－30。

表 1－30　　字段说明

字段名	字段说明
label	鸢尾花类别
sepal_length	花萼长度
sepal_width	花萼宽度
petal_length	花瓣长度

数据预览如图 1－29 所示。

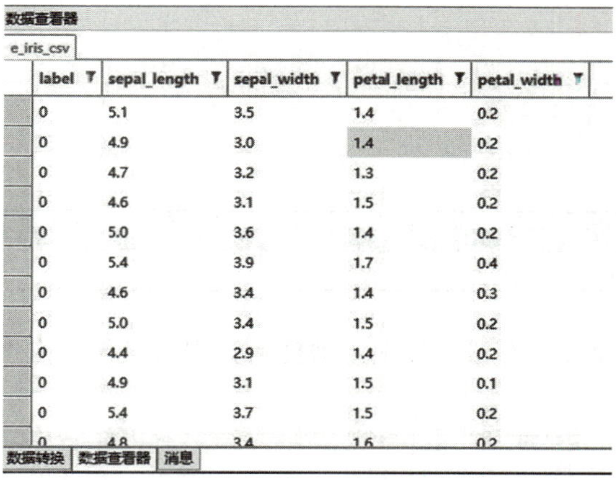
数据查看器
e_iris_csv

label	sepal_length	sepal_width	petal_length	petal_width
0	5.1	3.5	1.4	0.2
0	4.9	3.0	1.4	0.2
0	4.7	3.2	1.3	0.2
0	4.6	3.1	1.5	0.2
0	5.0	3.6	1.4	0.2
0	5.4	3.9	1.7	0.4
0	4.6	3.4	1.4	0.3
0	5.0	3.4	1.5	0.2
0	4.4	2.9	1.4	0.2
0	4.9	3.1	1.5	0.1
0	5.4	3.7	1.5	0.2
0	4.8	3.4	1.6	0.2

数据转换　数据查看器　消息

图 1－29

【技术准备】

- 掌握抽样组件的设置方法。
- 数据预览、运行调试技能。

【任务实施】

运用前述任务所学习的操作方法建立【课程文件】【数据汇集】（抽取数据）和【抽样】（转换类中的抽样节点）三个节点，流程如图 1－30 所示。

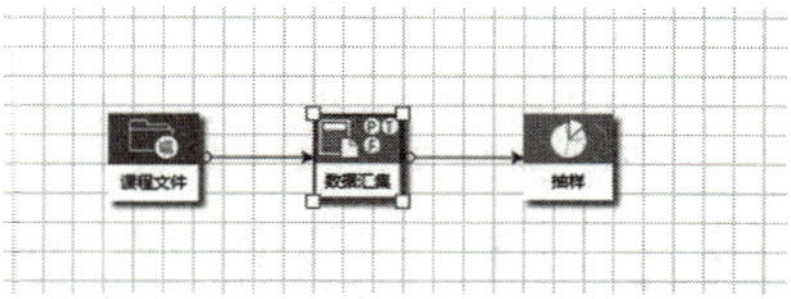

图 1－30

1. 【课程文件】节点。

【课程文件】节点属性见表 1－31。

表 1－31

属性名	值
课程文件	大数据财务分析

2. 【数据汇集】节点。

【数据汇集】节点属性见表 1－32。

表 1－32

属性名	值
标题行号	1
起始数据行号	2
换行方式	Windows－CR/LF
引用源	iris. csv

3. 【抽样】节点。

【抽样】节点属性见表 1－33。

表 1－33

属性名	值
抽样百分比	10

将选中的抽样节点设置查看器，无须添加任何数据转换器，点击调试按钮，调试运行如图 1－31 所示。

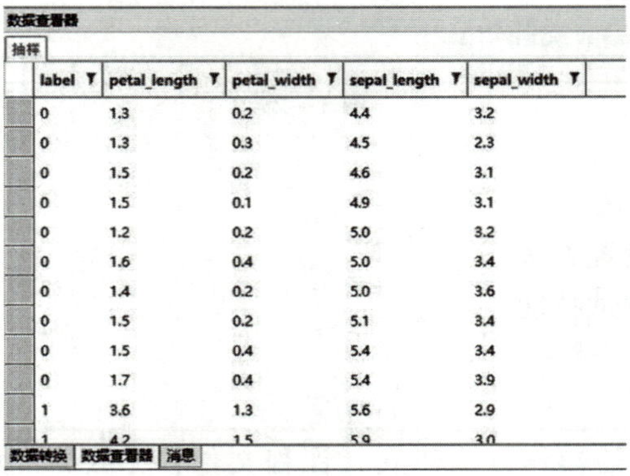

图 1－31

项目 1－3　异常值处理

【能力目标】

- ☐ 了解并掌握删除空值的方法
- ☐ 掌握数据缺失的数据加工方法

□ 了解并掌握缺失值处理手段中的定值替换
□ 了解什么是异常值和异常检测的作用
□ 掌握异常数据的拉依达准则法（3σ）检测方法
□ 培养学生大数据处理过程中异常值检测的思维

【知识准备】

空值是指由于系统或人为因素造成数据集中个别属性值为空值（NULL），现有的业务系统数据管理规则中，部分属性值为空是允许的，所以属性值为空值非常常见且不可避免。空值可能会造成数据分析挖掘处理操作的障碍，视属性值的作用，我们可以采用删除、定值替换等方法处理。

缺失值是指由于机械或人为原因造成数据集中某个或某些属性值缺失的数据，在常见的数据库中，属性值缺失经常发生且是不可避免的。从缺失值分布可以分为完全随机、随机和完全非随机三种情况，从缺失值的属性可以分为单值、任意和单调缺失三种情况。属性值的缺失会造成数据的聚类、分组、删失或截断。对于缺失值的处理，我们通常采用删除、定值替换、插补三种方法。

正态分布也称常态分布，是连续随机变量概率分布的一种，自然界、人类社会和教育中常见的现象均按正态形式分布，它随随机变量的平均数、标准差的大小与单位不同而有不同的分布形态。高度异常的异常值是指一组测定样本值中与样本平均值偏差超过三倍及以上标准差的测定值。正态分布 3σ 原则是常用的检查异常数据或去除异常数据的手段之一，主要方法是将样本数据分布与（$\mu-3\sigma$，$\mu+3\sigma$）区间之外的所有数据视为异常数据。

任务 1-3-1　空值删除

空值删除

【任务情境】

在实际数据加工处理过程中，由于系统或人为因素的原因，采集到的数据通常存在部分属性空值的脏数据。对于空值数据，我们经常采取的处理方法是根据业务条件和数据分析需求，将无价值的脏数据删除，形成规范、有价值、易于分析的业务数据。本任务删除源数据表用户信息表 targetmail 中的 Suffix 列中为 null 值的所有行。

【数据准备】

本任务使用“大数据财务分析”课程数据库中的用户信息表（targetmail），具体字段信息如表 1-34 所示。

表 1－34

字段名	数据类型	字段含义
CustomerKey	int	客户编号
FirstName	varchar	首名
MiddleName	varchar	中名
LastName	varchar	姓
BirthDate	date	出生日期
MaritalStatus	char	婚姻状况
Gender	varchar	性别
EmailAddress	varchar	邮件地址
YearlyIncome	decimal	年收入
TotalChildren	tinyint	孩子总数
NumberChildrenAtHome	tinyint	在家孩子数
EnglishEducation	varchar	英语教育
SpanishEducation	varchar	西班牙语教育
FrenchEducation	varchar	法语教育
EnglishOccupation	varchar	英语职业
SpanishOccupation	varchar	西班牙语职业
FrenchOccupation	varchar	法语职业
HouseOwnerFlag	char	是否有房
NumberCarsOwned	tinyint	拥有车辆数
AddressLine1	varchar	地址第一栏
AddressLine2	varchar	地址第二栏
Phone	varchar	电话
DateFirstPurchase	date	首次购买自行车日期
CommuteDistance	varchar	上班距离
Region	varchar	区域
Age	int	年龄
BikeBuyer	int	是否购买

具体数据预览如图 1－32 所示，可以看出，Suffix 字段有大量的 null 值。

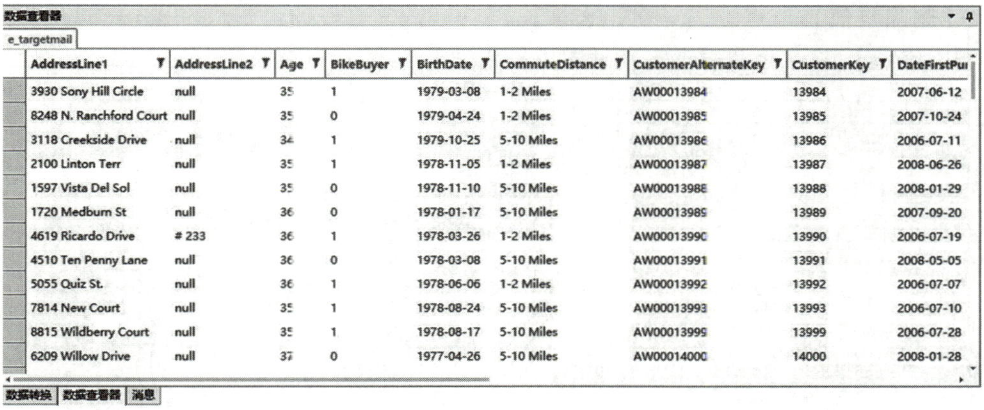
数据查看器
e_targetmail

AddressLine1	AddressLine2	Age	BikeBuyer	BirthDate	CommuteDistance	CustomerAlternateKey	CustomerKey	DateFirstPu
3930 Sony Hill Circle	null	35	1	1979-03-08	1-2 Miles	AW00013984	13984	2007-06-12
8248 N. Ranchford Court	null	35	0	1979-04-24	1-2 Miles	AW00013985	13985	2007-10-24
3118 Creekside Drive	null	34	1	1979-10-25	5-10 Miles	AW00013986	13986	2006-07-11
2100 Linton Terr	null	35	1	1978-11-05	1-2 Miles	AW00013987	13987	2008-06-26
1597 Vista Del Sol	null	35	0	1978-11-10	5-10 Miles	AW00013988	13988	2008-01-29
1720 Medburn St	null	36	0	1978-01-17	5-10 Miles	AW00013989	13989	2007-09-20
4619 Ricardo Drive	# 233	36	1	1978-03-26	1-2 Miles	AW00013990	13990	2006-07-19
4510 Ten Penny Lane	null	36	0	1978-03-08	5-10 Miles	AW00013991	13991	2008-05-05
5055 Quiz St.	null	36	1	1978-06-06	1-2 Miles	AW00013992	13992	2006-07-07
7814 New Court	null	35	1	1978-08-24	5-10 Miles	AW00013993	13993	2006-07-10
8815 Wildberry Court	null	35	1	1978-08-17	5-10 Miles	AW00013999	13999	2006-07-28
6209 Willow Drive	null	37	0	1977-04-26	5-10 Miles	AW00014000	14000	2008-01-28

数据转换 数据查看器 消息

图 1－32

【技术准备】

- 掌握删除空值的设置方法。
- 数据预览、运行调试技能。

【任务实施】

运用前述任务所学习的操作方法建立【课程数据库】【抽取数据】和【删除空值】（转换节点）三个节点，流程如图 1－33 所示。

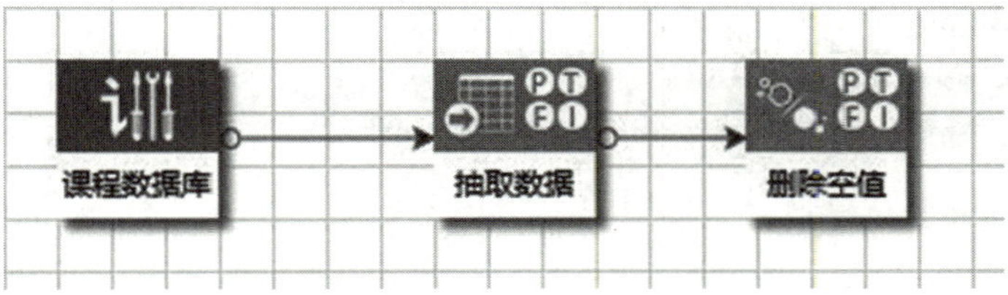

图 1－33

1. 【课程数据库】节点。

【课程数据库】节点属性见表 1－35。

表 1－35

属性名	值
课程	大数据财务分析

2. 【抽取数据】节点。

【抽取数据】节点属性见表 1－36。

表 1－36

属性名	值
引用源	targetmail

3. 【删除空值】节点。

【删除空值】节点转换逻辑定义见图 1－34。

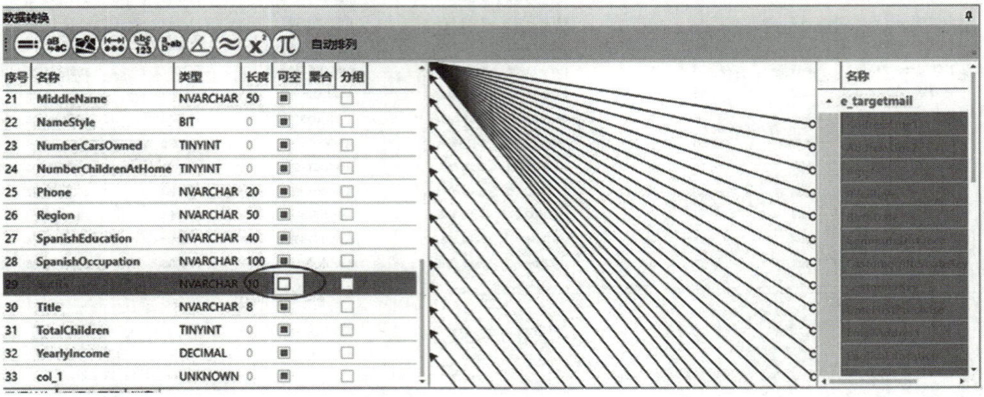

图 1－34

将选中的【删除空值】设置查看器，将“suffix”字段的“可空”选项去掉，无须添加任何数据转换器，点击调试按钮，调试运行如图 1－35 所示。结果显示，Suffix 字段下 null 值全部被删除。

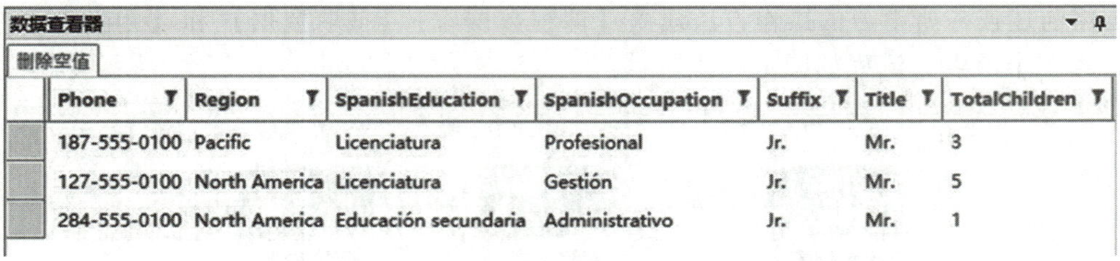
数据查看器

删除空值

Phone	Region	SpanishEducation	SpanishOccupation	Suffix	Title	TotalChildren
187-555-0100	Pacific	Licenciatura	Profesional	Jr.	Mr.	3
127-555-0100	North America	Licenciatura	Gestión	Jr.	Mr.	5
284-555-0100	North America	Educación secundaria	Administrativo	Jr.	Mr.	1

图 1－35

任务 1－3－2　缺失值替换

缺失值替换

【任务情境】

在加工处理属性缺失的脏数据过程中，我们根据缺失值的内容、业务条件和数据分析需求，有时缺失值代表某一特定属性，这就需要我们将缺失值数据替换为特定的数据，进而形成规范、有价值、易于分析的业务数据。本任务删除源数据表用户信息表 targetmail 中的 Suffix 列中为 null 值的所有行。抽取成绩文件，对 score 表（学生成绩表）中的缺失值用 0 替换。

【数据准备】

学生成绩表（score. csv）见表 1－37。

表 1－37

字段名	字段说明
name	学生名称
chinese	语文成绩
math	数学成绩
english	英语成绩
physics	物理成绩
chemistry	化学成绩

本次实验主要通过使用 0 来替换学生成绩表中因学生缺考而没有记录的为 null 值的成绩，完成定值替换的实验。

具体数据预览如图 1－36 所示，可以看出，Suffix 字段有大量的 null 值。

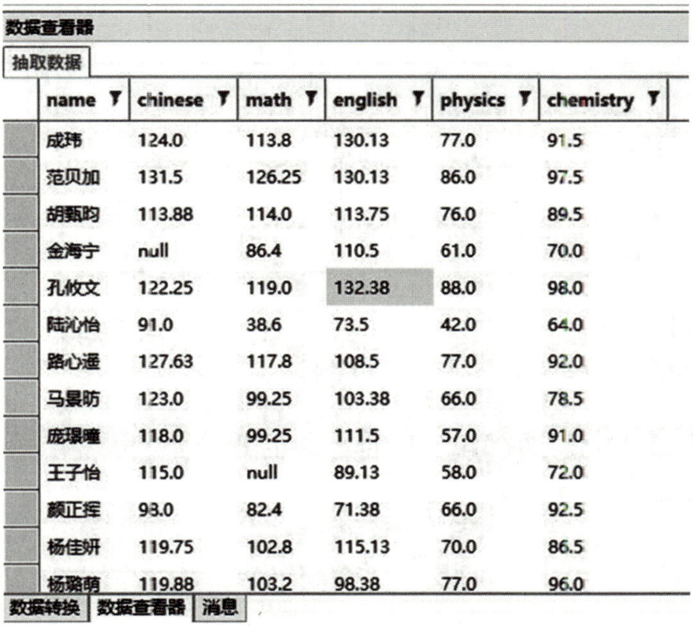

name	chinese	math	english	physics	chemistry
成玮	124.0	113.8	130.13	77.0	91.5
范贝加	131.5	126.25	130.13	86.0	97.5
胡甄昀	113.88	114.0	113.75	76.0	89.5
金海宁	null	86.4	110.5	61.0	70.0
孔攸文	122.25	119.0	132.38	88.0	98.0
陆沁怡	91.0	38.6	73.5	42.0	64.0
路心遥	127.63	117.8	108.5	77.0	92.0
马景昉	123.0	99.25	103.38	66.0	78.5
庞璟曈	118.0	99.25	111.5	57.0	91.0
王子怡	115.0	null	89.13	58.0	72.0
颜正挥	93.0	82.4	71.38	66.0	92.5
杨佳妍	119.75	102.8	115.13	70.0	86.5
杨璐萌	119.88	103.2	98.38	77.0	96.0

图 1－36

【技术准备】

- 掌握数据缺失的数据加工方法。
- 掌握替换组件的设置方法。
- 数据预览、运行调试技能。

【任务实施】

运用前述任务所学习的操作方法建立【课程文件】【抽取数据】【替换空值】等节点，具体流程如图 1－37 所示。

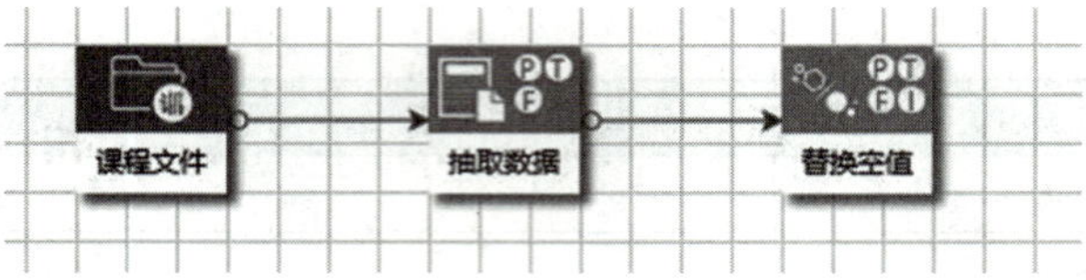

图 1-37

1. 【课程文件】节点。

【课程文件】节点属性见表 1-38。

表 1-38

属性名	值
课程	大数据财务分析

2. 【抽取数据】节点。

【抽取数据】节点属性见表 1-39。

表 1-39

属性名	值
数据格式	CSV
标题行号	1
起始数据行号	2
换行方式	UNIX/Linux/Mac OS X - LF
引用源	score. csv

3. 【替换空值】节点。

【替换空值】节点的转换逻辑定义见图 1-38。

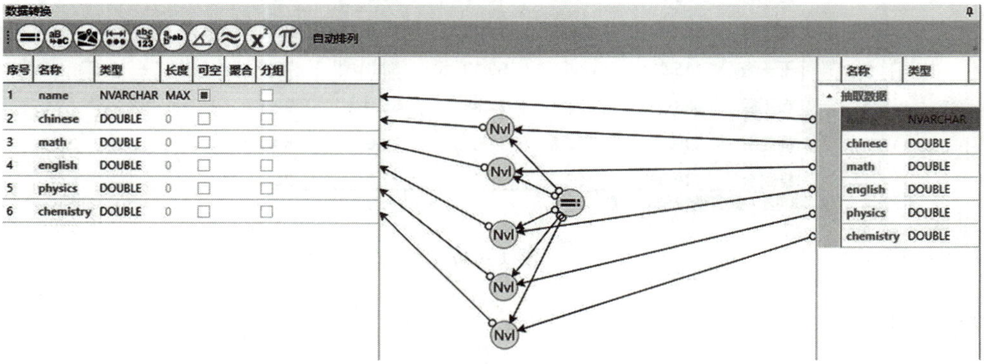

图 1-38

【替换空值】节点的【数据转换器】参数见表 1-40。

表 1-40

转换器	名称	参数
CONSTANT	Constant	【常量数据类型】: DOUBLE 【值】: 0

【替换空值】节点的【Nvl】输入参数见表 1 – 41。

表 1 – 41

转换器	编号	类型	备注	变换输入
Nvl	0	DOUBLE		Column：chinese
	1	DOUBLE		Transformation：Constant
Nvl_2	0	DOUBLE		Column：math
	1	DOUBLE		Transformation：Constant
Nvl_3	0	DOUBLE		Column：english
	1	DOUBLE		Transformation：Constant
Nvl_4	0	DOUBLE		Column：physics
	1	DOUBLE		Transformation：Constant
Nvl_5	0	DOUBLE		Column：chemistry
	1	DOUBLE		Transformation：Constant

选择【替换空值】节点设置查看器，点击调试按钮，调试运行如图 1 – 39 所示。

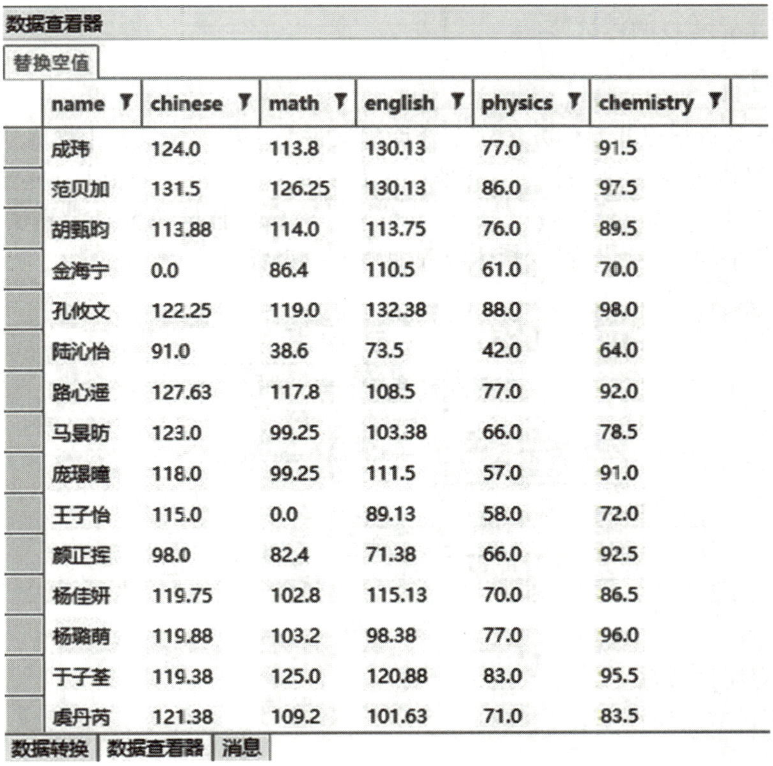
数据查看器

替换空值

name	chinese	math	english	physics	chemistry
成玮	124.0	113.8	130.13	77.0	91.5
范贝加	131.5	126.25	130.13	86.0	97.5
胡甄昀	113.88	114.0	113.75	76.0	89.5
金海宁	0.0	86.4	110.5	61.0	70.0
孔攸文	122.25	119.0	132.38	88.0	98.0
陆沁怡	91.0	38.6	73.5	42.0	64.0
路心遥	127.63	117.8	108.5	77.0	92.0
马景昉	123.0	99.25	103.38	66.0	78.5
庞璟曈	118.0	99.25	111.5	57.0	91.0
王子怡	115.0	0.0	89.13	58.0	72.0
颜正挥	98.0	82.4	71.38	66.0	92.5
杨佳妍	119.75	102.8	115.13	70.0	86.5
杨璐萌	119.88	103.2	98.38	77.0	96.0
于子荃	119.38	125.0	120.88	83.0	95.5
虞丹芮	121.38	109.2	101.63	71.0	83.5

数据转换 数据查看器 消息

图 1 – 39

从计算结果可以看出，所有的 null 值都被替换成了 0。

任务 1－3－3　异常数据检测

异常数据检测

【任务情境】

在做大数据财务分析前，对收集来的数据，清洗掉那些不合常理的异常数据是重要环节，所以首先要找到异常值。异常值是指样本中明显偏离其余数值的样本点，也叫“离群点”。本任务运用拉依达准则法（3σ）进行异常数据的检测。源数据表中 Age 字段是连续型的数值，用来表示用户年龄数据，下面我们对 Age 字段中的异常值进行检测。

【数据准备】

本任务选用的源数据表与前述任务空值删除数据相同，只是处理字段不同而已，详细情况见任务 1－3－1。

【技术准备】

- 掌握常量的设置方法。
- 掌握四则运算等加工组件的设置方法。
- 数据预览、运行调试技能。

【任务实施】

运用前述任务所学习的操作方法建立【课程文件】【数据汇集】【数值精度转换】【年龄标准差】【带 key 年龄标准差】【年龄平均值】【带 key 年龄平均值】【年龄正常值范围】【带 key 客户数据】【异常年龄客户数据】等节点，除年龄标准差节点为算法类中的“统计分析”节点，其余均为转换节点，具体流程如图 1－40 所示。

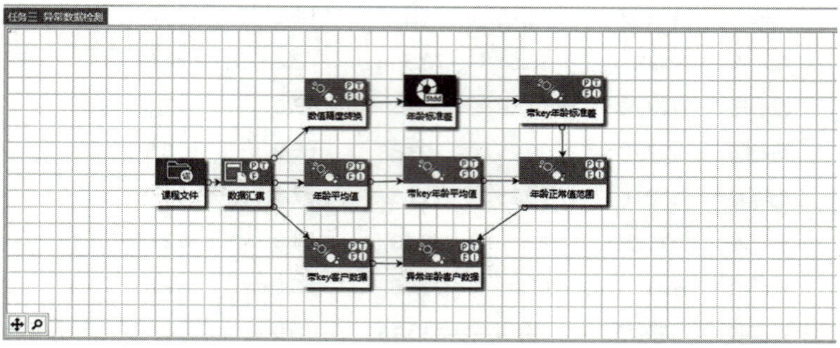

图 1－40

1. 【课程文件】节点。

【课程文件】节点属性见表 1－42。

表 1－42

属性名	值
课程	大数据财务分析

2. 【数据汇集】节点。

【数据汇集】节点属性见表 1-43。

表 1-43

属性名	值
标题行号	1
起始数据行号	2
换行方式	Unix/Linux/Mac OS X - LF
引用源	targetmail. csv

3. 【数值精度转换】节点。

Age 字段转换逻辑定义如图 1-41 所示。

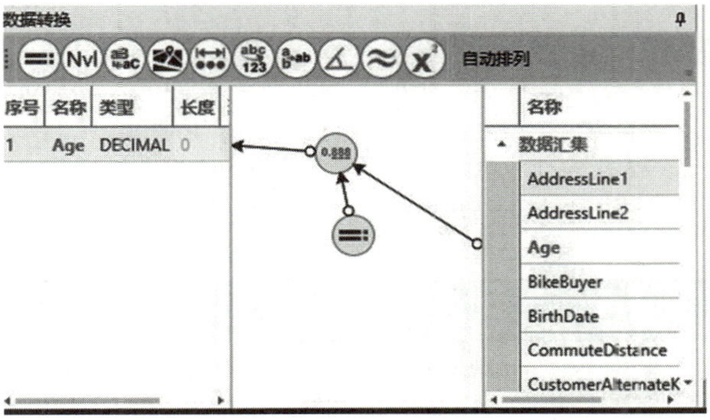

图 1-41

【数据转换器】参数见表 1-44。

表 1-44

转换器	参数	输入参数
Constant	【常量数据类型】：int，【值】：19	无
Numericcast	【目标数据类型】：DECIMAL	【被转换的数值输入】：Age，【舍入的位数】：Constant

4. 【年龄标准差】节点。

【年龄标准差】节点属性见表 1-45。

表 1-45

属性名	值						
算法名称	标准差						
数据映射	名称	类型	小数位数	精度	描述	列名	名称
	StddevInput	DECIMAL	38	38	标准差入参	Age：DECIMAL（19，4）	StddevInput
参数	k：2						

5. 【带 key 年龄标准差】节点。

● 【带 key 年龄标准差】节点的转换逻辑定义如图 1－42 所示。

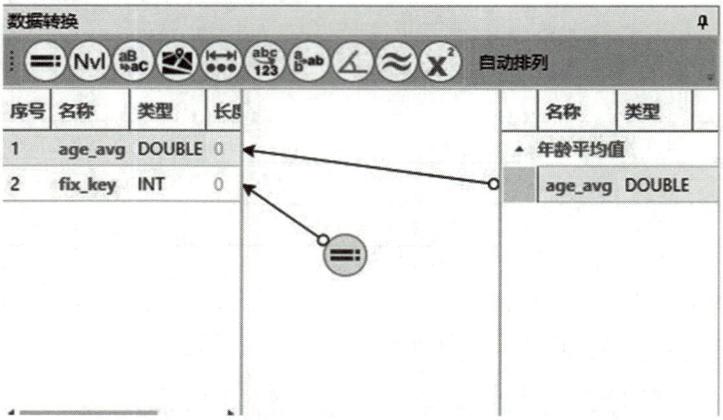

图 1－42

● 【数据转换器】参数见表 1－46。

表 1－46

转换器	名称	参数
Constant	Constant	【常量数据类型】：int，〔值〕：1

6. 【年龄平均值】节点。

【年龄平均值】节点转换逻辑定义如图 1－43 所示。

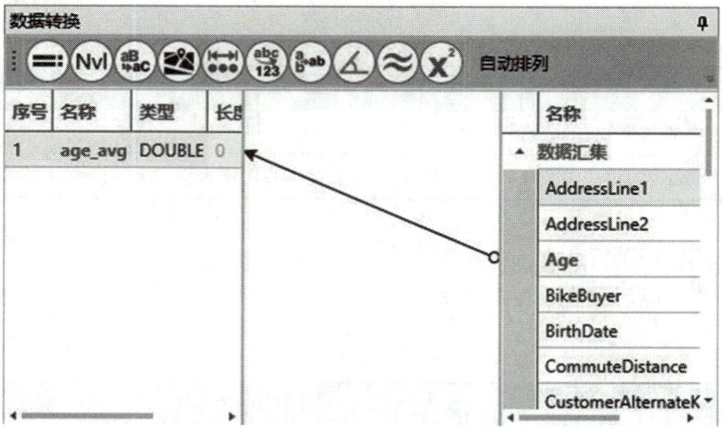

图 1－43

7. 【带 key 年龄平均值】节点。

【带 key 年龄平均值】节点转换逻辑定义如图 1－44 所示。

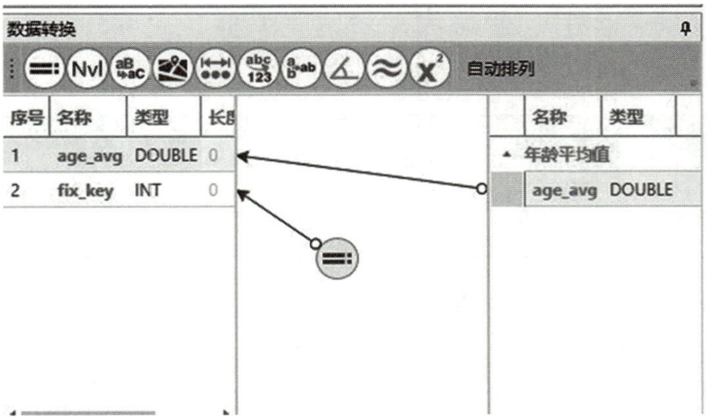

图 1－44

【数据转换器】参数见表 1－47。

表 1－47

转换器	名称	参数
Constant	Constant	【常量数据类型】：int，【值】：1

8.【年龄正常值范围】节点。

将【带 key 年龄标准差】和【带 key 年龄平均值】两个节点分别按图中所示的方向进行数据连接。

【年龄正常值范围】节点的【连接】面板设置见表 1－48。

表 1－48

工作流节点	连接类型	条件
带 key 年龄标准差	Base	
带 key 年龄平均值	InnerJoin	'带 key 年龄标准差'. fix_key = '带 key 年龄平均值'. fix_key

【年龄正常值范围】节点的转换逻辑定义如图 1－45 所示。

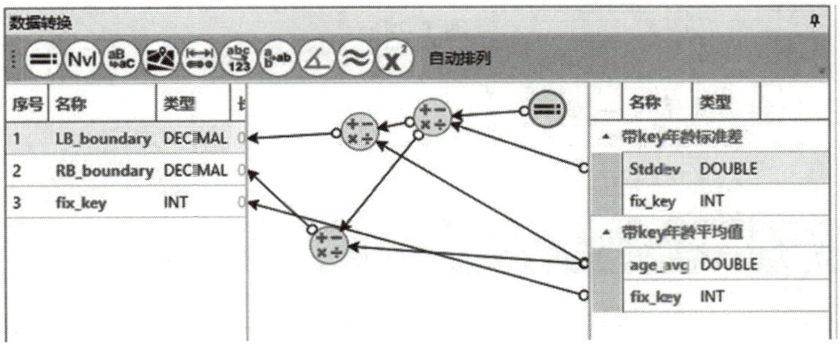

图 1－45

【数据转换器】参数见表 1 – 49。

表 1 – 49

转换器	名称	参数	输入参数
Constant	Constant	【常量数据类型】：INT 【值】：3	无
Calculation	stddev_multiply3	【运算符】：乘	参与运算的第一个浮点数：Stddev 参与运算的第二个浮点数：Constant
Calculation	calc_min_age	【运算符】：减	参与运算的第一个浮点数：age_avg 参与运算的第二个浮点数：stddev_multiply3
Calculation	calc_max_age	【运算符】：加	参与运算的第一个浮点数：age_avg 参与运算的第二个浮点数：stddev_multiply3

9. 【带 key 客户数据】节点。

【带 key 客户数据】节点的转换逻辑定义如图 1 – 46 所示。

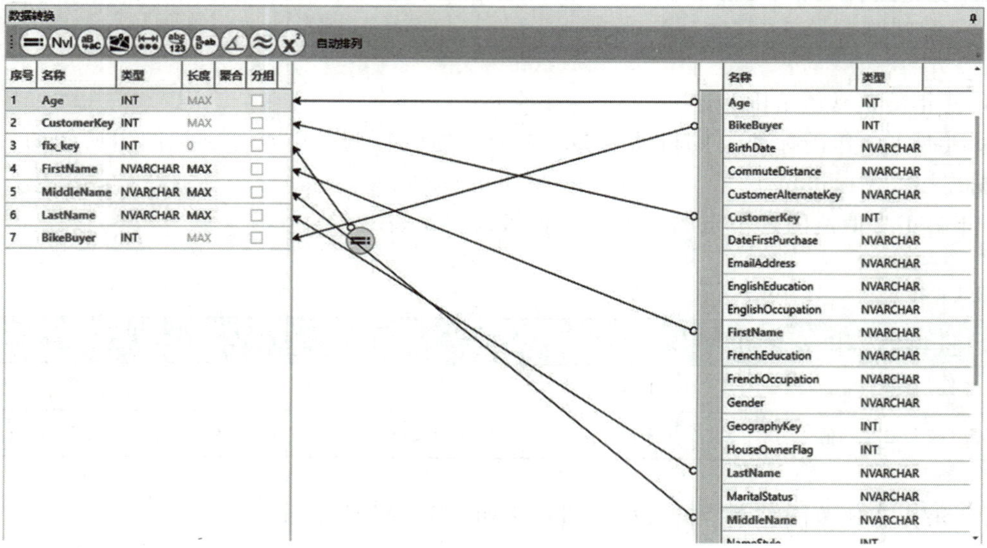

图 1 – 46

【数据转换器】参数见表 1 – 50。

表 1 – 50

转换器	名称	参数
Constant	Constant	【常量数据类型】：int，【值】：1

10. 【异常年龄客户数据】节点

将【年龄正常值范围】和【带 key 客户数据】两个节点分别按图 1－47 中所示的方向进行数据连接。

【异常年龄客户数据】节点的【连接】面板设置见表 1－51。

表 1－51

工作流节点	连接类型	条件
年龄正常值范围	Base	
带 key 客户数据	InnerJoin	'年龄正常值范围'. fix_key = '带 key 客户数据'. fix_key

【异常年龄客户数据】节点的【属性】面板设置见表 1－52。

表 1－52

属性名	值
筛选条件	'带 key 客户数据'. Age > '年龄正常值范围'. RB_boundary or '带 key 客户数据'. Age < '年龄正常值范围'. LB_boundary

【异常年龄客户数据】节点的转换逻辑定义见图 1－47。

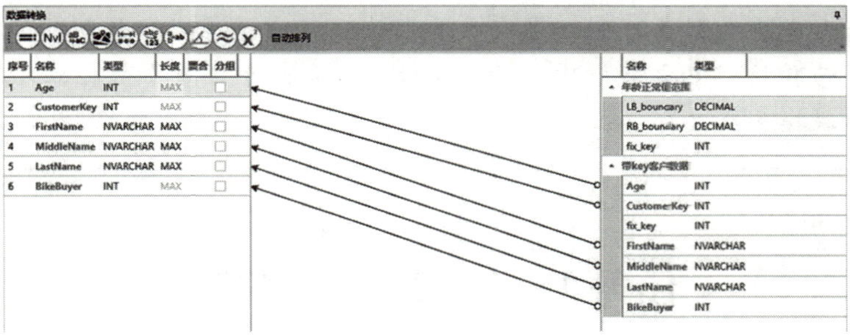

图 1－47

选择【异常年龄客户数据】节点设置查看器，点击调试按钮，调试运行如图 1－48 所示。

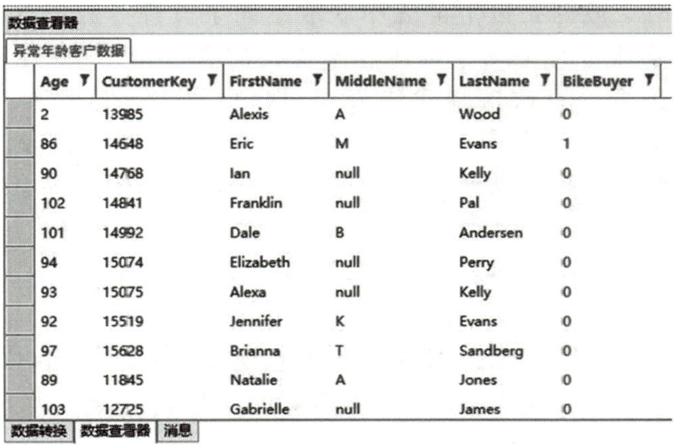
数据查看器

异常年龄客户数据

Age	CustomerKey	FirstName	MiddleName	LastName	BikeBuyer
2	13985	Alexis	A	Wood	0
86	14648	Eric	M	Evans	1
90	14768	Ian	null	Kelly	0
102	14841	Franklin	null	Pal	0
101	14992	Dale	B	Andersen	0
94	15074	Elizabeth	null	Perry	0
93	15075	Alexa	null	Kelly	0
92	15519	Jennifer	K	Evans	0
97	15628	Brianna	T	Sandberg	0
89	11845	Natalie	A	Jones	0
103	12725	Gabrielle	null	James	0

数据转换 数据查看器 消息

图 1－48

项目 1－4　数据关联

【能力目标】

□ 掌握数据关联的使用方法

□ 掌握数据关联的逻辑思维

【知识准备】

在数据的加工处理过程中经常会遇到将多个数据表连接起来，再获取所需要的数据，这就需要按业务条件进行数据关联，通常关联分为联接和合并两种方式。合并就是将两个数据表不做任何更改地合并到一个表中，生成一个新的数据集合；联接就是由一个笛卡尔乘积运算构成的查询，将两个数据集具有重叠部分的数据合并生成新的数据集。合并与联接都是将两个表合并起来形成一个新表，但二者有本质上的区别。合并的两个表源字段的数量与数据类型必须相同，而联接则不要求，其结果表字段可以是两个源表中的任意字段。联接可分为内部联接、外部联接和交叉联接三种。

任务 1－4　身份证号获取

身份证号获取

【任务情境】

当我们需要从两张或两张以上的表中获取不同字段进行数据分析时，就需要我们将这些表依据关联字段进行关联。本任务需要我们通过用户 18 位身份证号获取客户所在地，源数据表为全国行政区划代码表和用户信息表，这就要求必须将这两个表依据关联字段进行关联，获取不同字段进行数据分析，也就是通过从身份证号中获取前六位地址码与全国行政区划代码表中的行政区划代码关联，查询每个用户户口所在地。

【数据准备】

本任务使用“大数据财务分析”课程数据库中的全国行政区划代码 . xls 和课程文件中的用户信息表（user_message），具体字段信息如表 1－53 和表 1－54 所示。

表 1 - 53　　用户信息表

字段名	字段说明
name	用户姓名
IDnumber	身份证号
xzqh_code	地址码
birthday	出生年月日
age	当前年龄
gender	性别（1 为男；0 为女）
check_code	校验码

表 1 - 54　　全国行政区划代码

字段名	字段说明
xzqu_code	行政区划代码
xzqu	行政区划

具体数据预览如图 1 - 49 所示。

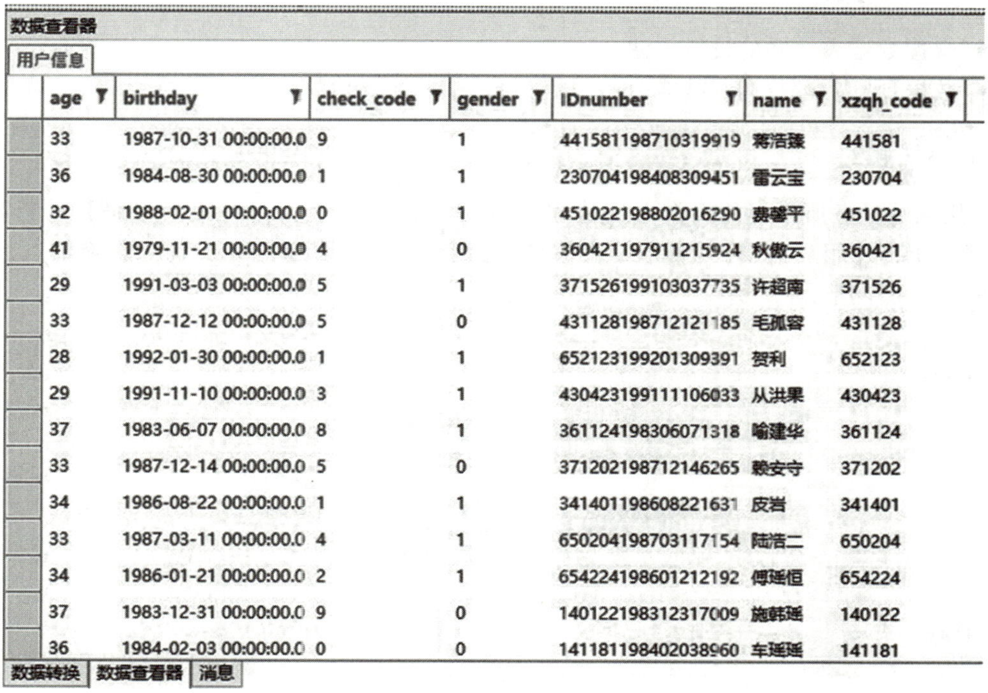

age	birthday	check_code	gender	IDnumber	name	xzqh_code
33	1987-10-31 00:00:00.0	9	1	441581198710319919	蒋浩臻	441581
36	1984-08-30 00:00:00.0	1	1	230704198408309451	雷云宝	230704
32	1988-02-01 00:00:00.0	0	1	451022198802016290	费馨平	451022
41	1979-11-21 00:00:00.0	4	0	360421197911215924	秋傲云	360421
29	1991-03-03 00:00:00.0	5	1	371526199103037735	许超南	371526
33	1987-12-12 00:00:00.0	5	0	431128198712121185	毛孤容	431128
28	1992-01-30 00:00:00.0	1	1	652123199201309391	贺利	652123
29	1991-11-10 00:00:00.0	3	1	430423199111106033	从洪果	430423
37	1983-06-07 00:00:00.0	8	1	361124198306071318	喻建华	361124
33	1987-12-14 00:00:00.0	5	0	371202198712146265	赖安守	371202
34	1986-08-22 00:00:00.0	1	1	341401198608221631	皮岩	341401
33	1987-03-11 00:00:00.0	4	1	650204198703117154	陆浩二	650204
34	1986-01-21 00:00:00.0	2	1	654224198601212192	傅瑶恒	654224
37	1983-12-31 00:00:00.0	9	0	140122198312317009	施韩瑶	140122
36	1984-02-03 00:00:00.0	0	0	141181198402038960	车瑶瑶	141181

图 1 - 49

全国行政区划代码预览如图 1 - 50 所示。

数据查看器

e_全国行政区划代码_xls

xzqh_code	xzqh
110000	北京市
110100	北京市市辖区
110101	北京市东城区
110102	北京市西城区
110103	北京市崇文区
110104	北京市宣武区
110105	北京市朝阳区
110106	北京市丰台区
110107	北京市石景山区
110108	北京市海淀区
110109	北京市门头沟区
110111	北京市房山区
110112	北京市通州区
110113	北京市顺义区
110114	北京市昌平区
110115	北京市大兴区
110116	北京市怀柔区
110117	北京市平谷区
110200	北京市县

图 1－50

【技术准备】

- 掌握数据表关联的设置方法。
- 数据预览、运行调试技能。

【任务实施】

运用前述任务所学习的操作方法建立【课程文件】【全国行政区划代码】【行政区】【课程数据库】【用户信息】【抽取个人信息】【两张表关联】等节点，均为转换节点，具体流程如图 1－51 所示。

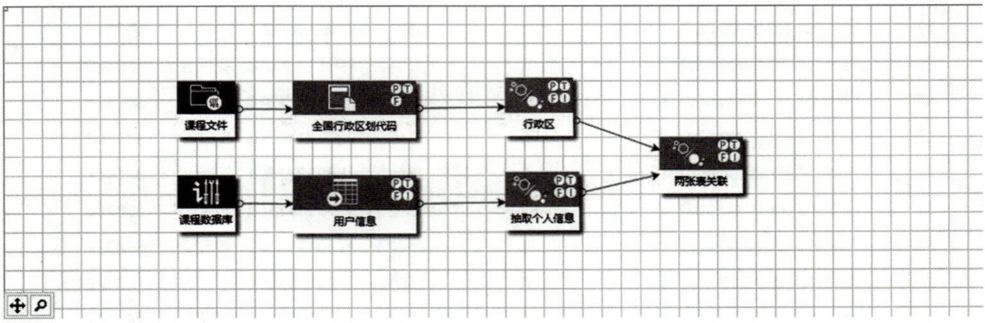

图 1－51

1.【课程文件】节点。

【课程文件】节点属性见表 1－55。

表 1－55

属性名	值
课程	大数据财务分析

2.【课程数据库】节点。

【课程数据库】节点属性见表 1－56。

表 1－56

属性名	值
课程	大数据财务分析

3.【全国行政区划代码】节点。

【全国行政区划代码】节点属性见表 1－57。

表 1－57

属性名	值
文件格式	XLS
标题行号	1
起始数据行号	2
引用源	全国行政区划代码 . xls

4.【用户信息】节点。

【用户信息】节点属性见表 1－58。

表 1－58

属性名	值
引用源	user_message

5.【行政区】节点。

【行政区】节点转换逻辑定义见图 1－52。

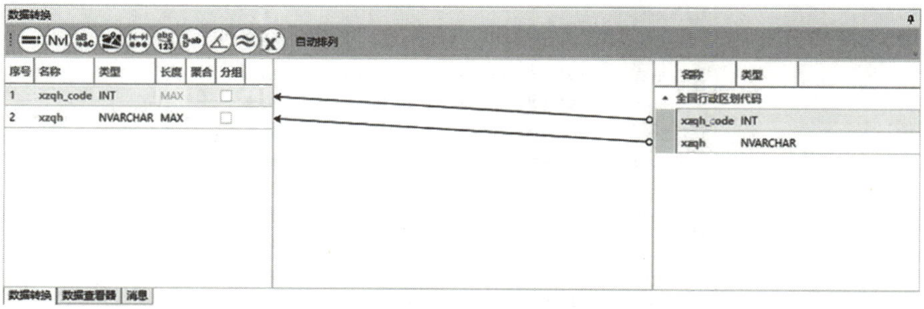

图 1－52

6.【抽取个人信息】节点。

【抽取个人信息】节点转换逻辑定义见图 1－53。

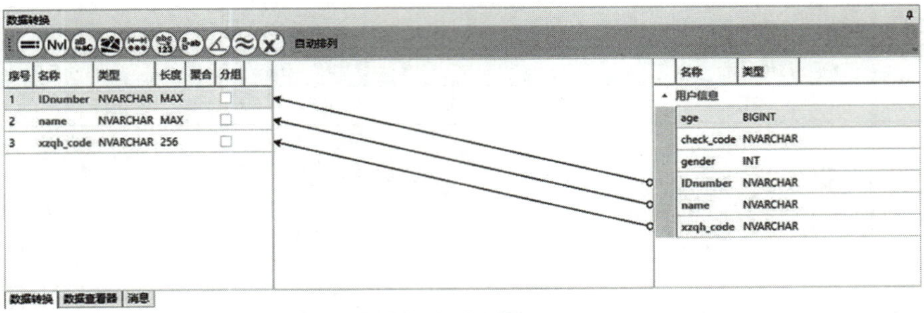

图 1 – 53

7. 【两张表关联】节点。

【连接】面板设置见表 1 – 59。

表 1 – 59

工作流节点	连接类型	条件
行政区	Base	
抽取个人信息	InnerJoin	行政区 . xzqh_code ＝抽取个人信息 . xzqh_code

转换逻辑定义见图 1 – 54。

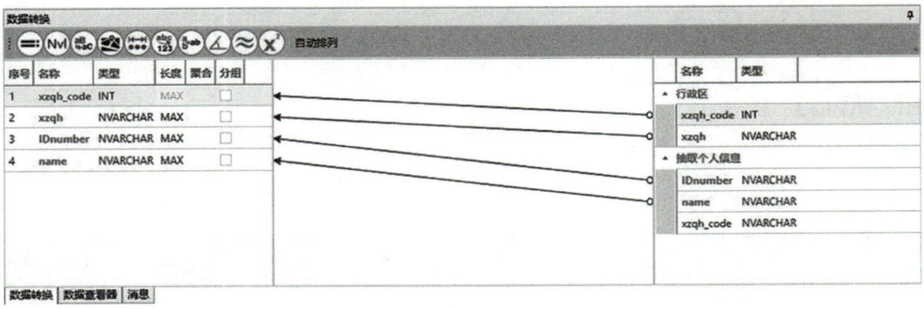

图 1 – 54

选择【两张表关联】节点设置查看器，点击调试按钮，调试运行如图 1 – 55 所示。

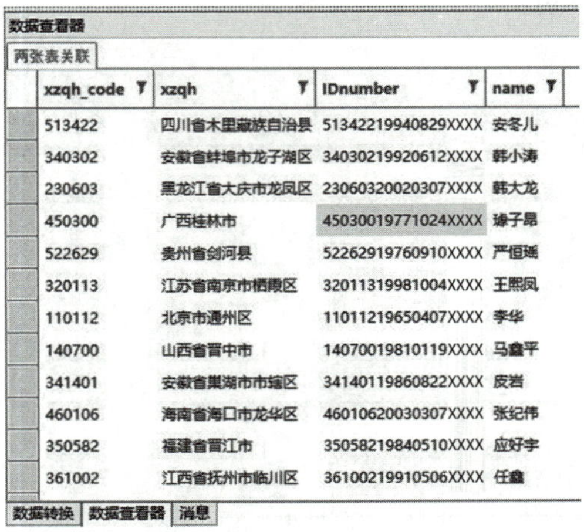

xzqh_code	xzqh	IDnumber	name
513422	四川省木里藏族自治县	51342219940829XXXX	安冬儿
340302	安徽省蚌埠市龙子湖区	34030219920612XXXX	韩小涛
230603	黑龙江省大庆市龙凤区	23060320020307XXXX	韩大龙
450300	广西桂林市	45030019771024XXXX	濮子昂
522629	贵州省剑河县	52262919760910XXXX	严恒瑶
320113	江苏省南京市栖霞区	32011319981004XXXX	王熙凤
110112	北京市通州区	11011219650407XXXX	李华
140700	山西省晋中市	14070019810119XXXX	马鑫平
341401	安徽省巢湖市市辖区	34140119860822XXXX	皮岩
460106	海南省海口市龙华区	46010620030307XXXX	张纪伟
350582	福建省晋江市	35058219840510XXXX	应好宇
361002	江西省抚州市临川区	36100219910506XXXX	任鑫

图 1 – 55

项目 1－5　数据聚合

【能力目标】

□ 掌握聚合函数的使用，平均值、求和、最大值和最小值

□ 了解文本数据去重的使用方法

□ 掌握字符串拼接的聚合手段

【知识准备】

聚合是指通过 SUM、AVG、MIN、MAX、COUNT 和 DISTINCT 等聚合函数对一组值执行计算，并返回单个值。聚合计算通常与分组一同使用，每组产生一个单一值。常用的聚合方式以及说明如表 1－60 所示：

表 1－60　常用的数值聚合方式及说明

聚合方式名称	说明
SUM	返回表达式中所有值的和，忽略空值
AVG	计算平均值，忽略空值
MIN	返回表达式的最小值，忽略空值
MAX	返回表达式的最大值，忽略空值
COUNT	返回组中项目的数量，不忽略空值
DISTINCT	返回一个集合，并从指定集合中删除重复的元组，忽略空值

作为确定性函数的 SUM、AVG、MIN、MAX、COUNT 和 DISTINCT 等聚合函数将一组值加工处理后返回单个值，而且任何时候对同一组输入值的计算结果都是相同的。但对文本类的数据进行聚合时，通常使用的方法是“字符串拼接”。

任务 1－5－1　数值聚合

数值聚合

【任务情境】

聚合函数为确定性函数，任何时候输入相同的值返回结果都是相同的，除了 count（统

计项数）函数以外，其他聚合函数在计算式都会忽略空值（null）。本任务主要是计算某年级语文考试成绩的平均成绩、总成绩、最高成绩和最低成绩。

【数据准备】

本任务使用“大数据财务分析”课程数据库中的年级成绩表（grade_score. csv），具体字段信息如表 1－61 所示。

表 1－61　　字段说明

字段名	字段说明
exam_name	考试名称
class	班级
number	学号
name	姓名
chinese	语文成绩
math	数学成绩
english	英语成绩
physics	物理成绩
chemistry	化学成绩

具体数据预览如图 1－56 所示。

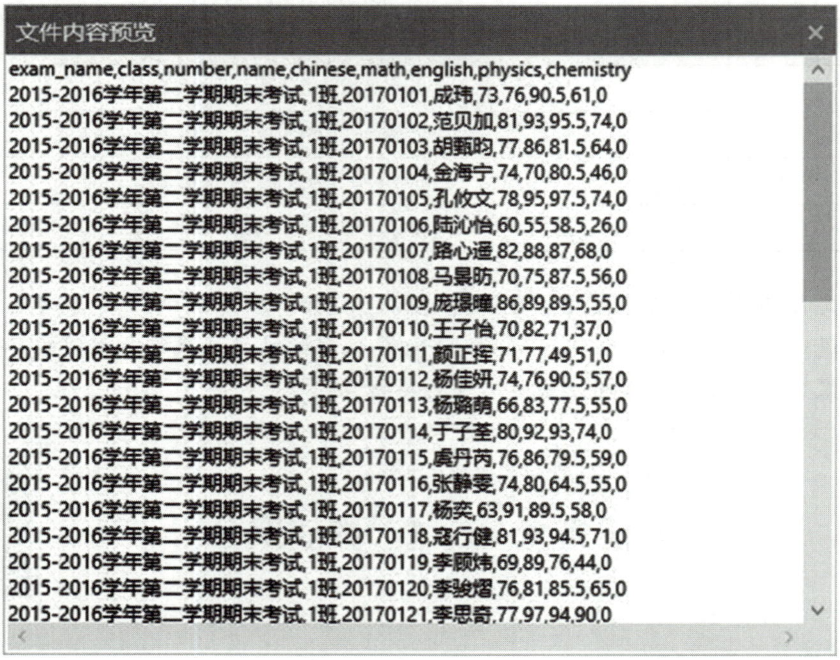
文件内容预览
```
exam_name,class,number,name,chinese,math,english,physics,chemistry
2015-2016学年第二学期期末考试,1班,20170101,成玮,73,76,90.5,61,0
2015-2016学年第二学期期末考试,1班,20170102,范贝加,81,93,95.5,74,0
2015-2016学年第二学期期末考试,1班,20170103,胡甄昀,77,86,81.5,64,0
2015-2016学年第二学期期末考试,1班,20170104,金海宁,74,70,80.5,46,0
2015-2016学年第二学期期末考试,1班,20170105,孔攸文,78,95,97.5,74,0
2015-2016学年第二学期期末考试,1班,20170106,陆沁怡,60,55,58.5,26,0
2015-2016学年第二学期期末考试,1班,20170107,路心逜,82,88,87,68,0
2015-2016学年第二学期期末考试,1班,20170108,马景昉,70,75,87.5,56,0
2015-2016学年第二学期期末考试,1班,20170109,庞璟曈,86,89,89.5,55,0
2015-2016学年第二学期期末考试,1班,20170110,王子怡,70,82,71,37,0
2015-2016学年第二学期期末考试,1班,20170111,颜正挥,71,77,49,51,0
2015-2016学年第二学期期末考试,1班,20170112,杨佳妍,74,76,90.5,57,0
2015-2016学年第二学期期末考试,1班,20170113,杨璐萌,66,83,77.5,55,0
2015-2016学年第二学期期末考试,1班,20170114,于子荃,80,92,93,74,0
2015-2016学年第二学期期末考试,1班,20170115,虞丹芮,76,86,79.5,59,0
2015-2016学年第二学期期末考试,1班,20170116,张静雯,74,80,64.5,55,0
2015-2016学年第二学期期末考试,1班,20170117,杨奕,63,91,89.5,58,0
2015-2016学年第二学期期末考试,1班,20170118,寇行健,81,93,94.5,71,0
2015-2016学年第二学期期末考试,1班,20170119,李顾炜,69,89,76,44,0
2015-2016学年第二学期期末考试,1班,20170120,李骏熠,76,81,85.5,65,0
2015-2016学年第二学期期末考试,1班,20170121,李思奇,77,97,94,90,0
```

图 1－56

【技术准备】

- 掌握抽取 CSV 文本数据的方法。
- 掌握数据聚合的设置方法。
- 数据预览、运行调试技能。

【任务实施】

运用前述任务所学习的操作方法建立【课程数据库】【抽取数据】【聚合语文成绩】等节点，具体流程如图 1－57 所示。

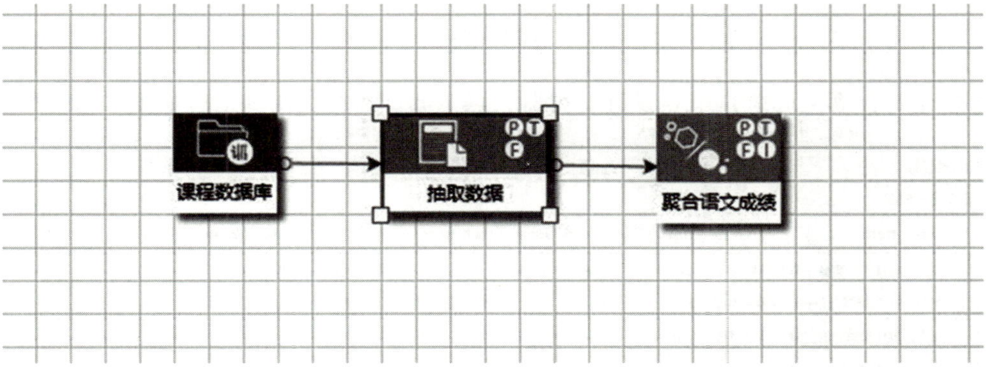

图 1－57

1. 【课程文件】节点。

【课程文件】节点属性见表 1－62。

表 1－62

属性名	值
课程	大数据财务分析

2. 【抽取数据】节点。

【抽取数据】节点属性见表 1－63。

表 1－63

属性名	值
文件格式	CSV
标题行号	1
起始数据行号	2
换行方式	UNIX/Linux/Mac OS X －LF
引用源	grade_score. csv

3. 【聚合语文成绩】节点。

【聚合语文成绩】节点转换逻辑定义见图 1－58。

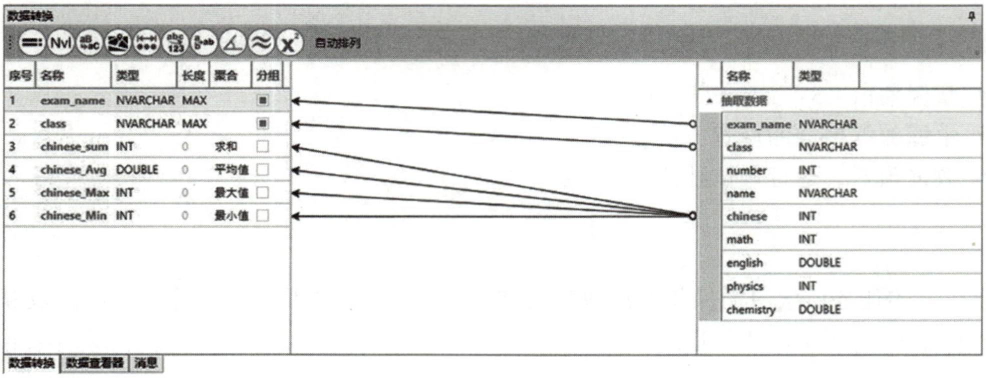

图 1－58

选择【聚合语文成绩】节点设置查看器，点击调试按钮，调试运行如图 1－59 所示。

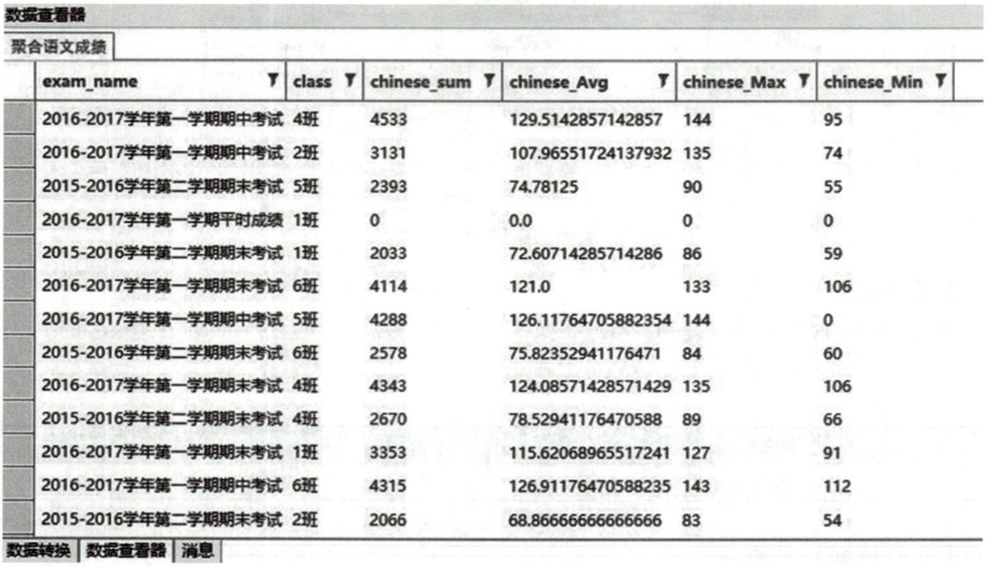
数据查看器

聚合语文成绩

exam_name	class	chinese_sum	chinese_Avg	chinese_Max	chinese_Min
2016-2017学年第一学期期中考试	4班	4533	129.5142857142857	144	95
2016-2017学年第一学期期中考试	2班	3131	107.96551724137932	135	74
2015-2016学年第二学期期末考试	5班	2393	74.78125	90	55
2016-2017学年第一学期平时成绩	1班	0	0.0	0	0
2015-2016学年第二学期期末考试	1班	2033	72.60714285714286	86	59
2016-2017学年第一学期期末考试	6班	4114	121.0	133	106
2016-2017学年第一学期期中考试	5班	4288	126.11764705882354	144	0
2015-2016学年第二学期期末考试	6班	2578	75.82352941176471	84	60
2016-2017学年第一学期期末考试	4班	4343	124.08571428571429	135	106
2015-2016学年第二学期期末考试	4班	2670	78.52941176470588	89	66
2016-2017学年第一学期期末考试	1班	3353	115.62068965517241	127	91
2016-2017学年第一学期期中考试	6班	4315	126.91176470588235	143	112
2015-2016学年第二学期期末考试	2班	2066	68.86666666666666	83	54

数据转换 数据查看器 消息

图 1－59

任务 1－5－2　文本聚合

文本聚合

【任务情境】

本任务是某门户网站欲统计该网站用户浏览网页的数据，从而掌握用户访问该网站页面数据。具体要求是统计所有用户访问的网页，去掉重复数据后，将每个用户访问页面汇总起来拼接成 csv 字符串来完成。

【数据准备】

本任务使用“大数据财务分析”课程数据库中的用户访问记录表（ip_page），具体字段信息如表 1－64 所示。

表 1－64　　字段说明

字段名	字段说明
ip	用户 ip
page	用户访问页面

具体数据预览如图 1－60 所示。

数据查看器

e_ip_page

ip	ip_page	request
58.86.11.83	创业	"GET /demo/创业 HTTP/1.1"
323.47.62.14	创业	"GET /demo/创业 HTTP/1.1"
18.14.652.672	短小说	"GET /product/product2/短小说 HTTP/1.1"
86.648.605.634	数学	"GET /product/product1/数学 HTTP/1.1"
53.667.16.82	创业	"GET /demo/创业 HTTP/1.1"
13.640.53.680	创业	"GET /demo/创业 HTTP/1.1"
88.650.614.41	创业	"GET /demo/创业 HTTP/1.1"
11.308.18.624	创业	"GET /demo/创业 HTTP/1.1"
361.631.17.30	小说	"GET /contact/小说 HTTP/1.1"
364.06.60.321	物理	"GET /feeds/press/物理 HTTP/1.1"
633.612.648.377	古典文学	"GET /product/product4/古典文学 HTTP/1.1"
688.41.71.82	二胎	"GET /download/二胎 HTTP/1.1"
361.631.17.30	赛跑	"GET /products/demos/赛跑 HTTP/1.1"

数据转换　数据查看器　消息

图 1－60

【技术准备】

- “字符串拼接”文本聚合的使用方法。
- 数据预览、运行调试技能。

【任务实施】

运用前述任务所学习的操作方法建立【课程数据库】【抽取数据】【清除重复数据】【用户访问所有页面汇总】等节点，具体流程如图 1－61 所示。

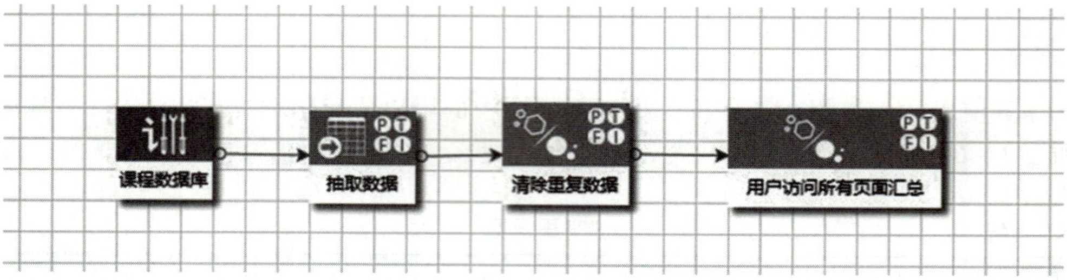

图 1－61

1. 【课程文件】节点。

【课程文件】节点属性见表 1－65。

表 1－65

属性名	值
课程	大数据财务分析

2. 【抽取数据】节点。

【抽取数据】节点属性见表 1－65。

表 1－65

属性名	值
引用源	ip_page

3. 【清除重复数据】节点。

【清除重复数据】面板设置见表 1－67。

表 1－67

名称	参数
允许重复行	False（取消勾选）

【清除重复数据】节点转换逻辑定义如图 1－62 所示。

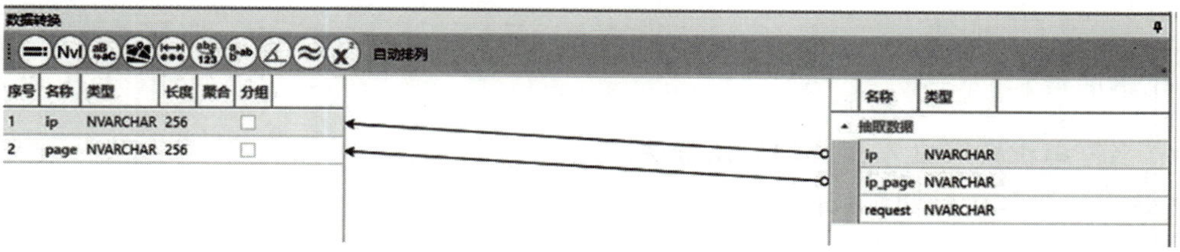

图 1－62

4. 【用户访问所有页面汇总】节点。

【用户访问所有页面汇总】节点转换逻辑定义见图 1－63。

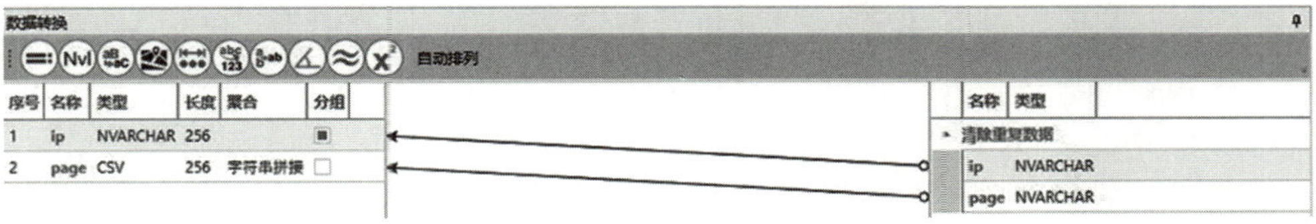

图 1－63

选择【用户访问所有页面汇总】节点设置查看器，点击调试按钮，调试运行如图 1－64 所示。

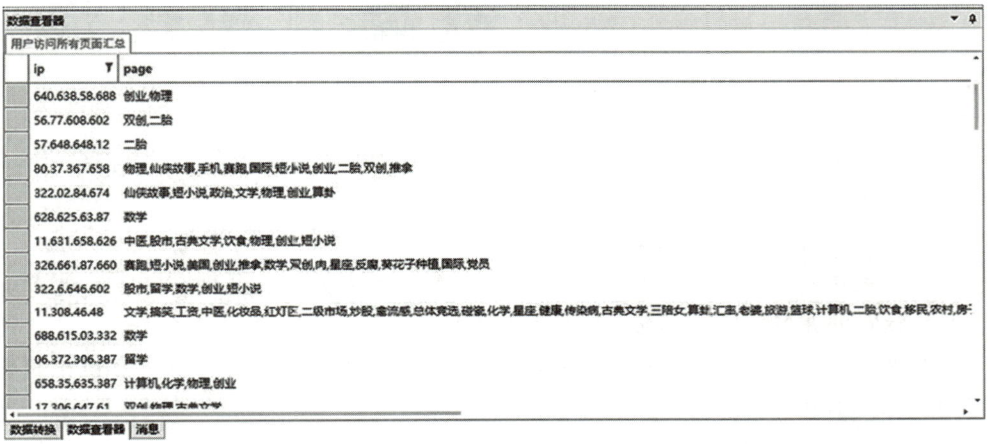

图 1－64

项目二
数据分析挖掘

【能力目标】

- □ 掌握各种统计分析方法的原理
- □ 掌握移动平均分析、时间序列分析、单因素方差分析、正规化分析、分类算法等分析方法的应用场景和使用方法
- □ 掌握线性回归、岭回归、Lasso 回归、逻辑回归、K-Means 聚类和朴素贝叶斯等模型的训练与引用
- □ 掌握决策树算法的原理和模型参数设置及预测方法
- □ 建立数据分析挖掘的思维

【知识准备】

对结构化和非结构化数据的分析分为描述性、探索性以及验证性数据分析，常见的数据分析方法有描述性分析、相关分析、方差分析和回归分析。

对研究对象的属性分析可以分为定性分析和定量分析两种，定性分析就是对研究对象进行“质”的方面的分析，达到认识事物本质、揭示内在规律的目的。定量分析是对研究对象所包含成分或所具备性质间的数量关系的分析，定量变量是由测量或计数、统计所得到的具有数值特征的连续量，如长度、重量、产量、人口、速度和温度等。

数据集中程度是指数据的集中趋势，表示一组数据向某一中心值靠拢的程度，反映一组数据中心点的所在位置，如平均值、中位数、众数等。平均值即均值，主要包括算术平均数、加权平均值、几何平均值；中位数是指对有限数集按数据值高低排序后正中间的值，如果观察值有偶数个，则取最中间的两个数值的平均数作为中位数；众数是一组数据中出现次数最多的数值，众数可以不存在，也可以有多个。

数据离散程度反映了所有观测值偏离中心的分布情况。描述数据离散程度的变量有极差、方差、标准差。极差又称范围误差或全距，表示最大值与最小值之间的差距，即最大值减最小值；方差是衡量数据离散程度的变量，是每个样本值与全体样本值的平均数之差的平方值的平均数；标准差又常称均方差，是离均差平方的算术平均数的平方根，用 σ 表示。

数据统计分析是通过图表或数学的方法对数据的分布状态、数字特征和随机变量之间关系进行估计和描述的方法，包括相关系数、峰度、分位值、标准差等方法。相关系数也叫相关关系或线性相关系数，是一种研究非确定性的关系变量之间线性相关程度的量，其定义方式包括简单相关系数、复相关系数、典型相关系数；峰度又称峰态系数，是指数据分布曲线顶峰的尖平坦程度，是数据分布的又一重要特征。峰度的绝对值数值越大表示其分布形态的陡缓程度与正态分布的差异程度越大；分位值是随机变量的特征数之一。将随机变量分布曲线与 X 轴包围的面积作 n 等分，得 n－1 个值［X_1，X_2，…，X_（n－1）］，这些值称为 n 分位值；标准差是方差的算术平方根，在概率统计中最常使用作为统计分布程度上的测量。

单因素方差分析是指对单因素试验结果进行分析，检验因素对试验结果有无显著性影响的方法。方差分析是对多个处理平均数进行假设检验的方法，而单因素是指该实验中只有一个实验因素。

数据正规化是将相互独立的样本数据变换为单位范数的向量，对向量中的每个分量值除以正规化因子。常用的正规化因子有 L1、L2 和 Max。常用的方法有极值正规化、零值正规化、函数正规化和模糊量化正规化。

回归分析是指确定变量间相互依赖关系的定量统计分析方法，按不同的维度可以分为一元回归和多元回归分析、简单回归分析和多重回归分析、线性回归分析和非线性回归分析。在大数据分析中，回归分析是一种预测性的建模技术，建立在数据的线性关系、效应累加、正态分布等假定条件基础上，常用的回归模型有线性回归、逻辑回归、岭回归、Lasso 回归等。

聚类分析是将研究对象分为相对同质的群组的多变量统计技术，属于探索性的分析，聚类算法有迭代聚类和层次聚类等。层次聚类就是按自下而上或自上而下的方法一层一层地进行聚类；K-Means 聚类是最常用的迭代聚类算法，把数据分到离其最近的 K 个类簇中心点所代表的类簇中，然后再进行迭代分配点和更新类簇中心点的步骤，直至满足要求。

朴素贝叶斯法是基于贝叶斯定理与特征条件独立假设，使用概率对样本数据集进行的分类方法，是应用最为广泛的分类算法之一。朴素贝叶斯法是在贝叶斯算法的基础上进行了相应的简化，即假定的特征条件相互独立互不影响，每一特征同等重要，极大地简化了贝叶斯方法的复杂性。

决策树是通过一系列规则对数据进行分类的过程，主要有分类树和回归树两种，分类树对离散变量做决策树，回归树对连续变量做决策树。

任务 2－1　描述性统计分析

描述性统计分析

【任务情境】

描述性统计分析是数据挖掘之前的重要步骤，通过描述性统计分析可以对数据从整体上有所了解，是数据探索的重要步骤。本任务用数猎实验环境以花萼长度为例，对鸢尾花数据集进行描述性统计分析，包括计算数据数量，花萼长度最大值、最小值、平均值和众数。

【数据准备】

本任务所使用的源数据 iris. csv（鸢尾花数据集）存储在“大数据财务分析”课程的【课程文件】中，数据表的字段说明见表 2－1。

表 2－1　　字段说明

字段名	字段说明
label	鸢尾花类别标签，共有 0、1、2 三类标签
sepal_length	花萼长度
sepal_width	花萼宽度
petal_length	花瓣长度
petal_width	花瓣宽度

数据预览如图 2－1 所示。

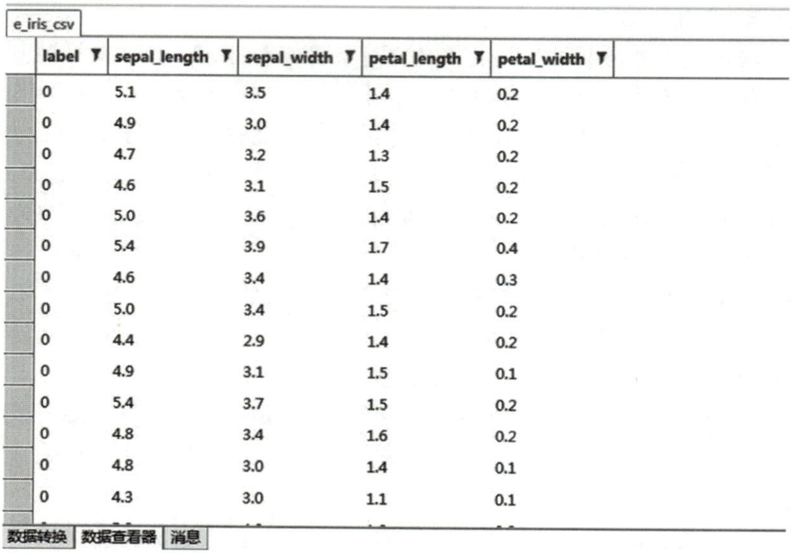
e_iris_csv

label	sepal_length	sepal_width	petal_length	petal_width
0	5.1	3.5	1.4	0.2
0	4.9	3.0	1.4	0.2
0	4.7	3.2	1.3	0.2
0	4.6	3.1	1.5	0.2
0	5.0	3.6	1.4	0.2
0	5.4	3.9	1.7	0.4
0	4.6	3.4	1.4	0.3
0	5.0	3.4	1.5	0.2
0	4.4	2.9	1.4	0.2
0	4.9	3.1	1.5	0.1
0	5.4	3.7	1.5	0.2
0	4.8	3.4	1.6	0.2
0	4.8	3.0	1.4	0.1
0	4.3	3.0	1.1	0.1

数据转换　数据查看器　消息

图 2－1　数据预览

【技术准备】

- 掌握对数据进行描述性统计分析的方法。
- 数据预览、运行调试技能。

【任务实施】

运用前述任务所学习的操作方法建立【课程文件】【数据汇集】（抽取数据）和【花萼长度统计】【分组统计】【数据量统计】【数量最大值】【花萼长度众数】七个节点，流程如图 2－2 所示。

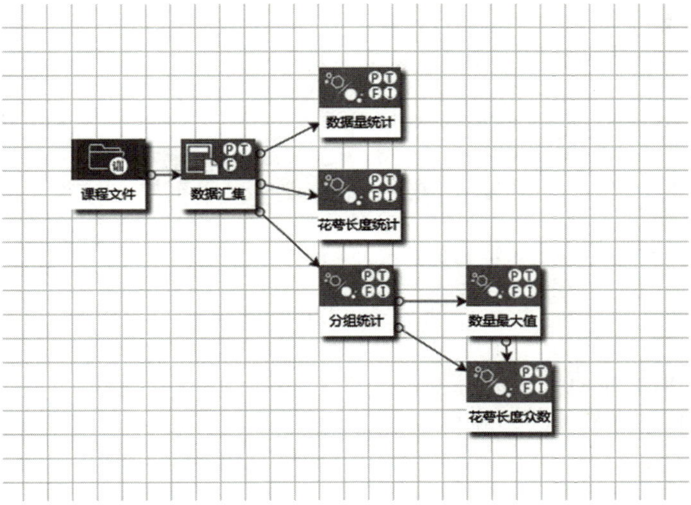

图 2-2

1. 【课程文件】节点。

【课程文件】节点属性见表 2-2。

表 2-2

属性名	值
课程	大数据财务分析

2. 【数据汇集】节点。

【数据汇集】节点属性见表 2-3。

表 2-3

属性名	值
标题行号	1
起始数据行号	2
换行方式	Windows - CR/LF
引用源	iris. csv

3. 【花萼长度统计】节点。

【花萼长度统计】节点转换逻辑见图 2-3。

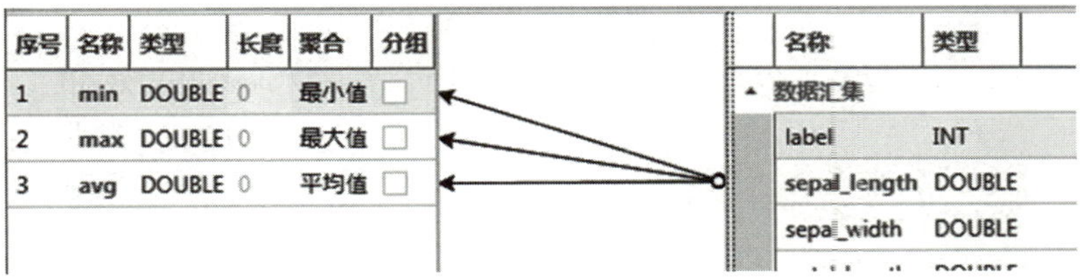

图 2-3

4. 【分组统计】节点。

【分组统计】节点转换逻辑见图 2－4。

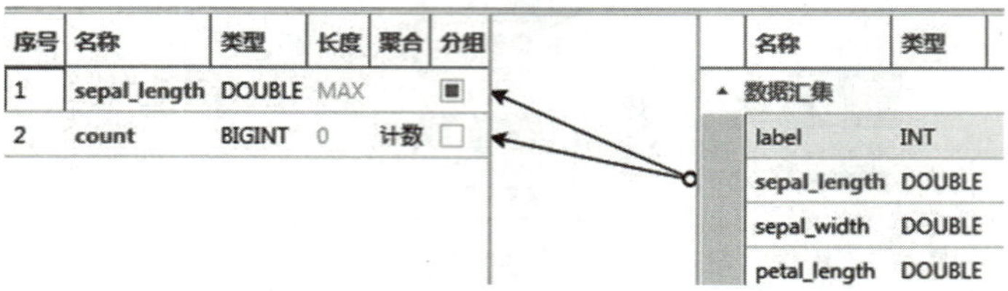

图 2－4

5. 【数量最大值】节点。

【数量最大值】节点转换逻辑见图 2－5。

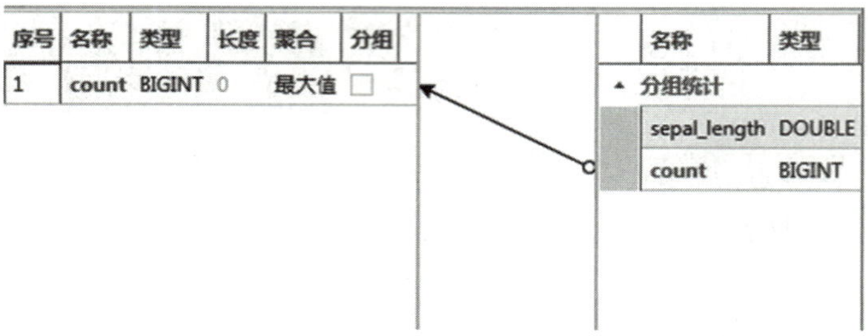

图 2－5

6. 【花萼长度众数】节点。

- 连接信息设置（见表 2－4）。

表 2－4

工作流节点	连接类型	条件
分组统计	Base	
数量最大值	InnerJoin	分组统计 . count = 数量最大值 . count

- 转换逻辑定义（见图 2－6）

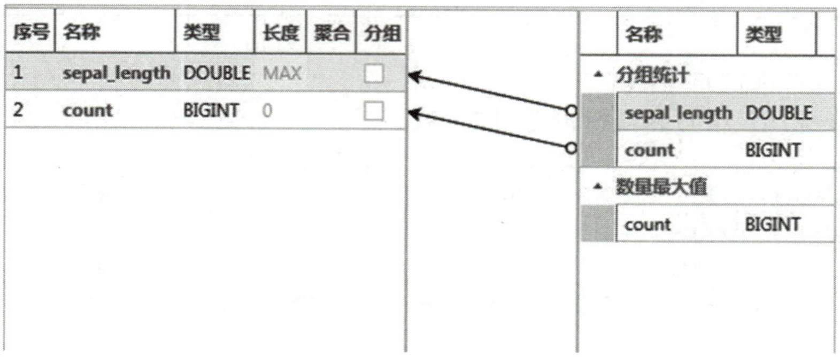

图 2－6

7.【数据量统计】节点。

【数据量统计】节点转换逻辑见图 2－7。

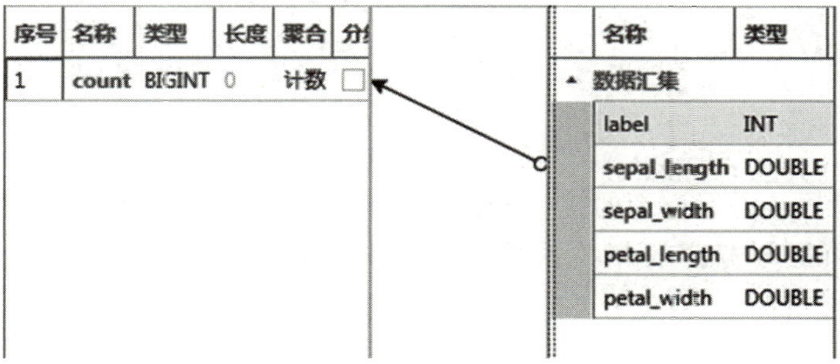

图 2－7

选中【花萼长度统计】【花萼长度众数】【数据量统计】节点并设置查看器，点击调试按钮，调试运行如图 2－8 所示。

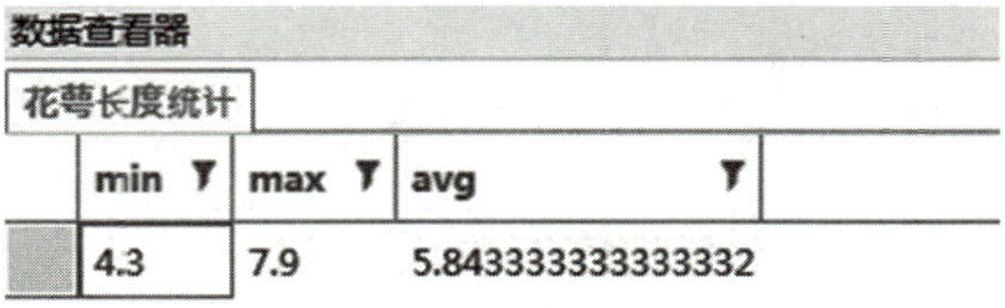

图 2－8

从计算结果可以看出，花萼长度的最小值是 4.3，最大值是 7.9，平均值约是 5.843。花萼长度的众数是 5.0，出现了 10 次（见图 2－9）。

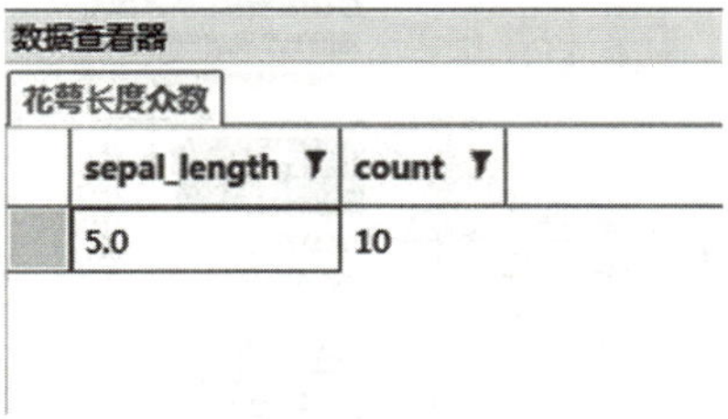

图 2－9

全部数据量共有 150 条（见图 2－10）。

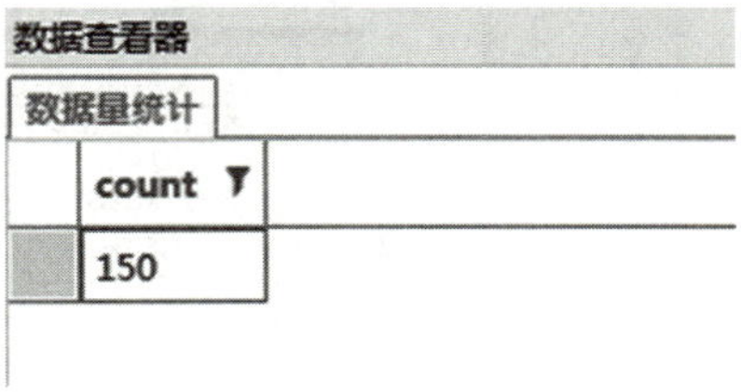

图 2－10

任务 2－2 数据高级统计分析

数据高级统计分析

【任务情境】

本任务是对鸢尾花进行详细的统计分析，具体要求对花萼长度数据进行数值精度转换，并计算花萼长度和花萼宽度的相关系数，同时求出花萼长度的峰度、中位数、标准差和方差。

【数据准备】

本任务所使用的源数据与任务 2－1 的数据源相同。

【技术准备】

- 掌握抽样组件的设置方法。
- 数据预览、运行调试技能。

【任务实施】

运用前述任务所学习的操作方法建立【课程文件】【数据汇集】【数值精度转换】【花萼长度宽度相关系数】【花萼长度峰度】【花萼长度中位数】【花萼长度标准差】【花萼长度方差】（转换类中的抽样节点）八个节点，流程如图 2－11 所示。

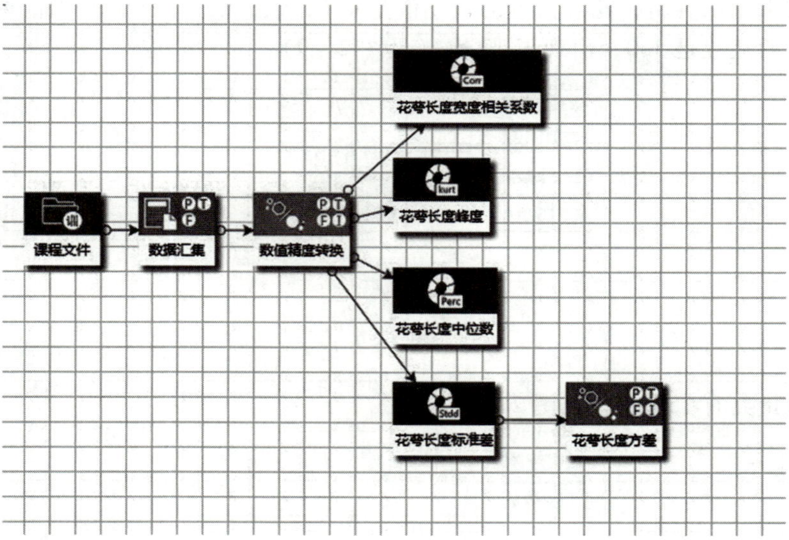

图 2－11

1. 【数据汇集】节点。

【数据汇集】节点属性见表 2－5。

表 2-5

属性名	值
标题行号	1
起始数据行号	2
换行方式	Windows - CR/LF
引用源	iris. csv

2.【数值精度转换】节点。

由于后续统计分析参数的要求，这个节点把花萼长度（sepal_length）和花萼宽度（sepal_width）进行数值精度转换，转成 decimal 类型，见图 2-12。

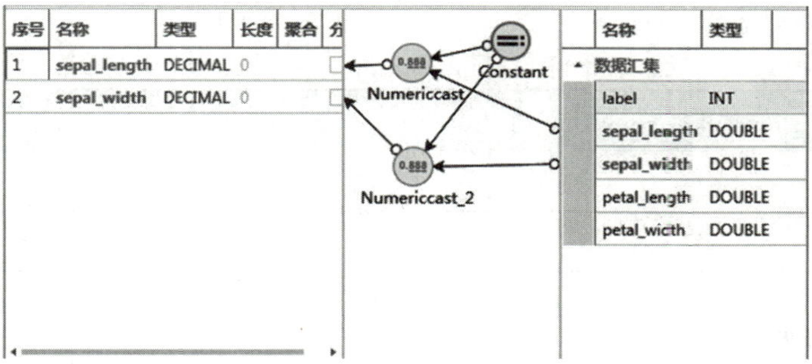

图 2-12

【数据转换器】参数见表 2-6。

表 2-6

转换器	名称	参数
Constant	Constant	【常量数据类型】：int，〔值〕：19
Numericcast	Numericcast	【目标数据类型】：DECIMAL
Numericcast	Numericcast_2	【目标数据类型】：DECIMAL

3.【花萼长度宽度相关系数】节点。

这个节点是求出花萼长度和宽度的相关系数，属性见表 2-7。

表 2-7

属性名	值
算法名称	相关系数
数据映射	见“相关系数数据映射”
参数	值：pearson

相关系数数据映射见图 2-13。

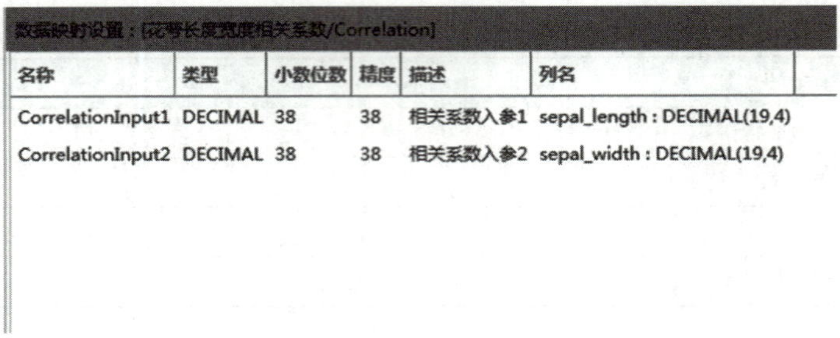

数据映射设置：[花萼长度宽度相关系数/Correlation]

名称	类型	小数位数	精度	描述	列名
CorrelationInput1	DECIMAL	38	38	相关系数入参1	sepal_length : DECIMAL(19,4)
CorrelationInput2	DECIMAL	38	38	相关系数入参2	sepal_width : DECIMAL(19,4)

图 2－13

4.【花萼长度峰度】节点。

这个节点求出花萼长度的峰度，属性见表 2－8。

表 2－8

属性名	值
算法名称	峰度
数据映射	见“峰度数据映射”

峰度数据映射见图 2－14。

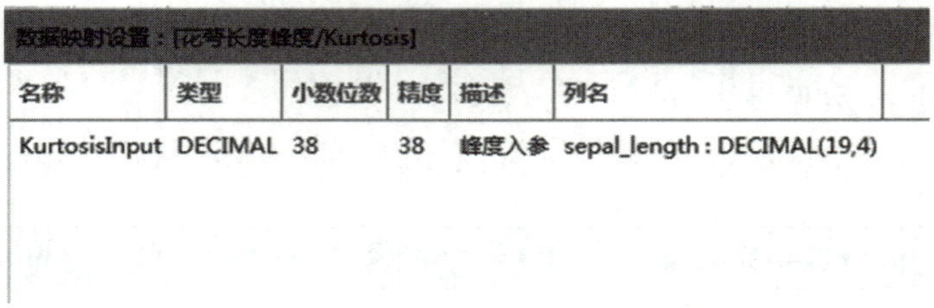

数据映射设置：[花萼长度峰度/Kurtosis]

名称	类型	小数位数	精度	描述	列名
KurtosisInput	DECIMAL	38	38	峰度入参	sepal_length : DECIMAL(19,4)

图 2－14

5.【花萼长度中位数】节点。

这个节点求出花萼长度的中位数，属性见表 2－9。

表 2－9

属性名	值
算法名称	百分位
数据映射	见“百分位数据映射”
参数	值：0.5

百分位数据映射见图 2－15。

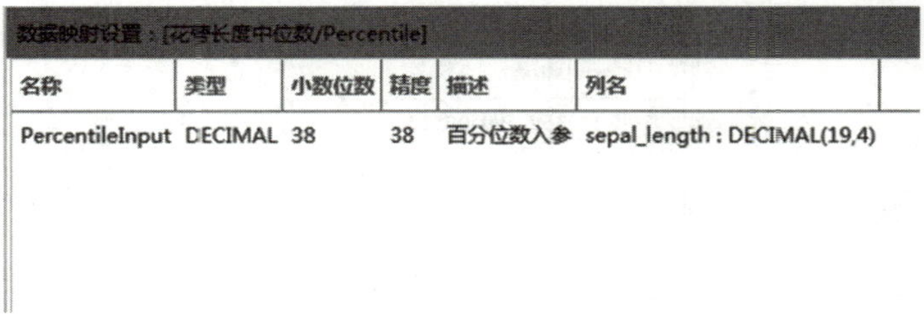
数据映射设置：[花萼长度中位数/Percentile]

名称	类型	小数位数	精度	描述	列名
PercentileInput	DECIMAL	38	38	百分位数入参	sepal_length：DECIMAL(19,4)

图 2-15

6. 【花萼长度标准差】节点。

这个节点求出花萼长度的标准差，属性见表 2-10。

表 2-10

属性名	值
算法名称	标准差
数据映射	见“标准差数据映射”

标准差数据映射见图 2-16。

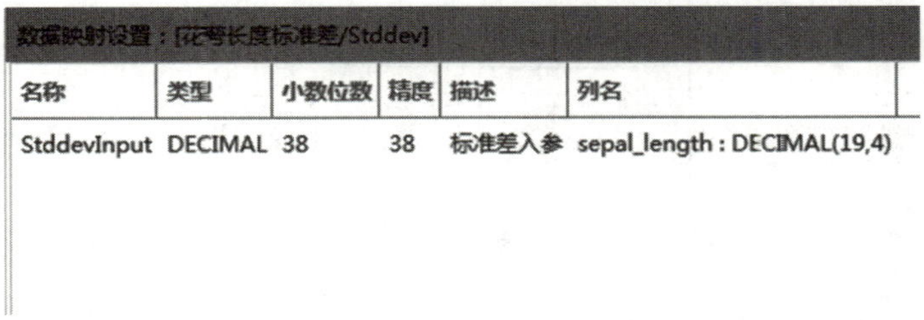
数据映射设置：[花萼长度标准差/Stddev]

名称	类型	小数位数	精度	描述	列名
StddevInput	DECIMAL	38	38	标准差入参	sepal_length：DECIMAL(19,4)

图 2-16

7. 【花萼长度方差】节点。

方差就是标准差的平方，用 Square 转换器实现（见图 2-17）。

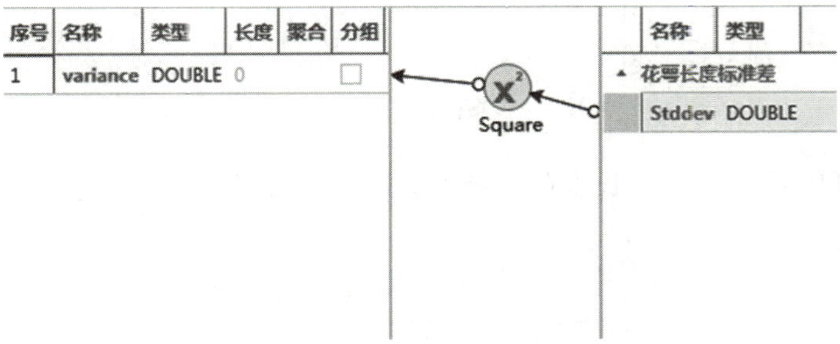

图 2-17

选中【花萼长度宽度相关系数】【花萼长度峰度】【花萼长度中位数】【花萼长度标准差】【花萼长度方差】等节点并设置查看器，点击调试按钮，调试运行如图 2-18 所示。

图 2－18

从计算结果可以看出，花萼长度与宽度的相关系数约是－0.1，说明是弱负相关。

从计算结果可以看出，花萼长度的峰度约是－0.57（见图 2－19）。

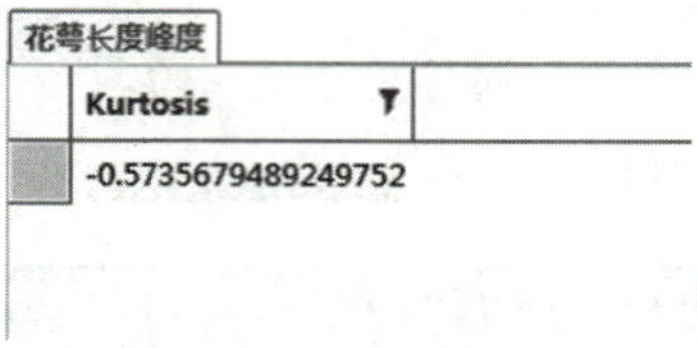

图 2－19

因该峰度 <0 表示该总体数据分布与正态分布相比较为平坦，为平顶峰。

从计算结果可以看出，花萼长度的中位数是 5.8（见图 2－20）。

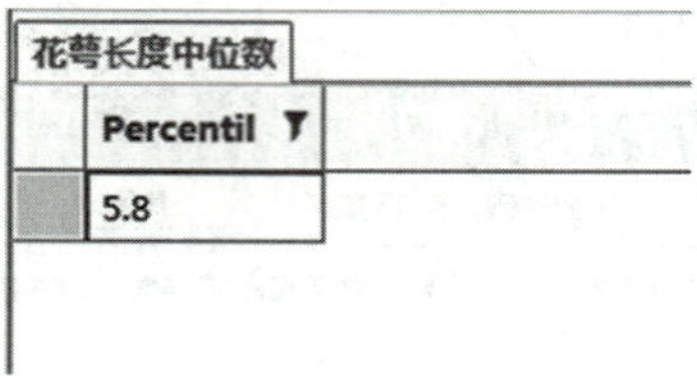

图 2－20

从计算结果可以看出，花萼长度的标准差约是 0.828（见图 2－21）。

图 2－21

从计算结果可以看出，花萼长度的方差约是 0.686（见图 2－22）。

图 2－22

任务 2-3 移动平均分析

移动平均分析

【任务情境】

时间序列分析常用于关于时间或随时间变化的数据分析，如股票数据、经济数据等。移动平均法是一种简单平滑预测技术，是最常用的时间序列分析方法，它根据时间序列资料、逐项推移，依次计算包含一定项数的序时平均值来反映长期变化趋势。本任务要求对历年GDP数据进行移动平均分析，并预测下一年的GDP。

【数据准备】

本任务所使用的源数据“人均 gdp. csv”存储在“大数据财务分析”课程的【课程文件】中，数据表的字段说明见表 2-11。

表 2-11　字段说明

字段名	字段说明
year	年份
GDP	人均 GDP

数据预览如图 2-23 所示。

e_人均gdp_csv

year	GDP
1960	89
1961	75
1962	70
1963	74
1964	85
1965	98
1966	104
1967	96
1968	91
1969	100
1970	113
1971	118
1972	131
1973	157

图 2-23

【技术准备】

- 掌握抽样组件的设置方法。
- 数据预览、运行调试技能。

【任务实施】

运用前述任务所学习的操作方法建立【课程文件】【数据汇集】（抽取数据）、【数据精度转换】和【移动平均】四个节点，流程如图 2 – 24 所示。

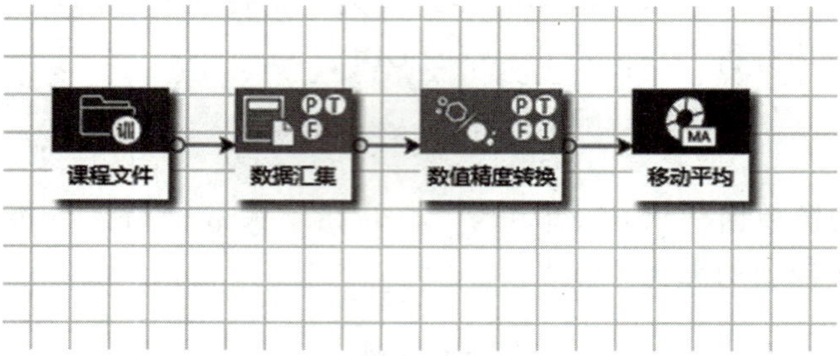

图 2 – 24

1. 【数据汇集】节点。

【数据汇集】节点属性见表 2 – 12。

表 2 – 12

属性名	值
标题行号	1
起始数据行号	2
换行方式	Windows – CR/LF
引用源	人均 gdp. csv

2. 【数值精度转换】节点。

由于后续统计分析参数的要求，这个节点把 GDP 进行数值精度转换，转成 decimal 类型，转换器逻辑定义如图 2 – 25 所示。

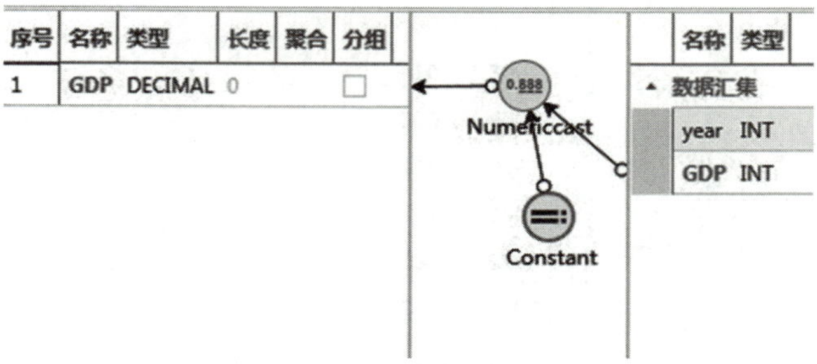

图 2 – 25

【数据转换器】参数见表 2－13。

表 2－13

转换器	名称	参数
Constant	Constant	【常量数据类型】：INT，〔值〕：19
Numericcast	Numericcast_MEDV	【目标数据类型】：DECIMAL

3. 【移动平均】节点。

【移动平均】节点属性见表 2－14。

表 2－14

属性名	值
算法名称	移动平均
数据映射	见“移动平均数据映射”
参数	移动步长：10

移动平均数据映射见图 2－26。

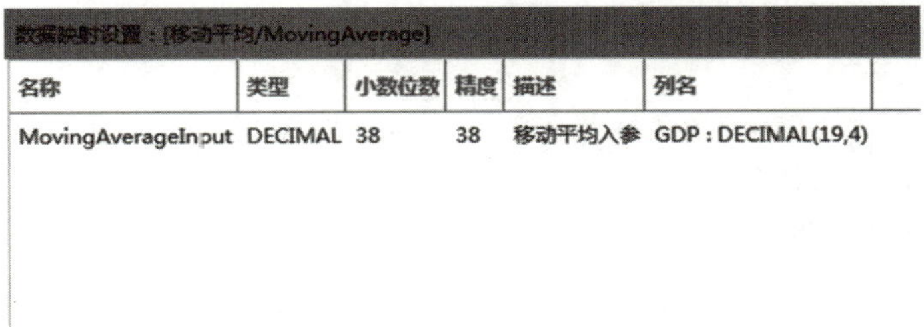

图 2－26

选中【移动平均】节点并设置查看器，点击调试按钮，调试运行如图 2－27 所示。可以看出，预测出下一年的 GDF 应该是略高于 5748.6。

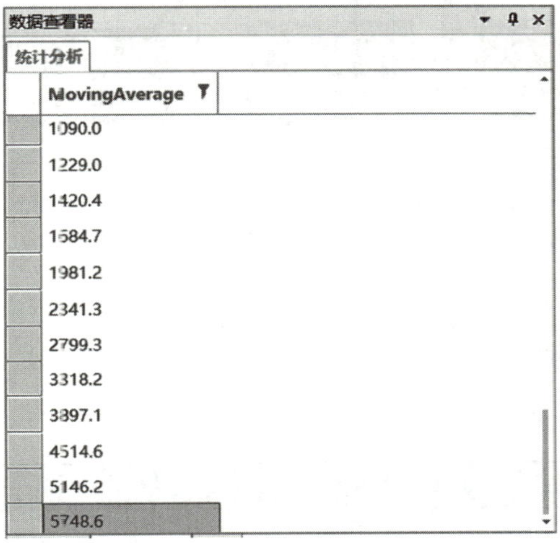

图 2－27

任务 2 - 4　单因素方差分析

单因素方差分析

【任务情境】

实际工作中经常用单因素方差分析来表示不同品种之间的差异，本任务要求使用单因素方差分析对 3 个水稻品种的亩产量进行分析。

【数据准备】

本任务所使用的源数据 anova_data. csv 存储在“大数据财务分析”课程的【课程文件】中，是不同品种水稻的亩产量观测数据，该数据集有 3 个品种，分别是品种 1、品种 2、品种 3，每个品种观测了 5 次亩产量，数据预览如图 2 - 28 所示。

文件内容预览
品种,观测1,观测2,观测3,观测4,观测5
品种1,390,410,372,385,396
品种2,375,348,354,364,362
品种3,413,383,408,399,397

图 2 - 28

【技术准备】

- 掌握抽样组件的设置方法。
- 数据预览、运行调试技能。

【任务实施】

运用前述任务所学习的操作方法建立【课程文件】【数据汇集】（抽取数据）和【单因素方差分析】三个节点，流程如图 2 - 29 所示。

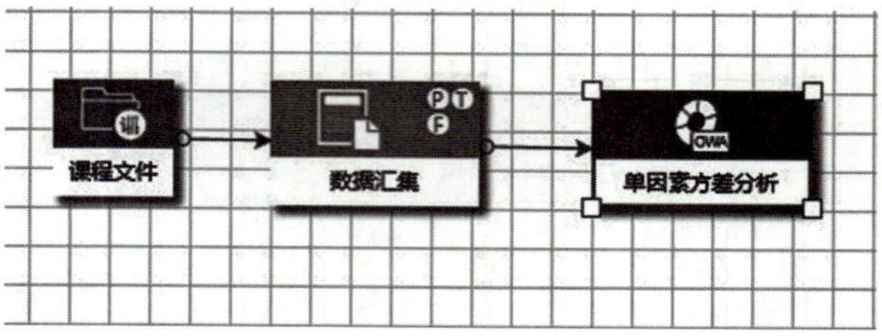

图 2 - 29

1. 【课程文件】节点。

【课程文件】节点属性见表 2 - 15。

表 2 - 15

属性名	值
课程	大数据财务分析

2. 【数据汇集】节点。

【数据汇集】节点属性见表 2－16。

表 2－16

属性名	值
文件格式	CSV
标题行号	1
起始数据行号	2
换行方式	Windows － CR/LF
引用源	anova_data. csv

数据转换逻辑见图 2－30。

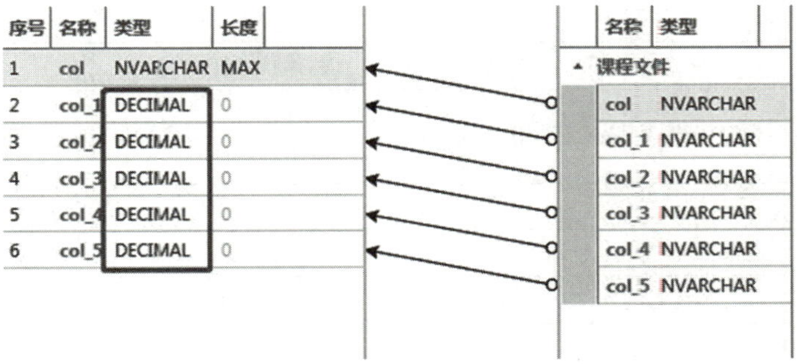

图 2－30

3. 【单因素方差分析】节点。

【属性】面板设置见表 2－17。

表 2－17

属性名	值
算法名	单因素方差分析
数据映射	见“单因素方差分析数据映射”
参数	α：0. 05

单因素方差分析数据映射见图 2－31。

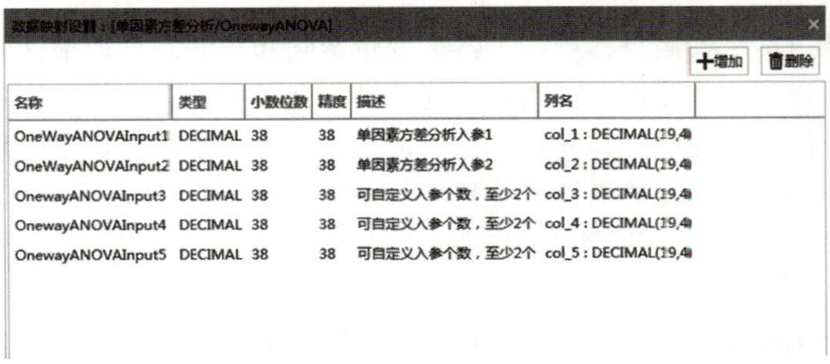

图 2－31

选中【单因素方差分析】节点并设置查看器，点击调试按钮，调试运行如图 2－32 所示。

单因素方差分析

SST	dfT	SSE	dfE	MSE	SSA	dfA	MSA	F	pValue	FCriterion
5972.935586686666	14	5592.00000001	10	559.200000001	380.9355866766667	4	95.23389666916667	0.1703038209388347	0.9486445072256752	3.4780496908566803

图 2－32

计算结果说明如图 2－18 所示。

表 2－18

参数	说明
SST	SST＝SSA＋SSE
dfT	总体自由度
SSE	组内误差
dfE	组内自由度
MSE	组内误差平均值
SSA	组间误差
dfA	组间自由度
MSA	组间误差平均值
F	F 比＝MSA/MSE
pValue	P 值
FCriterion	标准值，也就是 F 分布表中的值，需要查分布表。在 $\alpha=0.05$ 时，FCriterion＝3.478

从计算结果可以看出 F＝0.1703038209388347＜FCriterion（3.478），所以不同品种之间统计上不存在显著性差异。

任务 2－5　数据正规化

数据正规化

【任务情境】

数据正规化是当某个预测目标受多个特征变量影响和控制时，如果这些特征变量的量纲和数值的量级不一样，将直接影响预测目标的结果，通过标准化处理，使不同特征变量具有相同的影响尺度，使目标受多个相同尺度的特征变量控制，使不同特征变量对参数的影响程度一样。本任务要求将鸢尾花的不同属性特征数据进行正规化处理。

【数据准备】

本任务所使用的源数据 iris. csv（鸢尾花卉数据）存储在“大数据财务分析”课程的【课程文件】中，该数据集有 150 行 5 列，分为 3 个类别样本数据，每个样本有四个特征和一个类别标签，数据表的字段说明见表 2－19。

表 2－19

字段	数据类型	业务含义
Label	整数	类别标签，0（Setosa）、1（Versicolour）、2（Virginica）
sepal_ength	数值	花萼长度
sepal_width	数值	花萼宽度
petal_length	数值	花瓣长度
petal_width	数值	花瓣宽度

数据预览如图 2－33 所示。

```
label,sepal_length,sepal_width,petal_length,petal_width
0,5.1,3.5,1.4,0.2
0,4.9,3.0,1.4,0.2
0,4.7,3.2,1.3,0.2
0,4.6,3.1,1.5,0.2
0,5.0,3.6,1.4,0.2
0,5.4,3.9,1.7,0.4
0,4.6,3.4,1.4,0.3
0,5.0,3.4,1.5,0.2
0,4.4,2.9,1.4,0.2
0,4.9,3.1,1.5,0.1
0,5.4,3.7,1.5,0.2
```

图 2－33

【技术准备】

- 掌握抽样组件的设置方法。
- 数据预览、运行调试技能。

【任务实施】

运用前述任务所学习的操作方法建立【课程文件】【数据汇集】【正规化数据组装】【正规化结果】和【标准化】五个节点，流程如图 2－34 所示。

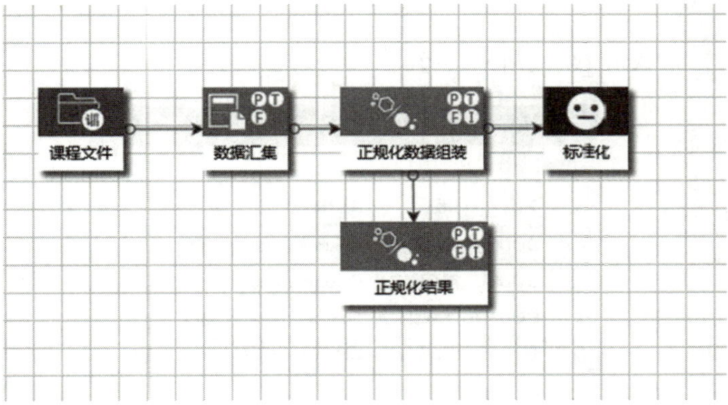

图 2－34

1. 【课程文件】节点。

【课程文件】节点属性见表 2-20。

表 2-20

属性名	值
课程	大数据财务分析

2. 【数据汇集】节点。

【数据汇集】节点属性见表 2-21。

表 2-21

属性名	值
文件格式	CSV
标题行号	1
起始数据行号	2
换行方式	Windows - CR/LF
引用源	iris. csv

3. 【正规化数据组装】节点。

【正规化数据组装】节点组装逻辑见图 2-35。

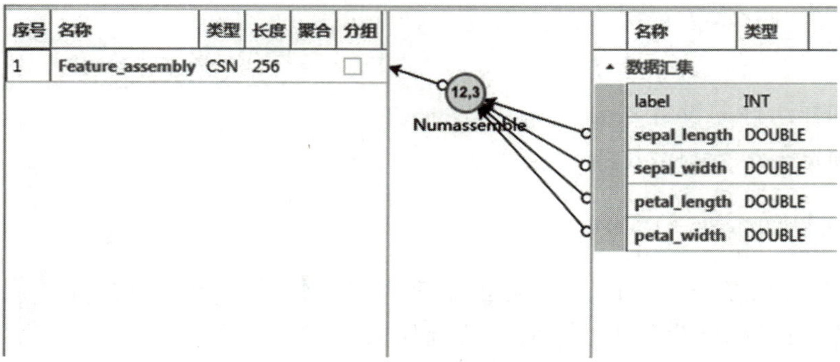

图 2-35

【Numassemble】输入参数，见图 2-36。

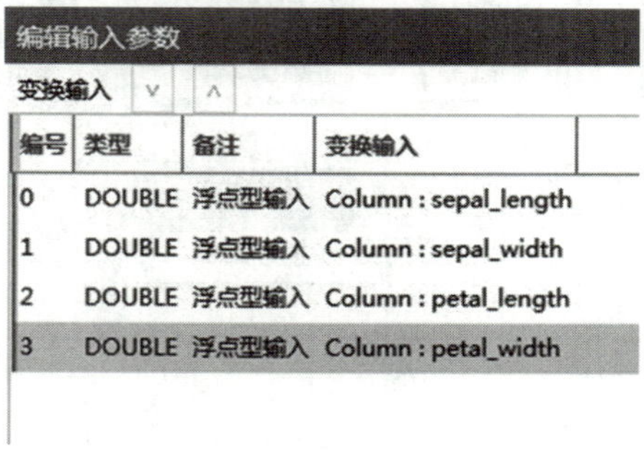

图 2-36

4. 【标准化】节点。

【属性】面板设置见表 2－22。

表 2－22

属性名	值
标准化方法	标准方法

转换逻辑定义见图 2－37。

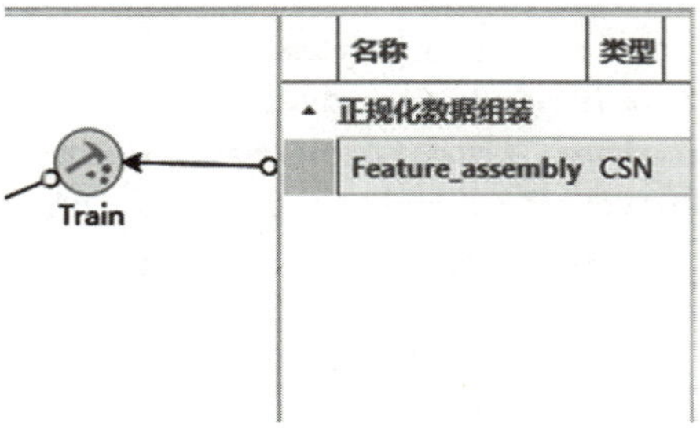

图 2－37

5. 【正规化结果】节点。

转换逻辑定义见图 2－38。

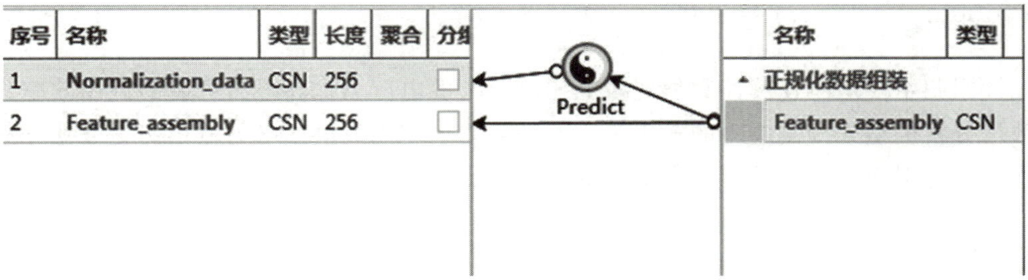

图 2－38

【数据转换器】参数见表 2－23。

表 2－23

转换器	名称	参数
Predict	Predict	【模型】：～/鸢尾花数据的正规化/标准化

选中【正规化结果】节点并设置查看器，点击调试按钮，调试运行如图 2－39 所示。

Normalization_data 为鸢尾花属性特征正规化后的结果，Feature_assembly 为鸢尾花属性特征正规化前的值。

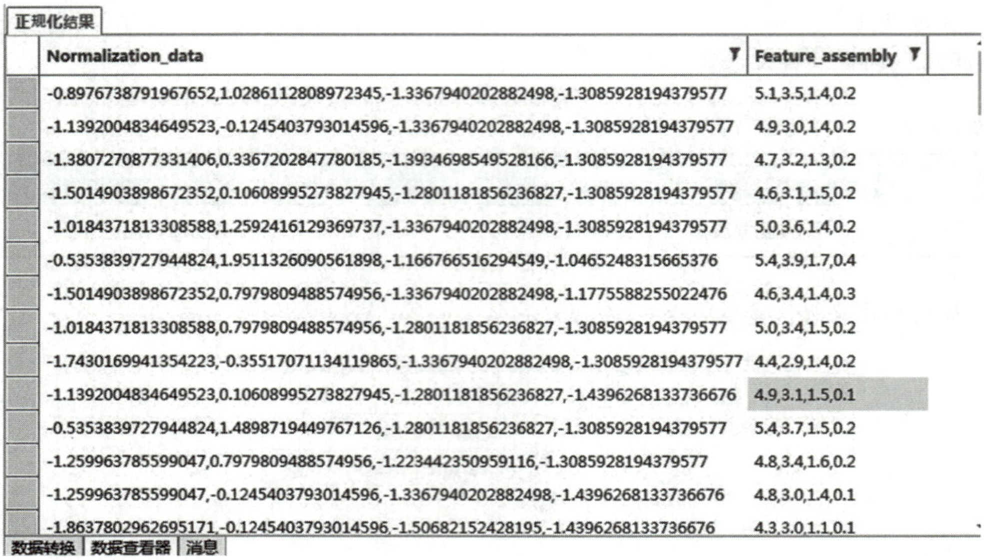

Normalization_data	Feature_assembly
-0.8976738791967652,1.0286112808972345,-1.3367940202882498,-1.3085928194379577	5.1,3.5,1.4,0.2
-1.1392004834649523,-0.1245403793014596,-1.3367940202882498,-1.3085928194379577	4.9,3.0,1.4,0.2
-1.3807270877331406,0.3367202847780185,-1.3934698549528166,-1.3085928194379577	4.7,3.2,1.3,0.2
-1.5014903898672352,0.10608995273827945,-1.2801181856236827,-1.3085928194379577	4.6,3.1,1.5,0.2
-1.0184371813308588,1.2592416129369737,-1.3367940202882498,-1.3085928194379577	5.0,3.6,1.4,0.2
-0.5353839727944824,1.9511326090561898,-1.166766516294549,-1.0465248315665376	5.4,3.9,1.7,0.4
-1.5014903898672352,0.7979809488574956,-1.3367940202882498,-1.1775588255022476	4.6,3.4,1.4,0.3
-1.0184371813308588,0.7979809488574956,-1.2801181856236827,-1.3085928194379577	5.0,3.4,1.5,0.2
-1.7430169941354223,-0.35517071134119865,-1.3367940202882498,-1.3085928194379577	4.4,2.9,1.4,0.2
-1.1392004834649523,0.10608995273827945,-1.2801181856236827,-1.4396268133736676	4.9,3.1,1.5,0.1
-0.5353839727944824,1.4898719449767126,-1.2801181856236827,-1.3085928194379577	5.4,3.7,1.5,0.2
-1.259963785599047,0.7979809488574956,-1.223442350959116,-1.3085928194379577	4.8,3.4,1.6,0.2
-1.259963785599047,-0.1245403793014596,-1.3367940202882498,-1.4396268133736676	4.8,3.0,1.4,0.1
-1.8637802962695171,-0.1245403793014596,-1.50682152428195,-1.4396268133736676	4.3,3.0,1.1,0.1

图 2－39

任务 2－6　线性回归预测

线性回归预测

【任务情境】

线性回归主要用于连续性数值变量的预测。某发电厂为提高电力资源的使用效率，准备运用数据分析模型来预测电力的输出量。本任务要求使用发电站电力输出历史数据建立线性回归模型，并引用该模型预测该发电站的电力输出需求。

【数据准备】

本任务所使用的源数据包括训练数据集 power_output_train 和预测数据集 power_output_predict，存储在“大数据财务分析”课程的【课程数据库】中，训练数据集 power_output_train 有 7623 行、5 列，每一行表示一个样本，PE 表示标签。测试数据集 power_output_predict 有 1945 行、4 列，每一行表示一个样本，与训练数据集相比少了最后一列标签数据，也就是本任务要预测的值。数据表的字段说明见表 2－24、表 2－25。

表 2－24　　训练数据集 power_output_train

编号	列名	数据类型	业务含义
1	AT	数值	环境温度
2	V	数值	真空排气
3	AP	数值	环境压强

续表

编号	列名	数据类型	业务含义
4	RH	数值	相对湿度
5	PE	数值	发电站的每小时电力净输出量，是要预测的变量

表 2 – 25　　预测数据集 power_output_predict

编号	列名	数据类型	业务含义
1	AT	数值	环境温度
2	V	数值	真空排气
3	AP	数值	环境压强
4	RH	数值	相对湿度

训练数据集 power_output_train 预览如图 2 – 40 所示。

AT	PE	RH	V	AP
2.34	490.34	69.68	39.42	1028.47
2.64	481.29	85.24	39.64	1011.02
3.0	485.2	80.14	39.64	1011.0
3.2	489.86	98.84	41.31	997.67
3.38	488.92	81.22	39.64	1011.0
3.4	459.86	83.43	39.64	1011.1
3.6	488.98	99.1	35.19	1018.73
3.74	490.5	98.84	35.19	1018.58
3.82	489.04	84.34	35.47	1016.62

图 2 – 40

预测数据集 power_output_predict 预览如图 2 – 41 所示。

AT	RH	V	AP
3.69	82.87	38.44	1016.74
3.73	82.42	39.42	1024.4
4.31	82.08	38.5	1011.75
4.32	88.51	35.47	1017.8
4.84	81.62	38.5	1011.96
4.99	83.11	41.03	1022.33
5.02	93.27	40.64	1021.2
5.07	66.17	40.07	1019.32
5.7	91.57	40.35	1012.18
5.71	87.9	40.77	1022.49

图 2 – 41

【技术准备】

- 掌握抽样组件的设置方法。
- 数据预览、运行调试技能。

【任务实施】

运用前述任务所学习的操作方法建立【课程数据库】【训练数据汇集】【训练数据组装】和【线性回归】四个节点，流程如图 2－42 所示。

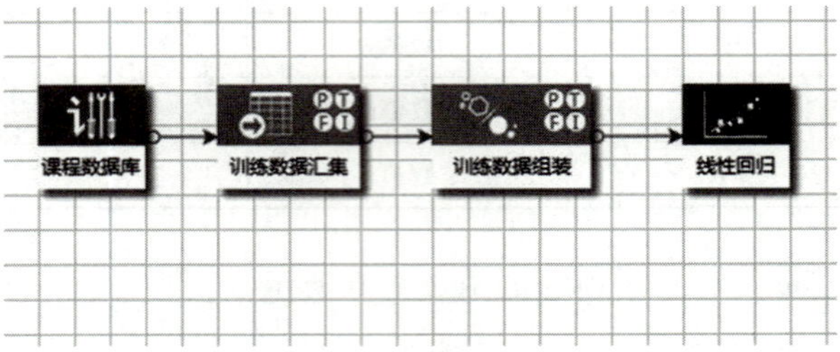

图 2－42

1. 【课程数据库】节点。

【课程数据库】节点属性见表 2－26。

表 2－26

属性名	值
课程	大数据财务分析

2. 【训练数据汇集】节点。

【训练数据汇集】节点属性设置见表 2－27。

表 2－27

属性名	值
引用源	power_output_train

3. 【训练数据组装】节点。

【训练数据组装】节点组装逻辑见图 2－43。

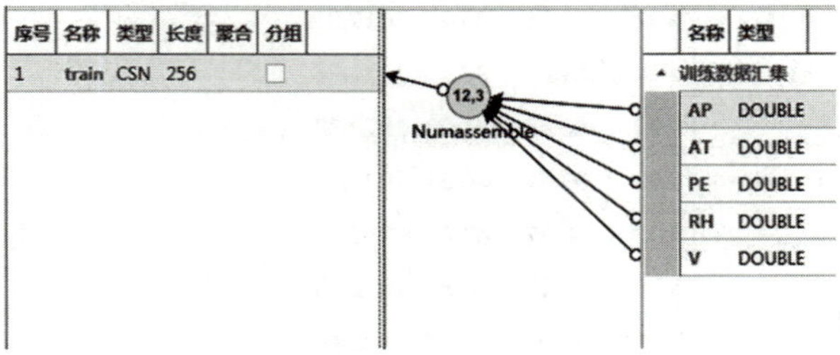

图 2－43

【Numassemble】输入参数见图 2－44。

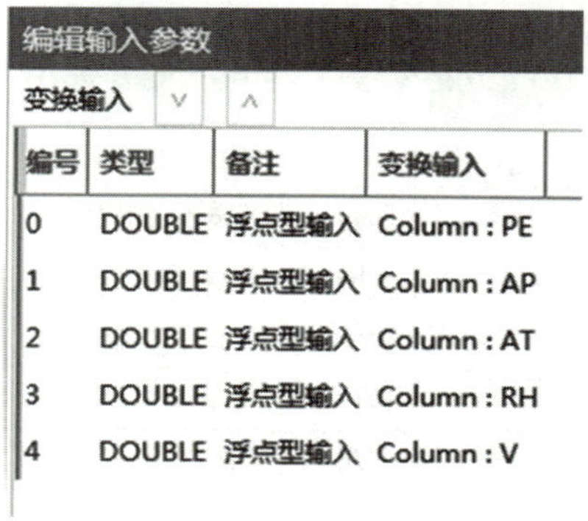

图 2－44

4.【线性回归】节点。

【线性回归】节点属性见表 2－28。

表 2－28

属性名	值
训练集比例	70
迭代次数	10
正则化参数	0
弹性网参数	0
优化方法	自动
拟合截距	True（勾选）
是否标准化	True（勾选）
容许误差	0.000001

转换逻辑定义见图 2－45。

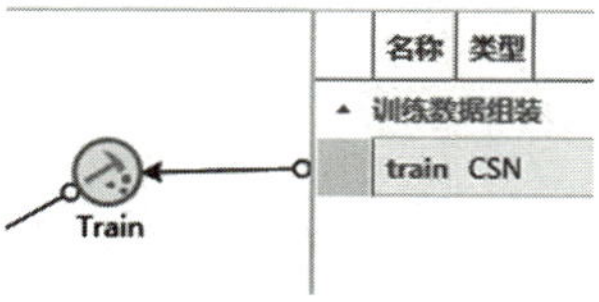

图 2－45

线性回归训练得到的模型见图 2－46。

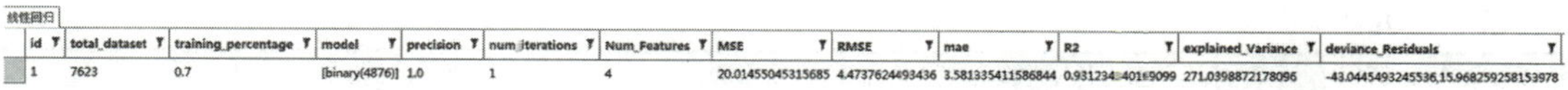
线性回归

id	total_dataset	training_percentage	model	precision	num_iterations	Num_Features	MSE	RMSE	mae	R2	explained_Variance	deviance_Residuals
1	7623	0.7	[binary(4876)]	1.0	1	4	20.01455045315685	4.4737624493436	3.581335411586844	0.931234[illegible]40169099	271.0398872178096	-43.0445493245536,15.968259258153978

图 2－46

线性回归节点输出参数见表 2－29。

表 2－29

英文名	中文名	类型	说明
Id		bigint	该模型的 Id
total_dataset	数据量	bigint	有效数据库条数，去掉 null 值
Model	模型	varbianry	训练后的模型，在数据库中以二进制格式保存
precision	模型测试准确率	Double	测试的准确率
num_iterations	迭代次数	int	模型训练的迭代次数
num_features	特征数量，也称为属性数量	Int	训练数据中特征数量
mse	测试误差的均方差	Double	
rmse	测试误差的均方差根	Double	
mae	测试误差的绝对值平均值	Double	
R^2	R^2 值	Double	$R^2=1-SSres/Sstot$，其中 SSres 是残差平方和，SStot 是 y 的方差
explained_variance	解释方差	Double	1－variance（y－hat ｛y｝）/variance（y）
creation_date	模型创建时间	Datetime	该模型保存时间
version	模型版本	Int	该模型版本，只有在属性面板中选中保留历史模型时该值才会自增 1
Key	分组 Key	String	用于分组建模

至此，训练模型已经完成，再用同样的方法建立【课程数据库】【预测数据汇集】【预测数据组装】和【电力输出预测】四个节点，流程如图 2－47 所示。

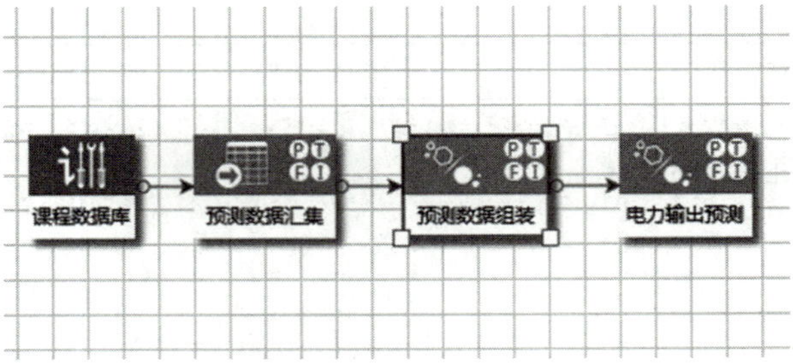

图 2－47

5. 【课程数据库】节点。

【课程数据库】节点属性见表 2－30。

表 2－30

属性名	值
课程	大数据财务分析

6. 【预测数据汇集】节点。

【预测数据汇集】节点属性见表 2－31。

表 2－31

属性名	值
引用源	power_output_predict

7. 【预测数据组装】节点。

【预测数据组装】节点转换逻辑定义见图 2－48。

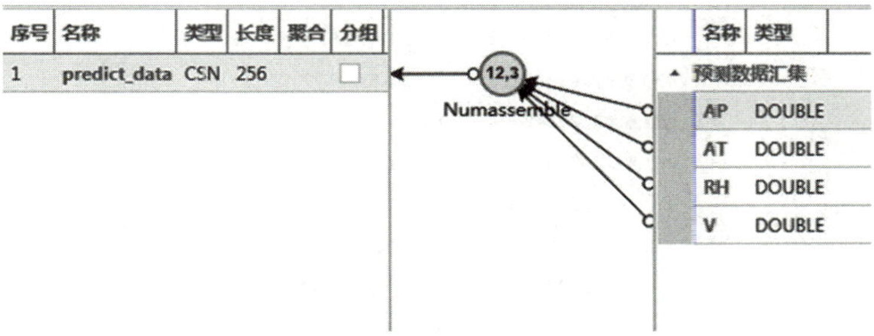

图 2－48

【Numassemble】输入参数见图 2－49。

注意：这里的数值组装连入顺序一定要与训练时的特征属性连入顺序一致。

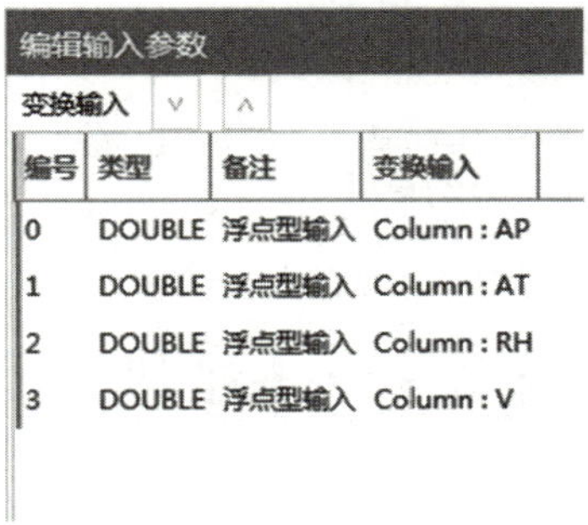

图 2－49

8. 【电力输出预测】节点。

【电力输出预测】节点见图 2－50。

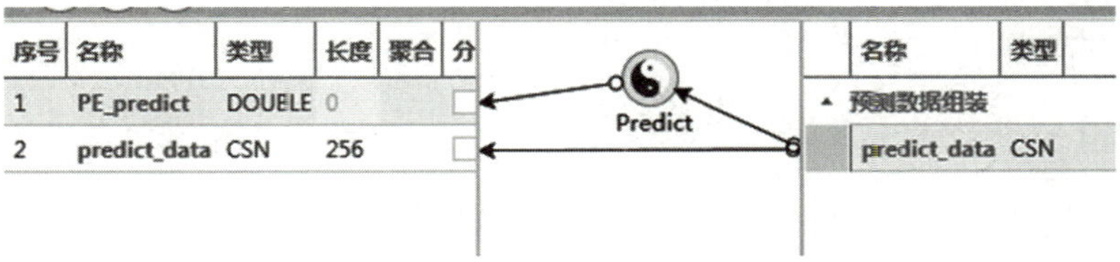

图 2－50

【数据转换器】参数见表 2－32。

表 2－32

转换器	名称	参数
Predict	Predict	【模型】：~/用电厂数据训练线性回归模型/线性回归

选中【电力输出预测】节点并设置查看器，点击调试按钮，调试运行如图 2－51 所示。

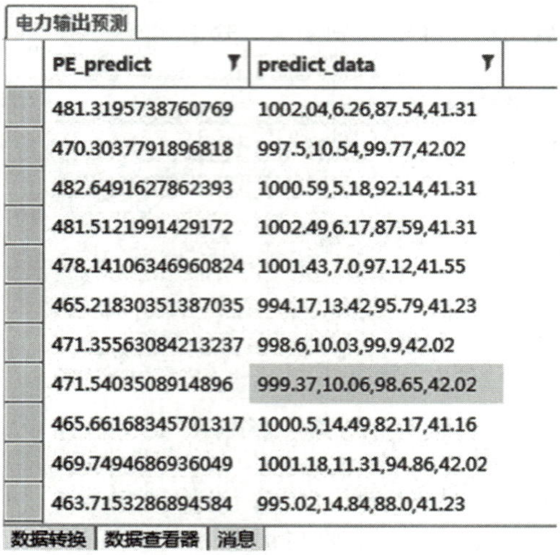

电力输出预测

PE_predict	predict_data
481.3195738760769	1002.04,6.26,87.54,41.31
470.3037791896818	997.5,10.54,99.77,42.02
482.6491627862393	1000.59,5.18,92.14,41.31
481.5121991429172	1002.49,6.17,87.59,41.31
478.14106346960824	1001.43,7.0,97.12,41.55
465.21830351387035	994.17,13.42,95.79,41.23
471.35563084213237	998.6,10.03,99.9,42.02
471.5403508914896	999.37,10.06,98.65,42.02
465.66168345701317	1000.5,14.49,82.17,41.16
469.7494686936049	1001.18,11.31,94.86,42.02
463.7153286894584	995.02,14.84,88.0,41.23

数据转换 数据查看器 消息

图 2－51

PE_predict 列为预测结果，即预测的电力输出；predict_data 为预测数据，每个值中有 4 个元素，分别为 AP、AT、RH、V 特征值。

任务 2－7　岭回归预测

岭回归预测

【任务情境】

当线性回归分析的数据量少、特征多时容易发生过拟合问题，影响预测效果，某共享单车公司准备使用岭回归预测，通过正则化技术来解决过拟合问题以保证预测效果。本任务要求根据时间、天气等信息对单车的借取数量历史数据，建立一个岭回归模型，并使用该模型预测被借取的共享单车的数量。

【数据准备】

本任务所使用的源数据训练数据集 shared_bicycle_count_train 和预测数据集 shared_bicycle_count_predict 存储在“大数据财务分析”课程的【课程数据库】中，是两个城市某街道上的几处公共自行车停车桩数据，数据表的字段说明见表 2－33、表 2－34。

表 2－33　　训练数据集 shared_bicycle_count_train 字段说明

列名	数据类型	业务含义
id	数值	行编号，没有实际意义
city	数值	表示该行记录所发生的城市，一共两个城市
hour	数值	当时的时间，精确到小时，24 小时计时法
is_workday	数值	1 表示工作日，0 表示节假日或者周末
temp_1	整数	当时的气温，单位为摄氏度
temp_2	数值	当时的体感温度，单位为摄氏度
weather	数值	当时的天气状况，1 为晴朗，2 为多云、阴天，3 为轻度降水天气，4 为强降水天气
wind	数值	当时的风速，数值越大，表示风速越大
y	数值	一小时内自行车被借取的数量

表 2－34　　预测数据集 shared_bicycle_count_predict 字段说明

列名	数据类型	业务含义
id	数值	行编号，没有实际意义
city	数值	表示该行记录所发生的城市，一共两个城市
hour	数值	当时的时间，精确到小时，24 小时计时法
is_workday	数值	1 表示工作日，0 表示节假日或者周末
temp_1	整数	当时的气温，单位为摄氏度
temp_2	数值	当时的体感温度，单位为摄氏度
weather	数值	当时的天气状况，1 为晴朗，2 为多云、阴天，3 为轻度降水天气，4 为强降水天气
wind	数值	当时的风速，数值越大，表示风速越大

训练数据集 shared_bicycle_count_train 数据预览如图 2－52 所示。

temp_1	is_workday	temp_2	hour	city	weather	y	id	wind
3.0	1	0.7	22	0	2	15	1	0
21.0	1	24.9	10	0	1	43	2	3
25.3	1	27.4	0	0	1	21	3	0
15.7	0	16.2	7	0	1	11	4	0
21.1	1	25.0	10	1	1	39	5	2
20.4	1	18.2	0	1	1	12	6	0
13.0	1	13.3	0	0	1	11	7	2
29.5	1	30.9	15	0	1	67	8	2
10.4	1	10.6	15	0	2	77	9	3
17.4	1	18.0	4	1	3	2	10	3
14.9	1	15.3	0	1	1	6	11	2
25.0	0	28.1	8	1	1	25	12	0
8.7	0	8.8	21	0	2	52	13	0

图 2－52

预测数据集 shared_bicycle_count_predict 预览如图 2－53 所示。

temp_1	is_workday	temp_2	hour	city	weather	id	wind
6.3	1	4.2	20	0	1	5022	1
22.8	1	23.8	5	1	1	5044	0
15.7	1	16.2	23	1	1	5052	0
21.1	1	23.0	18	0	2	5055	1
15.8	1	16.3	21	0	3	5061	1
5.5	1	2.3	14	1	1	5062	1
4.5	1	1.3	20	0	2	5068	1
22.8	1	24.8	16	1	1	5072	2
6.6	1	6.6	19	1	2	5074	0
26.7	0	28.9	0	0	1	5076	0
10.7	0	10.9	21	1	1	5081	1
12.9	1	13.2	11	1	1	5085	1
9.2	1	9.3	3	0	2	5086	0

图 2－53

【技术准备】

- 掌握抽样组件的设置方法。
- 数据预览、运行调试技能。

【任务实施】

运用前述任务所学习的操作方法建立【课程数据库】【训练数据汇集】【训练数据组装】和【岭回归】四个节点，流程如图 2－54 所示。

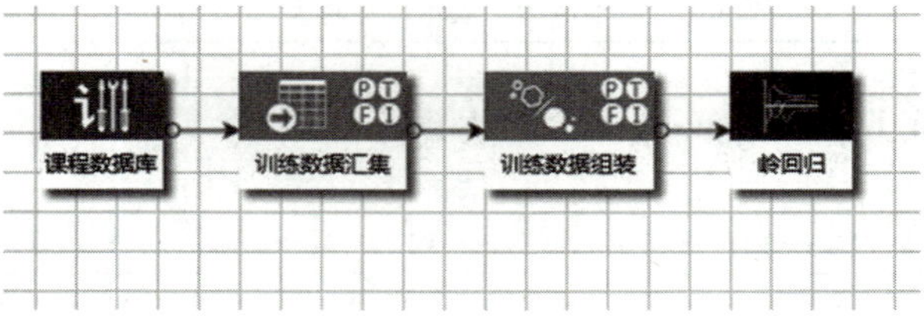

图 2－54

1. 【课程数据库】节点。

【课程数据库】节点属性见表 2－35。

表 2－35

属性名	值
课程	大数据财务分析

2. 【训练数据汇集】节点。

【训练数据汇集】节点属性设置见表 2－36。

表 2－36

属性名	值
引用源	shared_bicycle_count_train

3. 【训练数据组装】节点。

【训练数据组装】节点见图 2-55。

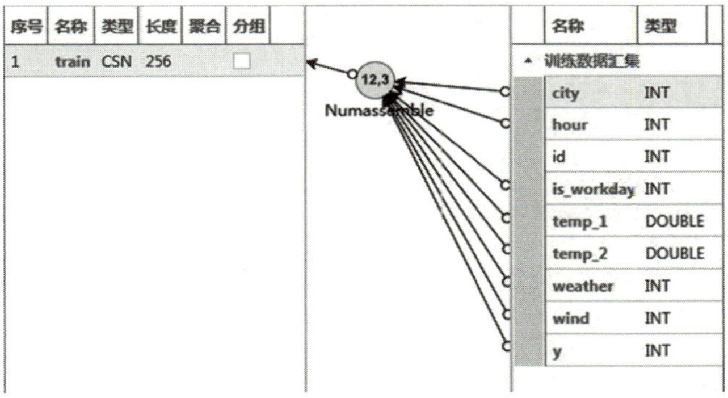

图 2-55

【Numassemble】输入参数见图 2-56。

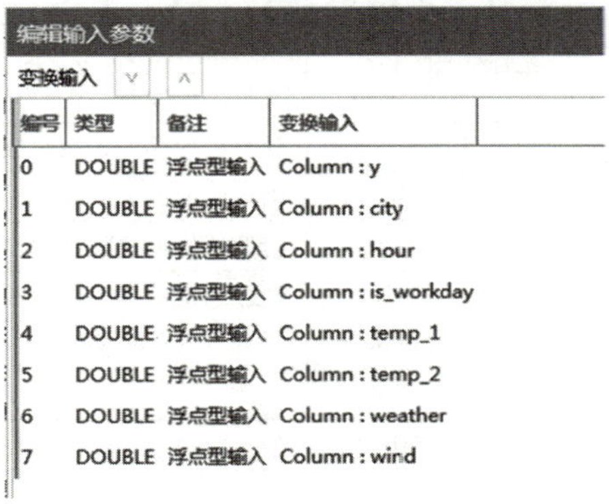

图 2-56

4. 【岭回归】节点。

【属性】面板设置见表 2-37。

表 2-37

属性名	值
训练集比例	70
迭代次数	10
正则化参数	0.05
优化方法	自动
拟合截距	True（勾选）
是否标准化	True（勾选）
容许误差	0.000001

转换逻辑定义见图 2-57。

岭回归训练得到的模型见图 2-58。

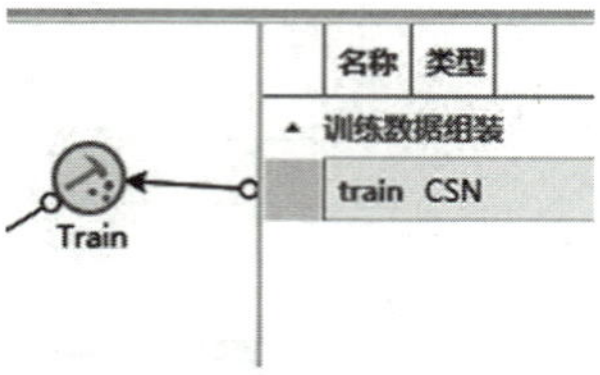

图 2－57

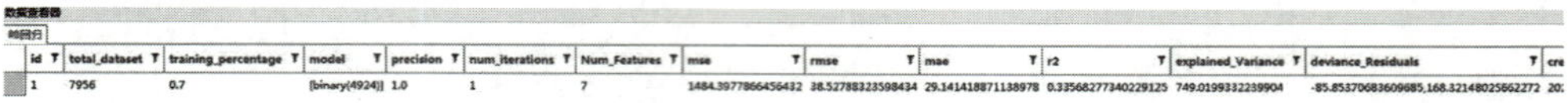

图 2－58

【岭回归】节点输出参数见表 2－38。

表 2－38

英文名	中文名	类型	说明
Id		bigint	该模型的 Id
total_dataset	数据量	bigint	有效数据库条数，去掉 null 值
Model	模型	varbiunry	训练后的模型，在数据库中以二进制格式保存
precision	模型测试准确率	Double	测试的准确率
num_iterations	迭代次数	int	模型训练的迭代次数
num_features	特征数量，也称为属性数量	Int	训练数据中特征数量
mse	测试误差的均方差	Double	
rmse	测试误差的均方差根	Double	
mae	测试误差的绝对值平均值	Double	
R^2	R^2 值	Double	$R^2=1-SSres/SStot$ 其中 SSres 是残差平方和 SStot 是 y 的方差
explained_variance	解释方差	Double	1－variance（y－hat {y}）/variance（y）
creation_date	模型创建时间	Datetime	该模型保存时间
version	模型版本	Int	该模型版本，只有在属性面板中选中保留历史模型时该值才会自增 1
Key	分组 Key	String	用于分组建模

至此，训练模型已经完成，再用同样的方法建立【课程数据库】【预测数据汇集】【预测数据组装】和【街道上公共自行车用量预测】四个节点，流程如图 2－59 所示。

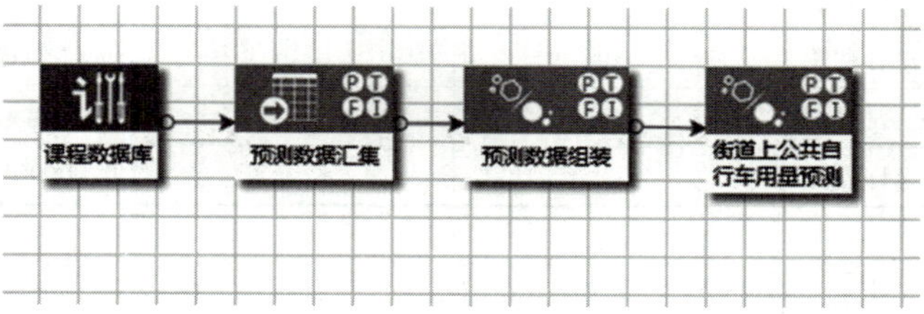

图 2－59

5. 【课程数据库】节点。

【课程数据库】节点属性见表 2－39。

表 2－39

属性名	值
课程	大数据财务分析

6. 【预测数据汇集】节点。

【预测数据汇集】节点属性见表 2－40。

表 2－40

属性名	值
引用源	shared_bicycle_count_predict

7. 【预测数据组装】节点。

【预测数据组装】节点见图 2－60。

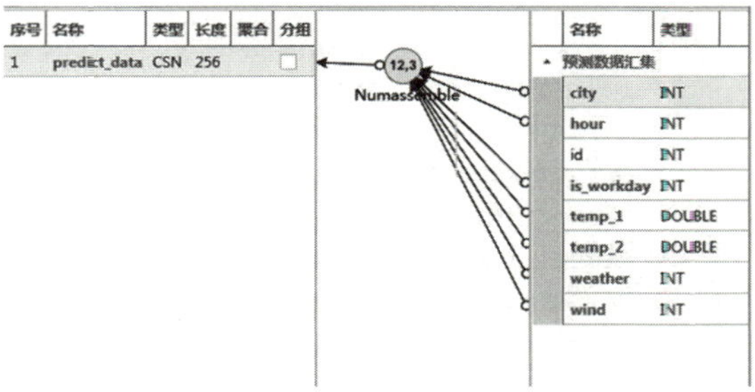

图 2－60

【Numassemble】输入参数见图 2－61。

注意：这里的数值组装连入顺序一定要与训练时的特征属性连入顺序一致。

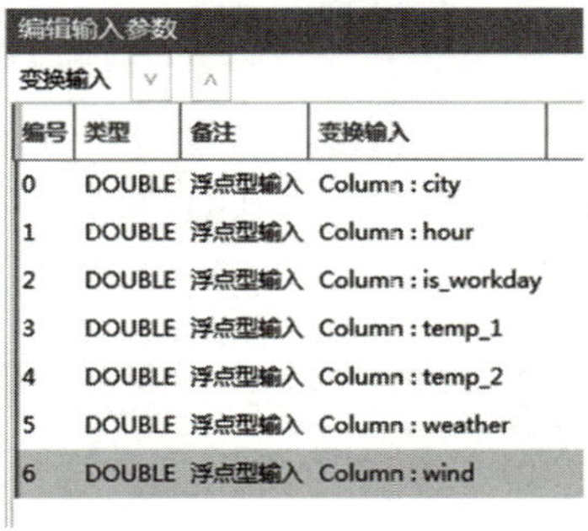

图 2－61

8. 【街道上公共自行车用量预测】节点。

【街道上公共自行车用量预测】节点见图 2－62。

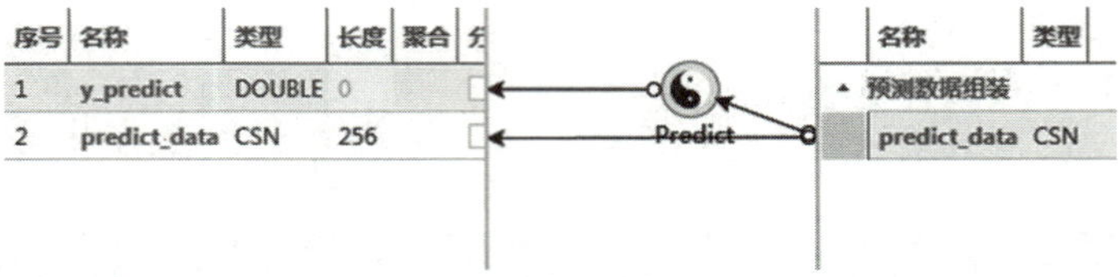

图 2－62

【数据转换器】参数见表 2－41。

表 2－41

转换器	名称	参数
Predict	Predict	【模型】：～/用共享单车数据训练岭回归模型/岭回归

选中【街道上公共自行车用量预测】节点并设置查看器，点击调试按钮，调试运行如图 2－63 所示。

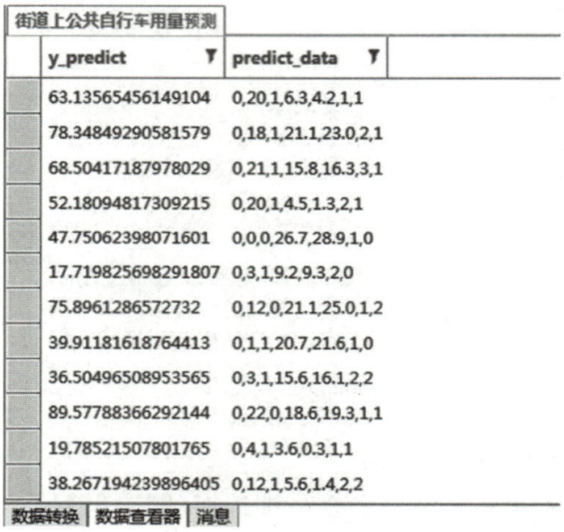
街道上公共自行车用量预测

y_predict	predict_data
63.13565456149104	0,20,1,6.3,4.2,1,1
78.34849290581579	0,18,1,21.1,23.0,2,1
68.50417187978029	0,21,1,15.8,16.3,3,1
52.18094817309215	0,20,1,4.5,1.3,2,1
47.75062398071601	0,0,0,26.7,28.9,1,0
17.719825698291807	0,3,1,9.2,9.3,2,0
75.8961286572732	0,12,0,21.1,25.0,1,2
39.91181618764413	0,1,1,20.7,21.6,1,0
36.50496508953565	0,3,1,15.6,16.1,2,2
89.57788366292144	0,22,0,18.6,19.3,1,1
19.78521507801765	0,4,1,3.6,0.3,1,1
38.267194239896405	0,12,1,5.6,1.4,2,2

数据转换 数据查看器 消息

图 2－63

y_predict 列为预测结果，即预测的街道上公共自行车用量。predict_data 为预测数据，每个值中有 7 个元素，分别为 city、hour、is_workday 等特征值。

任务 2－8　Lasso 回归预测

Lasso 回归预测

【任务情境】

房价是一个连续值，房价受多种因素的影响，如房屋面积、卧室数量等，本任务要求运用 Lasso 回归建立一个能够准确表达各种因素与房价的定量关系模型，并应用该模型进行未来房价趋势的预测。

【数据准备】

本任务所使用的源数据是波士顿房价数据，包括训练数据集 house_price_train 和预测数据集 house_price_predict，存储在“大数据财务分析”课程的【课程数据库】中，数据表的字段说明见表 2 – 42、表 2 – 43。

表 2 – 42　训练数据集 house_price_train 字段说明

列名	数据类型	业务含义
MEDV	数值	业主自用房屋的中位数为 1000 元
CRIM	数值	城镇人均犯罪率
ZN	数值	住宅用地划为许多超过 25000 平方英尺的比例
INDUS	数值	城镇非零售营业面积比例
CHAS	整数	查尔斯河哑变量 int
NOX	数值	氮氧化物的浓度
RM	数值	平均每户住房数
AGE	数值	以前建造的自用单位比例
DIS	数值	波士顿五个就业中心的加权距离
RAD	整数	辐射公路可达性指数 int
TAX	整数	每 10000 美元全额财产税税率
PTRATIO	数值	城镇师生比例
B	数值	经过公式变换后的值，1000（BK – 0.63）^{2}，BK 是城镇黑人的比例
LSTAT	数值	人口的较低地位

表 2 – 43　预测数据集 house_price_predict 字段说明

列名	数据类型	业务含义
CRIM	数值	城镇人均犯罪率
ZN	数值	住宅用地划为许多超过 25000 平方英尺的比例
INDUS	数值	城镇非零售营业面积比例
CHAS	整数	查尔斯河哑变量 int
NOX	数值	氮氧化物的浓度
RM	数值	平均每户住房数
AGE	数值	以前建造的自用单位比例
DIS	数值	波士顿五个就业中心的加权距离
RAD	整数	辐射公路可达性指数 int
TAX	整数	每 10000 美元全额财产税税率
PTRATIO	数值	城镇师生比例
B	数值	经过公式变换后的值，1000（BK – 0.63）^{2}，BK 是城镇黑人的比例
LSTAT	数值	人口的较低地位

训练数据集 house_price_train 数据预览如图 2－64 所示。

B	CHAS	TAX	PTRATIO	CRIM	MEDV	DIS	INDUS	ZN	RAD	LSTAT	NOX	RM	AGE
396.9	0	403	14.7	2.77974	11.8	1.3459	19.58	0.0	5	29.29	0.871	4.903	97.8
360.17	0	307	21.0	1.13081	12.7	4.233	8.14	0.0	4	22.6	0.538	5.713	94.1
358.77	0	307	21.0	1.15172	13.1	3.7872	8.14	0.0	4	18.35	0.538	5.701	95.0
88.63	0	403	14.7	2.44668	13.1	1.7364	19.58	0.0	5	16.14	0.871	5.272	94.0
232.6	0	307	21.0	1.38799	13.2	3.99	8.14	0.0	4	27.71	0.538	5.95	82.0
392.04	0	437	21.2	0.2498	13.3	1.6686	21.89	0.0	4	21.32	0.624	5.857	98.2
396.9	1	403	14.7	3.32105	13.4	1.3216	19.58	0.0	5	26.82	0.871	5.403	100.0
172.91	0	403	14.7	2.37934	13.8	1.4191	19.58	0.0	5	27.8	0.871	6.13	100.0
303.42	0	307	21.0	0.84054	13.9	4.4546	8.14	0.0	4	16.51	0.538	5.599	85.7
388.08	0	437	21.2	0.2909	14.0	1.6119	21.89	0.0	4	24.16	0.624	6.174	93.6
396.9	0	233	17.9	0.25387	14.4	5.87	6.91	0.0	3	30.81	0.448	5.399	95.3
396.9	0	437	21.2	1.62864	14.4	1.4394	21.89	0.0	4	34.41	0.624	5.019	100.0
394.54	0	307	21.0	0.98843	14.5	4.0952	8.14	0.0	4	19.88	0.538	5.813	100.0
376.73	0	307	21.0	1.35472	14.5	4.175	8.14	0.0	4	13.04	0.538	6.072	100.0

图 2－64

预测数据集 house_price_predict 数据预览如图 2－65 所示。

B	CHAS	TAX	CRIM	PTRATIO	DIS	ZN	INDUS	RAD	LSTAT	NOX	RM	AGE
396.9	0	666	25.0461	20.2	1.5888	0.0	18.1	24	26.77	0.693	5.987	100.0
338.16	0	666	9.91655	20.2	1.5004	0.0	18.1	24	29.97	0.693	5.852	77.8
396.9	0	666	16.8118	20.2	1.4261	0.0	18.1	24	30.81	0.7	5.277	98.1
21.57	0	666	10.8342	20.2	1.8195	0.0	18.1	24	25.79	0.679	6.782	90.8
7.68	0	666	15.8603	20.2	1.9096	0.0	18.1	24	24.39	0.679	5.896	95.4
9.32	0	666	15.1772	20.2	1.9142	0.0	18.1	24	26.45	0.74	6.152	100.0
27.49	0	666	14.4208	20.2	2.0026	0.0	18.1	24	18.05	0.74	6.461	93.3
18.82	0	666	37.6619	20.2	1.8629	0.0	18.1	24	14.52	0.679	6.202	78.7
388.52	0	666	9.92485	20.2	2.198	0.0	18.1	24	16.44	0.74	6.251	96.6
396.9	0	666	9.82349	20.2	1.358	0.0	18.1	24	21.24	0.671	6.794	98.8
109.85	0	666	11.1604	20.2	2.1247	0.0	18.1	24	23.27	0.74	6.629	94.6
3.5	0	666	8.20058	20.2	2.7792	0.0	18.1	24	16.94	0.713	5.936	80.3
379.7	0	666	10.233	20.2	2.1705	0.0	18.1	24	18.03	0.614	6.185	96.7
6.68	0	666	9.51363	20.2	2.4961	0.0	18.1	24	18.71	0.713	6.728	94.1

图 2－65

【技术准备】

- 掌握抽样组件的设置方法。
- 数据预览、运行调试技能。

【任务实施】

运用前述任务所学习的操作方法建立【课程数据库】【训练数据汇集】【训练数据组装】和【Lasso 回归】四个节点，流程如图 2－66 所示。

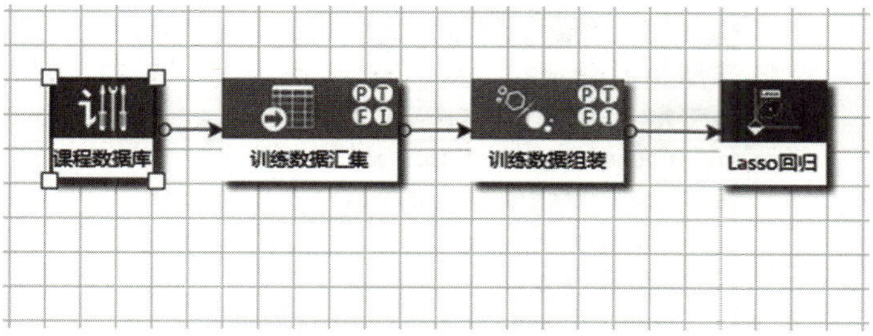

图 2-66

1. 【课程数据库】节点。

【课程数据库】节点属性见表 2-44。

表 2-44

属性名	值
课程	大数据财务分析

2. 【训练数据汇集】节点。

【训练数据汇集】节点属性设置见表 2-45。

表 2-45

属性名	值
引用源	house_price_train

3. 【训练数据组装】节点。

【训练数据组装】节点转换逻辑定义见图 2-67。

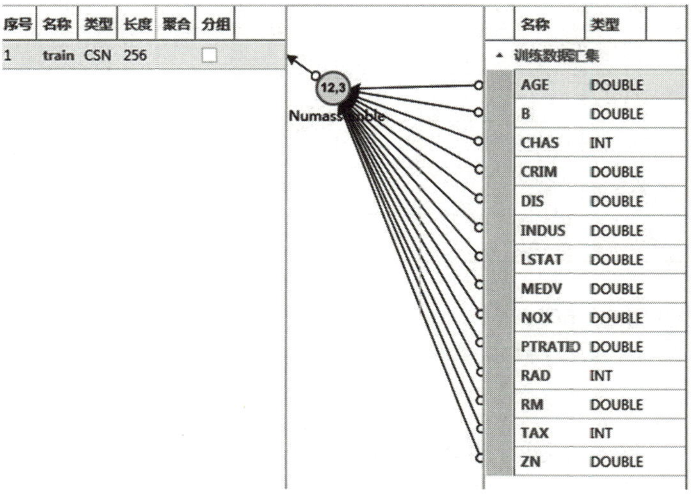

图 2-67

【Numassemble】输入参数见图 2-68。

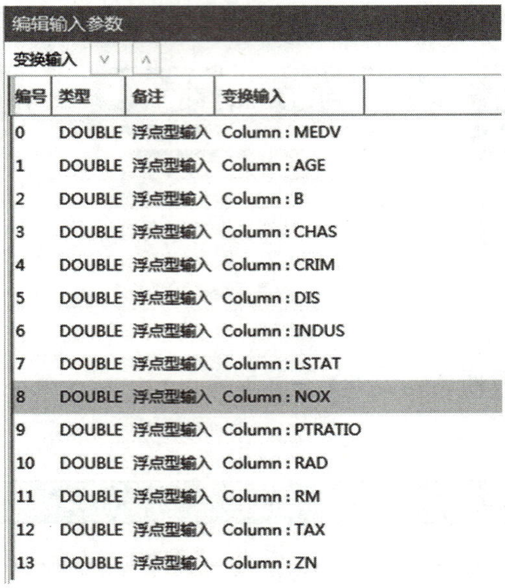
编辑输入参数

变换输入

编号	类型	备注	变换输入
0	DOUBLE	浮点型输入	Column : MEDV
1	DOUBLE	浮点型输入	Column : AGE
2	DOUBLE	浮点型输入	Column : B
3	DOUBLE	浮点型输入	Column : CHAS
4	DOUBLE	浮点型输入	Column : CRIM
5	DOUBLE	浮点型输入	Column : DIS
6	DOUBLE	浮点型输入	Column : INDUS
7	DOUBLE	浮点型输入	Column : LSTAT
8	DOUBLE	浮点型输入	Column : NOX
9	DOUBLE	浮点型输入	Column : PTRATIO
10	DOUBLE	浮点型输入	Column : RAD
11	DOUBLE	浮点型输入	Column : RM
12	DOUBLE	浮点型输入	Column : TAX
13	DOUBLE	浮点型输入	Column : ZN

图 2－68

4.【Lasso 回归】节点。

【属性】面板设置见表 2－46。

表 2－46

属性名	值
训练集比例	70
正则化参数	0
迭代次数	10
聚合树最大深度	2
拟合截距	False（非勾选状态）
优化方法	自动
是否标准化	False（非勾选状态）
容许误差	0.000001

转换逻辑定义见图 2－69。

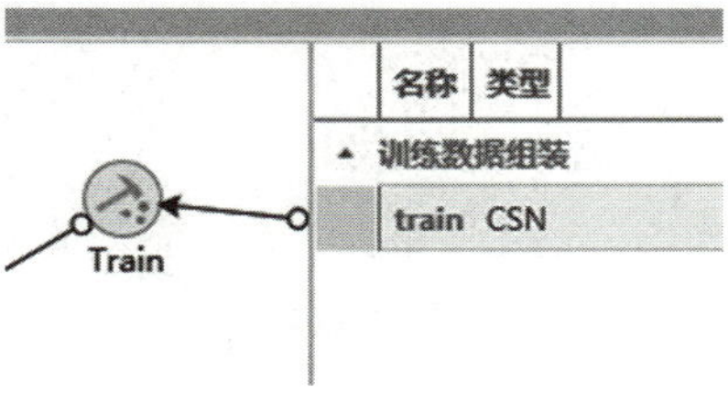

图 2－69

Lasso 回归训练得到的模型见图 2－70。

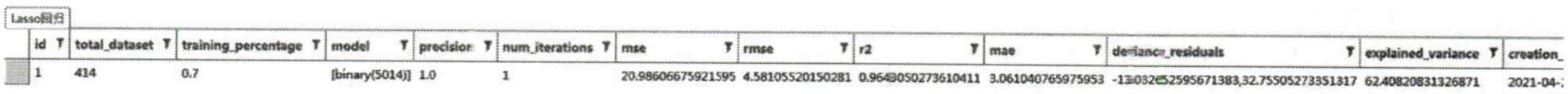

Lasso回归

id	total_dataset	training_percentage	model	precision	num_iterations	mse	rmse	r2	mae	deviance_residuals	explained_variance	creation_
1	414	0.7	[binary(5014)]	1.0	1	20.98606675921595	4.58105520150281	0.9643050273610411	3.061040765975953	-13.032652595671383,32.75505273351317	62.40820831326871	2021-04-

图 2－70

Lasso 回归节点输出参数见表 2－47。

表 2－47

英文名	中文名	类型	说明
Id		bigint	该模型的 Id
total_dataset	数据量	bigint	有效数据库条数，去掉 null 值
Model	模型	varbianry	训练后的模型，在数据库中以二进制格式保存
precision	模型测试准确率	Double	测试的准确率
num_iterations	迭代次数	Int	模型训练的迭代次数
num_features	特征数量，也称为属性数量	Int	训练数据中特征数量
mse	测试误差的均方差	Double	
rmse	测试误差的均方差根	Double	
mae	测试误差的绝对值平均值	Double	
R^2	R^2 值	Double	R^2 = 1 － SSres/Sstot，其中 SSres 是残差平方和，SStot 是 y 的方差
explained_variance	解释方差	Double	1 － variance（y－hat｛y｝）/variance（y）
creation_date	模型创建时间	Datetime	该模型保存时间
version	模型版本	Int	该模型版本，只有在属性面板中选中保留历史模型时该值才会自增 1
Key	分组 Key	String	用于分组建模

至此，训练模型已经完成，再用同样的方法建立【课程数据库】【预测数据汇集】【预测数据组装】和【房价预测】四个节点，流程如图 2－71 所示。

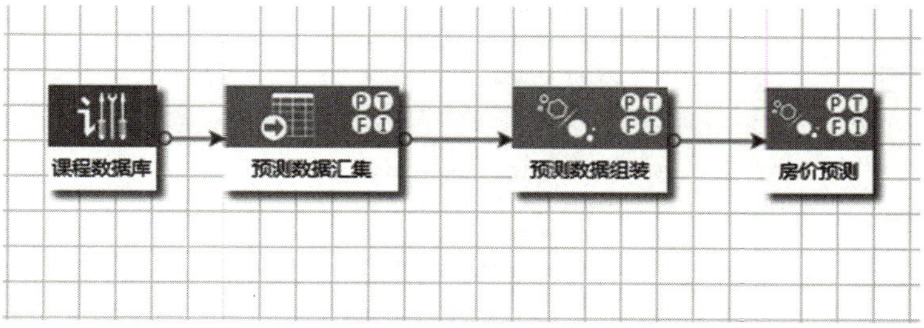

图 2－71

5. 【课程数据库】节点。

【课程数据库】节点属性见表 2－48。

表 2－48

属性名	值
课程	大数据财务分析

6. 【预测数据汇集】节点。

【预测数据汇集】节点属性见表 2－49。

表 2－49

属性名	值
引用源	house_price_predict

7. 【预测数据组装】节点。

【预测数据组装】节点转换逻辑定义见图 2－72。

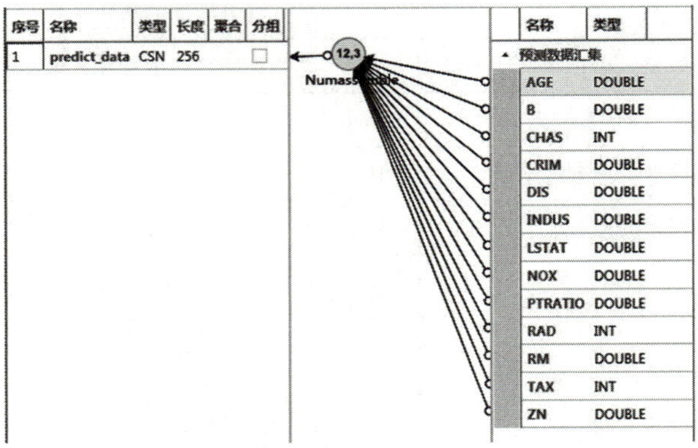

图 2－72

【Numassemble】输入参数见图 2－73。

注意：这里的数值组装连入顺序一定要与训练时的特征属性连入顺序一致。

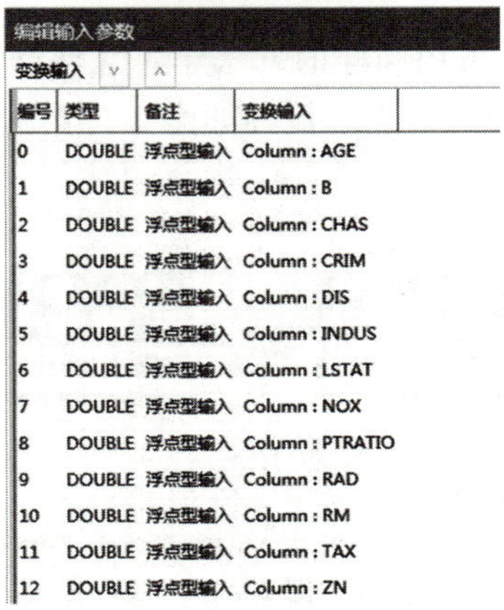

编辑输入参数

变换输入

编号	类型	备注	变换输入
0	DOUBLE	浮点型输入	Column：AGE
1	DOUBLE	浮点型输入	Column：B
2	DOUBLE	浮点型输入	Column：CHAS
3	DOUBLE	浮点型输入	Column：CRIM
4	DOUBLE	浮点型输入	Column：DIS
5	DOUBLE	浮点型输入	Column：INDUS
6	DOUBLE	浮点型输入	Column：LSTAT
7	DOUBLE	浮点型输入	Column：NOX
8	DOUBLE	浮点型输入	Column：PTRATIO
9	DOUBLE	浮点型输入	Column：RAD
10	DOUBLE	浮点型输入	Column：RM
11	DOUBLE	浮点型输入	Column：TAX
12	DOUBLE	浮点型输入	Column：ZN

图 2－73

8. 【房价预测】节点。

【房价预测】节点转换逻辑定义见图 2-74。

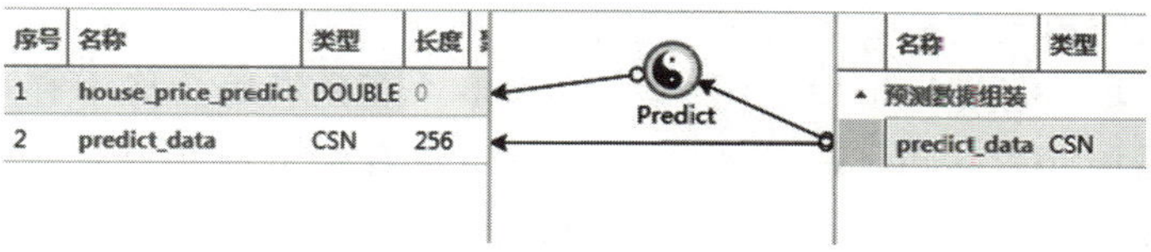

图 2-74

【数据转换器】参数见表 2-50。

表 2-50

转换器	名称	参数
Predict	Predict	【模型】：~/用房价数据训练 Lasso 回归模型/Lasso 回归

选中【房价预测】节点并设置查看器，点击调试按钮，调试运行如图 2-75 所示。

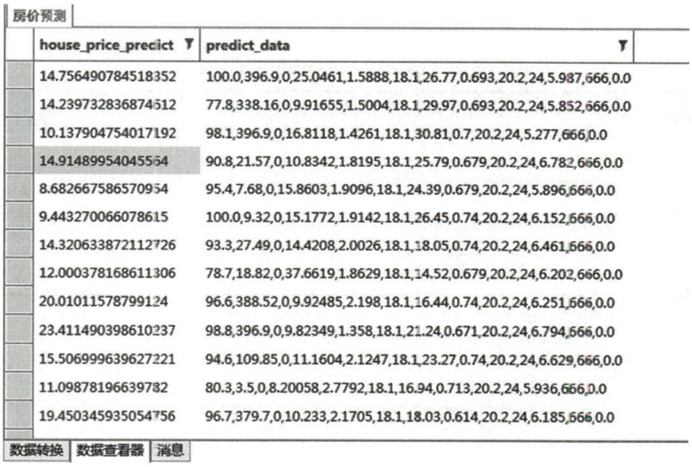

house_price_predict	predict_data
14.756490784518352	100.0,396.9,0,25.0461,1.5888,18.1,26.77,0.693,20.2,24,5.987,666,0.0
14.239732836874612	77.8,338.16,0,9.91655,1.5004,18.1,29.97,0.693,20.2,24,5.852,666,0.0
10.137904754017192	98.1,396.9,0,16.8118,1.4261,18.1,30.81,0.7,20.2,24,5.277,666,0.0
14.914899540455564	90.8,21.57,0,10.8342,1.8195,18.1,25.79,0.679,20.2,24,6.782,666,0.0
8.682667586570954	95.4,7.68,0,15.8603,1.9096,18.1,24.39,0.679,20.2,24,5.896,666,0.0
9.443270066078615	100.0,9.32,0,15.1772,1.9142,18.1,26.45,0.74,20.2,24,6.152,666,0.0
14.320633872112726	93.3,27.49,0,14.4208,2.0026,18.1,18.05,0.74,20.2,24,6.461,666,0.0
12.000378168611306	78.7,18.82,0,37.6619,1.8629,18.1,14.52,0.679,20.2,24,6.202,666,0.0
20.010115787991224	96.6,388.52,0,9.92485,2.198,18.1,16.44,0.74,20.2,24,6.251,666,0.0
23.411490398610237	98.8,396.9,0,9.82349,1.358,18.1,21.24,0.671,20.2,24,6.794,666,0.0
15.506999639627221	94.6,109.85,0,11.1604,2.1247,18.1,23.27,0.74,20.2,24,6.629,666,0.0
11.098781966397832	80.3,3.5,0,8.20058,2.7792,18.1,16.94,0.713,20.2,24,5.936,666,0.0
19.450345935054756	96.7,379.7,0,10.233,2.1705,18.1,18.03,0.614,20.2,24,6.185,666,0.0

图 2-75

house_price_predict 列为预测结果，即预测的房价；predict_data 为预测数据，每个值中有 13 个元素，分别为 AGE、B、CHAS 等特征值。

任务 2-9　逻辑回归预测

逻辑回归预测

【任务情境】

逻辑回归算法是用于对数据进行二分类或多分类的算法，本任务要求使用大量鸢尾花的花萼和花瓣的长度、宽度数据建立一个逻辑回归评价模型，并应用该模型进行鸢尾花分类预测。

【数据准备】

本任务所使用的源数据是鸢尾花卉数据集，包括训练数据集 iris_train 和预测数据集 iris_predict。训练数据集 iris_train 有 121 个样本，分为 3 个类别，每个样本有 4 个特征和 1 个类别标签；测试数据集 iris_predict 有 29 个样本，样本也有 4 个特征，但没有类别标签。数据集存储在“大数据财务分析”课程的【课程数据库】中，数据表的字段说明见表 2－51、表 2－52。

表 2－51　训练数据集 iris_train 字段说明

字段	数据类型	业务含义
Label	整数	类别标签：0（Setosa）、1（Versicolour）、2（Virginica）
sepal_ength	数值	花萼长度
sepal_width	数值	花萼宽度
petal_length	数值	花瓣长度
petal_width	数值	花瓣宽度

表 2－52　预测数据集 iris_predict 字段说明

字段	数据类型	业务含义
sepal_ength	数值	花萼长度
sepal_width	数值	花萼宽度
petal_length	数值	花瓣长度
petal_width	数值	花瓣宽度

训练数据集 iris_train 数据预览如图 2－76 所示。

sepal_width	petal_width	sepal_length	label	petal_length
2.5	1.1	5.1	1	3.0
3.0	1.5	5.4	1	4.5
2.4	1.0	5.5	1	3.7
2.4	1.1	5.5	1	3.8
2.5	1.3	5.5	1	4.0
2.6	1.2	5.5	1	4.4
2.7	1.3	5.6	1	4.2
3.0	1.3	5.6	1	4.1
2.6	1.0	5.7	1	3.5
2.8	1.3	5.7	1	4.1
2.9	1.3	5.7	1	4.2
3.0	1.2	5.7	1	4.2
2.6	1.2	5.8	1	4.0

图 2－76

预测数据集 iris_predict 数据预览如图 2－77 所示。

sepal_width	petal_width	sepal_length	petal_length
2.3	1.0	5.0	3.3
2.7	1.9	5.8	5.1
3.1	0.2	4.6	1.5
2.5	1.7	4.9	4.5
2.7	1.9	5.8	5.1
2.7	1.4	5.2	3.9
3.4	0.2	4.8	1.9
2.8	1.5	6.3	5.1
2.3	1.3	5.5	4.0
3.1	0.1	4.9	1.5
3.4	2.4	6.3	5.6
3.1	0.1	4.9	1.5
2.2	1.0	6.0	4.0
3.5	0.6	5.0	1.6

图 2－77

【技术准备】

- 掌握抽样组件的设置方法。
- 数据预览、运行调试技能。

【任务实施】

运用前述任务所学习的操作方法建立【课程数据库】【训练数据汇集】【抽取训练数据】【训练数据组装】【逻辑回归】【抽取测试数据】【测试数据组装】【分类预测】【指标计算】九个节点，流程如图 2－78 所示。

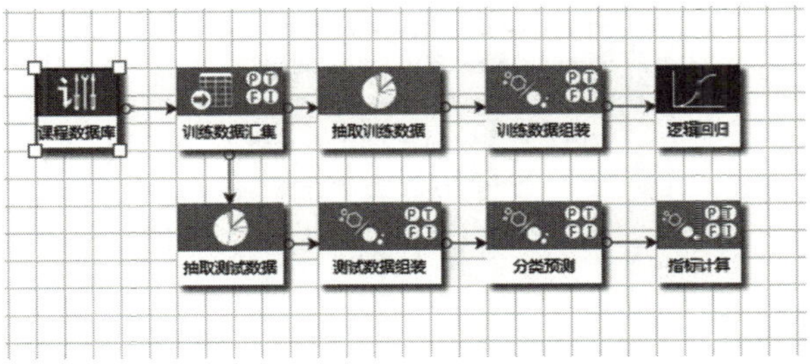

图 2－78

1. 【课程数据库】节点。

【课程数据库】节点属性见表 2－53。

表 2－53

属性名	值
课程	大数据财务分析

2. 【训练数据汇集】节点。

【训练数据汇集】节点属性见表 2－54。

表 2－54

属性名	值
引用源	iris_train

3. 【抽取训练数据】节点。

【抽取训练数据】节点属性见表 2－55。

表 2－55

属性名	值
抽样百分比	80

4. 【训练数据组装】节点。

【训练数据组装】节点转换逻辑定义见图 2－79。

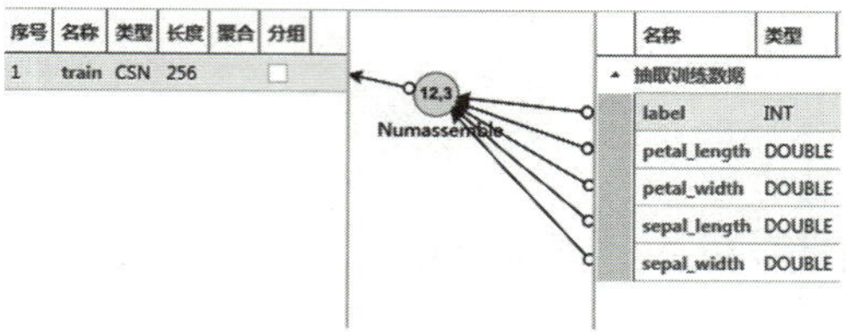

图 2－79

【Numassemble】输入参数见图 2－80。

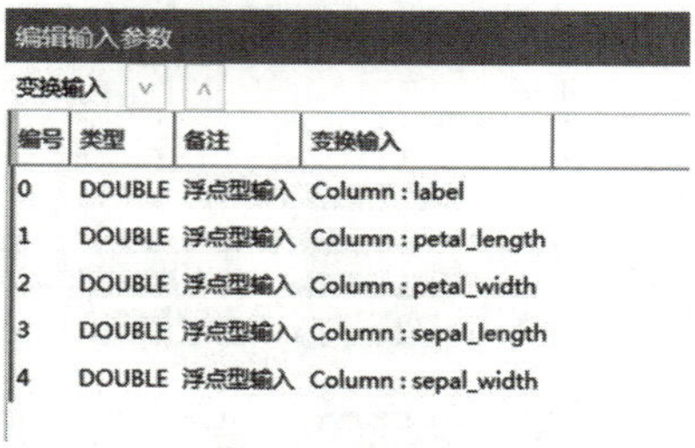

图 2－80

5. 【逻辑回归】节点。

【逻辑回归】节点【属性】面板设置见表 2－56。

表 2－56

属性名	值
训练集比例	70
迭代次数	10
正则化参数	0
弹性网参数	0
标签分布族	自动
容许误差	0. 000001
分类阈值	0. 3，0. 5，0. 8

转换逻辑定义见图 2－81。

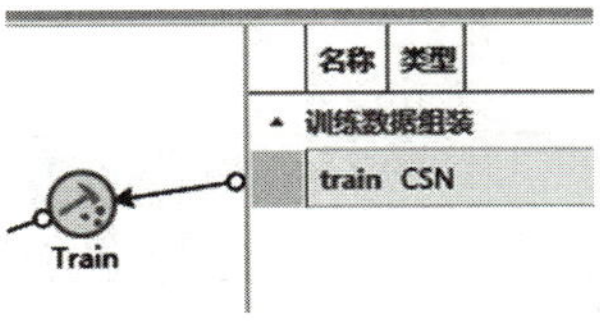

图 2－81

6. 【抽取测试数据】节点。

【抽取测试数据】节点属性见表 2－57。

表 2－57

属性名	值
抽样百分比	20

7. 【测试数据组装】节点。

【测试数据组装】节点转换逻辑定义见图 2－82。

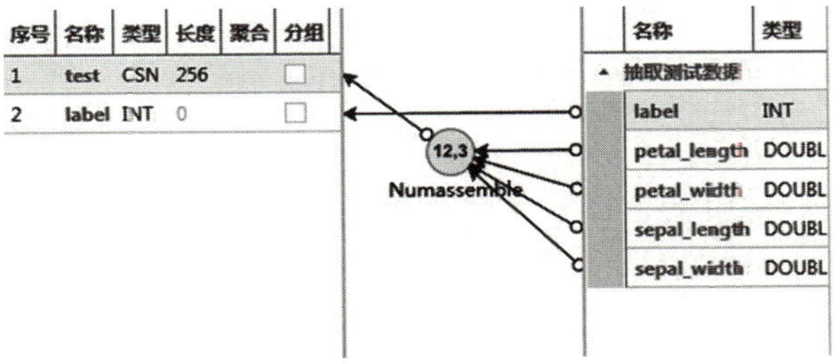

图 2－82

【Numassemble】输入参数见图 2－83。

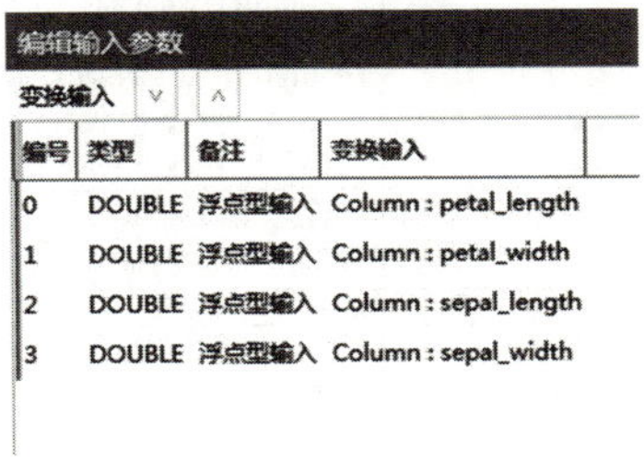

图 2－83

8. 【分类预测】节点。

【分类预测】节点转换逻辑定义见图 2－84。

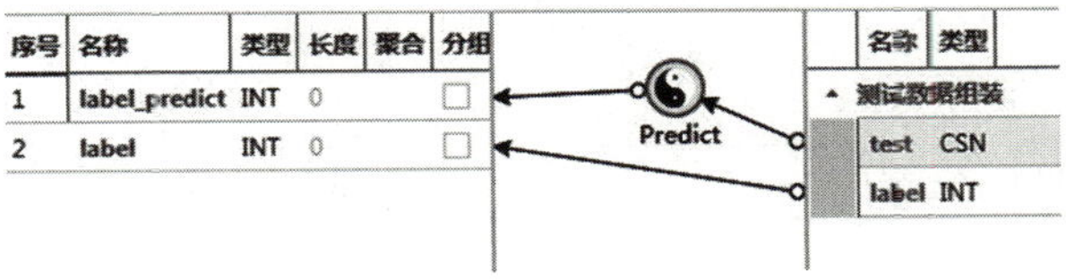

图 2－84

【数据转换器】参数见表 2－58。

表 2－58

转换器	名称	参数
Predict	Predict	【模型】：~/用逻辑回归训练鸢尾花模型/逻辑回归

9.【指标计算】节点。

【指标计算】节点转换逻辑定义见图 2－85。

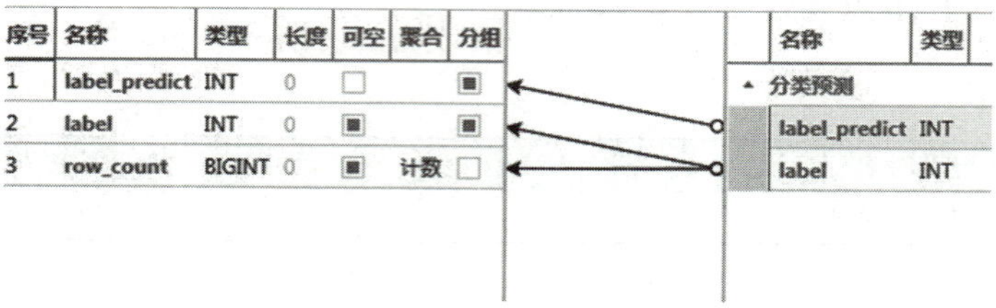

图 2－85

逻辑回归模型见图 2－86。

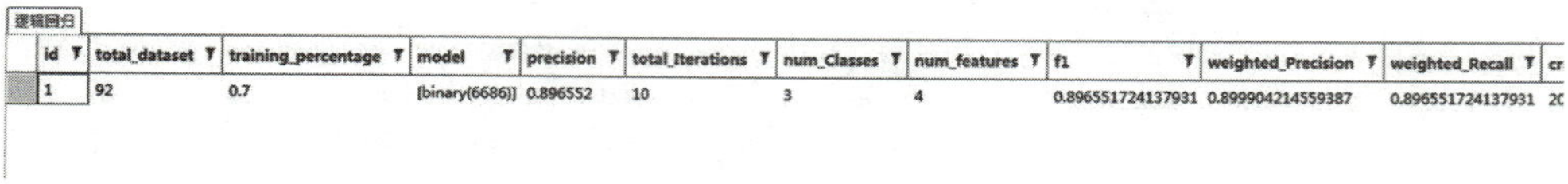

图 2－86

逻辑回归节点输出参数见表 2－59。

表 2－59

英文名	中文名	类型	说明
Id		bigint	该模型的 Id
total_dataset	数据量	bigint	有效数据库条数，去掉 null 值
Model	模型	varbianry	训练后的模型，在数据库中以二进制格式保存
precision	模型测试准确率	Double	测试的准确率
total_Iterations	迭代次数	int	模型训练的迭代次数
num_Classes	类别数量	int	训练数据中类别数量
num_features	特征数量，也称为属性数量	Int	训练数据中特征数量
f1	模型的 F1 加权平均值	Double	各个类的 F 度量之和
weighted_Precision	加权平均精度	Double	各个类的精度之和
weighted_Recall	加权平均召回率	Double	各个类的召回率之和
creation_date	模型创建时间	Datetime	该模型保存时间
version	模型版本	Int	该模型版本，只有在属性面板中选中保留历史模型时该值才会自增 1
Key	分组 Key	String	用于分组建模

至此，训练模型已经完成，再用同样的方法建立【课程数据库】【预测数据汇集】【预

测数据组装】和【分类预测】四个节点，流程如图 2－87 所示。

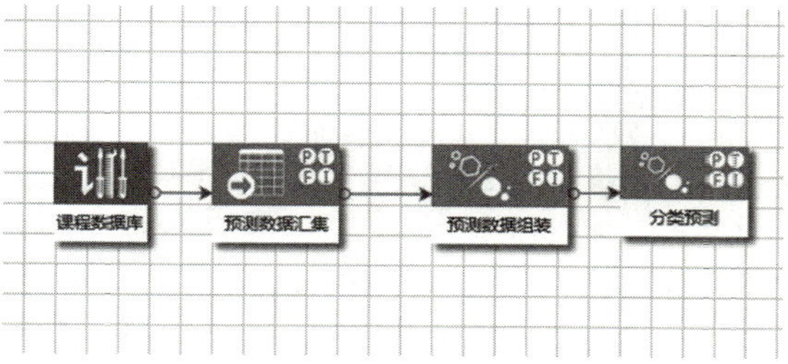

图 2－87

10.【课程数据库】节点。

【课程数据库】节点属性见表 2－60。

表 2－60

属性名	值
课程	大数据财务分析

11.【预测数据汇集】节点。

【预测数据汇集】节点属性见表 2－61。

表 2－61

属性名	值
引用源	irsi_predict

12.【预测数据组装】节点。

【预测数据组装】节点转换逻辑定义见图 2－88。

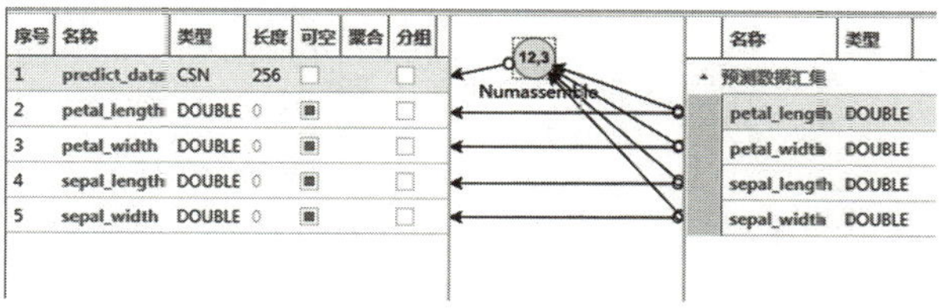

图 2－88

【Numassemble】输入参数见图 2－89。

注意：这里的数值组装连入顺序一定要与训练时的特征属性连入顺序一致。

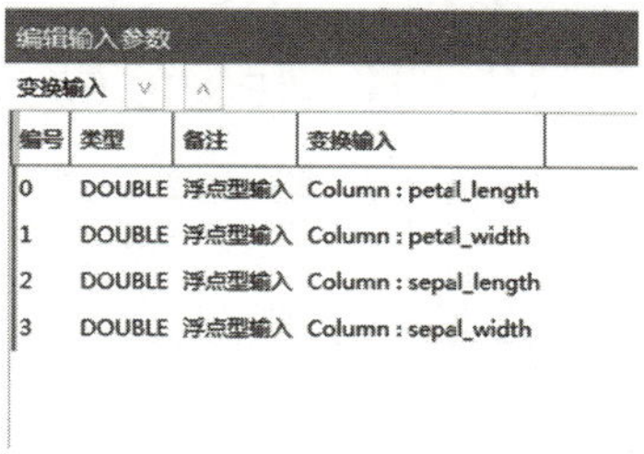

图 2－89

13. 【分类预测】节点。

【分类预测】节点转换逻辑定义见图 2－90。

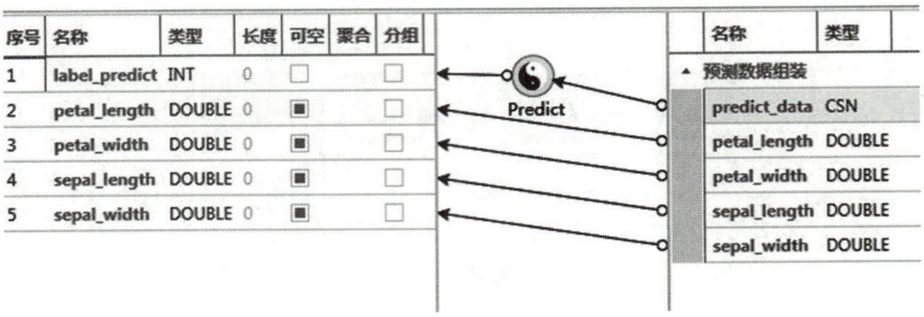

图 2－90

【数据转换器】参数见表 2－62。

表 2－62

转换器	名称	参数
Predict	Predict	【模型】：～/用鸢尾花数据训练逻辑回归模型/逻辑回归

选中【抽样】节点并设置查看器，点击调试按钮，调试运行如图 2－91 所示。

分类预测

label_predict	petal_length	petal_width	sepal_length	sepal_width
0	1.5	0.2	4.6	3.1
0	1.9	0.2	4.8	3.4
0	1.5	0.1	4.9	3.1
0	1.5	0.1	4.9	3.1
0	1.6	0.6	5.0	3.5
0	1.7	0.5	5.1	3.3
0	1.4	0.2	5.1	3.5
0	1.6	0.2	5.1	3.8
0	1.5	0.1	5.2	4.1
0	1.7	0.2	5.4	3.4
0	1.3	0.2	5.5	3.5
1	3.3	1.0	5.0	2.3
2	4.5	1.7	4.9	2.5

图 2－91

可以看到系统根据鸢尾花的四个特征使用我们训练得到的模型对鸢尾花进行了分类。

任务 2－10　K-Means 聚类分析

K-Means 聚类分析

【任务情境】

某学校为做好学生的思想教育工作，培养他们崇高的理想和健康的兴趣，拟用直接反映学生人生观、世界观的理想和兴趣数据来判定学生个性意识倾向。本任务要求运用 K-Means 聚类算法建立科学的学生社交网络信息数据聚类模型，并应用该模型对学生进行聚类分析。

【数据准备】

本任务所使用的源数据是 teenager. csv，存储在“大数据财务分析”课程的【课程文件】中。该数据集有 30000 个美国高中生社交网络信息样本。每个样本包含 40 个变量，其中 gradyear（毕业年份）、gender（性别）、age（年龄）、friends（好友数）四个变量代表高中生基本信息，其余 36 个变量代表高中生的课外活动、时尚、宗教、浪漫和反社会行为五大类兴趣，每个词语变量的取值代表对应词语在高中生的社交网络服务平台发布的消息中出现的频次，这 36 个词语为：basketball（篮球）、football（足球）、soccer（英式足球）、softball（垒球）、volleyball（排球）、swimming（游泳）、cheerleading（带领拉拉队）、baseball（棒球）、tennis（网球）、sports（运动）、cute（可爱的）、sex（性）、sexy（性感）、hot（火辣）、kiss（吻）、dance（跳舞）、band（乐队）、marching（游行）、music（音乐）、rock（摇滚）、god（上帝）、church（教堂）、jesus（耶稣）、bible（圣经）、hair（头发）、dress（服装）、blonde（金发女郎）、mall（商业街）、shopping（购物）、clothes（衣服）、hollister（hollister 品牌，美国时尚休闲大牌）、abercrombie（abercrombie 品牌，美国青少年最青睐的品牌）、die（死亡）、death（病）、drunk（醉酒）、drugs（毒品）。

数据预览如图 2－92 所示。

文件内容预览

```
gradyear,gender,age,friends,basketball,football,soccer,softball,volleyball,swimming,cheerle
2006,M,18.98,7,0,0,0,0,0,0,0,0,0,0,0,0,1,0,0,0,0,0,0,0,0,0,0,0,0,0,0,0,0,0
2006,F,18.801,0,0,1,0,0,0,0,0,0,0,0,1,0,0,0,0,0,0,2,2,1,0,0,0,6,4,0,1,0,0,0,0,0,0,0,0
2006,M,18.335,69,0,1,0,0,0,0,0,0,0,0,0,0,0,0,0,0,0,2,0,1,0,0,0,0,0,0,0,0,0,0,0,0,0,1,0,0
2006,F,18.875,0,0,0,0,0,0,0,0,0,0,0,1,0,0,0,0,0,0,0,0,1,0,0,0,0,0,0,0,0,0,0,0,0,0,0,0
2006,NA,18.995,10,0,0,0,0,0,0,0,0,0,0,0,1,0,0,5,1,1,0,3,0,1,0,0,0,1,0,0,0,2,0,0,0,0,0,1,1
2006,F,,142,0,0,0,0,0,0,0,0,0,0,1,0,0,0,0,0,1,2,0,0,0,0,0,0,1,0,0,1,0,0,0,0,0,1,0
2006,F,18.93,72,0,0,0,0,0,0,0,0,0,0,0,0,0,0,0,1,1,0,0,0,0,0,0,0,0,0,2,0,0,2,0,0,0,0,0
2006,M,18.322,17,0,0,0,1,0,0,0,0,0,0,2,1,0,0,0,0,0,1,1,0,0,0,0,0,0,0,0,0,0,0,0,0,0,0,0
2006,F,19.055,52,0,0,0,0,0,0,0,0,0,0,0,0,0,0,0,0,0,0,0,0,0,0,0,0,0,0,0,0,0,0,0,0,0,0
2006,F,18.708,39,0,0,0,0,0,0,0,0,0,1,0,0,1,0,0,0,0,1,1,6,0,2,0,1,0,0,0,1,0,0,0,0,0,0,0
2006,F,18.543,8,0,0,0,0,0,0,0,0,0,0,0,0,0,0,0,0,0,0,0,0,0,0,0,0,0,0,0,0,0,0,0,0,0,0
2006,F,19.463,21,0,1,0,0,0,0,0,0,0,0,0,0,0,0,0,0,0,0,0,0,1,0,0,0,0,0,0,0,0,0,0,0,0,0,0
2006,F,18.097,87,0,0,0,0,0,0,0,0,0,0,1,0,0,0,0,0,0,1,0,0,0,0,0,0,0,0,0,0,0,0,0,0,0,0,0
2006,NA,,0,0,0,0,0,0,0,0,0,0,0,0,0,0,0,0,0,0,0,0,0,0,0,0,0,0,0,0,0,0,0,0,0,0,0
2006,F,18.398,0,0,0,0,0,0,0,0,0,0,0,0,0,1,0,0,2,0,1,0,0,0,0,1,0,0,0,1,0,0,0,0,0,0
2006,NA,,0,0,0,0,0,0,0,0,0,0,0,0,0,0,0,0,0,0,0,0,0,0,0,0,0,0,0,0,0,0,0,0,0,0,0
2006,NA,,135,0,0,0,0,0,0,0,0,0,0,0,0,0,0,0,0,0,1,1,0,0,0,0,0,0,0,0,0,0,0,0,0,0,0
2006,F,18.987,26,0,0,2,0,0,0,0,0,0,2,0,0,0,0,0,0,0,0,1,0,0,0,0,0,0,0,0,0,0,0,0,0,0,0,0
2006,F,17.158,27,1,1,0,0,0,0,0,0,0,1,0,0,0,0,0,0,0,0,0,0,0,1,0,0,0,0,0,0,0,0,0,0,0,0,0
2006,F,18.497,123,0,0,0,0,0,0,1,0,0,0,0,0,0,0,0,0,0,1,0,2,0,0,0,0,0,0,1,2,0,1,1,0,0,0,0
```

图 2－92

【技术准备】

- 掌握抽样组件的设置方法。
- 数据预览、运行调试技能。

【任务实施】

运用前述任务所学习的操作方法建立【课程文件】【数据汇集】【过滤年龄】【性别量化】【数据组装】【K－Means 聚类】【聚类结果】七个节点，流程如图 2－93 所示。

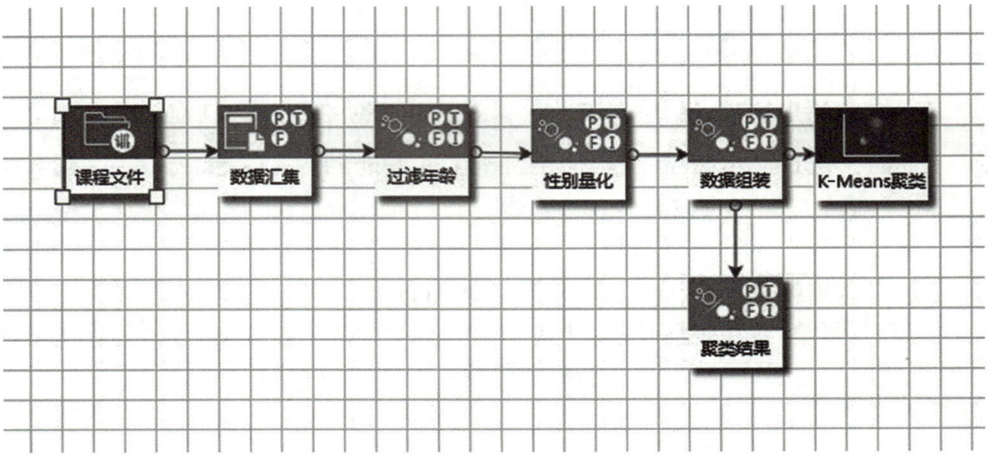

图 2－93

1. 【课程文件】节点。

【课程文件】节点属性见表 2－63。

表 2－63

属性名	值
课程	大数据财务分析

2. 【数据汇集】节点。

【数据汇集】节点属性设置见表 2－64。

表 2－64

属性名	值
文件格式	CSV
标题行号	1
起始数据行号	2
换行方式	Windows－CR/LF
引用源	teenager. csv

3. 【过滤年龄】节点。

【过滤年龄】节点【属性】面板设置见表 2－65。

表 2－65

属性名	值
筛选条件	数据汇集 . age > ＝13and'数据汇集'. age < ＝20

转换逻辑定义见图 2－94。

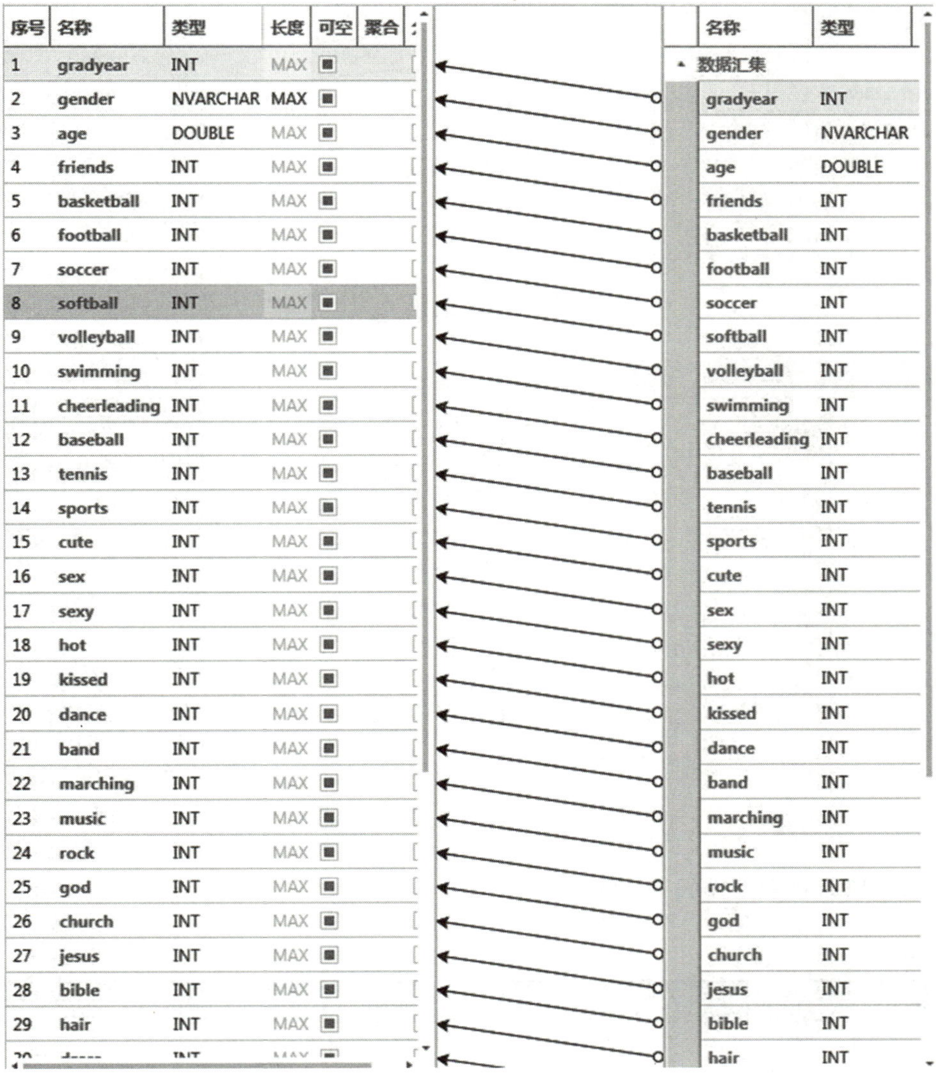

图 2－94

4. 【性别量化】节点。

【性别量化】节点转换逻辑定义见图 2－95。

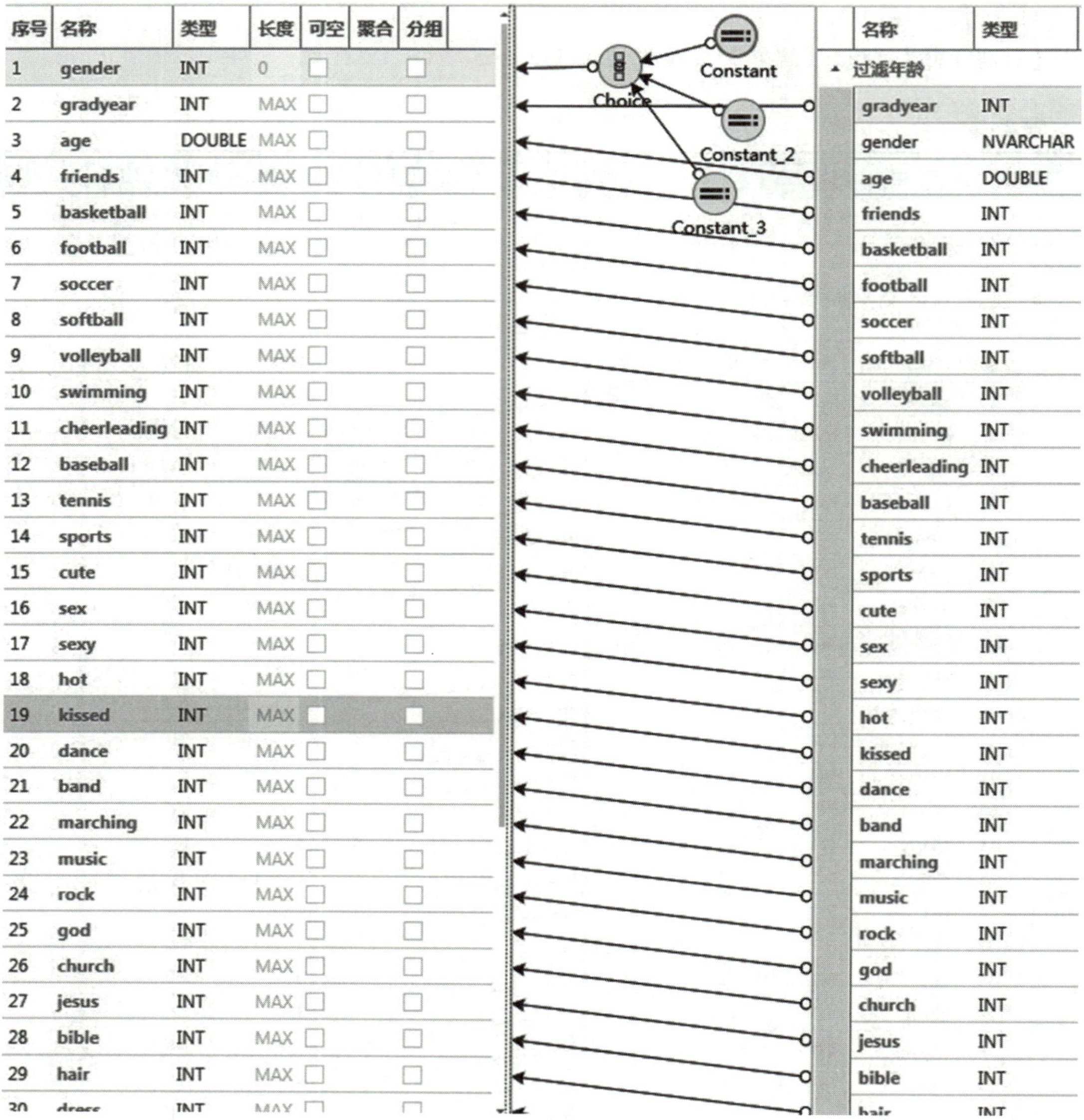

图 2－95

【数据转换器】参数见表 2－66。

表 2－66

转换器	参数	输入参数
Choice	无	Constant：过滤年龄 . gender = NA； Constant_2：过滤年龄 . gender = M； Constant_3：1 = 1
Constant	常量数据类型：INT，〔值〕：0	无

续表

转换器	参数	输入参数
Constant_2	常量数据类型：INT，〔值〕：1	无
Constant_3	常量数据类型：INT，〔值〕：2	无

Choice 输入参数面板见图 2－96。

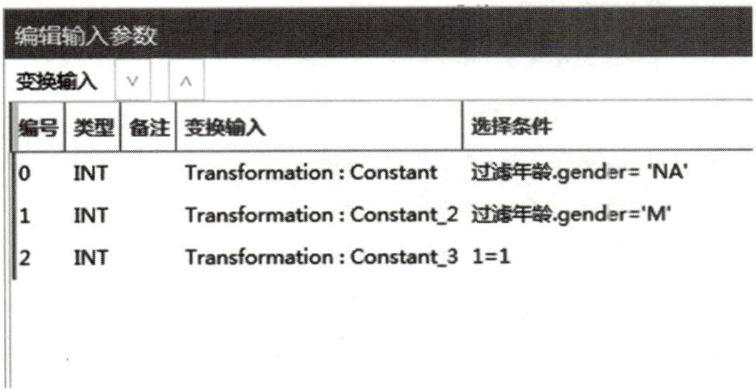

图 2－96

5. 【数据组装】节点。

【数据组装】节点转换逻辑定义见图 2－97。

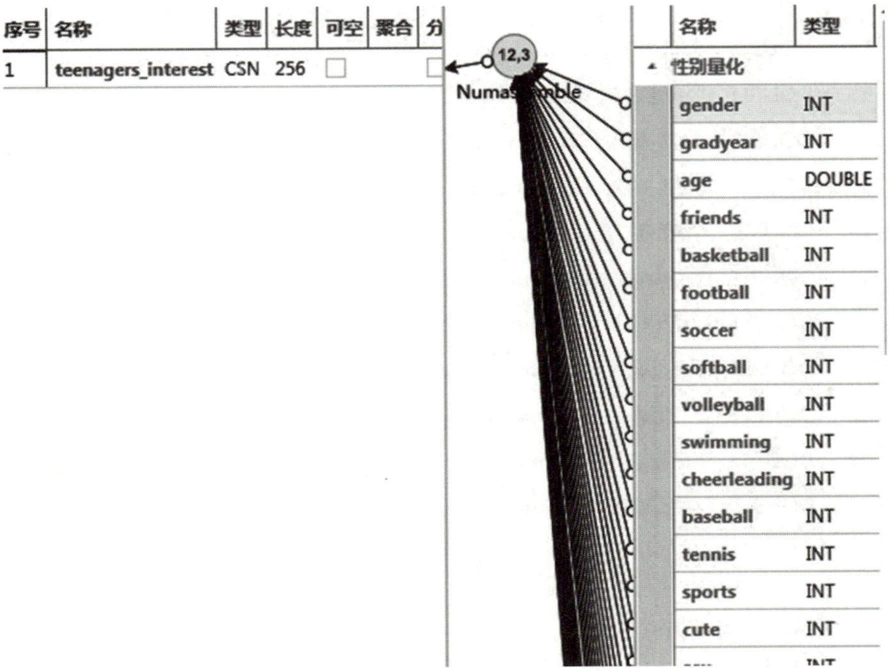

图 2－97

【Numassemble】输入参数见图 2－98。

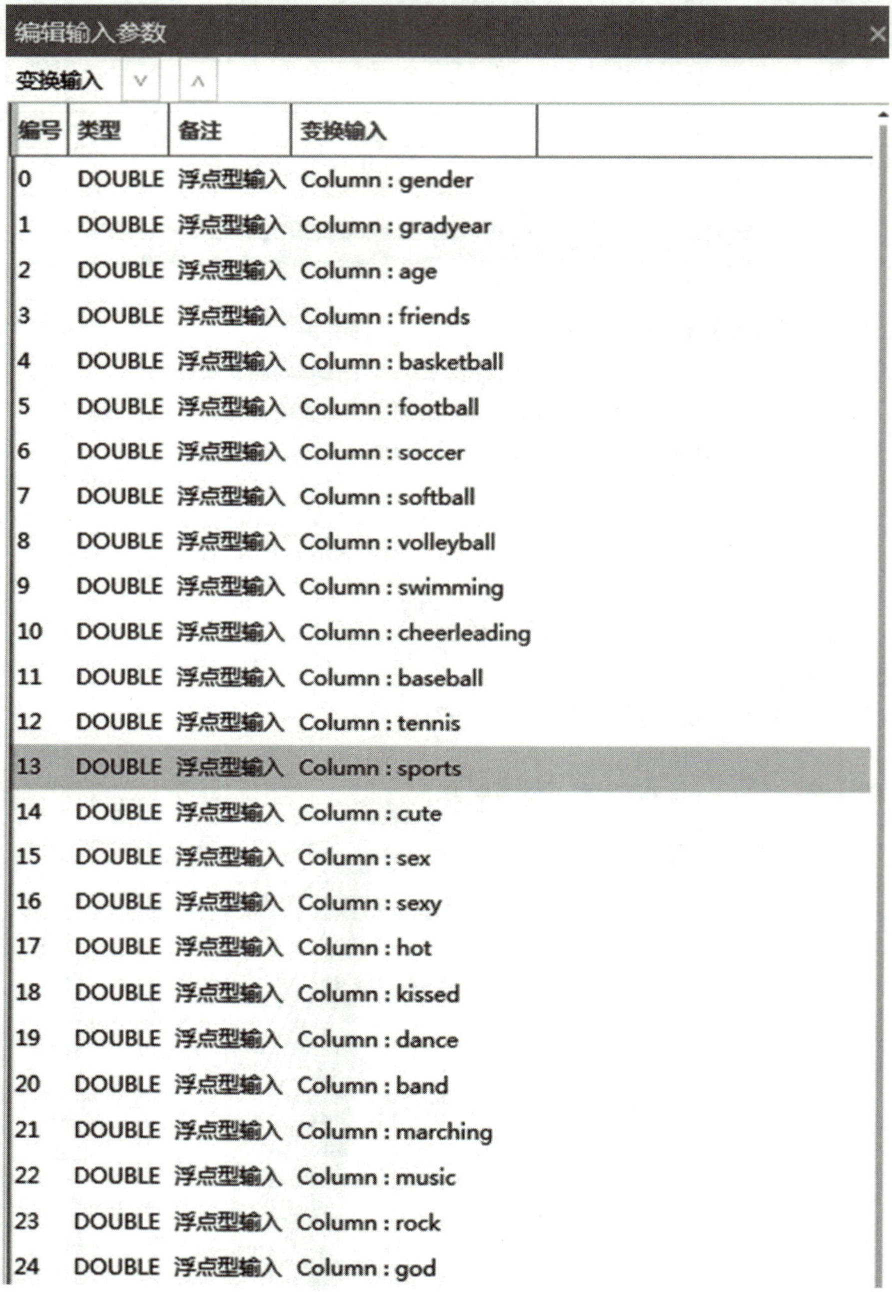
编辑输入参数

变换输入

编号	类型	备注	变换输入
0	DOUBLE	浮点型输入	Column : gender
1	DOUBLE	浮点型输入	Column : gradyear
2	DOUBLE	浮点型输入	Column : age
3	DOUBLE	浮点型输入	Column : friends
4	DOUBLE	浮点型输入	Column : basketball
5	DOUBLE	浮点型输入	Column : football
6	DOUBLE	浮点型输入	Column : soccer
7	DOUBLE	浮点型输入	Column : softball
8	DOUBLE	浮点型输入	Column : volleyball
9	DOUBLE	浮点型输入	Column : swimming
10	DOUBLE	浮点型输入	Column : cheerleading
11	DOUBLE	浮点型输入	Column : baseball
12	DOUBLE	浮点型输入	Column : tennis
13	DOUBLE	浮点型输入	Column : sports
14	DOUBLE	浮点型输入	Column : cute
15	DOUBLE	浮点型输入	Column : sex
16	DOUBLE	浮点型输入	Column : sexy
17	DOUBLE	浮点型输入	Column : hot
18	DOUBLE	浮点型输入	Column : kissed
19	DOUBLE	浮点型输入	Column : dance
20	DOUBLE	浮点型输入	Column : band
21	DOUBLE	浮点型输入	Column : marching
22	DOUBLE	浮点型输入	Column : music
23	DOUBLE	浮点型输入	Column : rock
24	DOUBLE	浮点型输入	Column : god

图 2－98

6. 【K－Means 聚类】节点。

【K－Means 聚类】节点【属性】面板设置见表 2－67。

表 2－67

属性名	值
聚类数	5
迭代次数	10
初始化方式	并行化 k－means＋＋
初始步数	2
容许误差	0.000001

转换逻辑定义见图 2－99。

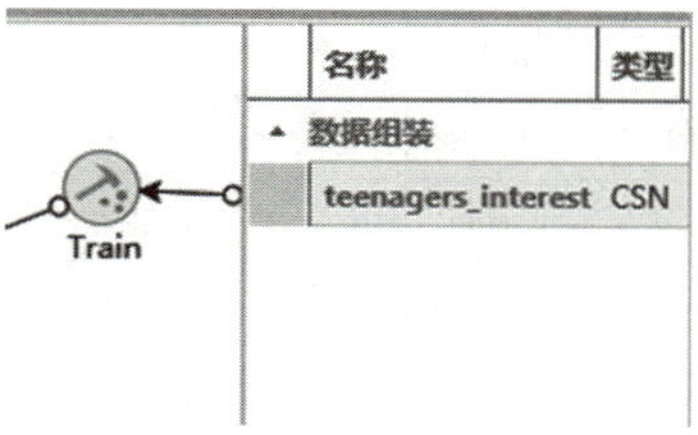

图 2－99

7.【聚类结果】节点。

【聚类结果】节点转换逻辑定义见图 2－100。

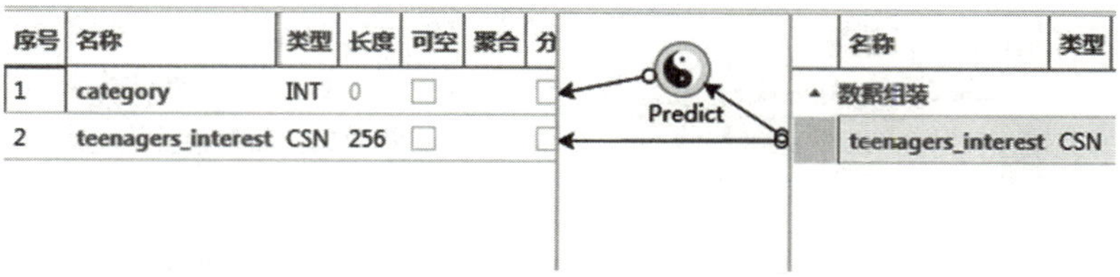

图 2－100

【数据转换器】参数见表 2－68。

表 2－68

转换器	名称	参数
Predict	Predict	【模型】：～/使用 K－Means 细分青少年兴趣/K－Means 聚类

二分 K－Means 聚类训练得到的模型见图 2－101。

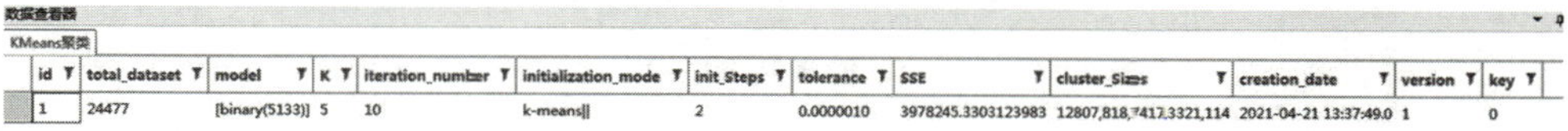

图 2－101

K - Means 聚类节点输出参数见表 2 - 69。

表 2 - 69

英文名	中文名	类型	说明
Id		bigint	该模型的 Id
total_dataset	数据量	bigint	有效数据库条数，去掉 null 值
Model	模型	varbianry	训练后的模型，在数据库中以二进制格式保存
K	聚类数	int	属性面板输入的聚类数量
iteration_number	迭代次数	int	属性面板输入的迭代次数
initialization_mode	初始化方式	String	属性面板输入的初始化方式
init_Steps	初始化步数	Int	属性面板输入的初始化步数
tolerance	容许误差	double	属性面板输入的容许误差
SSE	点到聚类中心的距离和	double	每一个点到该点所属聚类中心的距离平方和
cluster_Sizes	每个聚类中样本数量	String	每个聚类中包含的样本数量
creation_date	模型创建时间	Datetime	该模型保存时间
version	模型版本	Int	该模型版本，只有在属性面板中选中保留历史模型时该值才会自增 1
Key	分组 Key	String	用于分组建模

选中【K - Means 聚类】节点并设置查看器，点击调试按钮，调试运行如图 2 - 102 所示。

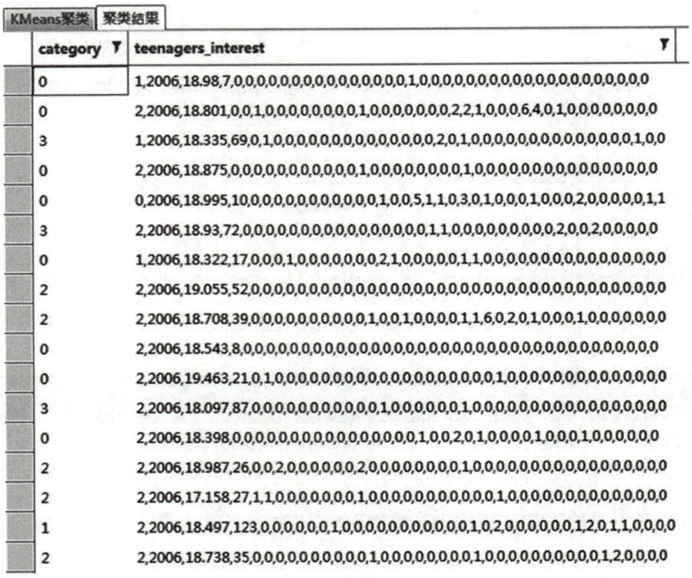
KMeans聚类 聚类结果

category	teenagers_interest
0	1,2006,18.98,7,0,0,0,0,0,0,0,0,0,0,0,0,0,0,1,0,0,0,0,0,0,0,0,0,0,0,0,0,0,0,0,0
0	2,2006,18.801,0,0,1,0,0,0,0,0,0,0,0,1,0,0,0,0,0,0,0,2,2,1,0,0,0,6,4,0,1,0,0,0,0,0,0,0,0
3	1,2006,18.335,69,0,1,0,0,0,0,0,0,0,0,0,0,0,0,0,0,2,0,1,0,0,0,0,0,0,0,0,0,0,0,0,0,0,1,0,0
0	2,2006,18.875,0,0,0,0,0,0,0,0,0,0,0,1,0,0,0,0,0,0,0,0,1,0,0,0,0,0,0,0,0,0,0,0,0,0,0,0,0
0	0,2006,18.995,10,0,0,0,0,0,0,0,0,0,0,0,1,0,0,5,1,1,0,3,0,1,0,0,0,1,0,0,0,2,0,0,0,0,0,1,1
3	2,2006,18.93,72,0,0,0,0,0,0,0,0,0,0,0,0,0,1,1,0,0,0,0,0,0,0,0,2,0,0,2,0,0,0,0,0
0	1,2006,18.322,17,0,0,0,1,0,0,0,0,0,0,2,1,0,0,0,0,0,1,1,0,0,0,0,0,0,0,0,0,0,0,0,0,0,0
2	2,2006,19.055,52,0,0,0,0,0,0,0,0,0,0,0,0,0,0,0,0,0,0,0,0,0,0,0,0,0,0,0,0,0,0,0,0,0,0
2	2,2006,18.708,39,0,0,0,0,0,0,0,0,0,1,0,0,1,0,0,0,0,1,1,6,0,2,0,1,0,0,0,1,0,0,0,0,0,0
0	2,2006,18.543,8,0,0,0,0,0,0,0,0,0,0,0,0,0,0,0,0,0,0,0,0,0,0,0,0,0,0,0,0,0,0,0,0,0,0
0	2,2006,19.463,21,0,1,0,0,0,0,0,0,0,0,0,0,0,0,0,0,0,0,0,1,0,0,0,0,0,0,0,0,0,0,0,0,0,0
3	2,2006,18.097,87,0,0,0,0,0,0,0,0,0,0,1,0,0,0,0,0,0,1,0,0,0,0,0,0,0,0,0,0,0,0,0,0,0,0
0	2,2006,18.398,0,0,0,0,0,0,0,0,0,0,0,0,0,0,0,1,0,0,2,0,1,0,0,0,0,1,0,0,0,1,0,0,0,0,0,0
2	2,2006,18.987,26,0,0,2,0,0,0,0,0,0,2,0,0,0,0,0,0,0,1,0,0,0,0,0,0,0,0,0,0,0,0,0,0,0,0
2	2,2006,17.158,27,1,1,0,0,0,0,0,0,0,1,0,0,0,0,0,0,0,0,0,0,1,0,0,0,0,0,0,0,0,0,0,0,0,0
1	2,2006,18.497,123,0,0,0,0,0,0,1,0,0,0,0,0,0,0,0,0,0,0,1,0,2,0,0,0,0,0,0,1,2,0,1,1,0,0,0,0
2	2,2006,18.738,35,0,0,0,0,0,0,0,0,0,0,1,0,0,0,0,0,0,0,0,1,0,0,0,0,0,0,0,0,0,1,2,0,0,0,0

图 2 - 102

category 列为聚类的类结果；teenagers_interest 为预测数据，每个值中有 40 个元素，分别为青少年的兴趣特征。

任务 2－11　朴素贝叶斯预测

朴素贝叶斯预测

【任务情境】

朴素贝叶斯算法常用于对数据进行二分类或多分类，某银行信贷部门为降低贷款风险，提高资金的使用效率，准备建立规范的贷款发放决策模型。本任务要求利用老客户的贷款记录数据建立朴素贝叶斯预测模型，再引用该模型来判断是否接受用户贷款申请。

【数据准备】

本任务所使用的源数据是贷款记录数据集，包括训练数据集 loans_train 和预测数据集 loans_predict，存储在“大数据财务分析”课程的【课程数据库】中。训练数据集 loans_train 每一行表示一笔贷款记录，safe_loans 列为标签列，其他列为贷款申请人的属性特征列；测试数据集 loans_predict 每一行表示一个样本，safe_loans 列为标签列，但比训练数据集少了 safe_loans 列，也就是本任务要预测的值。数据表的字段说明见表 2－70、表 2－71。

表 2－70　训练数据集 loans_train 字段说明

字段	数据类型	业务含义
grade	字符串	贷款级别，本任务不入参建模
sub_grade	字符串	贷款细分级别，本任务不入参建模
short_emp	数值	一年以内短期雇佣
emp_length_num	数值	受雇年限
home_ownership	数值	居住状态，1（自有），2（按揭），3（租住）
dti	数值	贷款占收入比例
purpose		贷款用途，0（other），1（car），2（small_business），3（debt_consolidation），4（major_purchase），5（credit_card），6（home_improvement），7（car），8（moving），9（house），10（wedding），11（medical），12（vacation）
term	整数	贷款周期（月）
last_delinq_none	数值	贷款申请人是否有不良记录，0（没有），1（有）
last_major_derog_none	数值	贷款申请人是否有还款逾期 90 天以上记录，0（没有），1（有）
revol_util	数值	透支额度占信用比例
total_rec_late_fee	数值	逾期罚款总额
safe_loans	数值	贷款是否安全，作为是否发放贷款的标签，0（不安全），1（安全）

表 2－71　测试数据集 loans_predict 字段说明

字段	数据类型	业务含义
grade	字符串	贷款级别，本任务不入参建模
sub_grade	字符串	贷款细分级别，本任务不入参建模
short_emp	数值	一年以内短期雇佣

续表

字段	数据类型	业务含义
emp_length_num	数值	受雇年限
home_ownership	数值	居住状态，1（自有），2（按揭），3（租住）
dti	数值	贷款占收入比例
purpose		贷款用途，0（other），1（car），2（small_business），3（debt_consolidation），4（major_purchase），5（credit_card），6（home_improvement），7（car），8（moving），9（house），10（wedding），11（medical），12（vacation）
term	整数	贷款周期（月）
last_delinq_none	数值	贷款申请人是否有不良记录，0（没有），1（有）
last_major_derog_none	数值	贷款申请人是否有还款逾期 90 天以上记录，0（没有），1（有）
revol_util	数值	透支额度占信用比例
total_rec_late_fee	数值	逾期罚款总额

训练数据集 loans_train 数据预览如图 2－103 所示。

purpose	short_emp	home_1ership	safe_loans	revol_util	total_rec_late_fee	grade	dti	term	emp_length_num	last_major_derog_none	last_delinq_none	sub_grade
0	0	2	0	16.8	0.0	A	2.23	36	2	1	0	A1
7	0	2	0	53.2	0.0	A	2.77	36	2	1	1	A1
3	0	2	0	20.4	0.0	A	7.11	36	2	1	0	A1
0	0	2	1	18.1	0.0	A	7.96	36	2	1	1	A1
0	0	2	1	6.3	0.0	A	8.18	36	2	1	1	A1
6	0	2	1	8.1	0.0	A	11.62	36	2	1	1	A1
7	0	2	1	0.2	0.0	A	16.72	36	2	1	1	A1
3	0	2	1	21.7	0.0	A	20.07	36	2	1	1	A1
0	0	2	0	32.0	0.0	A	25.58	36	2	1	1	A1
7	0	3	0	0.0	0.0	A	0.0	36	2	1	1	A1
5	0	3	1	6.0	0.0	A	12.63	36	2	1	1	A1
2	0	3	0	16.9	0.0	A	13.73	36	2	1	1	A1
12	0	3	1	29.3	0.0	A	15.68	36	2	1	1	A1
5	0	3	0	32.4	0.0	A	20.45	36	2	1	1	A1
2	0	3	0	23.6	0.0	A	34.78	36	2	1	1	A1
6	0	1	0	7.3	0.0	A	5.01	36	3	1	1	A1
6	0	1	1	21.5	0.0	A	7.71	36	3	1	1	A1
0	0	1	0	26.3	0.0	A	12.74	36	3	1	1	A1
2	0	2	1	0.5	0.0	A	0.5	36	3	1	1	A1
7	0	2	1	8.5	0.0	A	5.14	36	3	1	1	A1

图 2－103

测试数据集 loans_predict 数据预览如图 2－104 所示。

purpose	short_emp	grade	dti	home_1ership	term	emp_length_num	last_major_derog_none	revol_util	total_rec_late_fee	last_delinq_none	sub_grade
3	0	A	1.96	2	36	2	1	44.3	0.0	1	A1
4	0	A	3.32	2	36	2	1	19.8	0.0	1	A1
3	0	A	5.87	2	36	2	1	5.7	0.0	1	A1
0	0	A	10.56	2	36	2	1	18.8	0.0	1	A1
3	0	A	18.59	2	36	2	1	6.4	0.0	1	A1
3	0	A	24.3	2	36	2	1	36.5	0.0	1	A1
3	0	A	29.21	2	36	2	1	24.1	0.0	0	A1
2	0	A	2.77	3	36	2	1	20.2	0.0	1	A1
0	0	A	10.82	3	36	2	1	14.8	0.0	1	A1
0	0	A	12.92	3	36	2	1	14.9	0.0	1	A1
4	0	A	17.63	3	36	2	1	15.2	0.0	1	A1
5	0	A	8.27	1	36	3	1	38.9	0.0	1	A1
6	0	A	1.9	2	36	3	1	6.7	0.0	1	A1
6	0	A	2.32	2	36	3	1	7.0	0.0	1	A1
4	0	A	8.76	2	36	3	1	28.3	0.0	1	A1
0	0	A	13.89	2	36	3	1	7.0	0.0	1	A1
4	0	A	0.78	3	36	3	1	13.3	0.0	1	A1
4	0	A	7.59	1	36	4	1	0.0	0.0	1	A1

图 2－104

【技术准备】

- 掌握抽样组件的设置方法。
- 数据预览、运行调试技能。

【任务实施】

运用前述任务所学习的操作方法建立【课程数据库】【训练数据汇集】【抽取训练数据】【训练数据组装】【朴素贝叶斯】【抽取测试数据】【测试数据组装】【分类模型测试】【指标计算】九个节点，流程如图 2－105 所示。

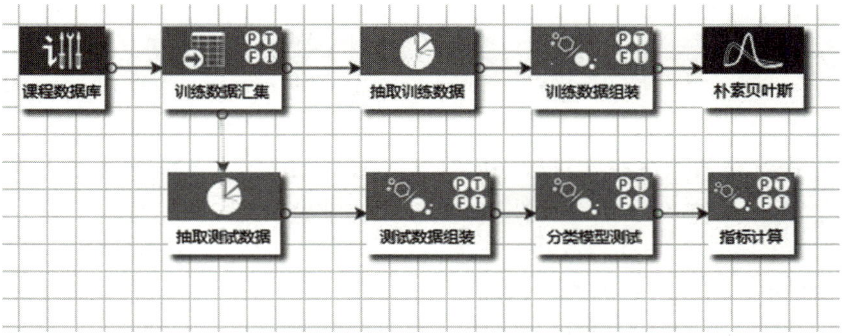

图 2－105

1. 【课程数据库】节点。

【课程数据库】节点属性见表 2－72。

表 2－72

属性名	值
课程	大数据财务分析

2. 【训练数据汇集】节点。

【训练数据汇集】节点属性设置见表 2－73。

表 2－73

属性名	值
引用源	loans_train

3. 【抽取训练数据】节点。

【抽取训练数据】节点属性设置见表 2－74。

表 2－74

属性名	值
抽样百分比	80

4. 【训练数据组装】节点。

【训练数据组装】节点转换逻辑定义见图 2－106。

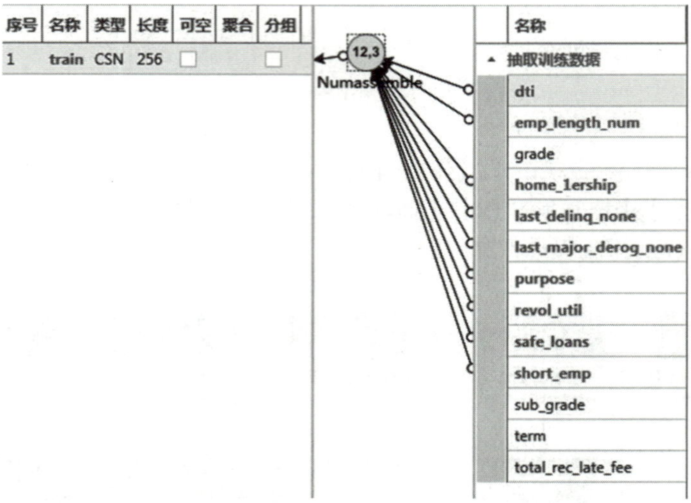

图 2－106

【Numassemble】输入参数见图 2－107。

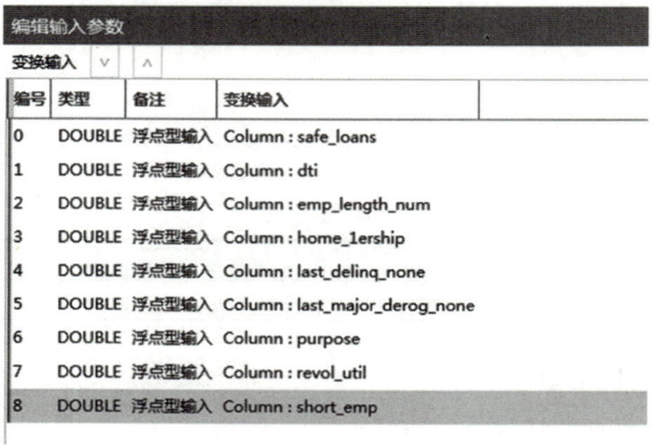

图 2－107

5. 【朴素贝叶斯】节点。

【朴素贝叶斯】节点【属性】面板设置见表 2－75。

表 2－75

属性名	值
训练集比例	70
模型类型	多项式分布
平滑参数	100
分类阈值	0.8，0.9

转换逻辑定义见图 2－108。

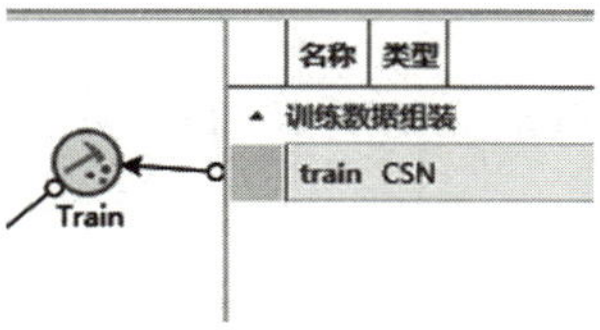

图 2 –108

6. 【抽取测试数据】节点。

【抽取测试数据】节点属性设置见表 2 –76。

表 2 –76

属性名	值
抽样百分比	20

7. 【测试数据组装】节点。

【测试数据组装】节点转换逻辑定义见图 2 –109。

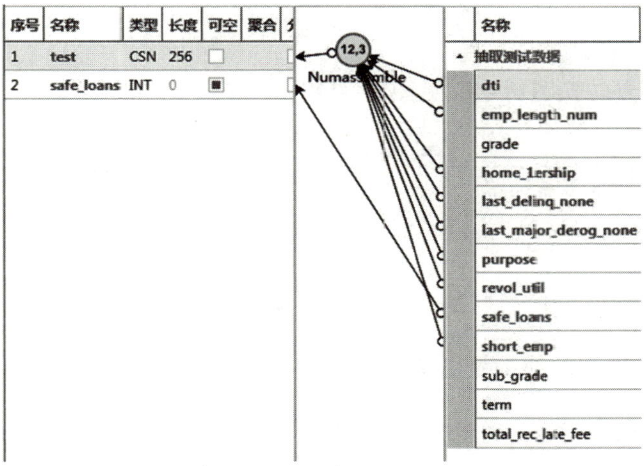

图 2 –109

【Numassemble】输入参数见图 2 –110。

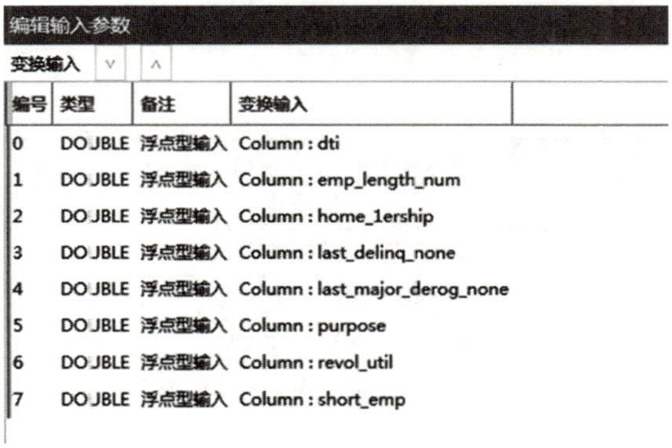

图 2 –110

8. 【分类模型测试】节点。

【分类模型测试】节点转换逻辑定义见图 2－111。

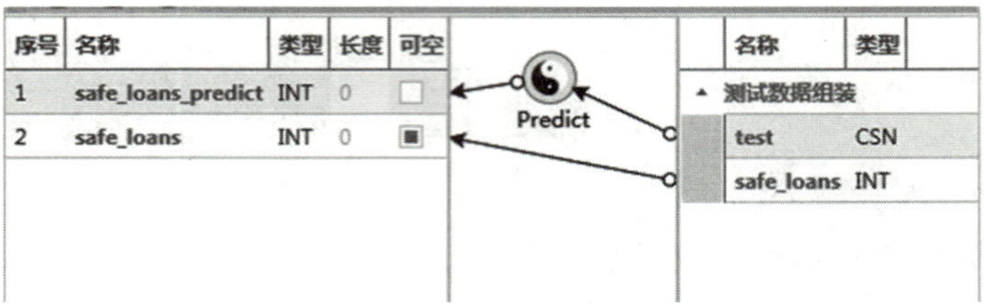

图 2－111

【Numassemble】输入参数见表 2－77。

表 2－77

转换器	名称	参数
Predict	Predict	【模型】：～/用贷款记录训练朴素贝叶斯分类模型/朴素贝叶斯

9. 【指标计算】节点。

【指标计算】节点转换逻辑定义见图 2－112。

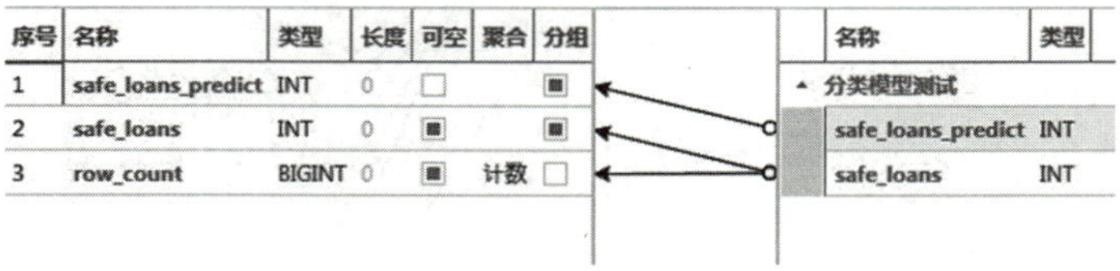

图 2－112

朴素贝叶斯训练得到的模型见图 2－113。

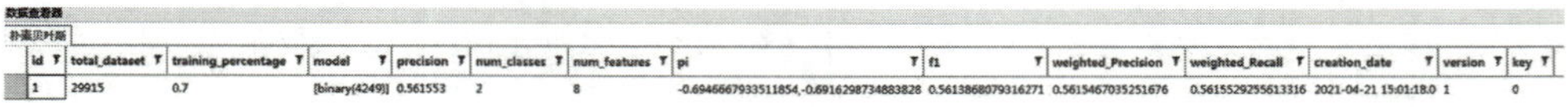

id	total_dataset	training_percentage	model	precision	num_classes	num_features	pi	f1	weighted_Precision	weighted_Recall	creation_date	version	key
1	29915	0.7	[binary(4249)]	0.561553	2	8	-0.6946667933511854,-0.6916298734883828	0.5613868079316271	0.5615467035251676	0.5615529255613316	2021-04-21 15:01:18.0	1	0

图 2－113

朴素贝叶斯节点输出参数见表 2－78。

表 2－78

英文名	中文名	类型	说明
Id		bigint	该模型的 Id
total_dataset	数据量	bigint	有效数据库条数，去掉 null 值
Model	模型	varbianry	训练后的模型，在数据库中以二进制格式保存
precision	模型测试准确率	Double	测试的准确率
total_Iterations	迭代次数	int	模型训练的迭代次数
num_Classes	类别数量	int	训练数据中类别数量
num_features	特征数量，也称为属性数量	Int	训练数据中特征数量

续表

英文名	中文名	类型	说明
pi	类别先验值的对数	Double	
f1	模型的 F1 加权平均值	Double	各个类的 F 度量之和
weighted_Precision	加权平均精度	Double	各个类的精度之和
weighted_Recall	加权平均召回率	Double	各个类的召回率之和
creation_date	模型创建时间	Datetime	该模型保存时间
version	模型版本	Int	该模型版本，只有在属性面板中选中保留历史模型时该值才会自增 1
Key	分组 Key	String	用于分组建模

选中【指标计算】节点并设置查看器，点击调试按钮，调试运行【指标计算】，运行结果如图 2－114 所示。

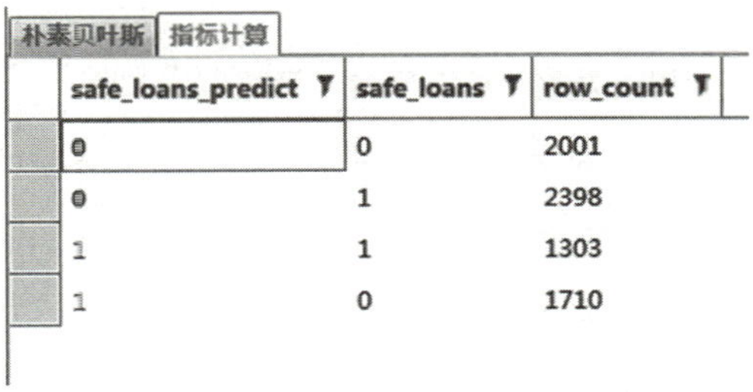

safe_loans_predict	safe_loans	row_count
0	0	2001
0	1	2398
1	1	1303
1	0	1710

图 2－114

至此，训练模型已经完成，再用同样的方法建立【课程数据库】【预测数据汇集】【预测数据组装】和【是否接受贷款申请预测】四个节点，流程如图 2－115 所示。

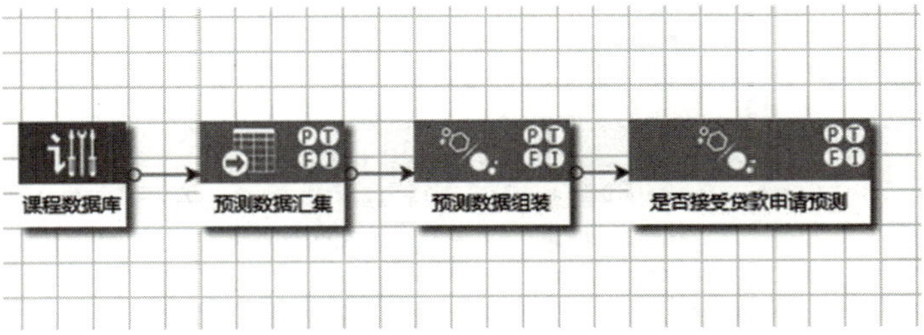

图 2－115

10. 【课程数据库】节点。

【课程数据库】节点属性见表 2－79。

表 2－79

属性名	值
课程	大数据财务分析

11. 【预测数据汇集】节点。

【预测数据汇集】节点属性见表 2－80。

表 2－80

属性名	值
引用源	loans_predict

12. 【预测数据组装】节点。

【预测数据组装】节点转换逻辑定义见图 2－116。

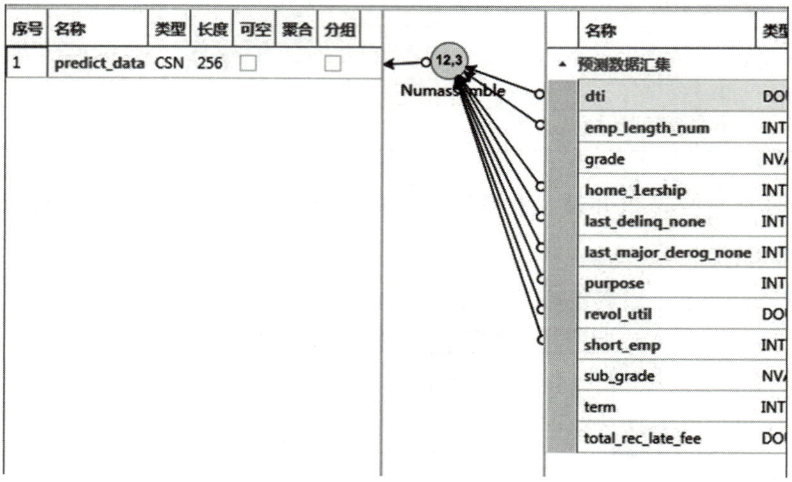

图 2－116

【Numassemble】输入参数见图 2－117。

注意：这里的数值组装连入顺序一定要与训练时的特征属性连入顺序一致。

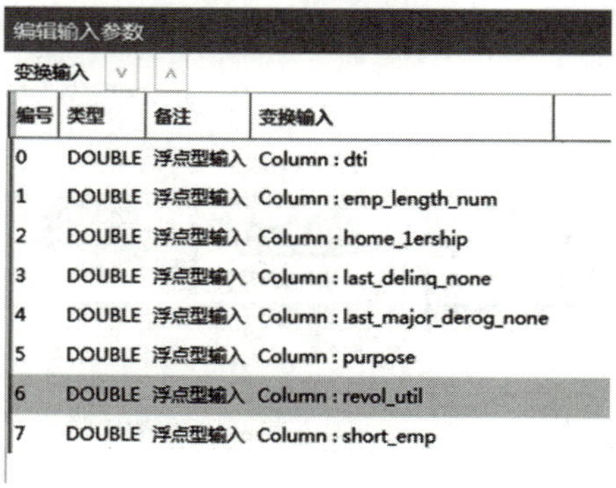

图 2－117

13. 【是否接受贷款申请预测】节点。

【是否接受贷款申请预测】节点转换逻辑定义见图 2－118。

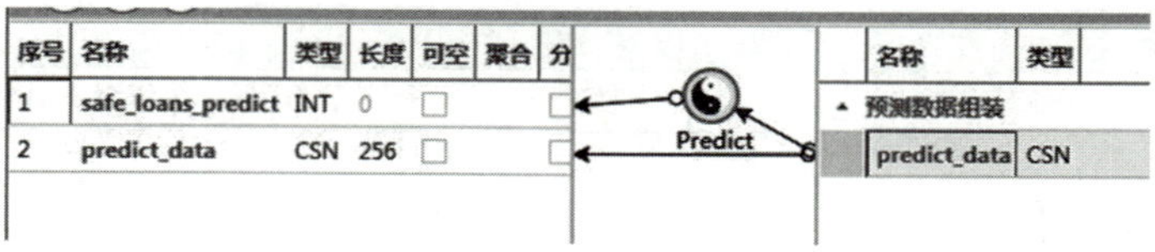

图 2－118

【数据转换器】参数见表 2－81。

表 2－81

转换器	名称	参数
Predict	Predict	【模型】：~/用贷款记录训练朴素贝叶斯分类模型/朴素贝叶斯

选中【是否接受贷款申请预测】节点并设置查看器，点击调试按钮，调试运行如图 2－119 所示。

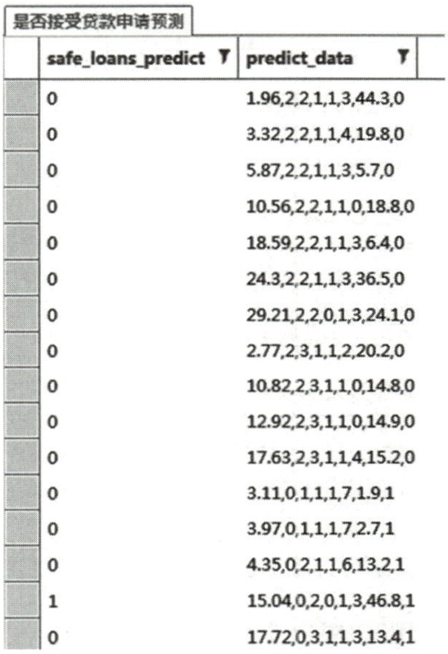
是否接受贷款申请预测

safe_loans_predict	predict_data
0	1.96,2,2,1,1,3,44.3,0
0	3.32,2,2,1,1,4,19.8,0
0	5.87,2,2,1,1,3,5.7,0
0	10.56,2,2,1,1,0,18.8,0
0	18.59,2,2,1,1,3,6.4,0
0	24.3,2,2,1,1,3,36.5,0
0	29.21,2,2,0,1,3,24.1,0
0	2.77,2,3,1,1,2,20.2,0
0	10.82,2,3,1,1,0,14.8,0
0	12.92,2,3,1,1,0,14.9,0
0	17.63,2,3,1,1,4,15.2,0
0	3.11,0,1,1,1,7,1.9,1
0	3.97,0,1,1,1,7,2.7,1
0	4.35,0,2,1,1,6,13.2,1
1	15.04,0,2,0,1,3,46.8,1
0	17.72,0,3,1,1,3,13.4,1

图 2－119

safe_loans_predict 列为预测结果，1 为接受贷款申请，0 为拒绝贷款申请。

predict_data 为预测数据，每个值中有 8 个元素，分别为贷款申请人的 8 个特征值。

任务 2－12　决策树

决策树

【任务情境】

人力资源部门整理了大量的员工信息数据，包括企业因素（如部门）、员工行为相关因素（如参与过项目数、每月工作时长、薪资水平等），以及工作相关因素（如绩效评估、工伤事故），现应用决策树模型预测员工满意度。

【数据准备】

本任务所使用的源数据是员工满意度数据集，包括训练数据集 satisfaction_train 和预测数据集 satisfaction_predict，存储在“大数据财务分析”课程的【课程文件】中。训练数据集 satisfaction_train 第一行是列名，下面每一行表示一个样本。预测数据集 satisfaction_predict 与训练数据集相比，没有标签列，其他列名与训练数据集完全相同。数据表的字段说明见表 2－82。

表 2－82

属性	数据类型	字段描述
satisfaction_level	Float	标签列，员工满意程度，0 到 1 之间。0——不满意，1——满意
last_evaluation	Float	上次绩效评估值
number_project	Integer	在职期间完成的项目数量
average_montly_hours	Integer	每月平均工作时长（hr）
time_spend_company	Integer	工龄（年）
work_accident	Integer	是否有工伤：0——没有，1——有
left	Integer	是否离职：0——在职，1——离职
promotion_last_5years	Integer	过去 5 年是否有升职：0——没有，1——有
department	String	工作部门，取值有：accounting、hr、IT、management、marketing、product_mng、RandD、sales、support、technical
salary	String	工资的相对等级，取值有：high、medium、low

训练数据集 satisfaction_train 数据预览如图 2－120 所示。

表数据预览：satisfaction_train

number_project	average_montly_hours	Work_accident	left	promotion_last_5years	last_evaluation	time_spend_company	satisfaction_level
4	224	0	0	0	0.74	5	0.94
4	209	0	0	0	0.5	3	0.24
5	257	1	0	0	0.71	4	0.17
4	234	0	0	0	0.83	4	0.66
3	221	0	0	0	0.56	2	0.65
2	186	0	0	0	0.62	2	0.51
4	199	0	0	0	0.75	3	0.41
3	235	0	0	0	0.99	3	0.98
5	211	0	0	0	0.55	2	0.96
4	136	0	0	0	0.97	4	0.55
4	155	0	0	0	0.71	3	0.99
4	269	0	0	0	0.98	3	0.51
3	285	0	0	0	0.9	3	0.74
5	241	0	0	0	0.87	3	0.81
3	180	0	0	0	0.87	4	0.51
5	224	1	0	0	0.55	2	0.53
6	107	1	0	0	0.48	2	0.67
2	167	0	0	0	0.64	2	0.68
3	137	0	0	0	0.63	3	0.69
4	239	0	0	0	0.65	3	0.71
3	239	0	0	0	0.56	3	0.64

图 2－120

预测数据集 satisfaction_predict 数据预览如图 2－121 所示。

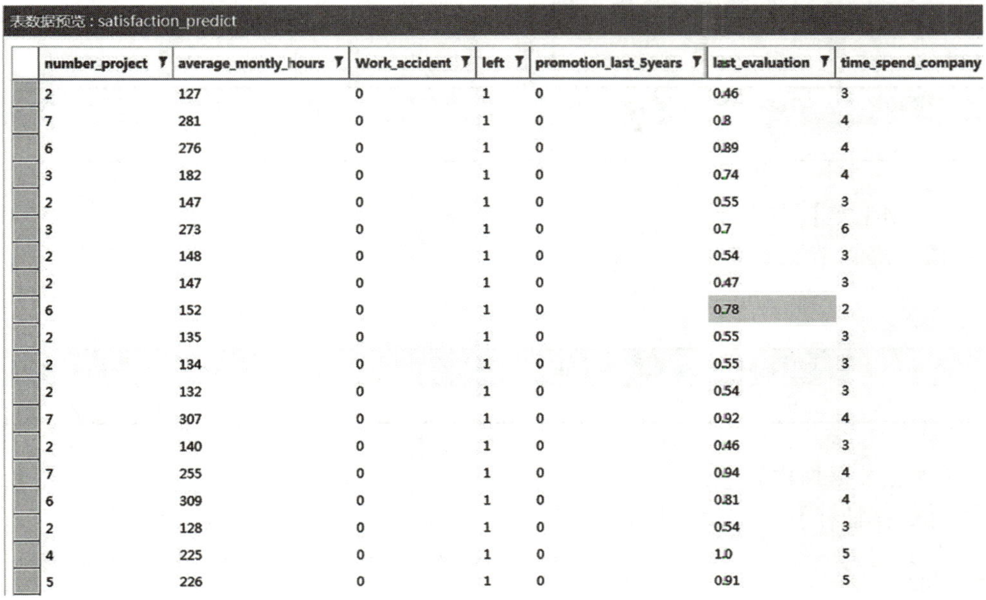

表数据预览：satisfaction_predict

number_project	average_montly_hours	Work_accident	left	promotion_last_5years	last_evaluation	time_spend_company
2	127	0	1	0	0.46	3
7	281	0	1	0	0.8	4
6	276	0	1	0	0.89	4
3	182	0	1	0	0.74	4
2	147	0	1	0	0.55	3
3	273	0	1	0	0.7	6
2	148	0	1	0	0.54	3
2	147	0	1	0	0.47	3
6	152	0	1	0	0.78	2
2	135	0	1	0	0.55	3
2	134	0	1	0	0.55	3
2	132	0	1	0	0.54	3
7	307	0	1	0	0.92	4
2	140	0	1	0	0.46	3
7	255	0	1	0	0.94	4
6	309	0	1	0	0.81	4
2	128	0	1	0	0.54	3
4	225	0	1	0	1.0	5
5	226	0	1	0	0.91	5

图 2－121

【技术准备】

- 掌握抽样组件的设置方法。
- 数据预览、运行调试技能。

【任务实施】

运用前述任务所学习的操作方法建立【课程数据库】【数据汇集】【训练数据抽样】【处理非数值训练数据】【训练数据组装】【决策树回归】【测试数据抽样】【处理非数值测试数据】【测试数据组装】【预测员工满意度】【预测值与真实值的均方误差】11 个节点，流程如图 2－122 所示。

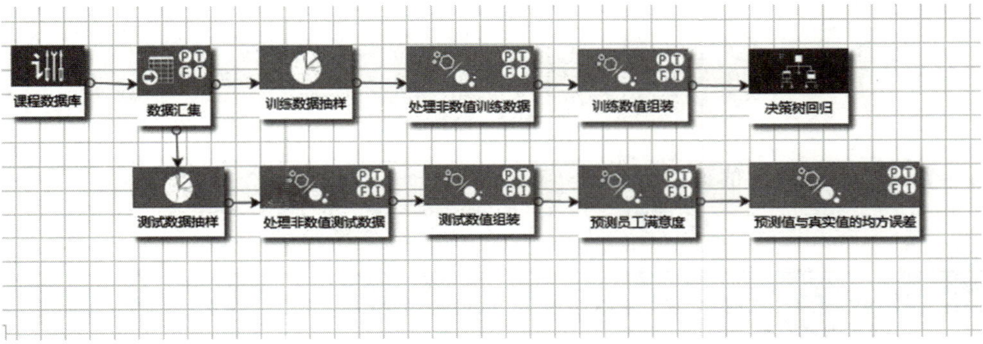

图 2－122

1. 【课程数据库】节点。

【课程数据库】节点属性见表 2 - 83。

表 2 - 83

属性名	值
课程	大数据财务分析

2. 【数据汇集】节点。

【数据汇集】节点属性见表 2 - 84。

表 2 - 84

属性名	值
引用源	satisfaction_train

3. 【训练数据抽样】节点。

【训练数据抽样】节点属性见表 2 - 85。

表 2 - 85

属性名	值
抽样百分比	80

4. 【处理非数值训练数据】节点。

【处理非数值训练数据】节点转换逻辑定义见图 2 - 123。

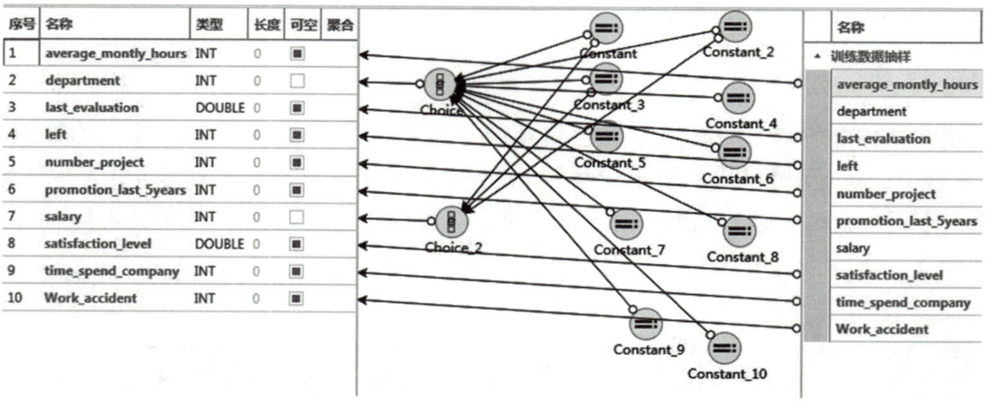

图 2 - 123

各个常量 Constant 的值见表 2 - 86。

表 2 - 86

名称	参数	输入参数
Constant	常量数据类型：INT 值：0	无

续表

名称	参数	输入参数
Constant_2	常量数据类型：INT 值：1	无
Constant_3	常量数据类型：INT 值：2	无
Constant_4	常量数据类型：INT 值：3	无
Constant_5	常量数据类型：INT 值：4	无
Constant_6	常量数据类型：INT 值：5	无
Constant_7	常量数据类型：INT 值：6	无
Constant_8	常量数据类型：INT 值：7	无
Constant_9	常量数据类型：INT 值：8	无
Constant_10	常量数据类型：INT 值：9	无
Choice	无	Constant 对应的筛选条件：训练数据抽样 . department = accounting Constant_2 对应的筛选条件：训练数据抽样 . department = hr Constant_3 对应的筛选条件：训练数据抽样 . department = IT Constant_4 对应的筛选条件：训练数据抽样 . department = management Constant_5 对应的筛选条件：训练数据抽样 . department = marketing Constant_6 对应的筛选条件：训练数据抽样 . department = product_mng Constant_7 对应的筛选条件：训练数据抽样 . department = RandD Constant_8 对应的筛选条件：训练数据抽样 . department = sales Constant_9 对应的筛选条件：训练数据抽样 . department = support Constant_10 对应的筛选条件：1 = 1
Choice_2	无	Constant 对应的筛选条件：训练数据抽样 . salary = high Constant_2 对应的筛选条件：训练数据抽样 . salary = medium Constant_3 对应的筛选条件：1 = 1

5.【训练数据组装】节点。

【训练数据组装】节点转换逻辑定义见图 2－124。

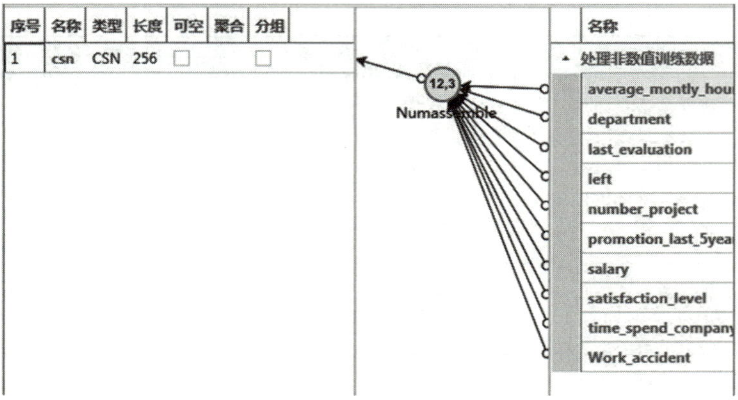

图 2－124

【Numassemble】输入参数见图 2－125。

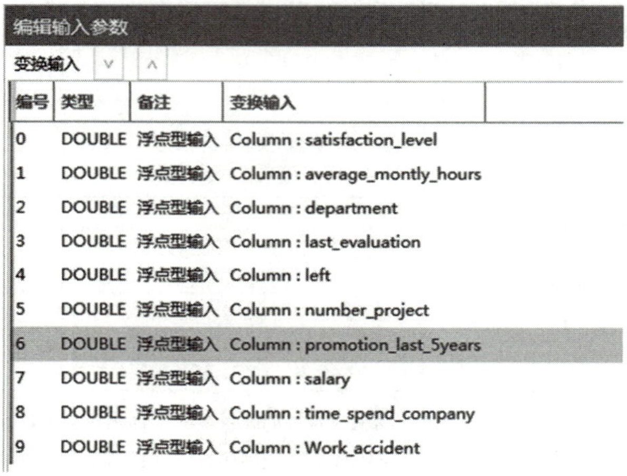

图 2－125

6. 【决策树回归】节点。

【决策树回归】节点【属性】面板设置见表 2－87。

表 2－87

中文名	值
训练集比例	70
计算标准	方差
特征离散阈值	32
最大特征数	32
最大深度	30
最小信息增益	0
最小实例数	32

转换逻辑定义见图 2－126。

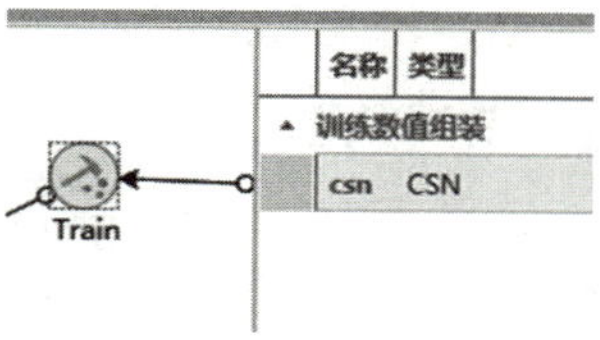

图 2－126

训练模型结果见图 2－127。

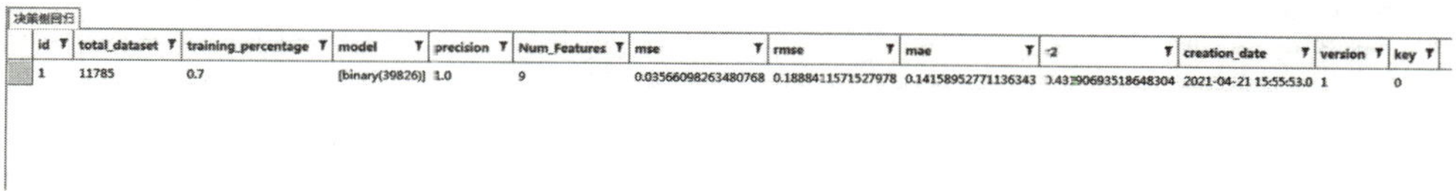
决策树回归

id	total_dataset	training_percentage	model	precision	Num_Features	mse	rmse	mae	[illegible]2	creation_date	version	key
1	11785	0.7	[binary(39826)]	1.0	9	0.03566098263480768	0.1888411571527978	0.14158952771136343	0.43[illegible]90693518648304	2021-04-21 15:55:53.0	1	0

图 2－127

决策树回归节点输出参数见表 2－88。

表 2－88

英文名	中文名	类型	说明
Id		bigint	该模型的 Id
total_dataset	数据量	bigint	有效数据库条数，去掉 null 值
Model	模型	varbianry	训练后的模型，在数据库中以二进制格式保存
precision	模型测试准确率	Double	测试的准确率
num_features	特征数量，也称为属性数量	Int	训练数据中特征数量
mse	测试误差的均方差	Double	
rmse	测试误差的均方差根	Double	
mae	测试误差的绝对值平均值	Double	
R^2	R^2 值	Double	$R^2=1-SSres/SStot$ 其中 SSres 是残差平方和 SStot 是 y 的方差
explained_variance	解释方差	Double	1－variance（y－hat｛y｝）/variance（y）
creation_date	模型创建时间	Datetime	该模型保存时间
version	模型版本	Int	该模型版本，只有在属性面板中选中保留历史模型时该值才会自增 1
Key	分组 Key	String	用于分组建模

7.【测试数据抽样】节点。

【测试数据抽样】节点属性见表 2－89。

表 2－89

属性名	值
抽样百分比	20

8. 【处理非数值测试数据】节点。

【处理非数值测试数据】节点转换逻辑定义见图 2－128。

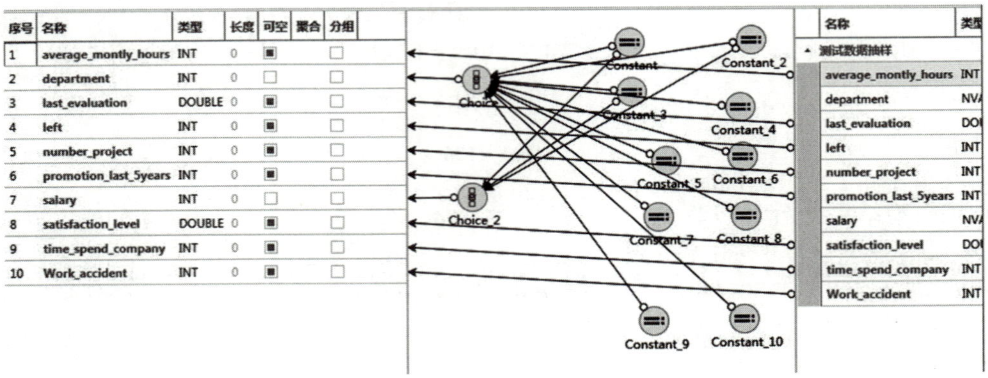

图 2－128

各个常量 Constant 的值见表 2－90。

表 2－90

名称	参数	输入参数
Constant	常量数据类型：INT，值：0	无
Constant_2	常量数据类型：INT，值：1	无
Constant_3	常量数据类型：INT，值：2	无
Constant_4	常量数据类型：INT，值：3	无
Constant_5	常量数据类型：INT，值：4	无
Constant_6	常量数据类型：INT，值：5	无
Constant_7	常量数据类型：INT，值：6	无
Constant_8	常量数据类型：INT，值：7	无
Constant_9	常量数据类型：INT，值：8	无
Constant_10	常量数据类型：INT，值：9	无
Choice	无	Constant 对应的筛选条件：测试数据抽样．department = accounting Constant_2 对应的筛选条件：测试数据抽样．department = hr Constant_3 对应的筛选条件：测试数据抽样．department = IT Constant_4 对应的筛选条件：测试数据抽样．department = management Constant_5 对应的筛选条件：测试数据抽样．department = marketing Constant_6 对应的筛选条件：测试数据抽样．department = product_mng Constant_7 对应的筛选条件：测试数据抽样．department = RandD Constant_8 对应的筛选条件：测试数据抽样．department = sales Constant_9 对应的筛选条件：测试数据抽样．department = support Constant_10 对应的筛选条件：1 = 1
Choice_2	无	Constant 对应的筛选条件：测试数据抽样．salary = high Constant_2 对应的筛选条件：测试数据抽样．salary = medium Constant_3 对应的筛选条件：1 = 1

9. 【测试数值组装】节点。

【测试数值组装】节点转换逻辑定义见图 2－129。

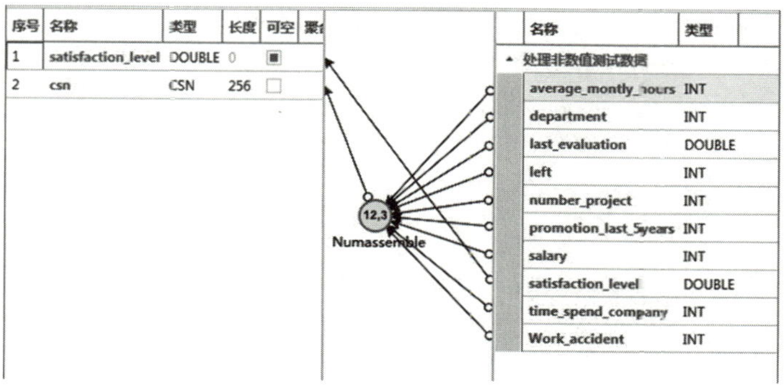

图 2－129

【Numassemble】输入参数见图 2－130。

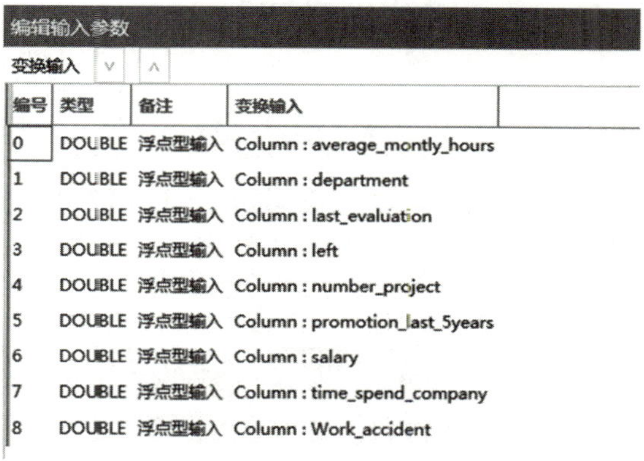

图 2－130

10. 【预测员工满意度】节点。

【预测员工满意度】节点转换逻辑定义见图 2－131。

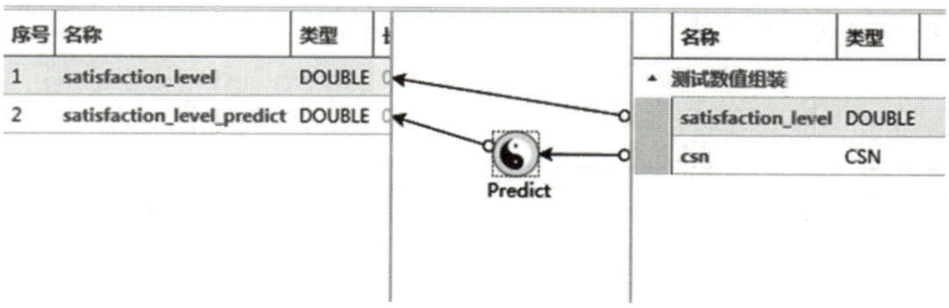

图 2－131

【数据转换器】参数见表 2－91。

表 2－91

转换器	名称	参数
Predict	Predict	【模型】：~/用决策树预测员工满意度_建模/决策树回归

11.【预测值与真实值的均方误差】节点。

【预测值与真实值的均方误差】节点转换逻辑定义见图 2－132。

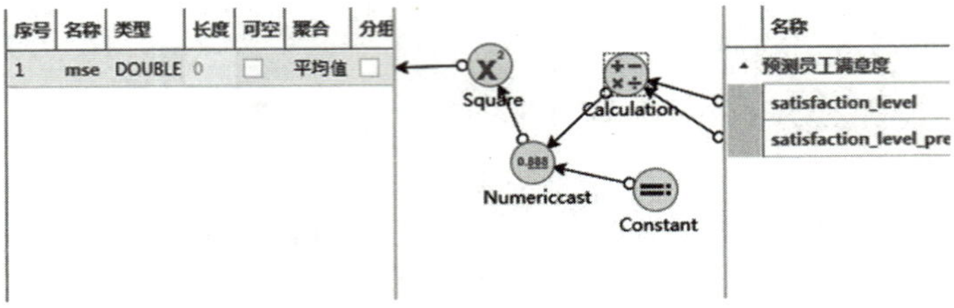

图 2－132

选中【预测值与真实值的均方误差】节点并设置查看器，点击调试按钮，调试运行如图 2－133 所示。

图 2－133

至此，训练模型已经完成，再用同样的方法建立【课程数据库】【数据汇集】【处理非数值预测数据】【预测数据组装】和【预测员工满意度】五个节点，流程如图 2－134 所示。

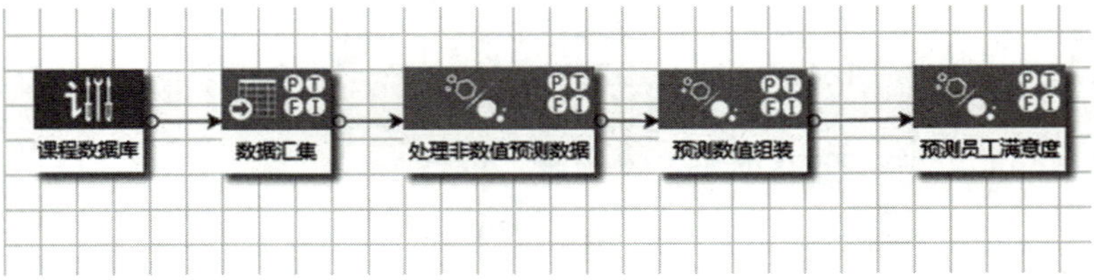

图 2－134

12.【课程数据库】节点。

【课程数据库】节点属性见表 2－92。

表 2－92

属性名	值
课程	大数据财务分析

13.【数据汇集】节点。

【数据汇集】节点属性见表 2－93。

表 2－93

属性名	值
引用源	satisfaction_predict

14.【处理非数值预测数据】节点。

【处理非数值预测数据】节点转换逻辑定义见图 2－135。

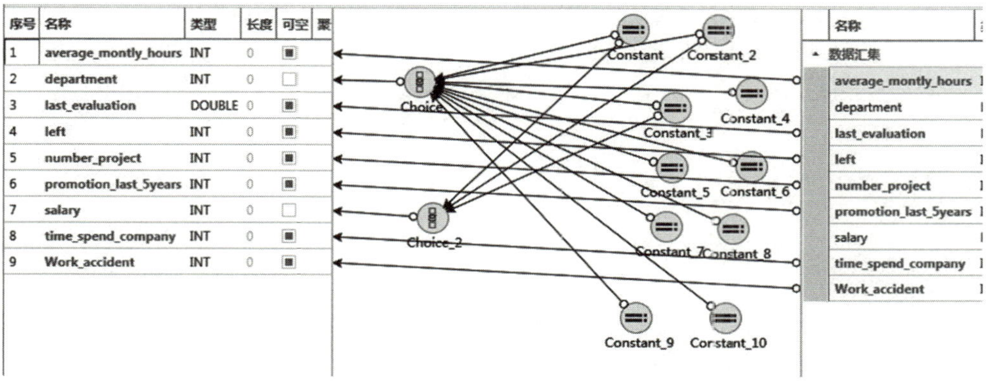

图 2－135

各个常量 Constant 的值见表 2－94。

表 2－94

名称	参数	输入参数
Constant	常量数据类型：INT，值：0	无
Constant_2	常量数据类型：INT，值：1	无
Constant_3	常量数据类型：INT，值：2	无
Constant_4	常量数据类型：INT，值：3	无
Constant_5	常量数据类型：INT，值：4	无
Constant_6	常量数据类型：INT，值：5	无
Constant_7	常量数据类型：INT，值：6	无
Constant_8	常量数据类型：INT，值：7	无
Constant_9	常量数据类型：INT，值：8	无
Constant_10	常量数据类型：INT，值：9	无
Choice	无	Constant 对应的筛选条件：数据汇集．department = accounting Constant_2 对应的筛选条件：数据汇集．department = hr Constant_3 对应的筛选条件：数据汇集．department = IT Constant_4 对应的筛选条件：数据汇集．department = management Constant_5 对应的筛选条件：数据汇集．department = marketing Constant_6 对应的筛选条件：数据汇集．department = product_mng Constant_7 对应的筛选条件：数据汇集．department = RandD Constant_8 对应的筛选条件：数据汇集．department = sales Constant_9 对应的筛选条件：数据汇集．department = support Constant_10 对应的筛选条件：1 = 1
Choice_2	无	Constant 对应的筛选条件：数据汇集．salary = high Constant_2 对应的筛选条件：数据汇集．salary = medium Constant_3 对应的筛选条件：1 = 1

15. 【预测数据组装】节点。

【预测数据组装】节点转换逻辑定义见图 2－136。

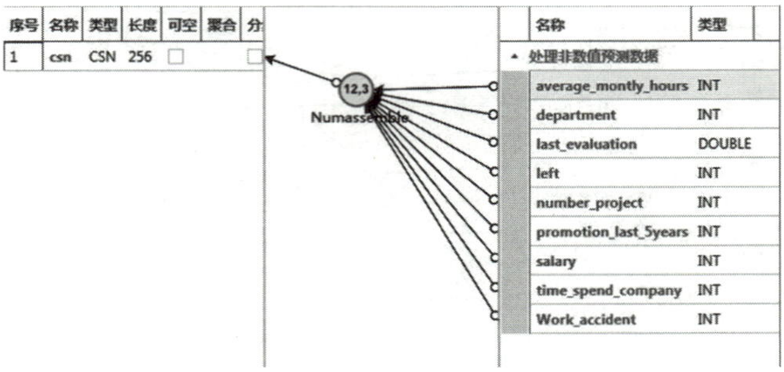

图 2－136

【Numassemble】输入参数见图 2－137。

注意：这里的数值组装连入顺序一定要与训练时的特征属性连入顺序一致。

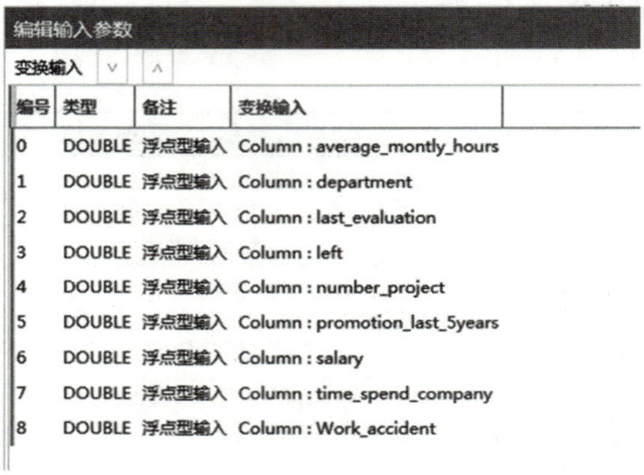

图 2－137

16. 【预测员工满意度】节点。

【预测员工满意度】节点转换逻辑定义见图 2－138。

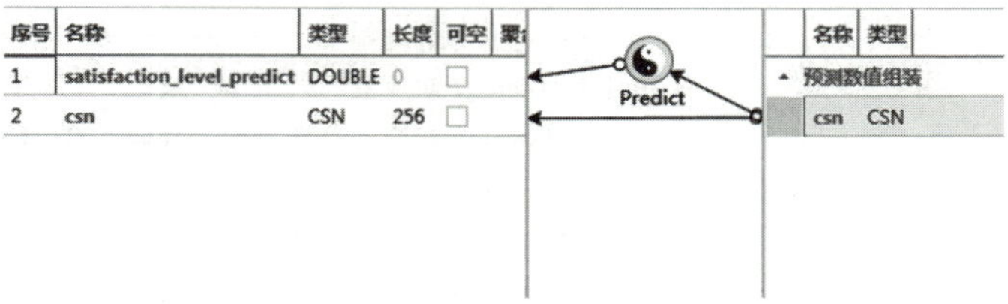

图 2－138

【数据转换器】参数见表 2－95。

表 2－95

转换器	名称	参数
Predict	Predict	【模型】：～/用决策树预测员工的满意度_建模/决策树回归

选中【预测员工满意度】节点并设置查看器，点击调试按钮，调试运行如图 2－139 所示。

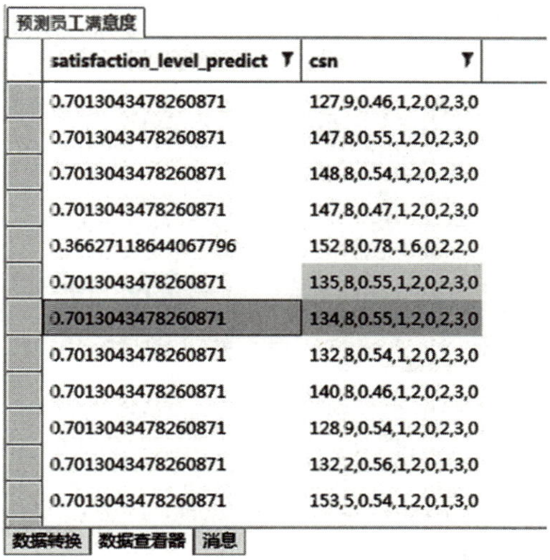

satisfaction_level_predict	csn
0.7013043478260871	127,9,0.46,1,2,0,2,3,0
0.7013043478260871	147,8,0.55,1,2,0,2,3,0
0.7013043478260871	148,8,0.54,1,2,0,2,3,0
0.7013043478260871	147,8,0.47,1,2,0,2,3,0
0.36627118644067796	152,8,0.78,1,6,0,2,2,0
0.7013043478260871	135,8,0.55,1,2,0,2,3,0
0.7013043478260871	134,8,0.55,1,2,0,2,3,0
0.7013043478260871	132,8,0.54,1,2,0,2,3,0
0.7013043478260871	140,8,0.46,1,2,0,2,3,0
0.7013043478260871	128,9,0.54,1,2,0,2,3,0
0.7013043478260871	132,2,0.56,1,2,0,1,3,0
0.7013043478260871	153,5,0.54,1,2,0,1,3,0

图 2－139

可以看到，系统根据员工满意度的 10 个特征，使用我们训练得到的模型对员工满意度进行了预测。其中第一列 satisfaction_level_predict 是预测结果，表示员工的满意度。

项目三
数据可视化

【能力目标】

□ 掌握在 DEEP 中进行可视化数据准备的方法

□ 掌握分组表、交叉表、明细表的使用方法

□ 掌握柱形图、点图、热力点图、线形图、面积图、矩形块图、饼图、词云图、填充地图、漏斗图、仪表盘、雷达图、气泡图的使用方法

【知识准备】

在计算机学科的分类中，利用人眼的感知能力对数据进行交互的可视表达以增强认知的技术，称为可视化。它将不可见或难以直接显示的数据转化为可感知的图形、符号、颜色、纹理等，增强数据识别效率，传递有效信息。数据的单维度均值、最小二乘法回归线方程、误差的平方和、方差的回归和、均方误差的误差和、相关系数等统计属性均相同，传统的统计分析方法难以直接进行区分，数据可视化呈现可以帮助人们直观地发现数据的规律。

可视化通常被理解为一个生成图形图像的过程，是强化认知理解的过程，其目的是对事物规律的洞悉，而非所绘制的可视化结果本身，是对物本身的深入了解，是发现、决策、解释、分析、探索和学习的过程。因此，数据可视化可定义为通过可视表达增强人们完成某些任务的效率。

数据可视化的基础是数据表示和变换，将不同类型、不同来源的信息转换成规范的可操作的可视化数据；数据可视化的核心内容是数据的可视化呈现，将数据以一种直观、容易理解和操控的方式呈现给用户；数据可视化的有效手段是交互技术，智能、适用于海量数据可视化的交互技术已经成为辅助用户分析决策的重要手段。可视化的主要功能有三项：一是信息记录，将信息成像或采用草图记载；二是对信息的推理和分析，以可视化的方式提升对信息认知的效率，并引导用户从可视化结果中分析和推理出有效信息；三是信息传播与协同，达到信息共享与论证、信息协作与修正、重要信息过滤等目的。

可视化技术运用综合可视化、图形学、数据挖掘理论与方法，研究新的理论模型、新的

可视化方法和新的用户交互手段，对海量、高维、多源和动态数据进行分析，辅助用户从大尺度、复杂、矛盾甚至不完整的数据中快速挖掘有用的信息，以便作出科学决策。可视化技术面向实际数据库、基于可视化的分析推理与决策、解决实际问题等方向发展。

任务3－1　数据管理

数据管理

【任务情境】

通常来说，数据经过清洗加工、分析挖掘等处理的目的是辅助用户进行分析决策，这就需要对加工分析挖掘后的数据进行可视化呈现。在数据可视化前，必须将处理后的数据对接到 DEEP 可视化模块，完成数据的基础配置工作，这个过程是可视化的基础，称之为数据准备。可视化的数据准备过程包括前期的各种清洗加工、分析挖掘等处理，数据落地到云数据库，业务包管理和数据表管理。本任务要求从课程数据库节点中抽取数据，落地到个人库后，在可视化模块中将表添加到个人业务包中，熟悉仪表板环境。本任务是进行数据可视化前的数据准备，后续的可视化任务实验数据准备均可参照本任务操作。

【数据准备】

本任务所使用的源数据是 contract_fact（合同事实表），存储在“大数据财务分析”课程的【课程数据库】中。

【任务实施】

运用前面学习的操作方法建立【课程数据库】【e_contract_fact】和【云数据库】三个节点，流程如图 3－1 所示。

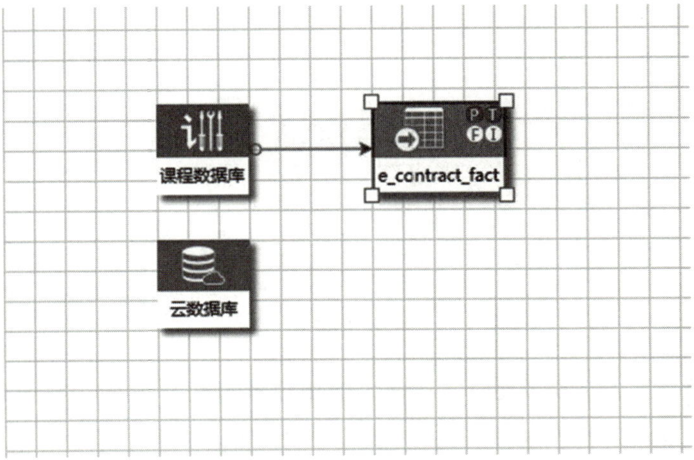

图 3－1

1. 【课程数据库】节点。

【课程数据库】节点属性见表 3 – 1。

表 3 – 1

属性名	值
课程	大数据财务分析

2. 【e_contract_fact】节点。

【e_contract_fact】节点属性见表 3 – 2。

表 3 – 2

属性名	值
是否落地	True（勾选）
落地表名	contract_fact
落地目标	云数据库
引用源	contract_fact

右键点击【e_contract_fact】节点创建落地对象，然后调试运行，数据自动落地到个人库中（云数据库）。

3. 可视化模块添加表。

点击顶部的【可视化】菜单，系统默认浏览器就会打开 DEEP 可视化模块页面，选择【数据准备】菜单，如图 3 – 2 所示。

图 3 – 2

点击【［×××］用户数据包】，在弹出的用户业务包界面中，将鼠标移到【添加表】处，在下拉菜单中选择“DB 数据库表”，如图 3 – 3 所示。

选中需要可视化的表“contract_fact”，并单击【确定】按钮，如图 3 – 4 所示。

图 3－3

图 3－4

勾选【实时数据】，并点击创建组件，如图 3－5 所示。

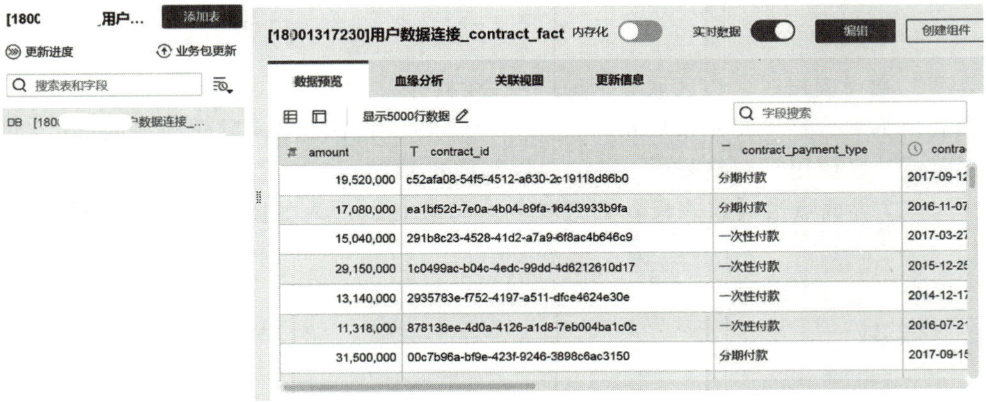

图 3－5

填写仪表板名称，单击【确定】按钮，就会创建一个新的仪表板页面，如图 3－6 所示。

至此，可视化的数据准备完毕，在仪表板页面可以根据需求进行可视化图表设计。这个界面被划分为 6 个区域，分别是维度、指标、图表类型、图形属性/样式面板、横纵轴和图表预览区域。

“维度”和“指标”区域用于存放所选数据表的各个字段，系统会自动识别维度和指标字段并分别显示在对应区域下；“图表类型”区域用于选择可视化图表的类型；“横纵轴”区域用于选择图表中所需要分析的数据字段，从“维度”和“指标”区域中拖入即可，当

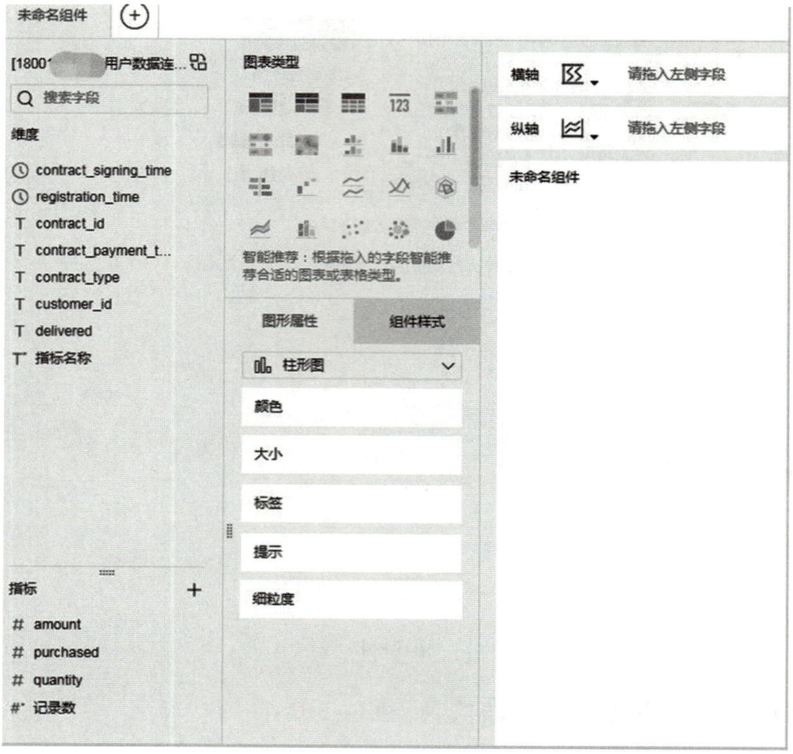

图 3－6

“图表类型”选择表格时，该区域显示为“维度/指标”。

“图表预览”区域则是用来展示可视化分析结果，结果随用户操作动态调整；“图形属性/样式面板”区域用于调整图表组件的属性和样式参数。

在图 3－2 界面点击【仪表板】后选择一个仪表板，进入如图 3－7 所示的仪表板工作区界面。

图 3－7

仪表板工作区分为组件管理栏、菜单栏、组件展示与排版三个区域。

组件管理栏用于向仪表板中添加可视化组件，包括图表组件、过滤组件以及展示组件，还可以在仪表板中复用已有的组件。

菜单栏用于移动、导出、移动仪表板以及调整仪表板样式等。

组件展示与排版区域则是显示当前仪表板中已经添加的可视化组件（空白仪表板仅在中间位置设置了“添加组件”的按钮），用户可以在这个区域对组件进行排版和一些调整操作。

任务3－2 分组表

分组表

【任务情境】

分组表是由一个行表头维度和数值指标数据组成的分组表格。分组表按照行表头拖拽的维度分组，对指标内的数据进行汇总统计。某公司有四种不同类型的销售合同，签订合同时可以选择一次性付款或者分期付款，为了解不同合同类型和不同付款类型下的合同金额，可以用分组表展示其数据。

【数据准备】

本任务所使用的源数据是 contract_fact（合同事实表），数据表的字段说明见表 3－3。

表 3－3

字段	数据类型	业务含义
contract_signing_time	日期	合同签约时间（年月日）
registration_time	日期	注册时间（年月日）
contract_payment_type	字符	合同付款类型
contract_id	字符	合同 ID
contract_type	字符	合同类型
customer_id	字符	客户 ID
delivered	字符	是否已经交货
purchased	数值	购买的产品
quantity	数值	购买数量
amount	数值	合同金额

数据预览如图 3－8 所示。

amount	contract_id	contract_payment_type	contract_signing_time	contract_type	customer_id	delivered	purchased	quantity	registration_time
90000	00115727-e145-44c0-9102-110523699369	一次性付款	2017-03-07	购买合同	ff61dfee-1c56-48b6-9f7b-21abef64c96f	否	6	1	2016-07-28
180000	03374c0e-59d1-4158-8ab5-67b48d80d84e	一次性付款	2017-07-09	购买合同	d9c85691-1c10-4ef9-8b42-98e1637cab77	是	5	1	2016-08-24
180000	04289ab3-08e3-49d3-9582-4dbb945233e7	一次性付款	2017-09-19	购买合同	901aa1ba-ff07-4ff7-a836-4821219c9aae	是	2	1	2017-09-19
260000	04897502-5828-4273-8184-553aa0562930	一次性付款	2017-03-30	购买合同	88d567a8-feab-4ce5-8b8a-0cb7f5840179	是	2	1	2016-08-11
500000	056c2ca7-a186-40a4-a8a6-01b38151df57	一次性付款	2017-07-27	购买合同	9d7ce8a7-5f9a-4087-be3e-2ed0edf53709	否	2	1	2016-10-24
600000	05bf042a-27f8-4e66-bc0c-9638145fd756	分期付款	2016-09-21	购买合同	74643073-3ca1-4cf4-b921-af3e9c83702b	否	2	1	2017-09-26
130000	0692a164-8159-4dda-901b-4003f432d41c	一次性付款	2016-04-07	购买合同	de4b48c5-93b6-4af1-abd9-bc4e4499fb11	是	1	1	2017-08-03
210000	080a241d-7372-4921-b171-b9ed2d4a9dd6	一次性付款	2017-03-27	服务协议	0e4cf623-44dd-470a-8a39-5bc705c5faf5	是	6	1	2017-05-06
720000	080cd368-af54-447a-a3ae-051425c84bc1	一次性付款	2017-08-05	购买合同	6370dee7-6d96-4881-9014-2ba42b674051	否	3	1	2017-08-17
150000	087bab2a-7b5e-4304-808a-830b68556cee	一次性付款	2016-03-12	购买合同	ec8cec0b-012f-4b58-84ff-0c889e98f1a0	是	5	1	2017-08-09
320000	08ce15be-bbfd-4c9b-b18f-39eb03e471ca	分期付款	2017-05-13	购买合同	456419b5-d3c7-499b-b07b-b868cc68634e	是	5	1	2016-08-25
200000	0a392e38-b72f-46ad-b713-a19e06f6f46e	一次性付款	2016-08-05	购买合同	ef35dd55-5306-4380-88ff-5db8847f07be	否	3	1	2016-08-17
270000	0a481a95-5f8f-4a2f-acac-711dcd77ed80	一次性付款	2017-01-05	长期协议订单	e210c77c-f1c3-44d2-ad08-fb1b36a8499f	是	1	3	2016-08-12
350000	0c6e4368-0572-40e6-978e-de72b8997d15	分期付款	2017-10-15	购买合同	1fb823f6-209e-4484-9919-8844e2e09135	否	3	1	2016-11-15
100000	0cdfd271-6a40-432a-ac04-fcf0e3e029dd	一次性付款	2016-05-25	购买合同	5917ef9b-f554-4364-b0ba-524bc7eee0db	是	3	1	2016-08-23
0	0dc1c555-2eb2-4d8e-9ee4-50e96688e6a6	分期付款	2016-09-01	长期协议	0ef33a04-1464-417a-a976-01f41ba0b97e	是	5	0	2016-08-24
50000	0e2329e4-af5e-4bbc-8ea2-2b13d7f4b4eb	一次性付款	2017-06-19	购买合同	7ec522c2-ad8f-4018-8744-290b34bc175e	是	3	1	2016-08-23
380000	0fb2bba0-ea35-42b0-8e03-1750962d64c1	分期付款	2016-12-22	购买合同	16dcafcf-97b2-4380-967a-0058fccdd9fd	是	2	1	2017-01-26
400000	1045c5d8-64bd-438b-9879-d12b58e237b5	一次性付款	2017-03-14	购买合同	01c4d450-b85d-4f5c-a8f9-6b730a887c15	否	2	1	2017-06-18
256000	107b3879-67ba-4cf6-b7d5-e50585e13d68	一次性付款	2016-10-31	购买合同	62dbfeee-8e10-4809-8797-994df074ae9a	是	2	1	2016-12-29
2000	108b8891-946d-44b0-b44d-9291b15d92dd	一次性付款	2015-09-01	购买合同	387e629d-627a-4387-9224-692dae0bf933	是	3	1	2015-10-04
120000	11771d20-21eb-4148-a625-139ebebdbb2c	一次性付款	2017-09-24	购买合同	10206f0d-c55c-4cdc-a8da-83f50f575c6f	是	1	1	2017-10-20

图 3－8

【任务实施】

1. 可视化数据准备。

参照任务 3－1 将合同事实表 contract_fact 添加到业务包中打开实时数据（如果该数据的可视化已经准备，忽略此操作）。

2. 添加组件。

进入 DEEP 可视化，单击“仪表板”菜单，再单击“新建仪表板”选项新增一张仪表板，打开后单击“添加组件”按钮，选择“［×××］用户业务包”中的“［×××］用户数据连接”，如图 3－9 所示，单击“确定”按钮进入可视化组件工作区。

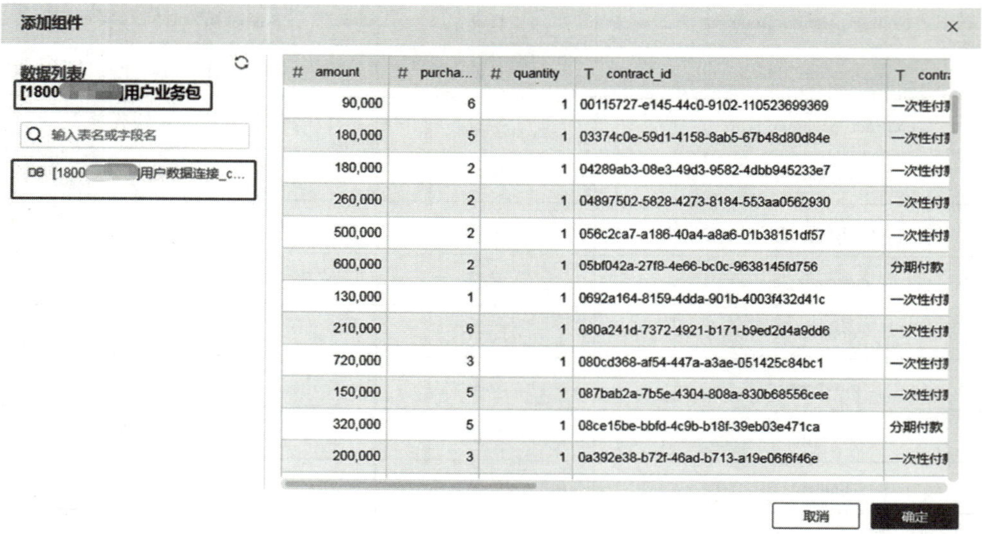

图 3－9

3. 设计图表。

在“图表类型”区域选择“分组表”；在“维度”区域选中“contract_type”“contract_payment_type”字段（支持多选）拖到“维度”输入框，分别重命名为“合同类型”和“合同付款类型”；在“指标”区域选中“amount”字段拖到“指标”输入框，并重名为“合同金额”；“数据预览”区域已经动态展示出刚刚设计的分组表，此时行表头节点为收起状态，只能看到不同合同类型下的总金额，如图 3－10 所示。

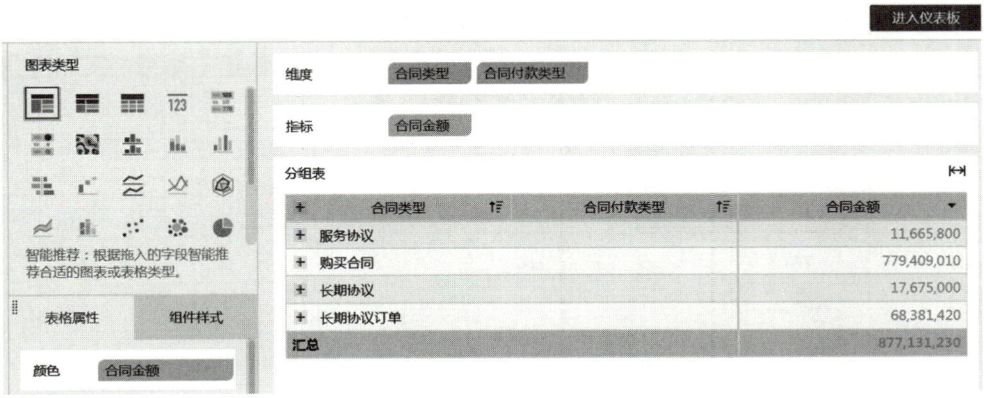

图 3－10

查看不同付款类型下的详细合同金额数据，可以单击“合同类型”列左侧的“＋”展开节点，显示完整的分组统计数据（本操作为一次性操作，重新调整表格后会自动收起节点）。如想保持行表头节点展开状态，可以单击“组件样式”切换到面板，再单击“格式”菜单，勾选“展开行表头节点”复选框，如图 3－11 所示。

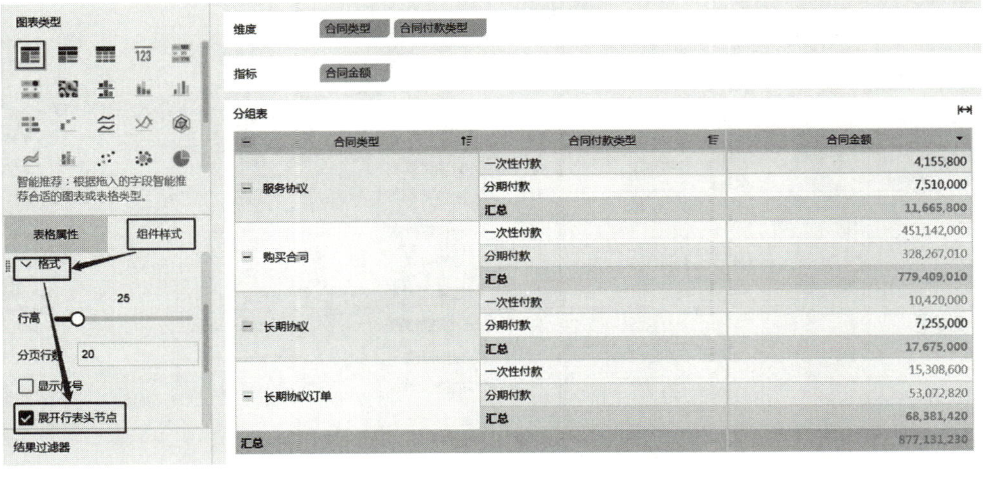

图 3－11

为了更直观地判断四种合同类型下，不同付款类型的合同金额是否达标，可以将合同金额的颜色设置为按条件显示。将左侧“指标”区域“amount”字段拖到“表格属性”

面板下的“颜色”栏中，单击“颜色”栏，再单击“添加条件”按钮，将“小于 1000 万”的合同金额设置为“红色”，“大于等于 1000 万”的合同金额设置为“绿色”，如图 3－12 所示。

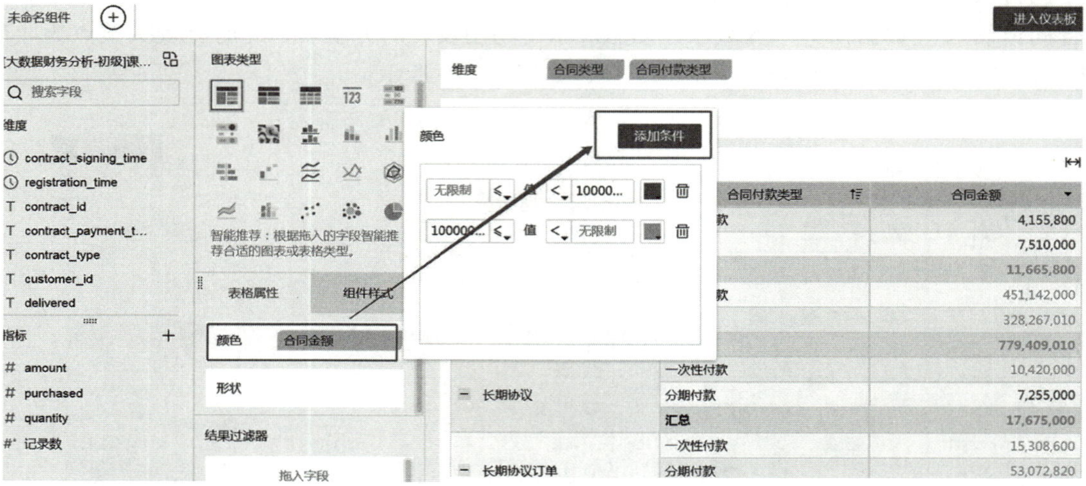

图 3－12

最后，单击“组件样式”切换到样式面板，单击“合计行”菜单，取消勾选“显示合计行”复选框；再单击“标题”菜单将表名修改为“分组表”；分组表制作完成，最终结果如图 3－13所示。

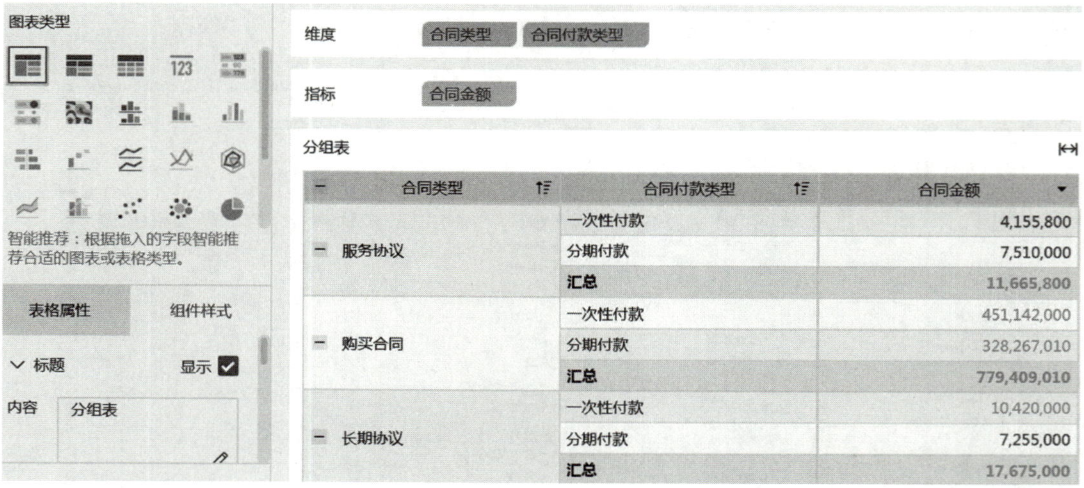

图 3－13

如果还想在表格中增加指标或者维度字段的统计，可以直接将该指标或维度字段拖至分析区域的指标或维度框中；若不想再次展示已添加的字段，直接拖走或者单击字段选择删除即可。

任务 3－3　交叉表

交叉表

【任务情境】

交叉表是指由行表头、列表头以及数值区域组成的较为复杂的报表。如分组表中的示例场景，如果想要在维度区域再增加一个年份字段来统计各年度的合同金额，使用分组表只能加在行表头，分组的层数较多，显示的数据条数也将会过多。本任务要求使用交叉表，将“合同签约时间”作为列表头进行数据交叉展示。

【数据准备】

本任务所使用的源数据是 contract_fact（合同事实表），与任务 3－2 相同。

【任务实施】

1. 可视化数据准备。

参照任务 3－1 将合同事实表 contract_fact 添加到业务包中打开实时数据（如果该数据的可视化已经准备，忽略此操作）。

2. 添加组件。

进入 DEEP 可视化，单击“仪表板”菜单，再单击“新建仪表板”新增一张仪表板，打开后单击“添加组件”按钮，选择“[×××] 用户业务包”中的“[×××] 用户数据连接”，如图 3－14 所示，单击“确定”按钮进入可视化组件工作区。

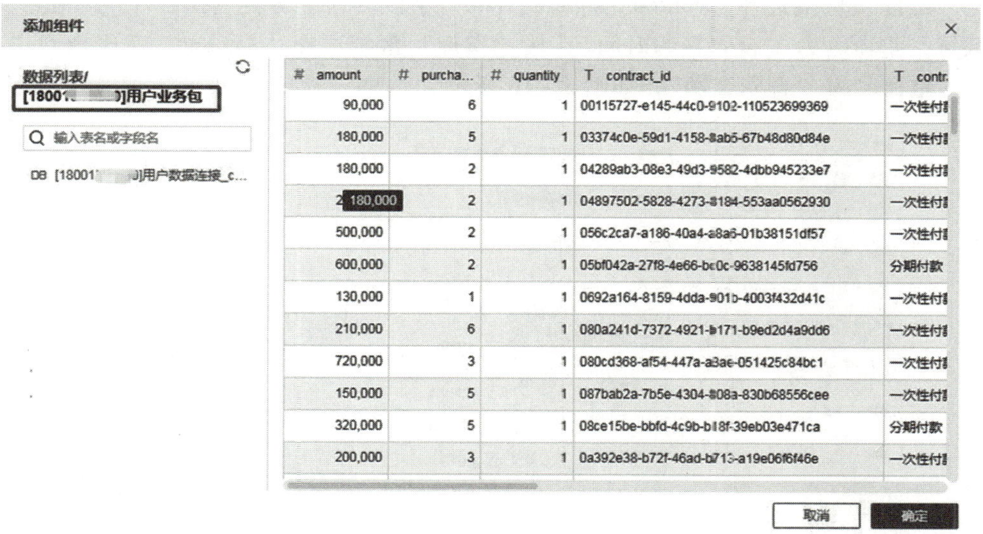

图 3－14

3. 设计图表。

在“图表类型”区域选择“交叉表”；从“维度”区域中选择“contract_type”和“contract_payment_type”字段拖到“行维度”输入框，分别改名为“合同类型”和“合同付款类型”，如图 3－15 所示。

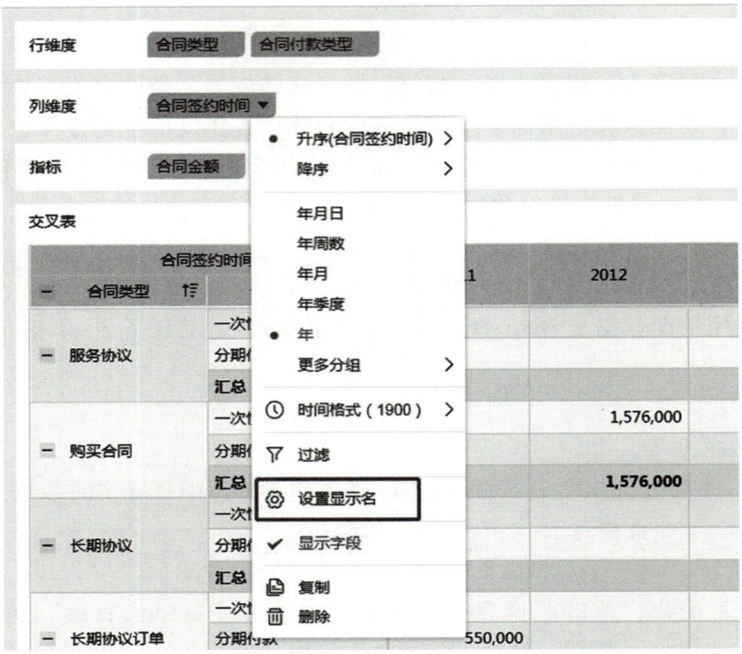

图 3－15

从“维度”区域选择“contract_signing_time”字段（时间分类选择“年”）拖到“列维度”区域，重命名为“合同签约时间”；从“指标”区域选择“amount”字段拖到“指标”输入框，重命名为“合同金额”，如图 3－16 所示。

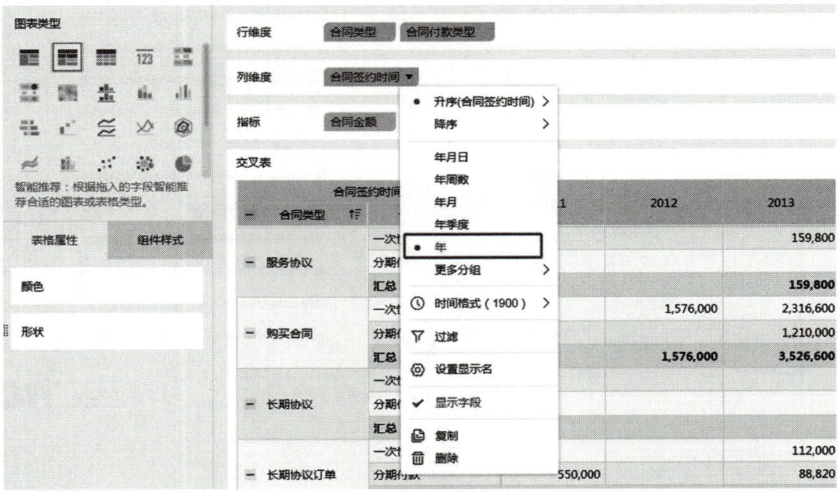

图 3－16

单击“组件样式”切换到样式面板，单击“格式”菜单，勾选“展开行表头节点”复选框；再单击“合计行”菜单，取消勾选“显示合计列”复选框；单击“组件样式”面板下的“标题”菜单将表名修改为“交叉表”并居中显示；最后单击表名右侧“| <—> |”设置列宽等分；交叉表制作完成如图 3－17 所示。

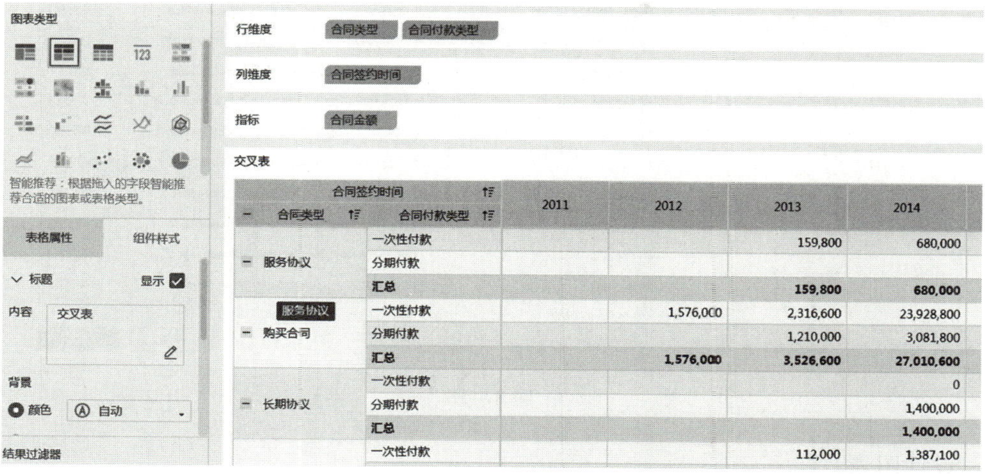

图 3－17

任务 3－4 明细表

明细表

【任务情境】

明细表是指展示所有明细数据，每一条数据都罗列出来的明细表格。某公司希望了解不同类型的合同在每天的签约情况，要求用明细表来显示签约情况，并标示出每天的合同金额是否达到设定的目标值 200000。

【数据准备】

本任务所使用的源数据是 contract_fact（合同事实表），与任务 3－2 相同。

【任务实施】

1. 可视化数据准备。

参照任务 3－1 将合同事实表 contract_fact 添加到业务包中打开实时数据（如果该数据的可视化已经准备，忽略此操作）。

2. 添加组件。

进入 DEEP 可视化，单击“仪表板”菜单，再单击“新建仪表板”新增一张仪表板，打开后单击“添加组件”按钮，选择“[× × ×] 用户业务包”中的“[× × ×] 用户数据连接”，见图 3－18，单击“确定”按钮进入可视化组件工作区。

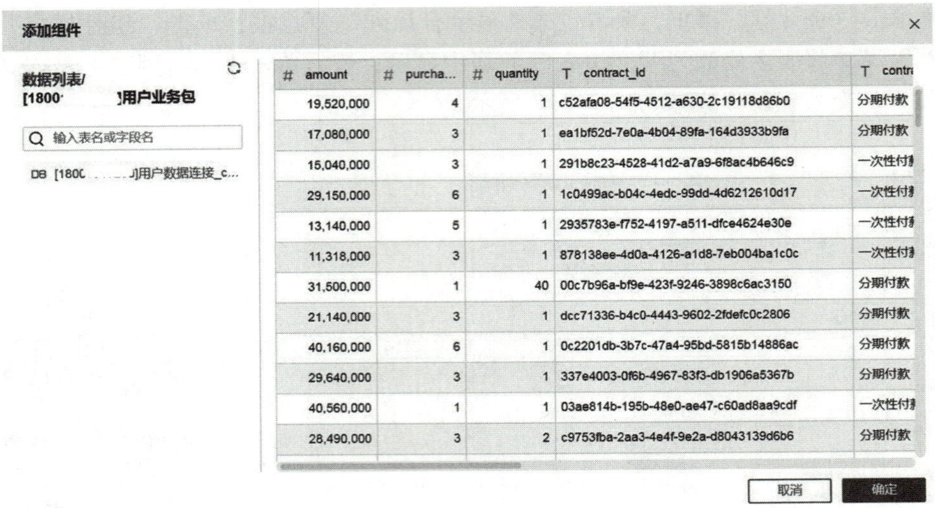

图 3－18

3. 设计图表。

在“图表类型”区域选择“明细表”；从“维度”区域选择字段“contract_signing_time”“contract_type”和“contract_payment_type”拖到“数据”区域，分别重命名为“合同签约时间”、“合同类型”和“合同付款类型”，从“指标”区域选择“amount”字段拖到“数据”区域并命名为“合同金额”，如图 3－19 所示。

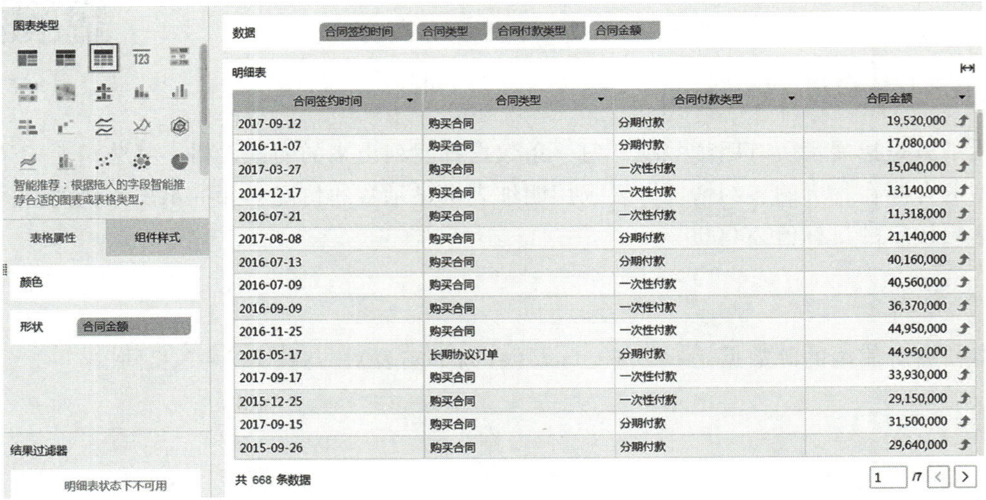

图 3－19

为了更直观地定位每天的合同金额是高于还是低于设定的目标值，可以通过“表格属性”面板下的“形状”栏进行设置。将“amount”字段从“指标”区域拖到“形状”栏中，单击“形状”栏，选择形状“＝”，并将固定值设置为“200000”，如图 3－20 所示。

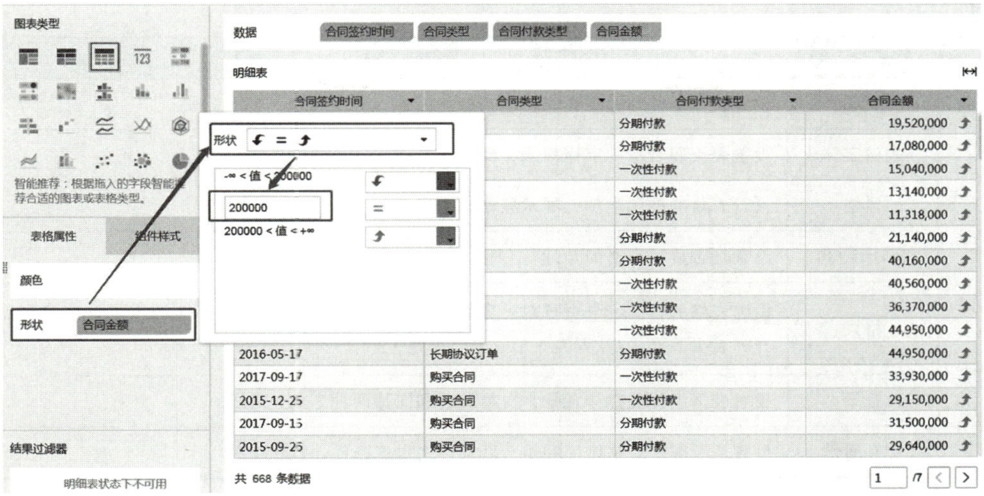

图 3－20

最后，单击“组件样式”面板下的“标题”菜单，将表名修改为“明细表”；明细表制作完成，最终结果如图 3－21 所示。

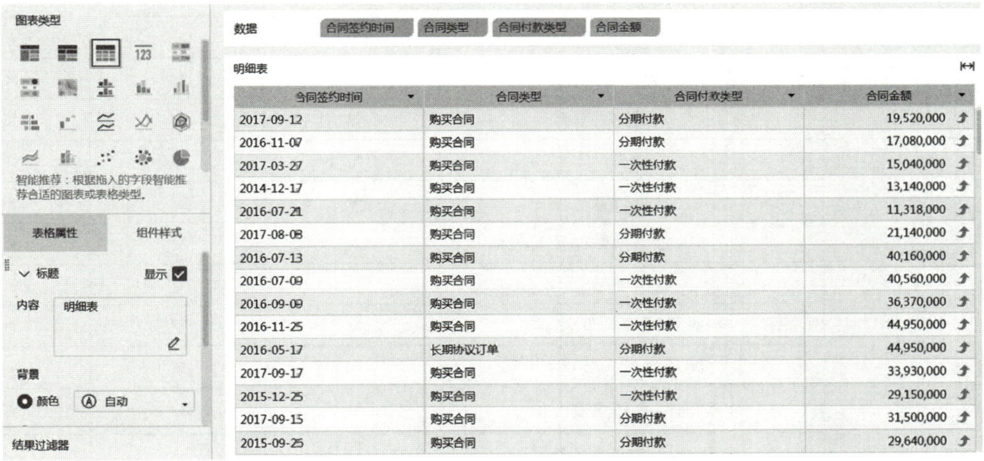

图 3－21

4. 表格总结。

DEEP 可视化用分组表、交叉表和明细表三类数据表格直观地展示数据的统计结果或者明细数据，其中分组表和交叉表都是具有统计功能的表格，明细表则用于直接呈现明细数据。三种表格支持的属性、样式及功能对比见表 3－4、表 3－5。

表 3－4　　表格属性样式功能

属性/样式		描述
属性	颜色	设置指标字段值的颜色，支持按条件设置
	形状	设置字段值旁边的图标标记，支持按条件设置，图标标记支持调整形状和颜色

续表

属性/样式		描述
样式	标题	设置表格组件的标题样式，包括标题内容、背景和是否显示标题
	表格字体	设置表头和表身的字体样式，默认为自动
	风格	设置表格的展示类型、展示风格和主题色
	合计行/列	设置是否显示表格的合计行/列、显示位置、合计方式
	格式	设置表格的行高、分页行数、分页列数、是否显示序号、是否展开行表头节点和是否展开列表头节点，行/列表头节点默认不展开
	背景	设置表格组件的整体背景，支持颜色和图片两种方式
	交互属性	设置是否冻结表格维度和是否联动传递过滤条件，默认为是

表 3－5　　三种表格对比表

样式		分组表	交叉表	明细表
风格	类型	√	√	×
	风格	√	√	√
	主题色	√	√	√
合计行/列	合计行	√	√	×
	合计列	×	√	×
格式	行高	√	√	√
	分页行数	√	√	×
	分页列数	×	√	×
	显示序号	√	√	√
	展开行表头节点	√	√	×
	展开列表头节点	×	√	×
交互属性	冻结表格维度	√	√	×
	联动传递过滤条件	√	√	×
	冻结首列	×	×	√
其他样式		√	√	√

除了表格之外，为了更加快速直接地帮助用户探索数据的规律，DEEP 可视化提供了基于图表语法设计的强大数据图表展示功能，可快速地帮助用户创建常用的图表。

DEEP 可视化基于著名的图形语法（The Grammar of Graphics）设计，数据的维度和指标可以自由组合，同时摆脱了图表类型对可视化效果的限制，而代之以各类形状，如“柱形图”“点图”“热力点图”“线形图”“面积图”“矩形块图”“饼图”“文本图”“填充地图”“漏斗图”“仪表盘”，辅以颜色、大小、提示、标签、细粒度等图表属性，最终组合生成无限制的数据可视化效果。

与表格组件不同的是，图表组件除了能够调整属性和样式外，还支持横纵坐标轴的相关操作。我们在表 3 －6 和表 3 －7 中对图表组件的属性、样式以及坐标轴操作进行了简单的描述。

如表 3 －6 所示，图表组件的属性可以分为通用属性（所有图表组件均支持的属性）、常用属性（部分图表组件支持的属性）和特有属性（某一特定图表组件独有的属性），并且所有图表组件的所有属性均支持直接设置、拖入某个维度或指标字段进行设置两种方式。

另外，对于表 3 －7 中所列的样式和坐标轴操作，所有的图表组件均支持。

表 3 －6　　图表组件属性描述

属性		描述
通用属性	颜色	设置组件中形状的颜色
	提示	设置鼠标悬浮在组件元素上时所提示的内容，支持设置内容格式
	细粒度	设置图表展示数据的最细维度，用来细分图表维度；支持拖入多个维度或指标字段进行设置
常用属性	大小	设置组件中元素的大小，面积图、饼图、填充地图不支持
	标签	设置图表中元素的文字说明，支持设置内容格式；文本图不支持
特有属性	形状	点图特有属性，用于设置点的形状
	文本	文本图特有属性，相当于文本图表的“标签”属性
	连线	折线图特有属性，用于设置连线顺序、线型、标记点，以及是否转化为雷达图
	半径 & 角度	饼图特有属性，用于设置饼图的半径大小和每个扇形的弧度大小
	指针值 & 目标值	仪表盘特有属性，用于设置仪表盘的指针值和最大值；在使用多指针仪表盘时，可拖入多个指针值字段

表 3 －7　　图表组件样式和坐标轴操作描述

样式/坐标轴操作		描述
样式	标题	设置图表组件的标题样式，包括标题内容、背景和是否显示标题
	图例	设置图表组件的图例，包括字体、边框、位置和是否显示图例
坐标轴	轴线	设置分区线及坐标轴线，包括线型、线宽、颜色和是否显示轴线
	网格线	设置网格线，可设置样式与轴线相同
	背景	设置图表组件的整体背景，支持颜色和图片两种方式
	自适应显示	设置图表自适应方式，包括标准适应、整体适应、宽度适应和高度适应四种方式，默认为标准适应

续表

样式/坐标轴操作		描述
坐标轴操作	设置轴	设置横纵轴（即分类轴和值轴）的轴标签、轴标题、轴刻度等，默认为自动
	数值格式	设置数值字段的格式，分为自动、数字和百分比，默认为自动
	指标聚合/并列	设置同一轴上的多个指标字段的显示方式，分为并列和聚合两种方式
	开启堆积	设置某个或多个指标的堆积效果展示
	交换横纵轴	交换横纵轴字段
	区域调整	调整横纵轴绘图区域的大小

任务3-5　柱形图

柱形图

【任务情境】

柱形图是一种常见的图表，用来显示一段时期内数据的变化或者描述各项之间比较的图表，用来强调数据随时间或其他条件的变化。本任务是某公司将每年的合同总金额进行对比分析，要求用柱形图快速直观地显现分析结果。

【数据准备】

本任务所使用的源数据是 regional_data_analysis（地区销售表），数据表的字段说明见表3-8。

表3-8

字段名称	含义
amount_received	汇款金额
city	城市
contract_amount	合同金额
contract_signing_time	合同签订时间
country	国家
customer_name	公司名称
province	省份

数据预览如图3-22所示。

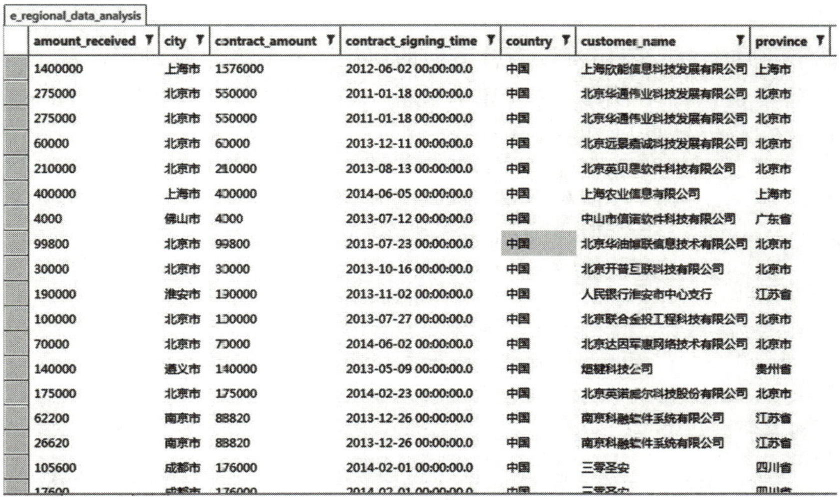

e_regional_data_analysis

amount_received	city	contract_amount	contract_signing_time	country	customer_name	province
1400000	上海市	1576000	2012-06-02 00:00:00.0	中国	上海欣能信息科技发展有限公司	上海市
275000	北京市	550000	2011-01-18 00:00:00.0	中国	北京华通伟业科技发展有限公司	北京市
275000	北京市	550000	2011-01-18 00:00:00.0	中国	北京华通伟业科技发展有限公司	北京市
60000	北京市	60000	2013-12-11 00:00:00.0	中国	北京远景嘉诚科技发展有限公司	北京市
210000	北京市	210000	2013-08-13 00:00:00.0	中国	北京英贝思软件科技有限公司	北京市
400000	上海市	400000	2014-06-05 00:00:00.0	中国	上海农业信息有限公司	上海市
4000	佛山市	4000	2013-07-12 00:00:00.0	中国	中山市信诺软件科技有限公司	广东省
99800	北京市	99800	2013-07-23 00:00:00.0	中国	北京华油恒联信息技术有限公司	北京市
30000	北京市	30000	2013-10-16 00:00:00.0	中国	北京开普互联科技有限公司	北京市
190000	淮安市	130000	2013-11-02 00:00:00.0	中国	人民银行淮安市中心支行	江苏省
100000	北京市	100000	2013-07-27 00:00:00.0	中国	北京联合金投工程科技有限公司	北京市
70000	北京市	70000	2014-06-02 00:00:00.0	中国	北京达因军惠网络技术有限公司	北京市
140000	遵义市	140000	2013-05-09 00:00:00.0	中国	炬键科技公司	贵州省
175000	北京市	175000	2014-02-23 00:00:00.0	中国	北京英诺威尔科技股份有限公司	北京市
62200	南京市	88820	2013-12-26 00:00:00.0	中国	南京科融软件系统有限公司	江苏省
26620	南京市	88820	2013-12-26 00:00:00.0	中国	南京科融软件系统有限公司	江苏省
105600	成都市	176000	2014-02-01 00:00:00.0	中国	三零圣安	四川省

图 3－22

【任务实施】

1. 可视化数据准备。

参照任务 3－1 将合同事实表 contract_fact 添加到业务包中打开实时数据（如果该数据的可视化已经准备，忽略此操作）。

2. 添加组件。

添加组件与前面任务操作的方法相同，进入可视化，选择“［×××］用户业务包”中的“［×××］用户业务包_regional_data_analysis”，添加组件。

3. 设计图表。

从“维度”区域将“contract_signing_time”字段拖拽到“横轴”输入框，命名为“合同签约时间”，分类方式切换为“年”，从“指标”区域将“contract_amount”字段拖拽到“纵轴”输入框，命名为“合同金额”，在“图表属性”下单击“图表类型”栏，选择“柱形图”，结果图 3－23 所示。

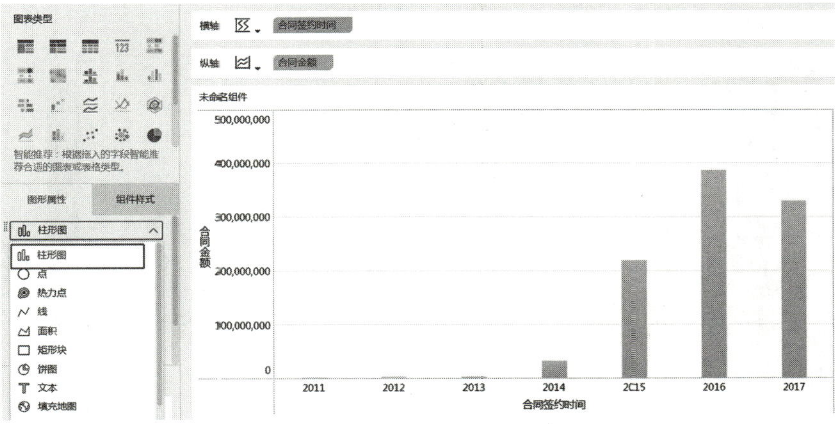

图 3－23

4. 图表美化。

为了让图形更加美观，我们可以调整图形的属性、样式和坐标轴等。单击“图形属性”面板下的“颜色”栏，将柱形图颜色设置为蓝色；将“指标”区域的“contract_amount”字段拖拽到“标签”栏，结果如图 3 – 24 所示。

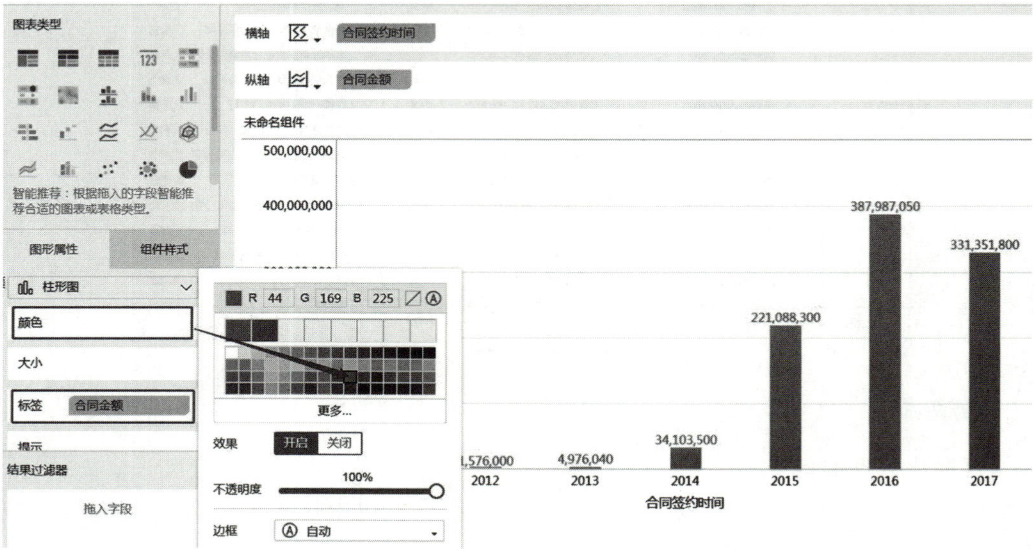

图 3 – 24

在“纵轴”区域，单击“合同金额”字段右侧下拉按钮，单击“数值格式”选项，将数据单位设置为“亿”；再单击“组件样式”面板下的“标题”菜单将表名修改为“柱形图”，结果如图 3 – 25 所示。

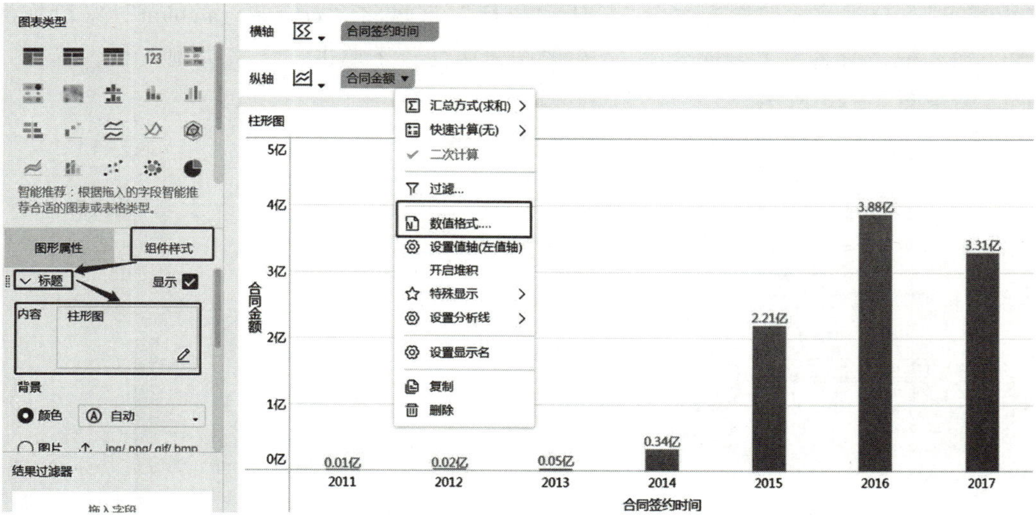

图 3 – 25

如果需要对比每年的合同金额和回款金额，可以将“指标”区域的“amount_received”字段拖入“纵轴”输入框，命名为“回款金额”，此时“图形属性”面板变成了“全部”“合同金额”和“回款金额”两个菜单项。单击“回款金额”菜单展开选项后调整颜色、标签和数值格式。此时“合同金额”和“回款金额”以聚合的方式呈现在同一坐标轴中，如果想要切换成并列的方式，呈现在不同的区域，单击“纵轴”右侧的切换图标后选择需要的方式即可，如图 3－26 所示。

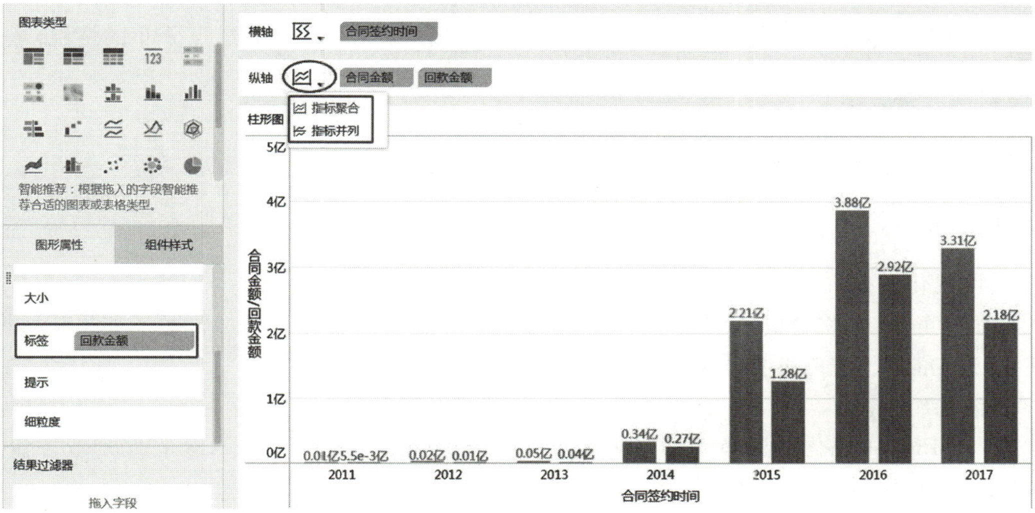

图 3－26

如果要将柱形图显示成条形图，则在“横纵轴”区域单击“交换横纵轴”选项即可，结果如图 3－27 所示。

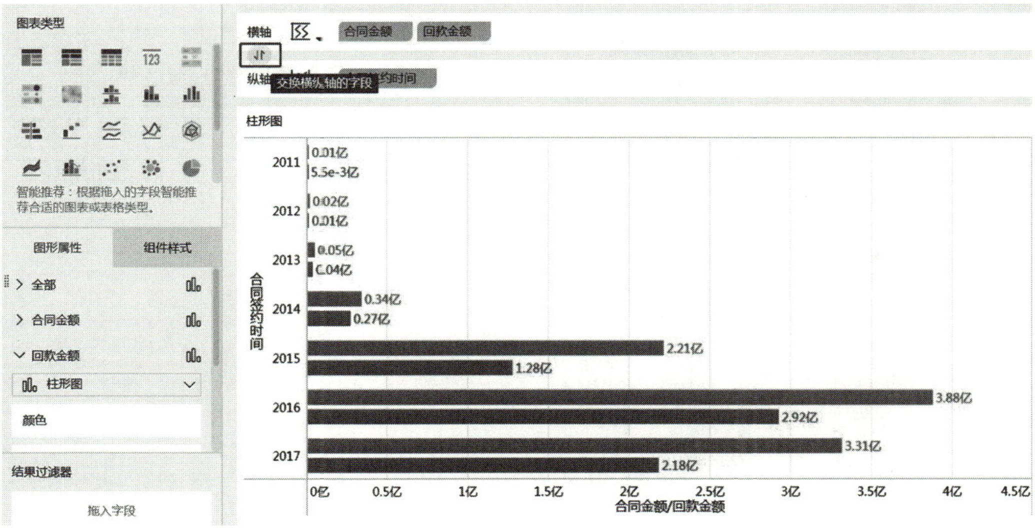

图 3－27

任务 3－6 点图

点图

【任务情境】

点图用来显示不同数据点之间的关系，用来比较在不均匀时间段内的走势。同时可以引入第三个数据变量，用来表示点的大小或者渐变颜色的深浅，从而突出点分布的情况。

【数据准备】

本任务所使用的源数据与任务 3－5 相同，详见任务 3－5。

【任务实施】

1. 可视化数据准备。

参照任务 3－1 将合同事实表 contract_fact 添加到业务包中打开实时数据（如果该数据的可视化已经准备，忽略此操作）。

2. 添加组件。

进入 DEEP 可视化，选择“［×××］用户业务包”中的“［×××］用户业务包_regional_data_analysis”，添加组件。

3. 设计图表。

拖拽“维度”区域字段“contract_signing_time”字段至“横轴”输入框，命名为“合同签约时间”，分类方式切换为“年月”；拖拽“指标”区域“contract_amount”字段至“纵轴”输入框，命名为“合同金额”，在“图表属性”下单击“图表类型”栏，选择“点图”，结果如图 3－28 所示。

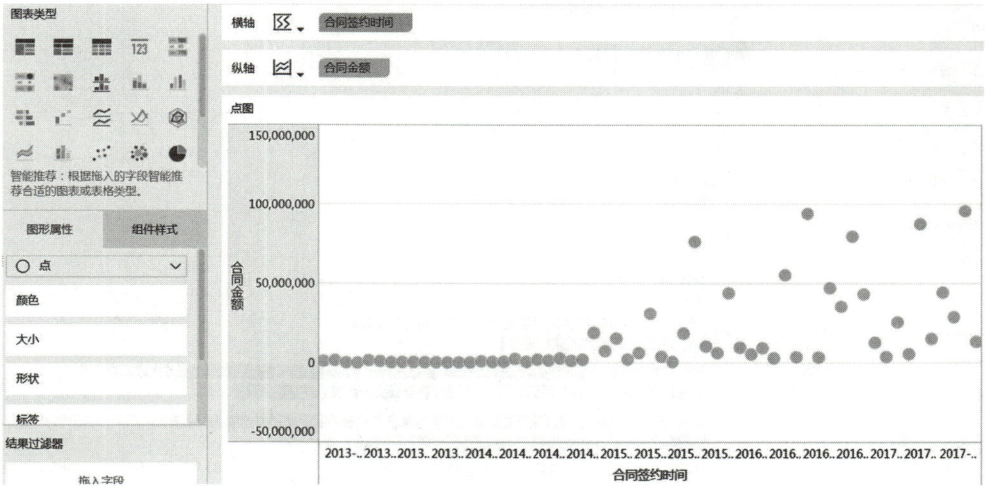

图 3－28

单击“图形属性”面板下的“颜色”栏，将点的颜色修改为蓝色；单击“大小”栏，将点的半径减小一些；再单击“形状”栏，将点的形状修改为“★”，结果如图 3－29 所示。

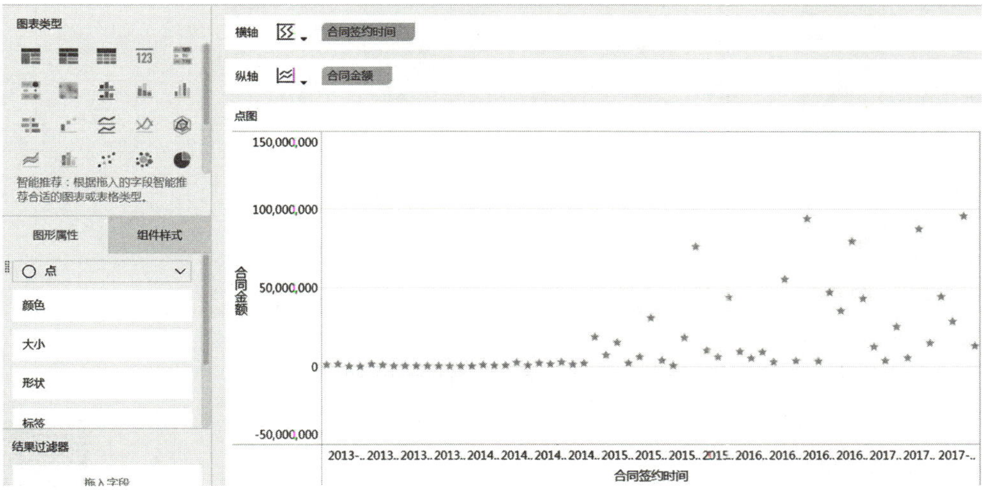

图 3－29

单击“纵轴”区域“合同金额”字段右侧下拉菜单，单击“数值格式”，修改“数量单位”为“百万”，再次单击下拉菜单，单击“设置值轴（左值轴）”，弹出如图 3－30 所示的设置值轴窗口，勾选“轴刻度自定义”复选框，将值轴的“最小值”设置为“0”。

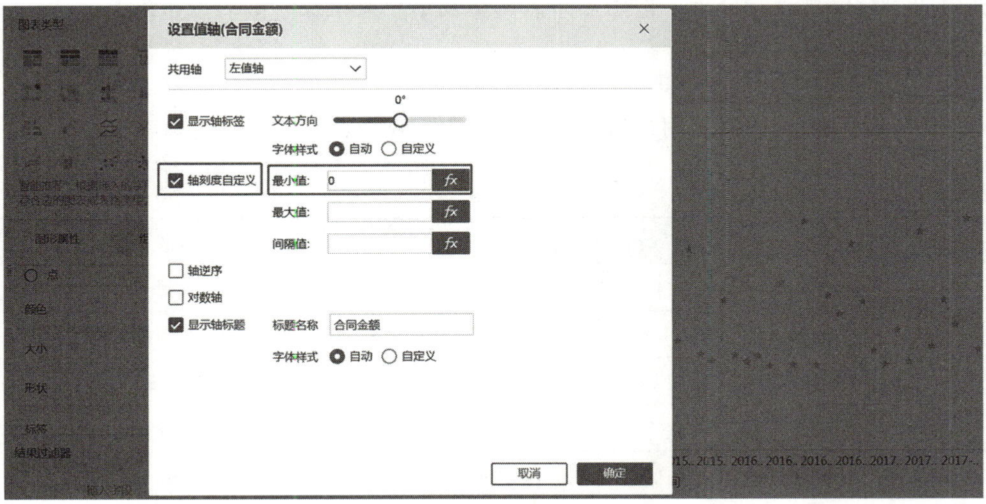

图 3－30

单击“组件样式”切换到样式面板，单击“自适应显示”菜单，选择“整体适应”；最后单击“标题”菜单，修改标题为“点图”，最终结果如图 3－31 所示。

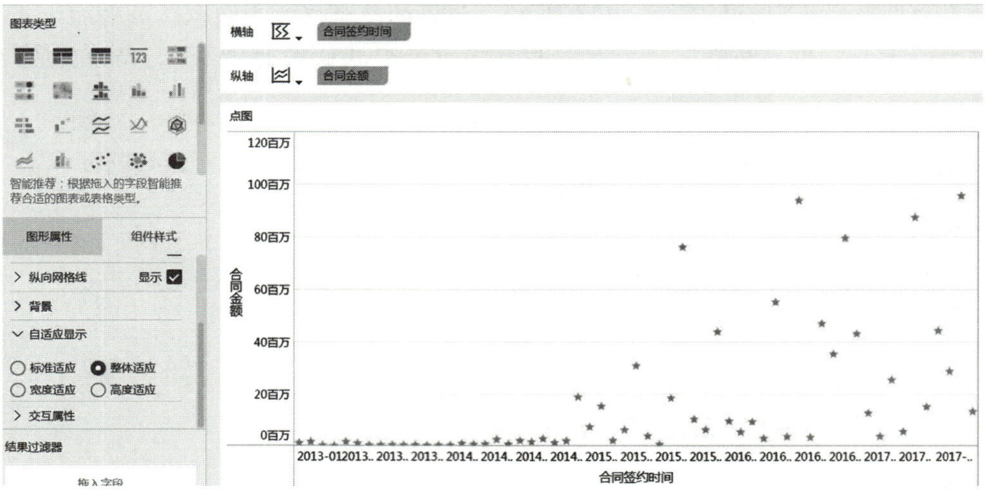

图 3－31

任务 3－7　热力点图

热力点图

【任务情境】

热力点图常用来表示当前坐标范围内的各个点的权重情况。本任务是某互联网公司对后台数据中的用户信息进行分析，拟用热力点图呈现用户类型及年龄的分布情况。

【数据准备】

本任务所使用的源数据是用户信息表 user_info，数据表的字段说明见表 3－9。

表 3－9

列名	数据类型	业务含义
register_date	日期	注册日期
age	数值	年龄
channel_id	字符串	渠道 id
sex	字符串	性别
user_id	字符串	用户 id
user_type	字符串	用户类型
username	字符串	用户名称
register_region_id	数值	注册区域 id

数据预览如图 3－32 所示。

age	channel_id	register_date	register_region_id	sex	username	user_id	user_type
20	QD1016	2015-12-12 00:00:00.0	4401	女	发短事长	USER0136	老用户
20	QD1011	2015-10-16 00:00:00.0	4418	女	携老酒一壶	USER0138	老用户
20	QD1005	2015-11-03 00:00:00.0	4419	女	欠缺热情	USER0139	老用户
20	QD1021	2015-10-13 00:00:00.0	4451	女	Abbie	USER0141	新用户
20	QD1016	2015-10-11 00:00:00.0	5103	女	Hilton	USER0148	VIP用户
20	QD1005	2015-11-25 00:00:00.0	5105	女	Bette	USER0150	VIP用户
20	QD1008	2015-11-20 00:00:00.0	5119	女	贝蒂	USER0151	VIP用户
20	QD1014	2015-11-01 00:00:00.0	6203	女	爱迪生	USER0156	VIP用户
21	QD1005	2015-10-30 00:00:00.0	1403	女	Queen	USER0160	新用户
21	QD1020	2015-10-20 00:00:00.0	1405	女	弗兰克	USER0164	新用户
21	QD1012	2015-12-07 00:00:00.0	2110	女	贝蒂	USER0166	新用户
21	QD1009	2015-10-14 00:00:00.0	2112	女	James	USER0168	新用户
21	QD1002	2015-12-02 00:00:00.0	2114	女	Carolin	USER0170	新用户
21	QD1008	2015-10-24 00:00:00.0	2307	女	沙琳	USER0174	新用户
21	QD1021	2015-12-18 00:00:00.0	2309	女	Howard	USER0176	新用户
21	QD1021	2015-10-06 00:00:00.0	2311	女	Franklin	USER0178	新用户
21	QD1003	2015-10-07 00:00:00.0	3210	女	Hugo	USER0184	老用户
22	QD1002	2015-11-13 00:00:00.0	3405	女	加里	USER0190	老用户
23	QD1008	2015-10-16 00:00:00.0	3411	女	清风入怀	USER0195	新用户

图 3－32

【任务实施】

1. 可视化数据准备。

参照任务 3－1 将合同事实表 contract_fact 添加到业务包中打开实时数据（如果该数据的可视化已经准备，忽略此操作）。

2. 添加组件。

进入 DEEP 可视化模块的仪表板，点击添加组件，选择“［×××］用户业务包”中的“［×××］用户数据连接_user_info”。

3. 设计图表。

将“指标”中的 age 转化为维度，见图 3－33。

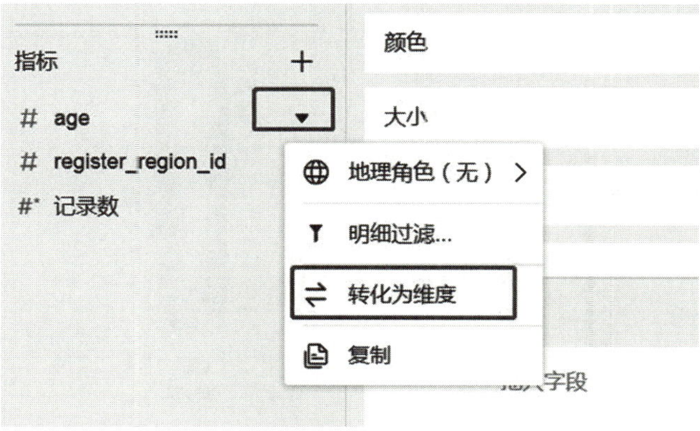

图 3－33

拖拽“维度”下的字段“user_type”至“横轴”输入框并重命名为“用户类型”，“age”字段至“纵轴”输入框，并设置年龄为：相同值为一组，重命名为“年龄”。如图 3 – 34 所示。

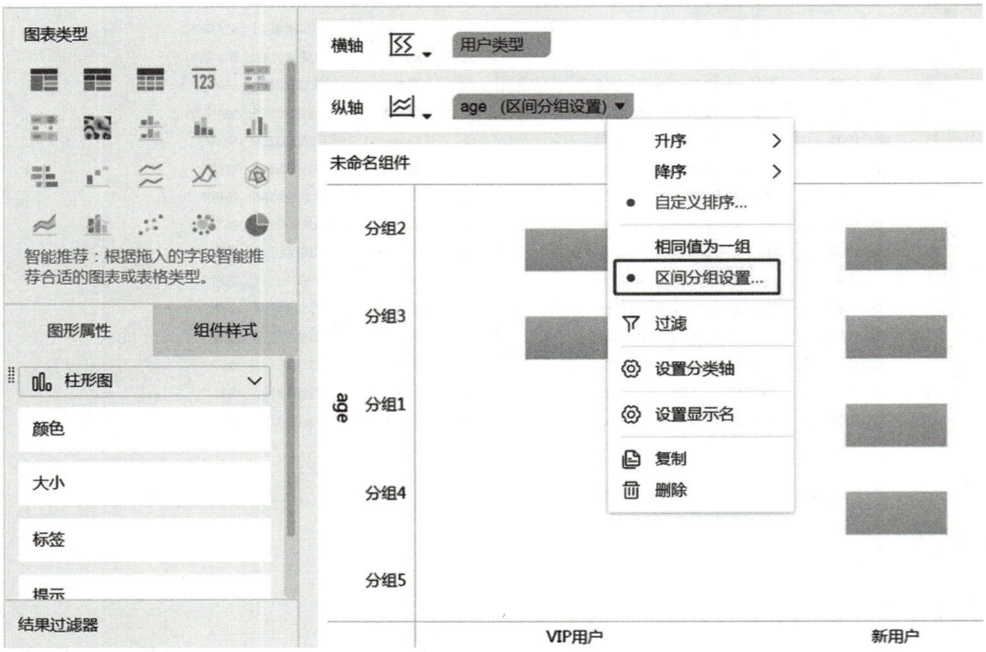

图 3 – 34

单击“图形属性”面板下“形状选择”栏，选择“热力点”选项，结果如图 3 – 35 所示。

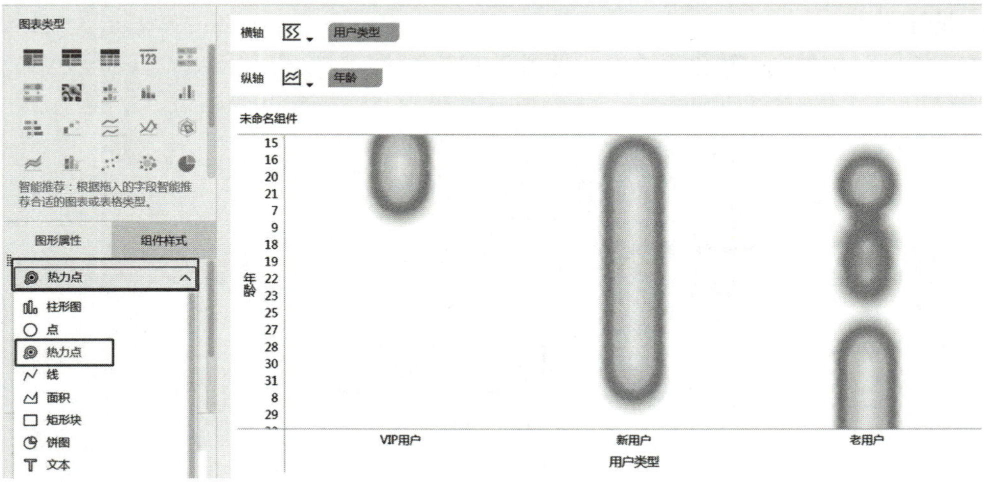

图 3 – 35

此时，热力点图未显示年龄和用户类型中的用户数分布，我们将“指标”区域的“记录数”字段拖入“图形属性”面板下的“热力色”栏，图表中的热力色就根据用户的人数来显示了。热力色渐变方案默认为“热力色 2”，单击“热力色”栏可修改；最后单击“组件样式”面板下的“标题”菜单，修改标题为“用户类型与年龄分布热力点图”，最终结果如图 3－36 所示。

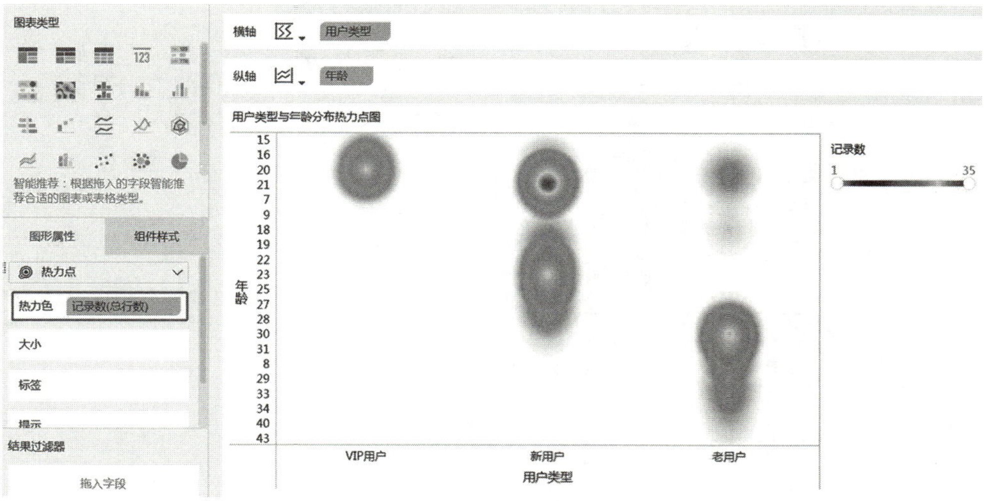

图 3－36

任务 3－8 线形图

线形图

【任务情境】

线形图能够用来更清晰地查看数据的变化趋势，以及对数据进行汇总分析查看。本任务是某互联网公司使用线形图展示该公司注册人数随着时间变化的规律。

【数据准备】

本任务所使用的源数据是用户信息表 user_info，与任务 3－7 数据相同，详见任务 3－7。

【任务实施】

1. 可视化数据准备。

参照任务 3－1 将合同事实表 contract_fact 添加到业务包中打开实时数据（如果该数据的可视化已经准备，忽略此操作）。

2. 添加组件。

进入 DEEP 可视化模块的仪表板，点击添加组件，选择“［×××］用户业务包”中的“［×××］用户数据连接_user_info”。

3. 设计图表。

拖拽“维度”下的字段“register_date”至“横轴”输入框，分类方式选择“年月”并重命名为“注册日期”；拖拽“指标”下的字段“记录数”至“纵轴”输入框，并单击“图形属性”面板下“图表类型选择”栏，将图表类型选择为“线”；结果如图 3－37 所示。

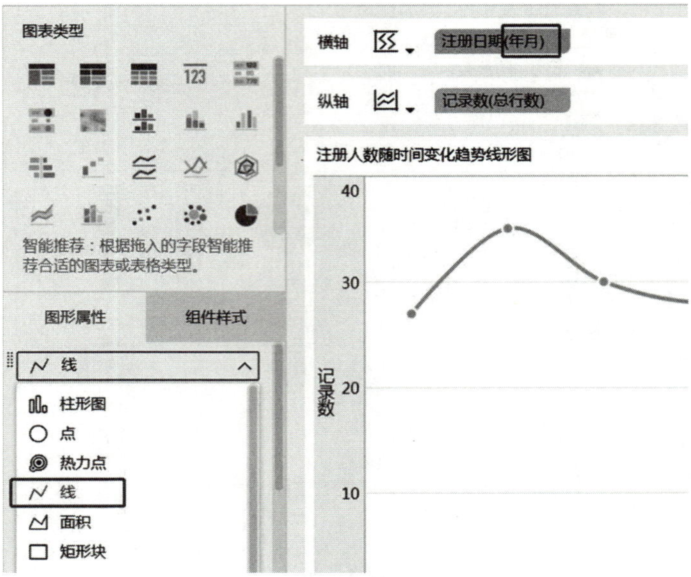

图 3－37

单击“图形属性”面板下的“大小”栏，调整线的粗细；单击“连线”栏后再单击“曲线”选项，将线型切换为曲线，结果如图 3－38 所示。

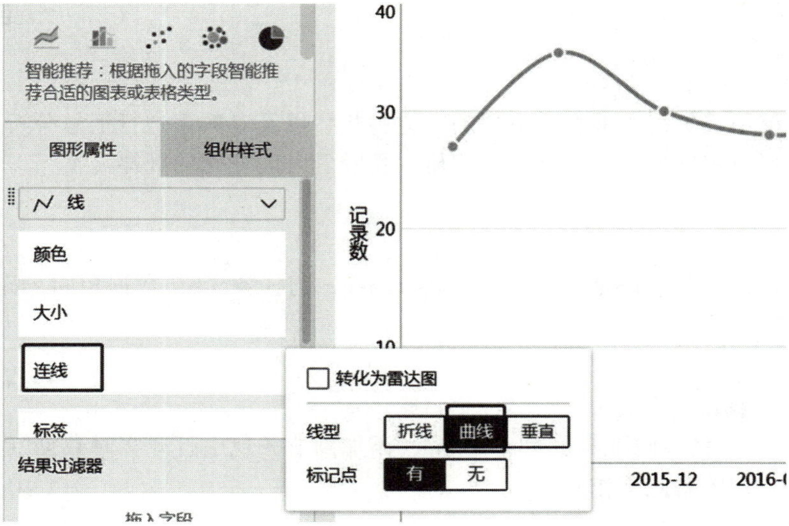

图 3－38

如果我们希望按照性别分别查看注册人数的变化趋势，将“维度”区域的“sex”字段拖入“纵轴”输入框并重命名为“性别”即可，最后将标题修改为“注册人数随时间变化趋势线形图”。最终结果如图3－39所示，可以看到注册用户中，男性人数随时间的变化波动较大，女性人数相对稳定。

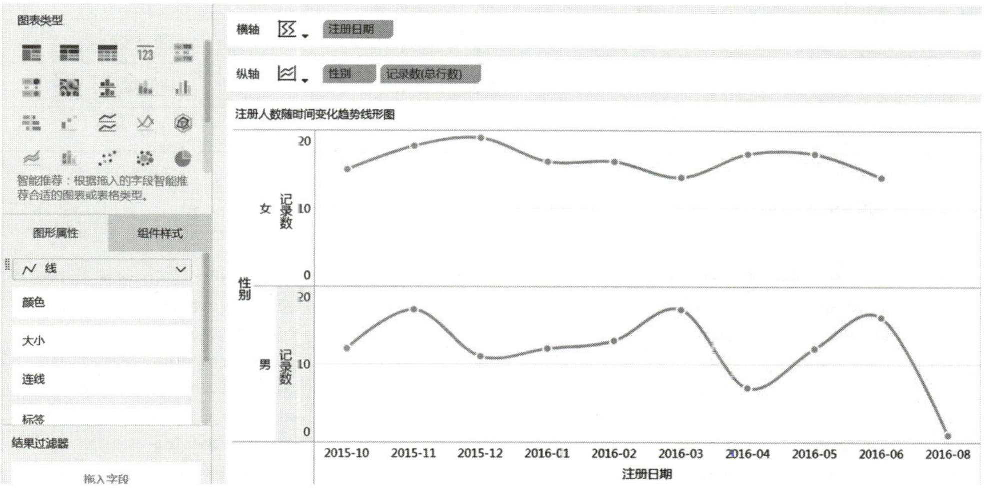

图3－39

任务3－9　面积图

面积图

【任务情境】

面积图可用来展示持续性数据，可很好地表示趋势、累积、减少以及变化，面积图更善于展示部分和整体之间的关系。某互联网公司通过对一段时间内访问统计记录分析，来评价该时间段内推广运营效果，本任务用面积图来分析并呈现网站用户浏览量的变化趋势。

【数据准备】

本任务所使用的源数据是某互联网公司访问统计记录表access_statistics，数据表的字段说明见表3－10。

表3－10

列名	数据类型	业务含义
statistical_date	日期	统计日期
region_id	数值	地区id
access_id	数值	访问id

续表

列名	数据类型	业务含义
access_platform	字符串	访问平台
channel_id	字符串	渠道 id
user_id	字符串	用户 id
number_of_visits	数值	访问次数
views	数值	浏览量
jump_total	数值	跳出次数

数据预览如图 3－40 所示。

access_id	access_platform	channel_id	jump_total	number_of_visits	region_id	statistical_date	user_id	views
379	Android	QD1004	4	6	3299	2015-09-01 00:00:00.0	USER0115	10
380	IOS	QD1015	4	5	4417	2015-09-01 00:00:00.0	USER0116	6
381	Android	QD1013	4	5	1101	2015-09-01 00:00:00.0	USER0117	14
382	IOS	QD1015	4	2	2201	2015-09-01 00:00:00.0	USER0118	12
383	IOS	QD1003	4	5	2113	2015-09-01 00:00:00.0	USER0119	9
384	移动浏览器	QD1006	4	3	3712	2015-09-01 00:00:00.0	USER0120	12
385	Android	QD1014	4	3	3299	2015-09-02 00:00:00.0	USER0121	12
386	Android	QD1020	4	2	4420	2015-09-02 00:00:00.0	USER0122	15
387	Android	QD1011	4	2	6211	2015-09-03 00:00:00.0	USER0123	10
388	IOS	QD1011	4	2	4418	2015-09-03 00:00:00.0	USER0124	8
389	IOS	QD1009	4	3	4420	2015-09-03 00:00:00.0	USER0125	14
390	IOS	QD1003	4	5	6203	2015-09-03 00:00:00.0	USER0126	12
391	移动浏览器	QD1009	4	6	6110	2015-09-03 00:00:00.0	USER0127	8
392	IOS	QD1019	4	1	3412	2015-09-04 00:00:00.0	USER0128	10
393	Android	QD1020	4	1	7110	2015-09-04 00:00:00.0	USER0129	14
394	Android	QD1016	4	5	2112	2015-09-04 00:00:00.0	USER0130	6
395	IOS	QD1011	4	5	4418	2015-09-04 00:00:00.0	USER0131	10

图 3－40

【任务实施】

1．可视化数据准备。

参照任务 3－1 将合同事实表 contract_fact 添加到业务包中打开实时数据（如果该数据的可视化已经准备，忽略此操作）。

2．添加组件。

进入 DEEP 可视化模块的仪表板，点击添加组件，选择“［×××］用户业务包”中的“［×××］用户数据连接_access_statistics”。

3．设计图表。

拖拽“维度”下的字段“statistical_date”至“横轴”输入框并重命名为“统计日期”，分类方式选择“年月”；拖拽“指标”下的字段“views”至“纵轴”输入框并重命名为“浏览量”，并单击“图形属性”面板下“图表类型选择”栏，将图表类型选择为“面积”；结果如图 3－41 所示。

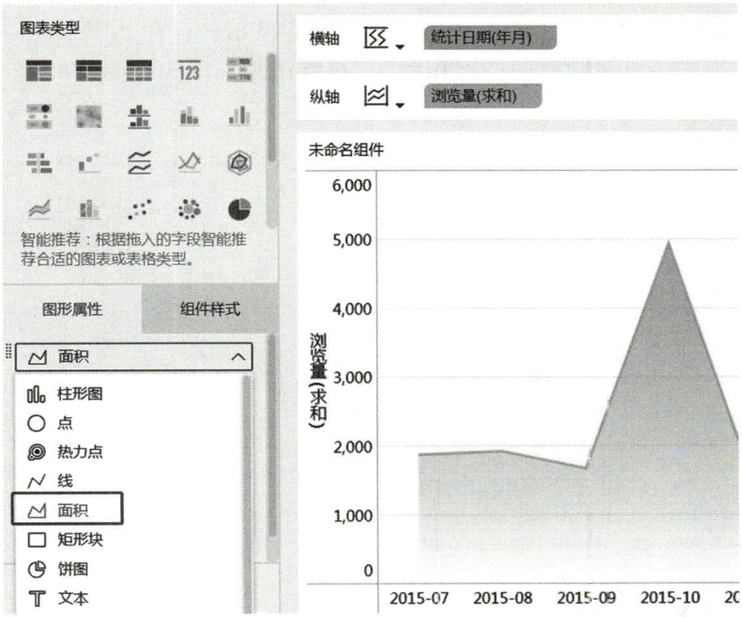

图 3－41

如果需要分析不同的访问平台相对于整体的关系，并且在一个坐标轴中显示，那么可以通过细粒度属性和堆积操作来实现。将“维度”区域“access_platform”字段拖入“图形属性”面板下的“细粒度”栏并重命名为“访问平台”，并在“纵轴”输入框单击“浏览量”字段右侧下拉菜单，勾选“开启堆积”选项，结果如图 3－42 所示。

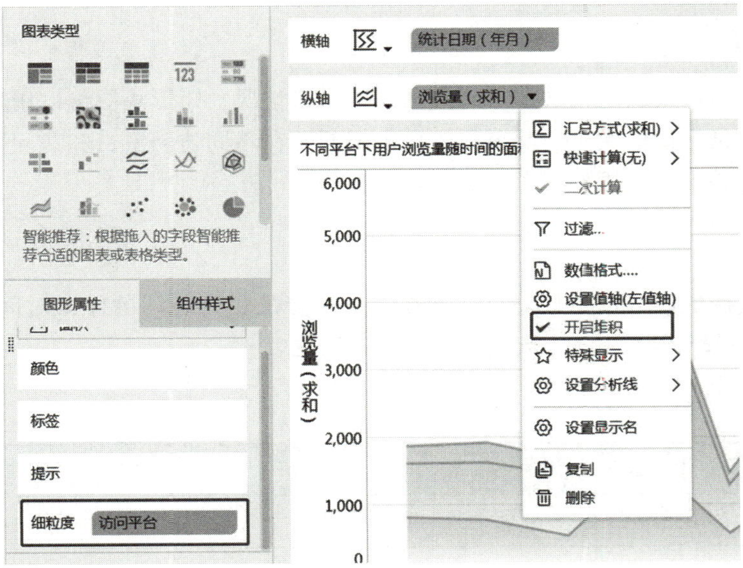

图 3－42

将“维度”区域“access_platform”字段拖入“图形属性”面板下的“颜色”栏；单击“组件样式”面板下的“图例”菜单，设置图例居下显示，再单击“标题”菜单修改标题为“不同平台下用户浏览量随时间的面积图”。最终结果如图 3－43 所示。

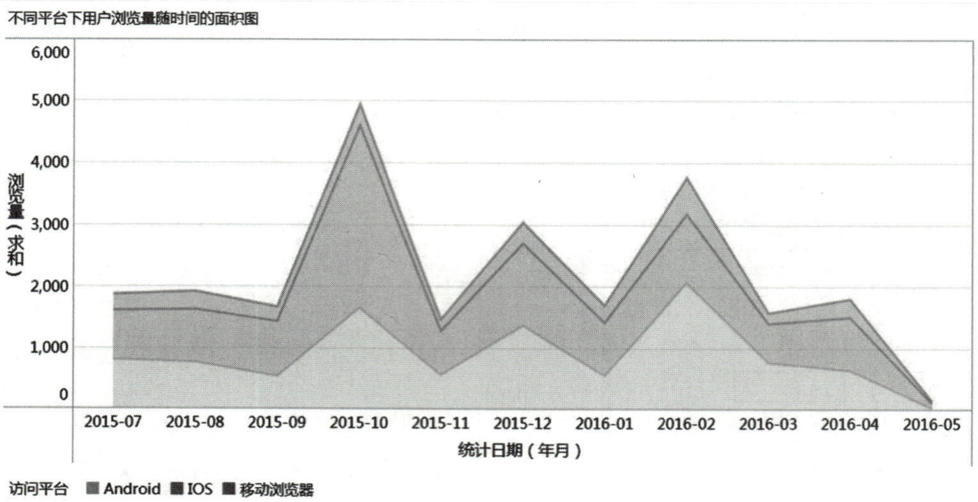

图 3－43

任务 3－10 矩形块图

矩形块图

【任务情境】

矩形块图以矩形块的形式展示不同数据点的分布情况，矩形块图可以用颜色或矩形块的大小来展示对应指标值的大小。某公司想要了解网站在不同访问平台和访问阶段下的访问时间分布，本任务要求通过矩形块图来实现。

【数据准备】

本任务所使用的源数据是某公司网站在不同平台的用户访问的停留时间 visit_stage_statistics（访问阶段统计事实表），数据表的字段说明见表 3－11。

表 3－11

字段名称	含义
visit_time	访问时间
visit_id	访问 id
visit_platform	访问平台

续表

字段名称	含义
last_stage	访问最后阶段
user_id	用户 id

数据预览如图 3 - 44 所示。

last_stage	total_stay_time	user_ID	visit_ID	visit_platform	visit_time
添加购物车	3970	USER0013	1758	移动浏览器	2015-07-02 00:00:00.0
添加购物车	4157	USER0101	1770	移动浏览器	2015-07-15 00:00:00.0
添加购物车	271	USER0103	1772	移动浏览器	2015-07-15 00:00:00.0
添加购物车	3326	USER0208	1784	移动浏览器	2015-08-03 00:00:00.0
添加购物车	2669	USER0218	1786	移动浏览器	2015-08-05 00:00:00.0
添加购物车	4071	USER0025	1798	移动浏览器	2015-08-16 00:00:00.0
添加购物车	1139	USER0061	1800	移动浏览器	2015-08-22 00:00:00.0
添加购物车	2136	USER0127	1812	移动浏览器	2015-09-03 00:00:00.0
添加购物车	2675	USER0149	1814	移动浏览器	2015-09-07 00:00:00.0
搜索	1097	USER0002	1	Android	2015-07-01 00:00:00.0
搜索	395	USER0006	3	Android	2015-07-02 00:00:00.0
搜索	955	USER0019	5	Android	2015-07-04 00:00:00.0
搜索	1114	USER0022	7	Android	2015-07-04 00:00:00.0
搜索	1272	USER0031	15	Android	2015-07-06 00:00:00.0
搜索	702	USER0037	17	Android	2015-07-07 00:00:00.0
搜索	650	USER0042	19	Android	2015-07-08 00:00:00.0
搜索	273	USER0048	21	Android	2015-07-09 00:00:00.0

图 3 - 44

【任务实施】

1. 可视化数据准备。

参照任务 3 - 1 将合同事实表 contract_fact 添加到业务包中打开实时数据（如果该数据的可视化已经准备，忽略此操作）。

2. 添加组件。

进入 DEEP 可视化模块的仪表板，点击添加组件，选择“［×××］用户业务包”中的“［×××］用户数据连接_visit_stage_statistics”。

3. 设计图表。

拖拽“维度”区域的字段“visit_platform”至“横轴”输入框并重命名为“访问平台”，字段“last_stage”至“纵轴”输入框并重命名为“访问最后阶段”，并单击“图形属性”面板下“形状选择”栏，将图表类型选择为“矩形块”；结果如图 3 - 45 所示。

将“指标”区域的“total_stay_time”字段拖入“图形属性”面板下的“颜色”栏并重命名为“总停留时间”，并单击“颜色”栏将渐变方案设置为“现代”，结果如图 3 - 46 所示。

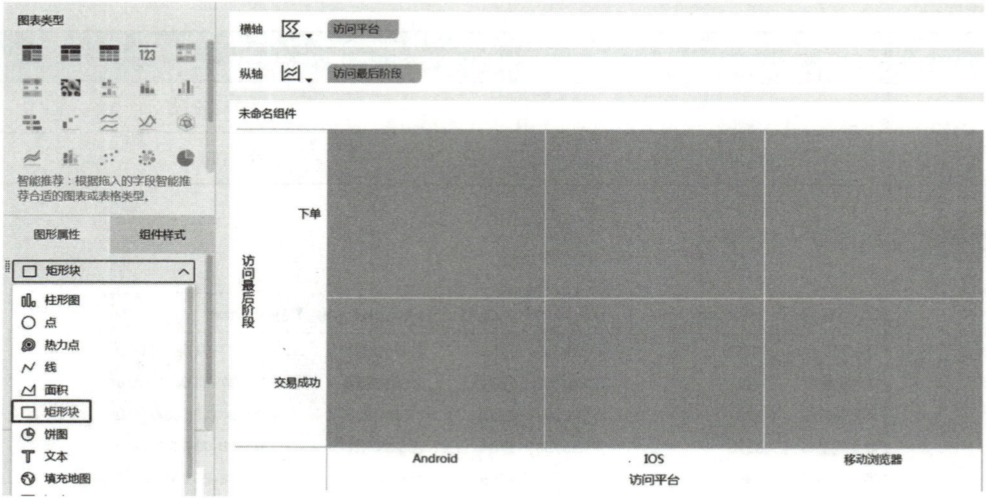
图表类型
智能推荐：根据拖入的字段智能推荐合适的图表或表格类型。
图形属性
组件样式
矩形块
柱形图
点
热力点
线
面积
矩形块
饼图
文本
填充地图
横轴
访问平台
纵轴
访问最后阶段
未命名组件
下单
访问最后阶段
交易成功
Android
IOS
移动浏览器
访问平台

图 3－45

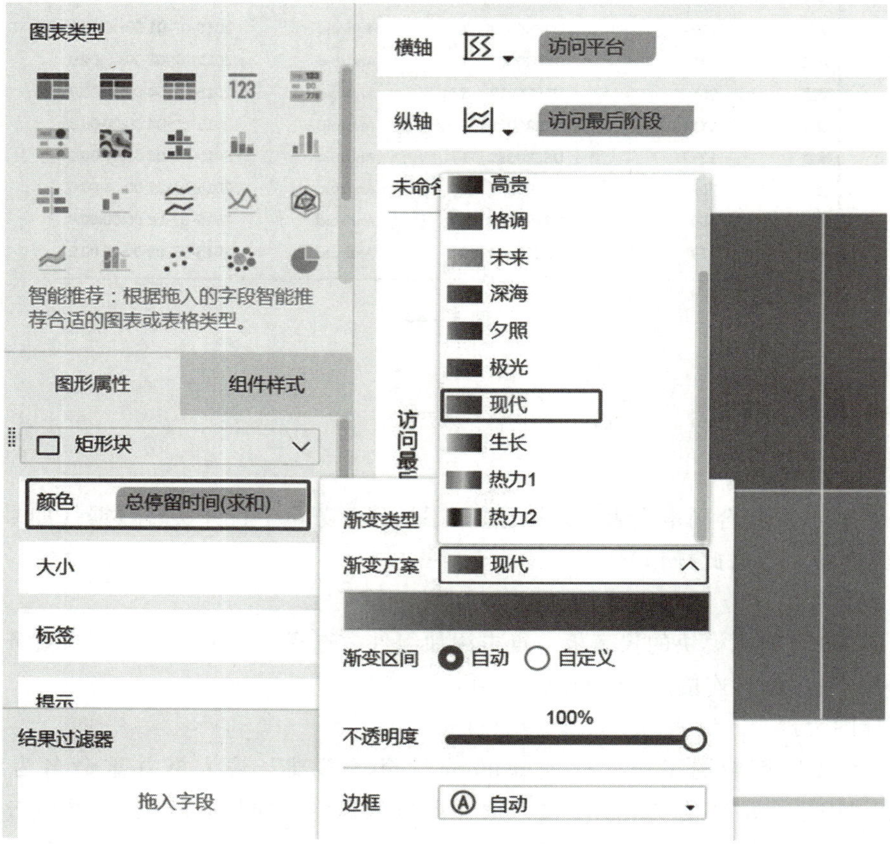
图表类型
智能推荐：根据拖入的字段智能推荐合适的图表或表格类型。
图形属性
组件样式
矩形块
颜色
总停留时间(求和)
大小
标签
结果过滤器
拖入字段
横轴
访问平台
纵轴
访问最后阶段
高贵
格调
未来
深海
夕照
极光
现代
生长
热力1
热力2
渐变类型
渐变方案
现代
渐变区间
自动
自定义
100%
不透明度
边框
自动

图 3－46

单击“组件样式”面板下的“自适应显示”菜单，单击“整体适应”选项；再单击“标题”菜单修改标题为“分布不同平台和不同阶段的网站访问时间分布矩形图”；最终结果如图 3－47 所示，可以看到矩形块的颜色深浅就代表了访问时间的长短。

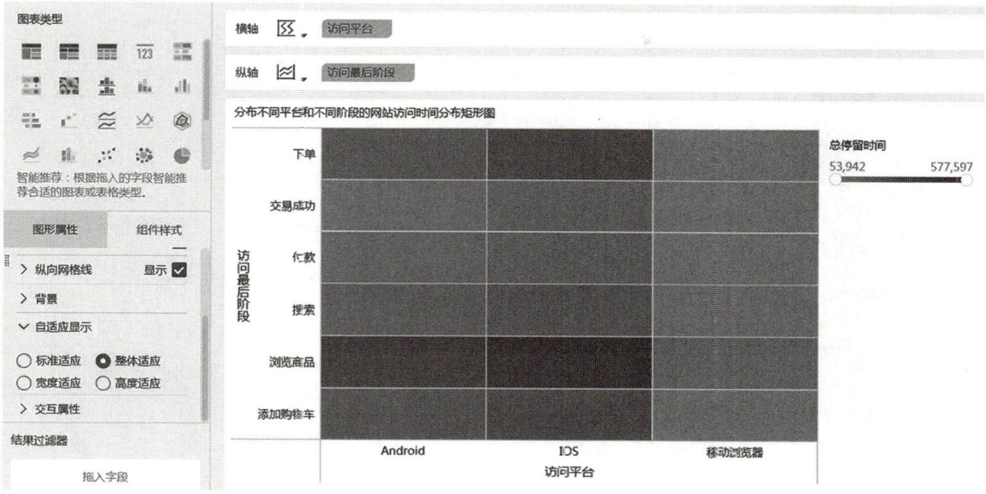

图 3－47

任务 3－11　饼图

饼图

【任务情境】

饼图用来展示每个分组相对总值的占比大小分布情况。DEEP 可视化中的饼图可根据横纵轴展示不同维度分布情况，也可根据半径、角度等展示每个分组相对总值的占比大小。

【数据准备】

本任务所使用的源数据是 visit_stage_statistics（访问阶段统计事实表），详见任务 3－10。

【任务实施】

1. 可视化数据准备。

参照任务 3－1 将合同事实表 contract_fact 添加到业务包中打开实时数据（如果该数据的可视化已经准备，忽略此操作）。

2. 添加组件。

进入 DEEP 可视化，选择“［×××］用户业务包”中的“［×××］用户业务包_visit_stage_statistics”，添加组件。

3. 设计图表。

拖拽“维度”下的字段“last_stage”至“横轴”输入框，命名为“访问最后阶段”，拖拽“指标”下的字段“total_stay_time”至“纵轴”输入框，命名为“总停留时间”，并单击“图形属性”面板下“图表类型”栏，将图表类型选择为“饼图”；结果如图 3－48 所示。

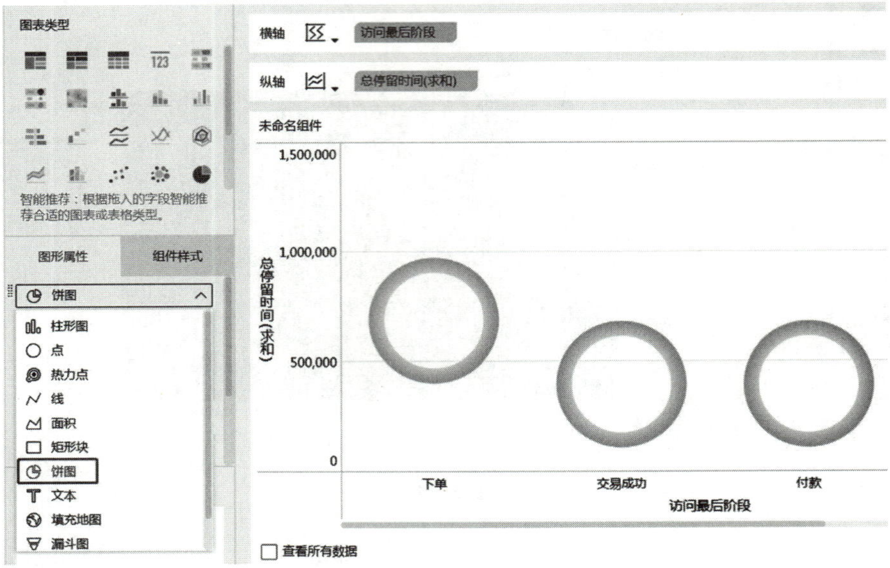

图 3－48

此时的饼图还是以横纵轴的方式来展示的，要将其转换为常见的以半径和角度展示的饼图，单击“图表类型”区域的“饼图”选项即可，“横纵轴”区域的字段会被自动识别进入“图形属性”面板下的“颜色”栏和“角度”栏，结果如图 3－49 所示；除此之外，也可以先单击“图形属性”面板下“图表类型选择”栏，将图表类型选择为“饼图”，再分别将字段拖入“颜色”栏和“角度”栏。

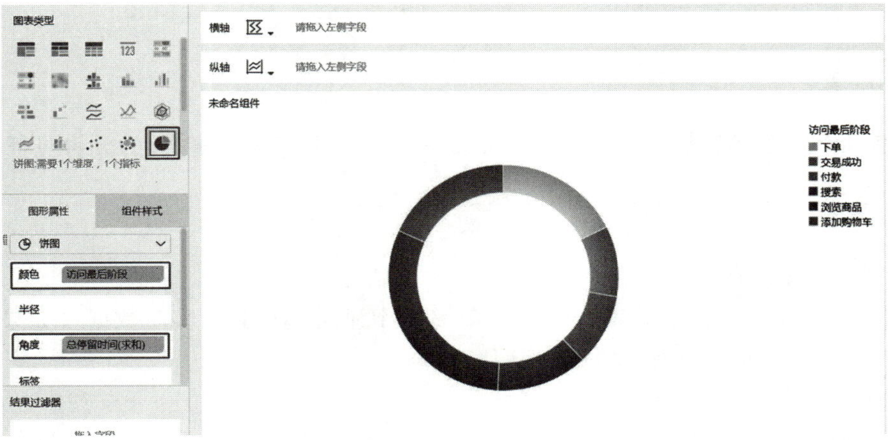

图 3－49

单击“图形属性”面板下的“半径”栏，可以调整饼图的大小和内径占比，我们将“内径占比”调整为0；最后通过单击“组件样式”面板下的“标题”菜单，将组件标题修改为“饼图”。最终结果如图 3－50 所示。

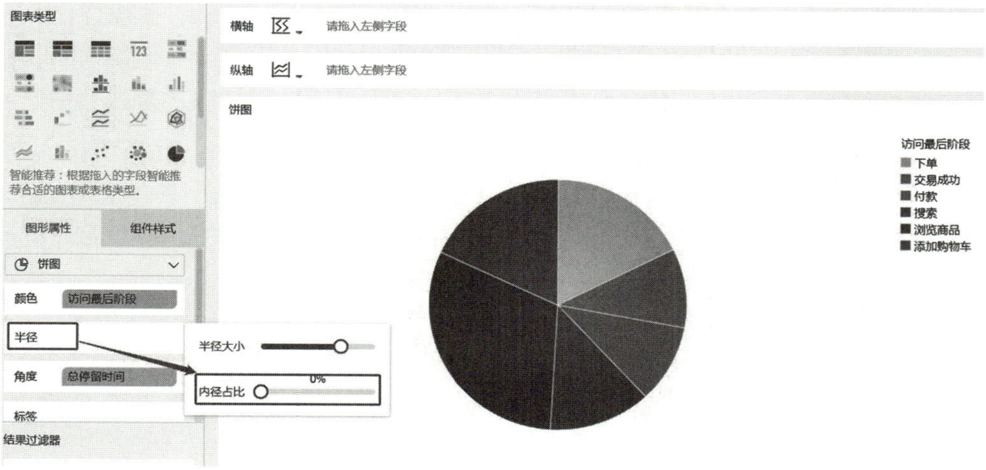

图 3－50

任务 3－12 文本图（词云图）

文本图（词云图）

【任务情境】

文本图常用于词云图的绘制，词云是一种直观展示数据频率的图表类型，可以对出现频率较高的“关键词”予以视觉上的突出，形成“关键词云层”，从而过滤掉大量的文本信息，使浏览者只要一眼扫过文本就可以领略重点。本任务是用词云分析某网站关键词及其被搜索次数。

【数据准备】

本任务所使用的源数据是 key_word_count，数据表的字段说明见表 3－12。

表 3－12

字段名称	含义
word	关键词
count	搜索次数

数据预览如图 3－51 所示。

count	word
455	仪表板
512	数据挖掘
220	快速挖掘
313	R语言分析
248	时序预测
280	聚类
175	分类
654	行业化
477	数据决策系统
436	矩形树图
387	数据库
446	热力地图
152	漏斗图
342	气泡图
529	接口
159	世界领先
382	遥遥领先
479	解决方案

图 3－51

【任务实施】

1. 可视化数据准备。

参照任务 3－1 将合同事实表 contract_fact 添加到业务包中打开实时数据（如果该数据的可视化已经准备，忽略此操作）。

2. 添加组件。

进入可视化模块仪表板，点击添加组件，选择内置“［×××］用户业务包”中的“［×××］用户数据连接 key_word_count”。

3. 设计图表。

拖拽“维度”下的字段“word”至“横轴”，并重命名为“搜索词”；拖拽“指标”下的字段“count”至“纵轴”，并重命名为“搜索次数”，如图 3－52 所示。

单击“图表类型”区域的“词云图”选项，此时，“图形属性”面板下的“形状选择”栏会自动切换成“文本”，“横轴”的“搜索词”字段会自动进入“图形属性”面板下的“文本”栏，“纵轴”的“搜索次数”字段会自动进入“大小”栏，结果如图 3－53 所示。

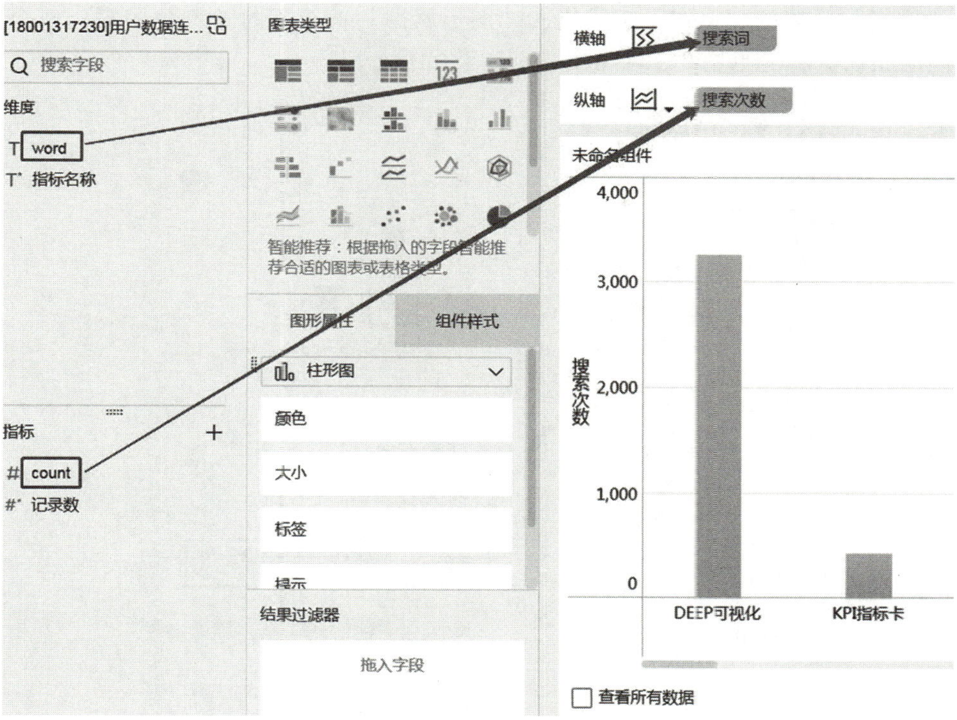
[18001317230]用户数据连...
搜索字段
维度
word
指标名称
指标
count
记录数
图表类型
智能推荐：根据拖入的字段智能推荐合适的图表或表格类型。
图形属性
组件样式
柱形图
颜色
大小
标签
结果过滤器
拖入字段
横轴
搜索词
纵轴
搜索次数
未命名组件
4,000
3,000
2,000
1,000
0
DEEP可视化
KPI指标卡
查看所有数据

图 3－52

图表类型
词云:需要1个维度，1个指标
图形属性
组件样式
文本
颜色
大小
搜索次数
文本
搜索词
结果过滤器
拖入字段
横轴
请拖入左侧字段
纵轴
请拖入左侧字段
未命名组件
DEEP可视化
图形化大数据设计工具
悦岚论坛
查看所有数据

图 3－53

将“维度”区域的“word”字段拖入“图形属性”面板下的“颜色”栏，每个搜索词将以不同的颜色显示（见图 3－54）。

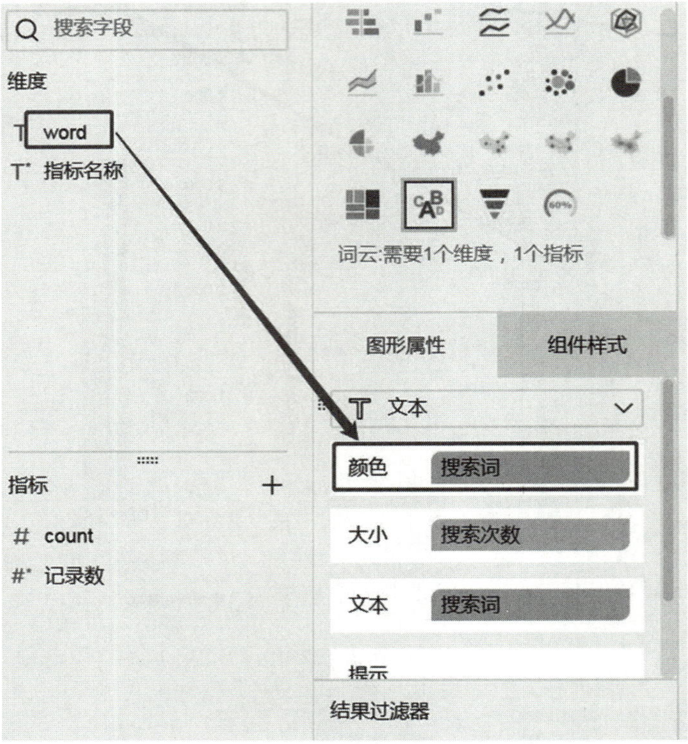

图 3－54

结果如图 3－55 所示。

图 3－55

单击“组件样式”面板下的“标题”菜单，将组件标题修改为“词云图”，并取消勾选“图例”菜单右侧的“显示”复选框（见图3－56）。

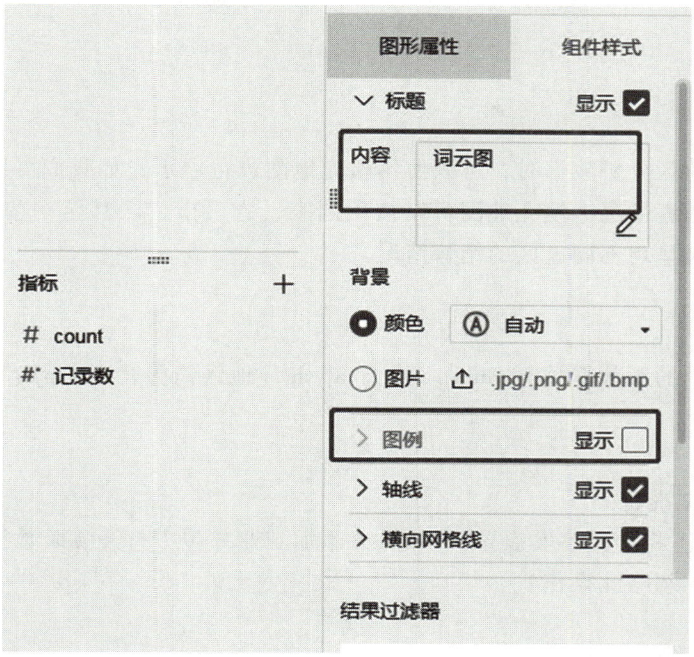

图 3－56

最终结果如图3－57所示。

图 3－57

任务 3－13　地图

地图

【任务情境】

在需要按照地区分析数据时，可以使用填充地图进行展示，如我们可以通过填充地图来观察不同城市的销售情况。填充地图可以按照国家、省、市、区甚至一些定制的地图展示。本任务是用地图来呈现不同地区的销售情况。

【数据准备】

本任务所使用的源数据是 regional_data_analysis（地区销售表），详见任务 3－5。

【任务实施】

1. 可视化数据准备。

参照任务 3－1 将合同事实表 contract_fact 添加到业务包中打开实时数据（如果该数据的可视化已经准备，忽略此操作）。

2. 添加组件。

进入 DEEP 可视化模块仪表板，点击添加组件，选择“［×××］用户业务包”中的“［×××］用户数据连接 regional_data_analysis”。

3. 设计图表。

单击选择“维度”下 provice 字段转换为地理角色省/市/自治区，如图 3－58 所示。

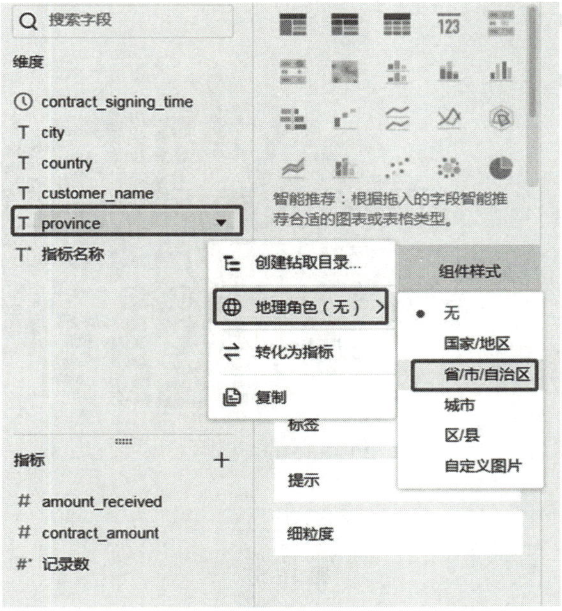

图 3－58

进行省市匹配，如图 3－59 所示。

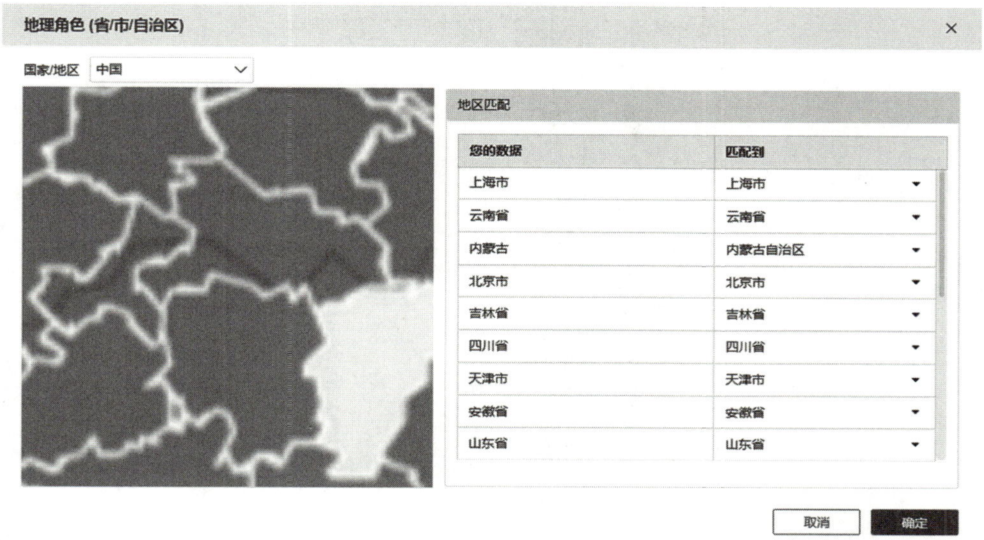

图 3－59

匹配好数据后生成 province（经度）、province（纬度）字段，将字段分别拖至横轴和纵轴，如图 3－60 所示。

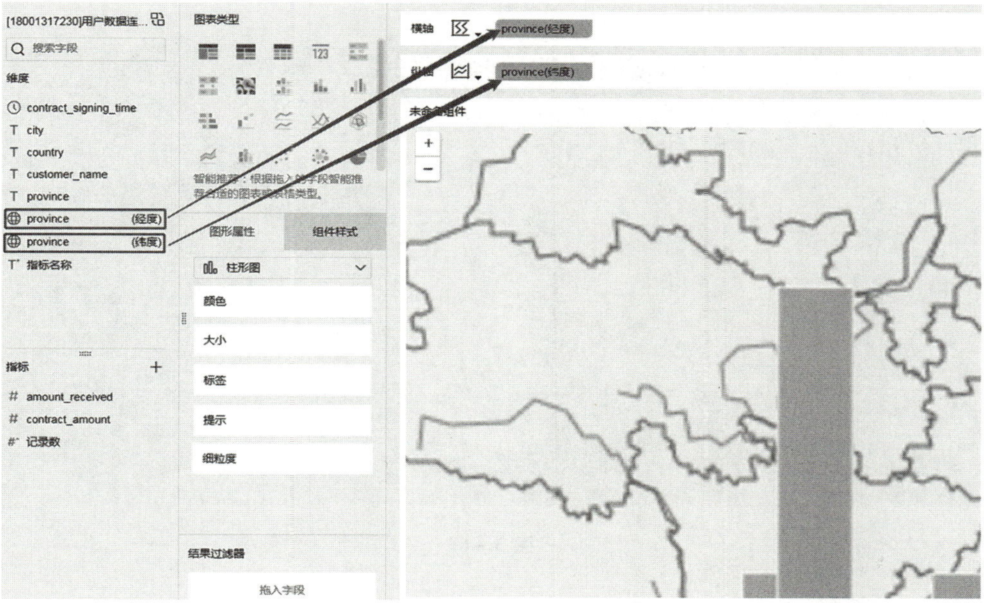

图 3－60

图表中自动显示地图，但对应的省份为文本显示。在图形属性下的形状选择栏选择填充地图，如图 3－61 所示。

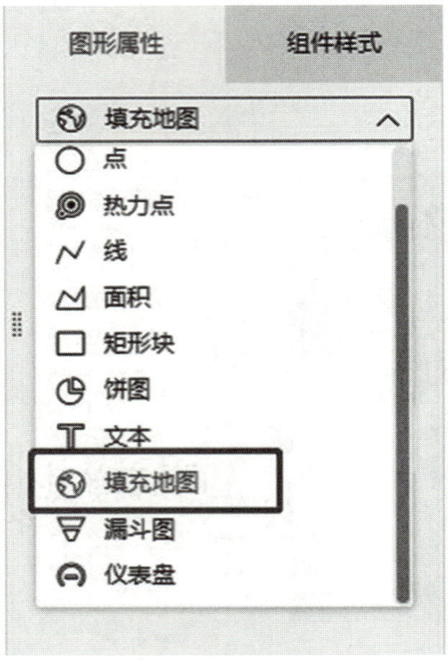

图 3－61

此时图 3－61 中即以颜色的填充来对应显示数据包含的省份。如果想要填充的颜色根据指标来显示，可将指标拖入图形属性下的颜色栏。比如，我们将“contract_amount”拖入颜色栏，则地图中的颜色填充即按照合同金额大小来显示颜色变化。如图 3－62 所示。

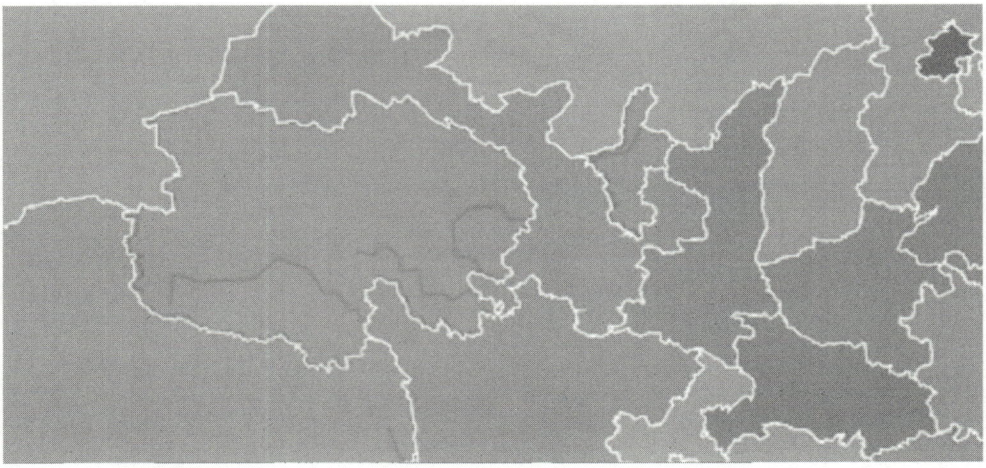

图 3－62

除了上述的填充颜色外，还可以使用矩形块等形状来显示不同颜色属性，如图 3－63 所示，在图形属性下选择矩形块，则地图中的不同省份则按照合同金额显示三维矩形块的颜色。

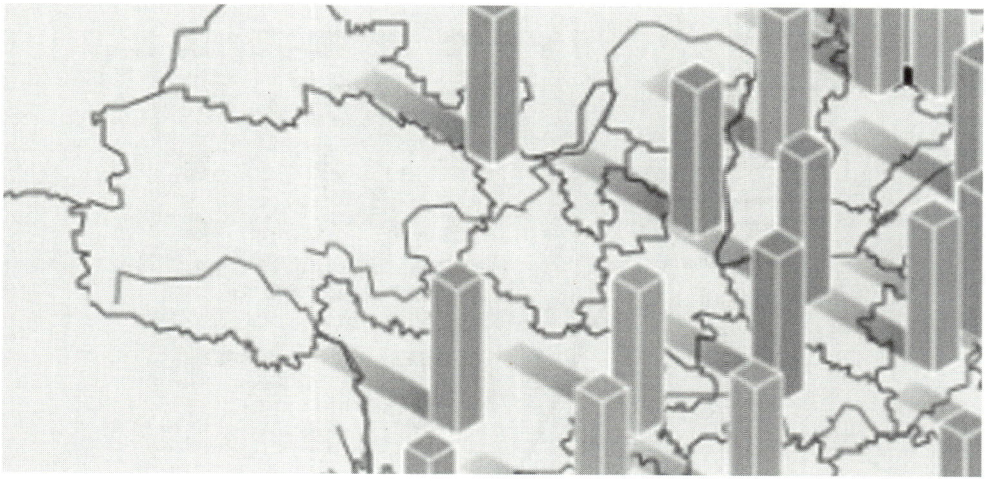

图 3-63

任务 3-14 漏斗图

漏斗图

【任务情境】

漏斗图是展示每一阶段的占比情况，提供转化率、到达率分析的一种图表类型。本任务用漏斗图呈现某公司网站在不同平台的用户访问停留时间，进而分析转化率。

【数据准备】

本任务所使用的源数据是 visit_stage_statistics（访问阶段统计事实表），详见任务 3-10。

【任务实施】

1. 可视化数据准备。

参照任务 3-1 将合同事实表 contract_fact 添加到业务包中打开实时数据（如果该数据的可视化已经准备，忽略此操作）。

2. 添加组件。

进入可视化模块仪表板添加组件，选择内置“［×××］用户业务包”中的“［×××］用户数据连接 visit_stage_statistics”。

3. 设计图表。

单击“图表类型”区域的“漏斗图”选项。拖拽“维度”下的字段“last_stage”至“图形属性”面板下的“细粒度”栏，并修改其名称为“访问最后阶段”。拖拽“指标”下的字段“total_stay_time”至“大小”栏，并修改名称为“总停留时间”，如图 3-64 所示。

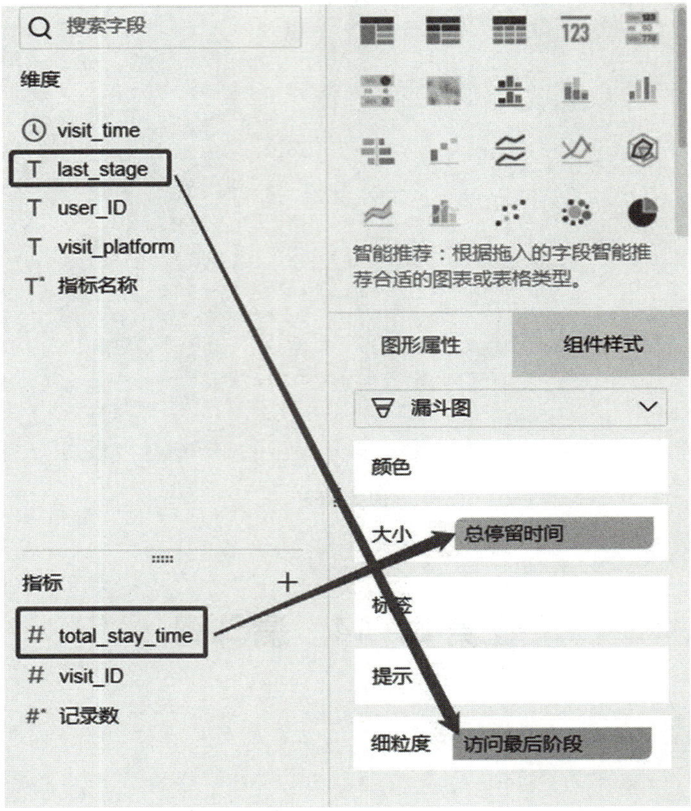

图 3－64

此时，“图形属性”面板下的“形状选择”栏会自动切换成“漏斗图”，结果如图 3－65 所示。

图 3－65

将“维度”区域的“last_stage”字段拖入“图形属性”面板下的“标签”栏，并选择按照“total_stay_time”字段降序排列。再单击“颜色”栏，设置颜色为“蓝色”。最后，单击“组件样式”面板下的“标题”菜单，将组件标题修改为“漏斗图”，最终结果如图 3－66 所示。

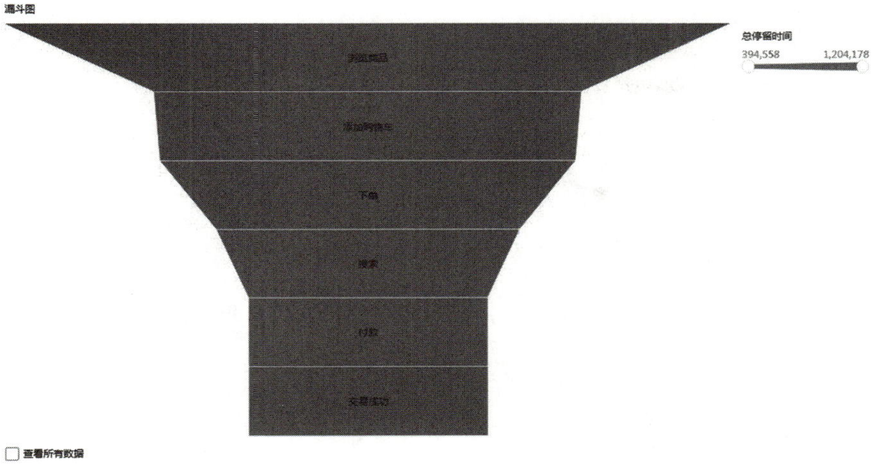

图 3－66

任务 3－15　仪表盘

仪表盘

【任务情境】

仪表盘组件，就是作为单个指标数值的进度分析，也可以单个指标通过维度分开，使用多个仪表进行同时展示。本任务是用仪表盘分析呈现某互联网公司平台用户访问时间。

【数据准备】

本任务所使用的源数据是 visit_stage_statistics（访问阶段统计事实表），详见任务 3－10。

【任务实施】

1. 可视化数据准备。

参照任务 3－1 将合同事实表 contract_fact 添加到业务包中打开实时数据（如果该数据的可视化已经准备，忽略此操作）。

2. 添加组件。

进入可视化模块的仪表板添加组件，选择内置“[×××] 用户业务包”中的“[×××] 用户数据连接 visit_stage_statistics”。

3. 设计图表。

单击“图形属性”面板下的“形状选择”栏，选择“仪表盘”，将“指标”区域的“total_stay_time”字段拖入“图形属性”面板下的“指针值”栏，并修改名称为“总停留时间”，仪表盘创建完成，结果如图 3－67 所示。

DEEP 可视化提供了 6 种仪表盘样式，我们在“图形属性”面板下的“形状选择”栏下

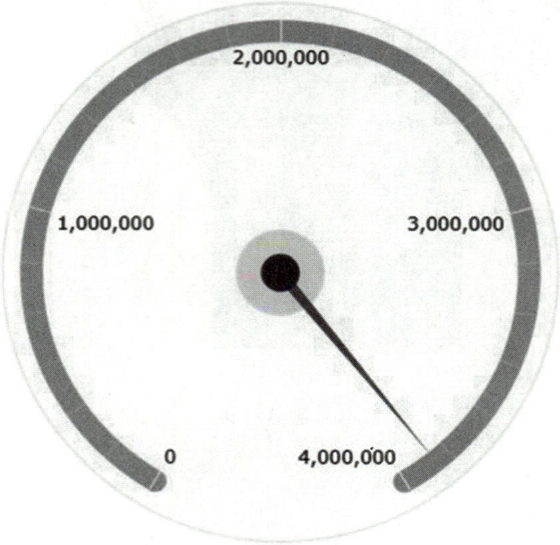

图 3－67

方，单击选择“横向试管型”仪表盘，将“维度”区域中“visit_platform”字段拖入“横轴”，并修改为“访问平台”，结果如图 3－68 所示。

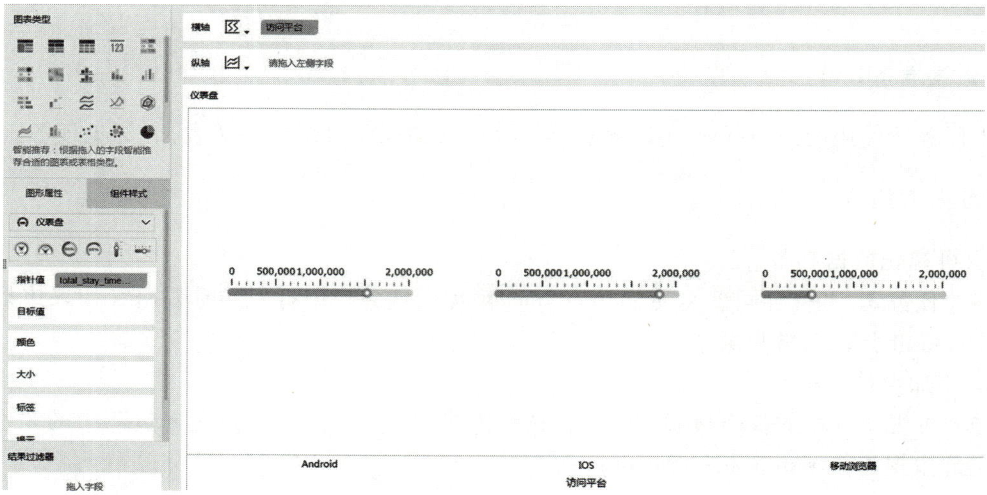

图 3－68

在“横纵轴”区域单击“交换横纵轴”选项，对比更为直观。再单击“组件样式”面板下“自适应显示”菜单，选择“整体适应”。最后将标题修改为“仪表盘”；最终结果如图 3－69 所示。

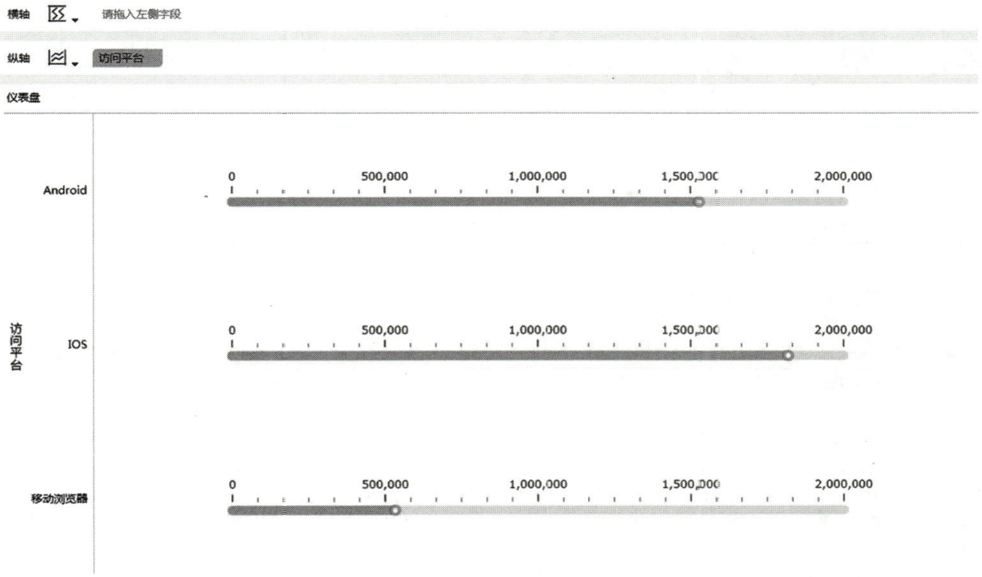

图 3－69

任务 3－16　雷达图

雷达图

【任务情境】

雷达图（Radar Chart），又可称为戴布拉图、蜘蛛网图（Spider Chart），每个分类都拥有自己的数值坐标轴，这些坐标轴由中心向外辐射，并用折线将同一系列的值连接，用以显示独立的数据系列之间，以及某个特定的系列与其他系列整体之间的关系。本任务是用雷达图来分析网站的用户不同平台访问次数和跳出次数分布数据。

【数据准备】

本任务所使用的源数据是某公司网站在不同平台的用户访问的停留时间数据表 access_statistics，数据表的字段说明见表 3－13。

表 3－13

列名	数据类型	业务含义
statistical_date	日期	统计日期
region_id	数值	地区 id
access_id	数值	访问 id
access_platform	字符串	访问平台
channel_id	字符串	渠道 id

续表

列名	数据类型	业务含义
user_id	字符串	用户 id
number_of_visits	数值	访问次数
views	数值	浏览量
jump_total	数值	跳出次数

数据预览如图 3 - 70 所示。

access_id	access_platform	channel_id	jump_total	number_of_visits	region_id	statistical_date	user_id	views
379	Android	QD1004	4	6	3299	2015-09-01 00:00:00.0	USER0115	10
380	IOS	QD1015	4	5	4417	2015-09-01 00:00:00.0	USER0116	6
381	Android	QD1013	4	5	1101	2015-09-01 00:00:00.0	USER0117	14
382	IOS	QD1015	4	2	2201	2015-09-01 00:00:00.0	USER0118	12
383	IOS	QD1003	4	5	2113	2015-09-01 00:00:00.0	USER0119	9
384	移动浏览器	QD1006	4	3	3712	2015-09-01 00:00:00.0	USER0120	12
385	Android	QD1014	4	3	3299	2015-09-02 00:00:00.0	USER0121	12
386	Android	QD1020	4	2	4420	2015-09-02 00:00:00.0	USER0122	15
387	Android	QD1011	4	2	6211	2015-09-03 00:00:00.0	USER0123	10
388	IOS	QD1011	4	2	4418	2015-09-03 00:00:00.0	USER0124	8
389	IOS	QD1009	4	3	4420	2015-09-03 00:00:00.0	USER0125	14
390	IOS	QD1003	4	5	6203	2015-09-03 00:00:00.0	USER0126	12
391	移动浏览器	QD1009	4	6	6110	2015-09-03 00:00:00.0	USER0127	8
392	IOS	QD1019	4	1	3412	2015-09-04 00:00:00.0	USER0128	10
393	Android	QD1020	4	1	7110	2015-09-04 00:00:00.0	USER0129	14
394	Android	QD1016	4	5	2112	2015-09-04 00:00:00.0	USER0130	6
395	IOS	QD1011	4	5	4418	2015-09-04 00:00:00.0	USER0131	10
396	Android	QD1020	4	5	2312	2015-09-04 00:00:00.0	USER0132	6
397	IOS	QD1005	4	2	3713	2015-09-04 00:00:00.0	USER0133	11
398	IOS	QD1018	4	5	4417	2015-09-04 00:00:00.0	USER0134	7
399	IOS	QD1016	4	5	4117	2015-09-04 00:00:00.0	USER0135	14

图 3 - 70

【任务实施】

1. 可视化数据准备。

参照任务 3 - 1 将合同事实表 contract_fact 添加到业务包中打开实时数据（如果该数据的可视化已经准备，忽略此操作）。

2. 添加组件。

进入 DEEP 可视化，选择“[×××]用户业务包”中的“[×××]用户业务包_access_statistics”，添加组件。

3. 设计图表。

拖拽“维度”下的字段“access_platform”至“横轴”输入框，命名为“访问平台”，拖拽“指标”下的字段“jump_total”和“number_of_visits”至“纵轴”输入框，分别重命名为“跳出次数”和“访问次数”；拖拽“维度”下的字段“指标名称”至“图形属性”下的“颜色”输入框；在“图形属性”下选择图表类型为：线，点击“连线”输入框，勾选“转化为雷达图”，如图 3－71 所示。

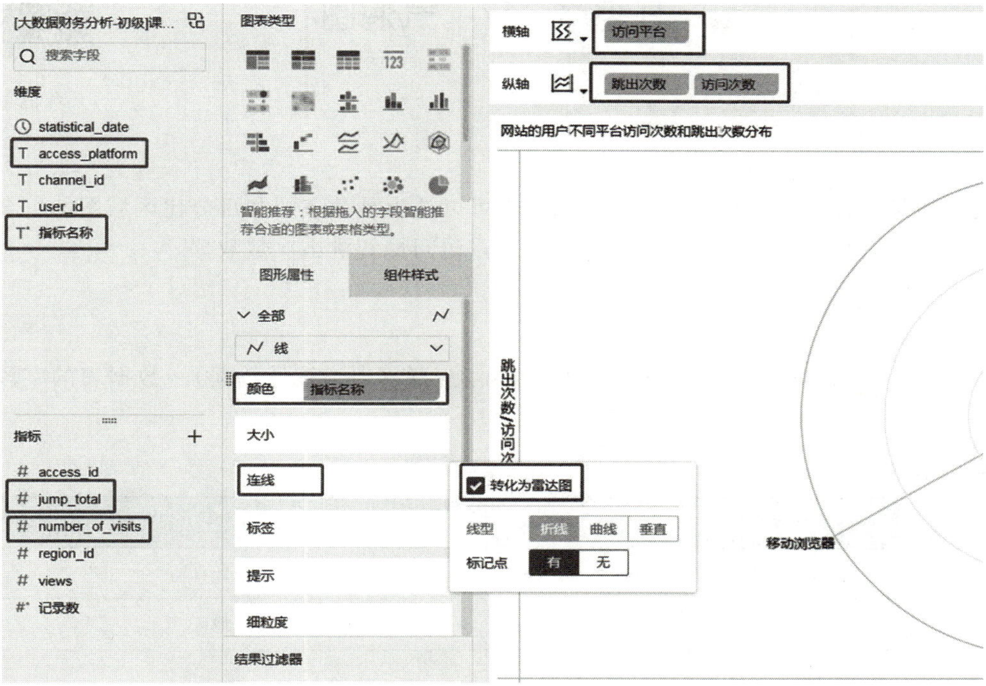

图 3－71

单击“组件样式”面板下的“标题”菜单修改标题为“网站的用户不同平台访问次数和跳出次数分布”。最终结果如图 3－72 所示。

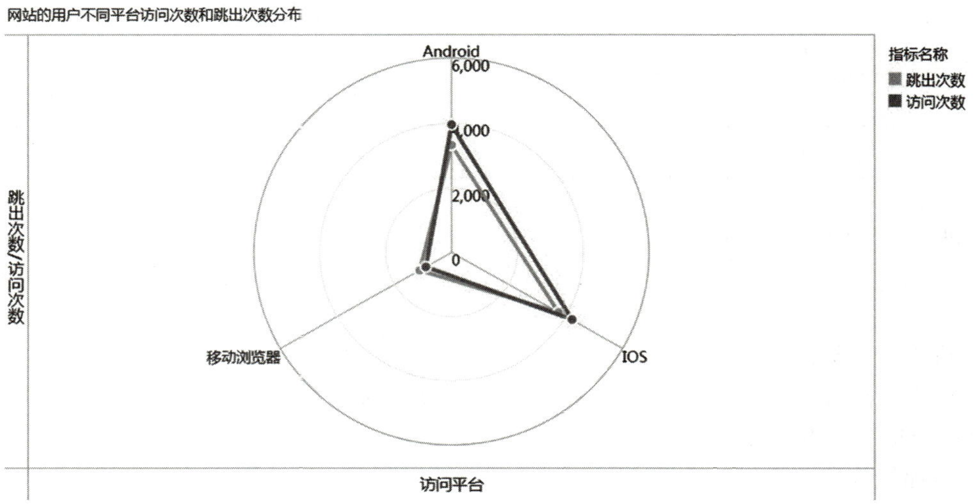

图 3－72

任务 3－17　气泡图

气泡图

【任务情境】

气泡图是一种多变量图表，是散点图，也可以认为是散点图和百分比区域图的组合。本任务用气泡图来分析某互联网公司不同渠道用户访问量和跳出次数数据。

【数据准备】

本任务所使用的源数据是 channel_statistics（互联网渠道统计数据），数据表的字段说明见表 3－14。

表 3－14

字段名称	含义
statistical_date	统计日期
region	地区
secondary_channel	二级渠道名
tertiary_channel	三级渠道名
user_name	用户名称
primary_channel	一级渠道名
views	访问次数
number_of_visits	浏览量
jump_total	跳出次数
total_stay_time	总停留时间

数据预览如图 3－73 所示。

【任务实施】

1. 可视化数据准备。

参照任务 3－1 将合同事实表 contract_fact 添加到业务包中打开实时数据（如果该数据的可视化已经准备，忽略此操作）。

2. 添加组件。

进入 DEEP 可视化，选择“［×××］用户业务包”中的“［×××］用户业务包_channel_statistics”，添加组件。

jump_total	number_of_visits	primary_channel	region	secondary_channel	statistical_date	tertiary_channel	total_stay_time	user_name	views
4	10	线上渠道	不详市	基础上线工作	2015-09-01 00:00:00.0	AppStore	1656	蕾莉尔	6
4	6	新媒体营销	阳江市	微信推广	2015-09-01 00:00:00.0	微信互推	648	Benedicte	5
4	14	新媒体营销	市辖区	微博推广	2015-09-01 00:00:00.0	内容推广	1512	Abigale	5
4	12	新媒体营销	长春市	微信推广	2015-09-01 00:00:00.0	微信互推	1728	Katherine	2
4	9	线上渠道	朝阳市	基础上线工作	2015-09-01 00:00:00.0	Wap	1548	Adalin	5
4	12	新媒体营销	莱芜市	品牌基础推广	2015-09-01 00:00:00.0	百科类	1440	Poppy	3
4	12	新媒体营销	不详市	微博推广	2015-09-02 00:00:00.0	活动推广	1008	Dark Comet	3
4	15	线下渠道	中山市	水货刷机	2015-09-02 00:00:00.0	水货刷机	1260	Ada	2
4	10	新媒体营销	定西市	轮台、贴吧推广	2015-09-03 00:00:00.0	魔趣网	396	Adah	2
4	8	新媒体营销	清远市	轮台、贴吧推广	2015-09-03 00:00:00.0	魔趣网	432	Brewster	2
4	14	新媒体营销	中山市	轮台、贴吧推广	2015-09-03 00:00:00.0	机锋论坛	1116	Bunny	3
4	12	线上渠道	金昌市	基础上线工作	2015-09-03 00:00:00.0	Wap	288	Bryana	5
4	8	新媒体营销	商洛市	轮台、贴吧推广	2015-09-03 00:00:00.0	机锋论坛	756	Beatrice	6
4	10	线下渠道	阜阳市	手机厂商预装	2015-09-04 00:00:00.0	手机厂商预装	648	Bethel	1
4	14	线下渠道	新竹市	水货刷机	2015-09-04 00:00:00.0	水货刷机	792	Abrianna	1
4	6	新媒体营销	铁岭市	微信推广	2015-09-04 00:00:00.0	小号积累	396	Caitlin	5
4	10	新媒体营销	清远市	轮台、贴吧推广	2015-09-04 00:00:00.0	魔趣网	1584	希尔顿	5
4	6	线下渠道	绥化市	水货刷机	2015-09-04 00:00:00.0	水货刷机	720	Jerome	5
4	11	线上渠道	临沂市	基础上线工作	2015-09-04 00:00:00.0	Android AppStore	720	笑敬过往	2
4	7	新媒体营销	阳江市	事件营销	2015-09-04 00:00:00.0	事件营销	1800	斩断了宿怨	5
4	14	新媒体营销	驻马店市	微信推广	2015-09-04 00:00:00.0	小号积累	792	孤独与酒	5
4	11	线下渠道	驻马店市	水货刷机	2015-09-04 00:00:00.0	水货刷机	324	发短事长	1

图 3 – 73

3. 设计图表。

在“图形属性”下面设置图表类型为：点，如图 3 – 74 所示。

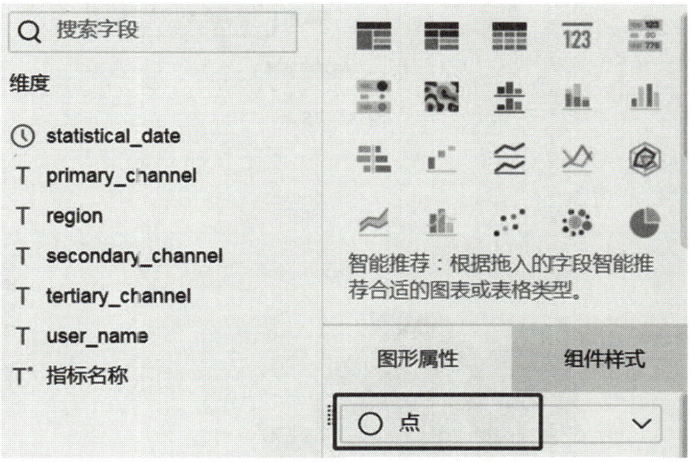

图 3 – 74

拖拽“维度”区域字段“primary_channel”至“图形属性”下的“颜色”和“标签”输入框；拖拽“指标”区域字段“number_of_visits”至“图形属性”下的“大小”输入框；拖拽“指标”区域字段“jump_total”至“图形属性”下的“标签”输入框；拖拽“维度”区域字段“secondary_channel”至“图形属性”下的“细粒度”输入框，如图 3 – 75所示。

单击“组件样式”切换到样式面板，修改标题为“气泡图”，最终结果如图 3 – 76 所示。

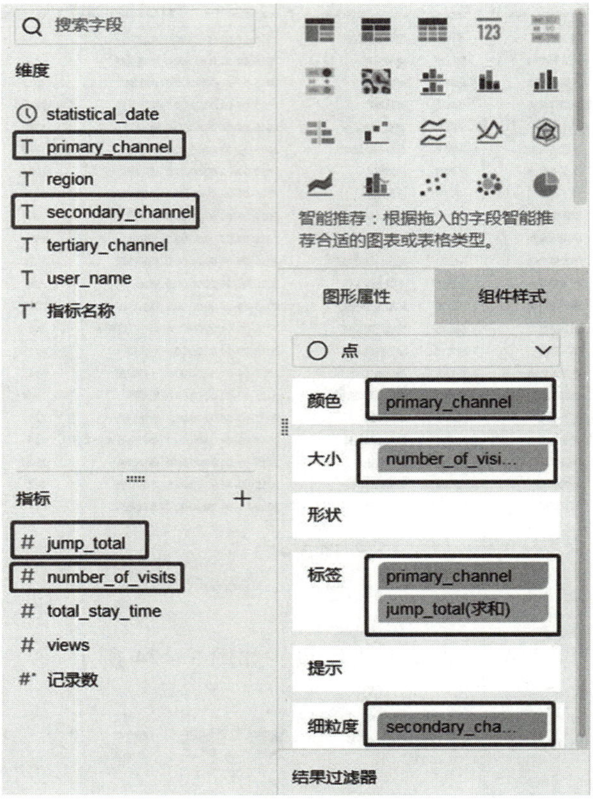
搜索字段
维度
statistical_date
primary_channel
region
secondary_channel
tertiary_channel
user_name
指标名称
指标
jump_total
number_of_visits
total_stay_time
views
记录数
智能推荐：根据拖入的字段智能推荐合适的图表或表格类型。
图形属性
组件样式
点
颜色
primary_channel
大小
number_of_visi...
形状
标签
primary_channel
jump_total(求和)
提示
细粒度
secondary_cha...
结果过滤器

图 3－75

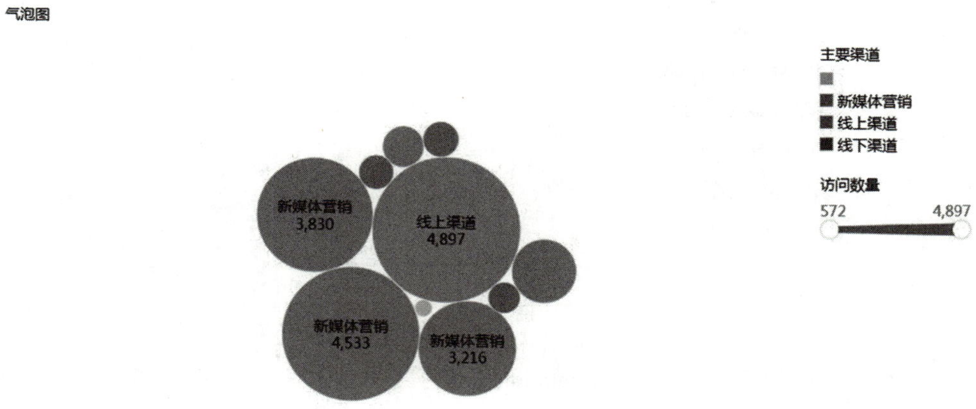
气泡图
新媒体营销
3,830
线上渠道
4,897
新媒体营销
4,533
新媒体营销
3,216
主要渠道
新媒体营销
线上渠道
线下渠道
访问数量
572
4,897

图 3－76

应用篇

项目四
营业收入数据分析

【能力目标】

1. 数据思维培养目标

☐ 培养学生对市场的基本认知

☐ 培养学生对数据的基本认知

☐ 建立通过数据观察市场表现的意识

☐ 建立通过可视化数据观察数据特征的意识

2. 数据能力训练目标

☐ 掌握连接和读写关系型数据库方法

☐ 掌握关系型数据的常见结构和数据类型

☐ 掌握数据去重方法

☐ 掌握空值处理方法

☐ 掌握简单的数据加工方法

☐ 掌握数据的可视化方法

☐ 掌握从可视化图中得出结论的方法

【任务情境】

某公司是一家跨国制造公司，主营自行车，该公司有比较完善的销售服务管理系统，业务数据存储在数据库中，由于业务人员和客户的原因，数据库中的数据存在重复和缺失的现象。为准确预测公司的营业收入，现将销售服务管理系统中的销售数据导出，先对重复和缺失的数据清洗加工，再预测本年的营业收入，并以图表的形式直观地呈现预测结果。

【知识准备】

营业收入是在生产经营活动中，企业因销售产品或提供劳务而取得的各项收入，由主营业务收入和其他业务收入构成，它关系到企业的生存与发展。营业收入管理对企业战略发展有重要的意义。收入分析重点关注收入的比较分析、日后退货事项、收入与费用的一致性、收入与应收账款对比、收入的趋势和结构。

【数据准备】

某公司的销售数据保存在 MySQL 数据库中的销售订单表（sales order detailinitial）中，其字段如表 4－1 所示。

表 4－1　　销售订单表 sales order detailinitial 字段说明

字段名	数据类型	字段说明
SalesOrderID	int	销售订单 ID
SalesOrderDetailID	int	销售订单详细信息 ID
CarrierTrackingNumber	varchar	快递单号
OrderQty	bigint	订单数量
ProductID	int	产品 ID
SpecialOfferID	int	特价 ID
UnitPrice	decimal	单价
UnitPriceDiscount	double	单价折扣
LineTotal	decimal	订单总价
rowguid	varchar	行 ID
ModifiedDate	datetime	修改日期

【技术准备】

- 项目、数据工作流、数据源组件的创建技能；
- 日期、文本、数值类自定义加工组件及去重、分组、聚合类数据汇总技能；
- 数据预览、运行调试技能；
- 数据可视化操作技能。

【任务实施】

任务 4－1　销售数据加工处理

销售数据加工处理

第 1 步：创建【数据工作流】。

本任务是对销售详情表进行数据去重和空值处理，那么首先需要创建一个“数据工作流”来设计处理流程。

创建数据工作流并重命名为“销售详情原始表数据去重，空值处理”，然后再打开该数据工作流（见图 4－1）。

第 2 步：创建【课程数据库】。

想抽取数据首先就要连接公司业务数据库，所以我们需要从【工作流节点】面板的数据源分组找到“课程数据库”组件，使用鼠标左键将其拖拽到数据工作流工作区创建【课程数据库】，用于连接公司业务数据库（见图 4－2）。

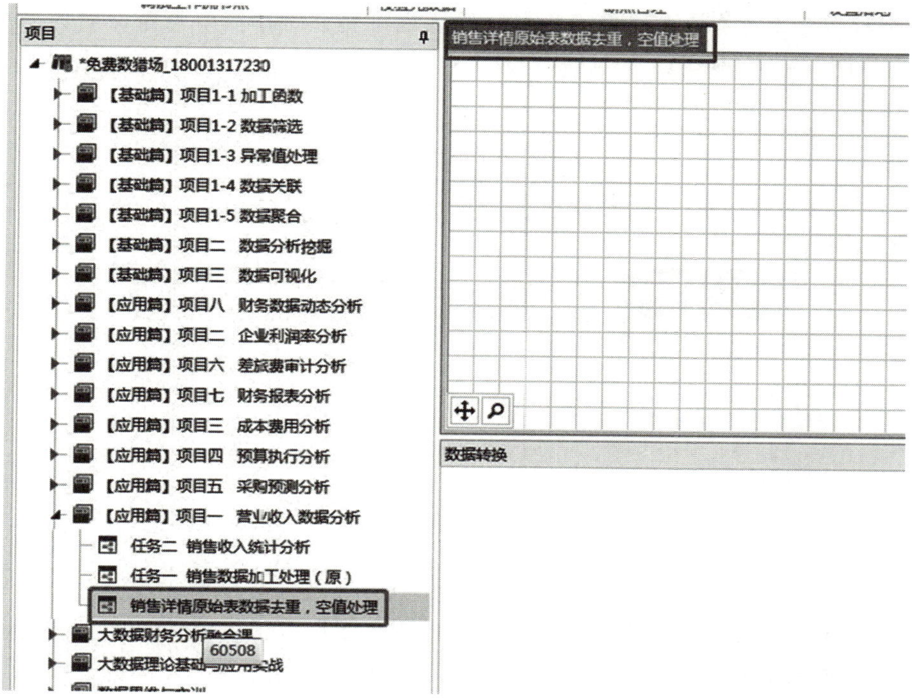
项目
销售详情原始表数据去重，空值处理
*免费数猎场_18001317230
【基础篇】项目1-1 加工函数
【基础篇】项目1-2 数据筛选
【基础篇】项目1-3 异常值处理
【基础篇】项目1-4 数据关联
【基础篇】项目1-5 数据聚合
【基础篇】项目二 数据分析挖掘
【基础篇】项目三 数据可视化
【应用篇】项目八 财务数据动态分析
【应用篇】项目二 企业利润率分析
【应用篇】项目六 差旅费审计分析
【应用篇】项目七 财务报表分析
【应用篇】项目三 成本费用分析
【应用篇】项目四 预算执行分析
【应用篇】项目五 采购预测分析
【应用篇】项目一 营业收入数据分析
任务二 销售收入统计分析
任务一 销售数据加工处理（原）
销售详情原始表数据去重，空值处理
60508
数据转换

图 4－1

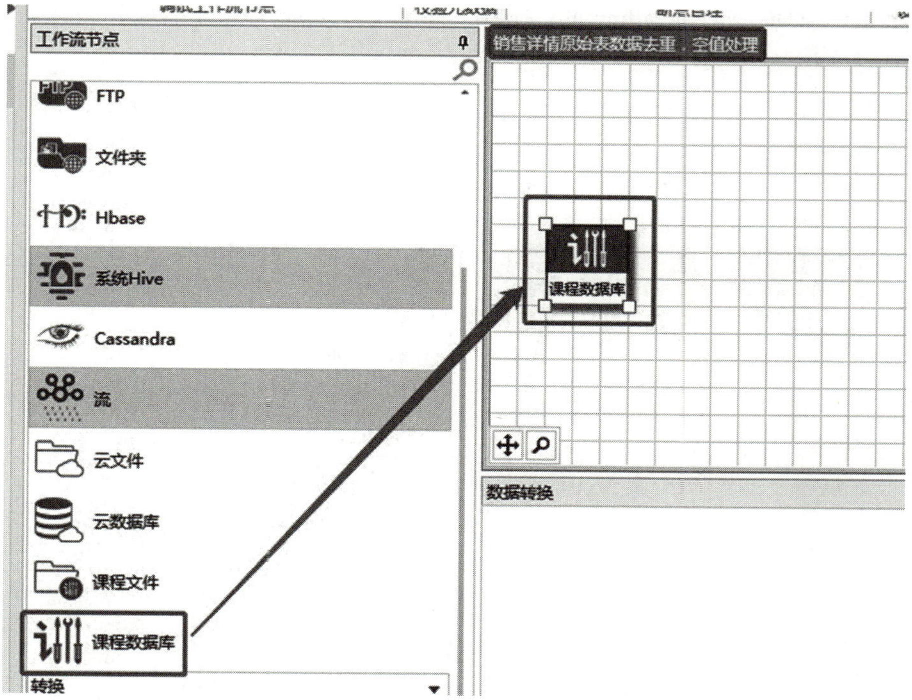
工作流节点
销售详情原始表数据去重，空值处理
FTP
文件夹
Hbase
系统Hive
Cassandra
流
云文件
云数据库
课程文件
课程数据库
课程数据库
数据转换
转换

图 4－2

选中课程数据库节点，在属性面板名称输入框中将该工作流节点重命名为“公司业务数据库”（见图 4－3）。

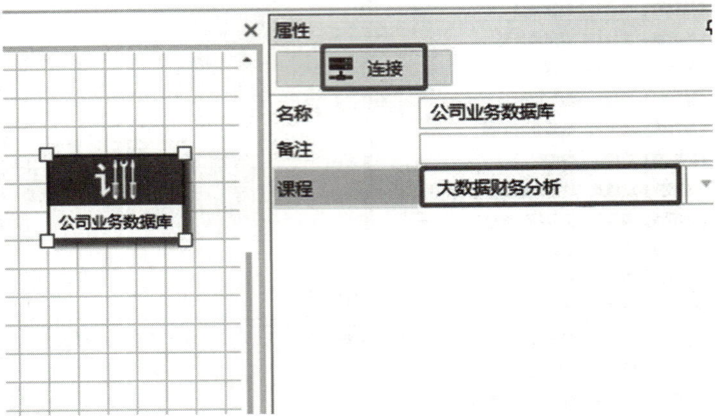

图 4－3

选择课程为“大数据财务分析”，然后点击【连接】按钮，完成公司业务数据库的连接，可以在【数据源】面板看到公司业务数据库中的列表。

第 3 步：抽取数据。

在数据汇聚之前我们需要将汇集到数据湖的公司销售数据抽取出来：在【数据源】面板中将销售表“sales order detailinitial”拖到工作流设计区或点击【抽取】按钮完成相同的操作（见图 4－4）。

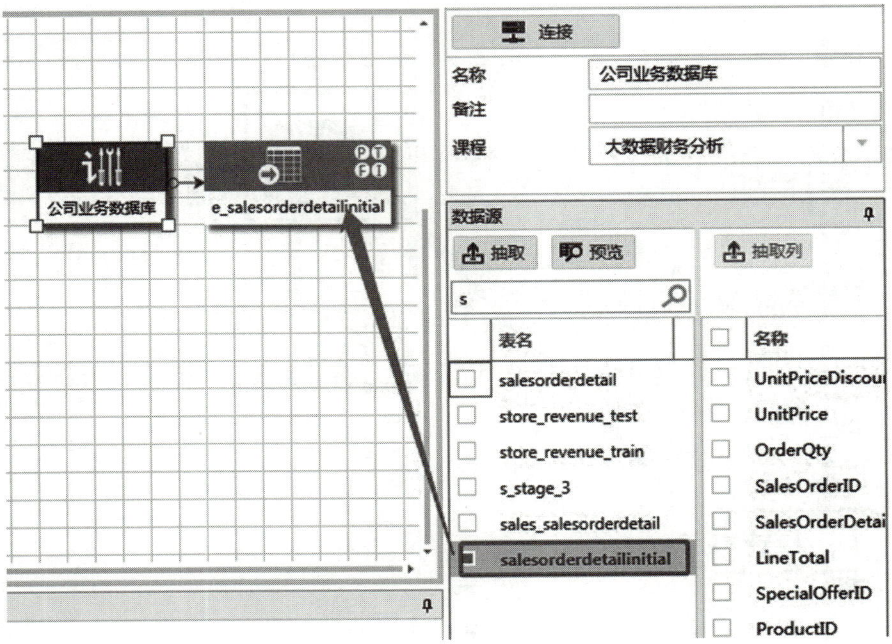

图 4－4

第 4 步：设置查看器。

我们通过数据查看器看一下这个节点的数据，在属性面板的筛选条件中输入 e_salesorderdetailinitial.OrderQty < 10，然后在抽取节点上设置查看器（见图 4 – 5）。

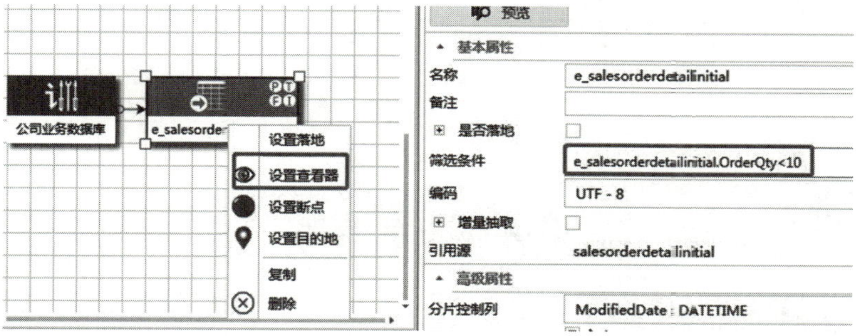

图 4 – 5

第 5 步：调试数据。

点击运行下的调试按钮，运行完毕之后，我们可以在数据查看器面板中看到这个表的部分数据，SalesOrderDetailID 一列按升序排列，可以看到有很多重复数据，这可能是业务系统重复提交导致，在 UnitPriceDiscount 一列中有些数据为 Null，这可能是有些商品没有打折，就没有设置默认值 0，但我们后面的实验要通过折扣计算具体价格，这两列就是我们下面数据清洗和加工的对象（见图 4 – 6）。

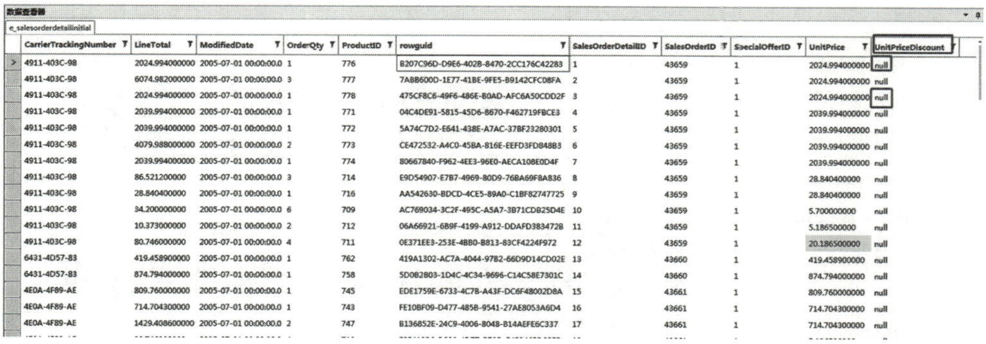
数据查看器

e_salesorderdetailinitial

CarrierTrackingNumber	LineTotal	ModifiedDate	OrderQty	ProductID	rowguid	SalesOrderDetailID	SalesOrderID	SpecialOfferID	UnitPrice	UnitPriceDiscount
4911-403C-98	2024.994000000	2005-07-01 00:00:00.0	1	776	B207C96D-D9E6-402B-8470-2CC176C42283	1	43659	1	2024.994000000	null
4911-403C-98	6074.982000000	2005-07-01 00:00:00.0	3	777	7ABB600D-1E77-41BE-9FE5-B9142CFC08FA	2	43659	1	2024.994000000	null
4911-403C-98	2024.994000000	2005-07-01 00:00:00.0	1	778	475CF8C6-49F6-486E-B0AD-AFC6A50CDD2F	3	43659	1	2024.994000000	null
4911-403C-98	2039.994000000	2005-07-01 00:00:00.0	1	771	04C4DE91-5815-45D6-8670-F462719FBCE3	4	43659	1	2039.994000000	null
4911-403C-98	2039.994000000	2005-07-01 00:00:00.0	1	772	5A74C7D2-E641-438E-A7AC-378F23280301	5	43659	1	2039.994000000	null
4911-403C-98	4079.988000000	2005-07-01 00:00:00.0	2	773	CE472532-A4C0-45BA-816E-EEFD3FD848B3	6	43659	1	2039.994000000	null
4911-403C-98	2039.994000000	2005-07-01 00:00:00.0	1	774	80667840-F962-4EE3-96E0-AECA108E0D4F	7	43659	1	2039.994000000	null
4911-403C-98	86.521200000	2005-07-01 00:00:00.0	3	714	E9D54907-E7B7-4969-80D9-76BA69F8A836	8	43659	1	28.840400000	null
4911-403C-98	28.840400000	2005-07-01 00:00:00.0	1	716	AA542630-BDCD-4CE5-89A0-C1BF82747725	9	43659	1	28.840400000	null
4911-403C-98	34.200000000	2005-07-01 00:00:00.0	6	709	AC769034-3C2F-495C-A5A7-3B71CDB25D4E	10	43659	1	5.700000000	null
4911-403C-98	10.373000000	2005-07-01 00:00:00.0	2	712	06A66921-6B9F-4199-A912-DDAFD383472B	11	43659	1	5.186500000	null
4911-403C-98	80.746000000	2005-07-01 00:00:00.0	4	711	0E371EE3-253E-4BB0-B813-83CF4224F972	12	43659	1	20.186500000	null
6431-4D57-83	419.458900000	2005-07-01 00:00:00.0	1	762	419A1302-AC7A-4044-97B2-66D9D14CD02E	13	43660	1	419.458900000	null
6431-4D57-83	874.794000000	2005-07-01 00:00:00.0	1	758	5D082803-1D4C-4C34-9696-C14C58E7301C	14	43660	1	874.794000000	null
4E0A-4F89-AE	809.760000000	2005-07-01 00:00:00.0	1	745	EDE1759E-6733-4C7B-A43F-DC6F48002D8A	15	43661	1	809.760000000	null
4E0A-4F89-AE	714.704300000	2005-07-01 00:00:00.0	1	743	FE10BF09-D477-485B-9541-27AE8053A6D4	16	43661	1	714.704300000	null
4E0A-4F89-AE	1429.408600000	2005-07-01 00:00:00.0	2	747	B136852E-24C9-4006-8048-B14AEFE6C337	17	43661	1	714.704300000	null

图 4 – 6

第 6 步：创建【数据清洗】。

将 e_salesorderdetailinitial 的筛选条件清空，拖一个【转换】工作流节点到设计区，重命名为数据清洗。

连入上游的抽取节点，如图 4 – 7 所示。

在数据清洗节点的数据转换面板上，拖动源列的 GroupHeader，将所有源列拖动到目标列（见图 4 – 8）。

用 Choice 数据转换器对 UnitPriceDiscount 列的连线进行断线操作，在数据转换器面板的条件判断分组下找到 Choice，将它拖动到 UnitPriceDiscount 列的连线上，当线的颜色变绿，表示可以断线，鼠标松开之后就会用 choice 将连线断开（见图 4 – 9）。

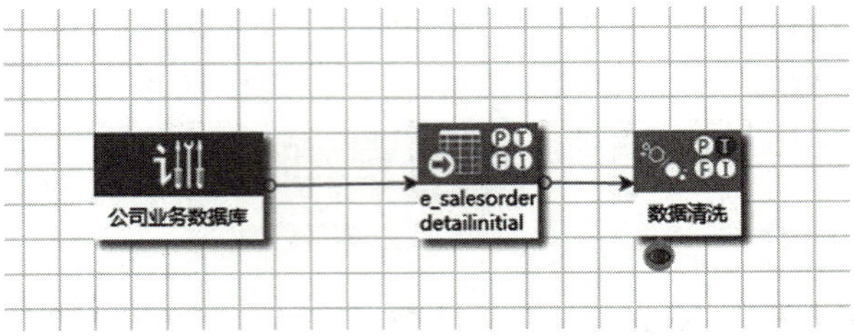
公司业务数据库
e_salesorder detailinitial
数据清洗

图 4－7

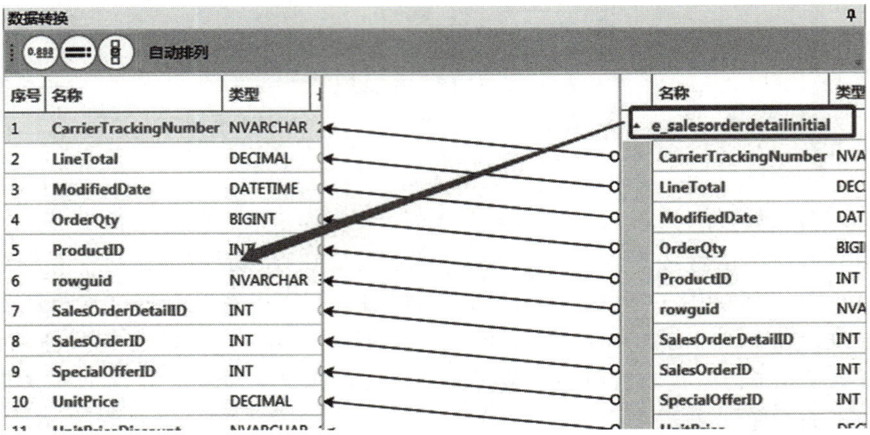
数据转换
自动排列
序号
名称
类型
1 CarrierTrackingNumber NVARCHAR
2 LineTotal DECIMAL
3 ModifiedDate DATETIME
4 OrderQty BIGINT
5 ProductID INT
6 rowguid NVARCHAR
7 SalesOrderDetailID INT
8 SalesOrderID INT
9 SpecialOfferID INT
10 UnitPrice DECIMAL
e_salesorderdetailinitial
CarrierTrackingNumber
LineTotal
ModifiedDate
OrderQty
ProductID
rowguid
SalesOrderDetailID
SalesOrderID
SpecialOfferID

图 4－8

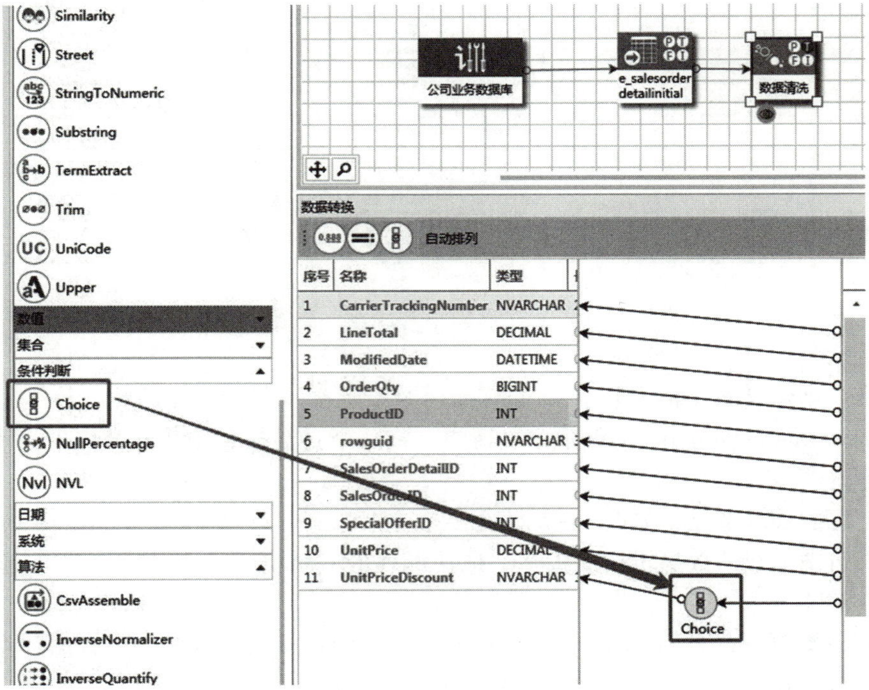
Similarity
Street
StringToNumeric
Substring
TermExtract
Trim
UniCode
Upper
数值
集合
条件判断
Choice
NullPercentage
NVL
日期
系统
算法
CsvAssemble
InverseNormalizer
InverseQuantify
公司业务数据库
e_salesorder detailinitial
数据清洗
数据转换
自动排列
序号
名称
类型
1 CarrierTrackingNumber NVARCHAR
2 LineTotal DECIMAL
3 ModifiedDate DATETIME
4 OrderQty BIGINT
5 ProductID INT
6 rowguid NVARCHAR
7 SalesOrderDetailID INT
8 SalesOrderID INT
9 SpecialOfferID INT
10 UnitPrice DECIMAL
11 UnitPriceDiscount NVARCHAR
Choice

图 4－9

在数据转换器面板的数值分组下找到 Constant，新建一个 Constant 数据转换器，类型为 Nvarchar，值为‘0’点击保存（见图 4－10）。

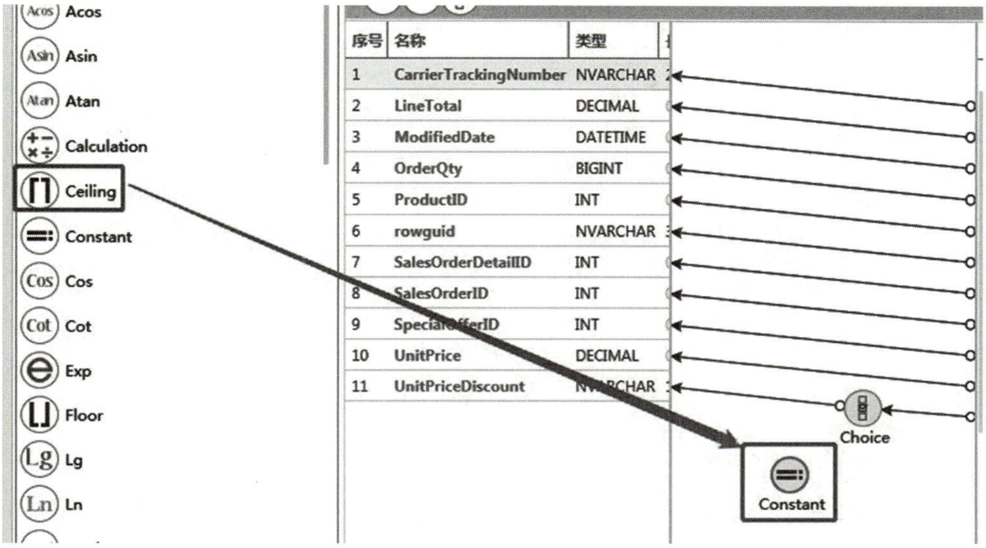

图 4－10

将 Constant 连接到 Choice 上，双击 Choice，打开 input 参数编辑界面，选择条件分别输入 e_salesorderdetailinitial. UnitPriceDiscount <> null 和 e_salesorderdetailinitial. UnitPriceDiscount = null，表示当 UnitPriceDiscount 为空值时，Constant 中的‘0’将复制给下游，不为空值时，上游的值流入下游（见图 4－11）。

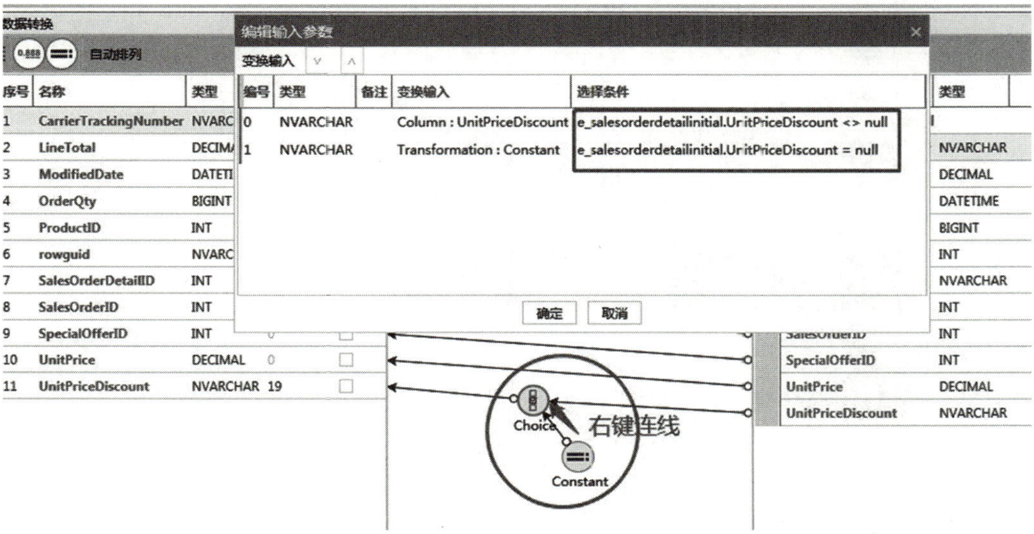

图 4－11

第 7 步：清洗重复数据。

在数据清洗节点的属性面板去掉勾选“允许重复行”，这样就会去掉重复数据（见图 4－12）。

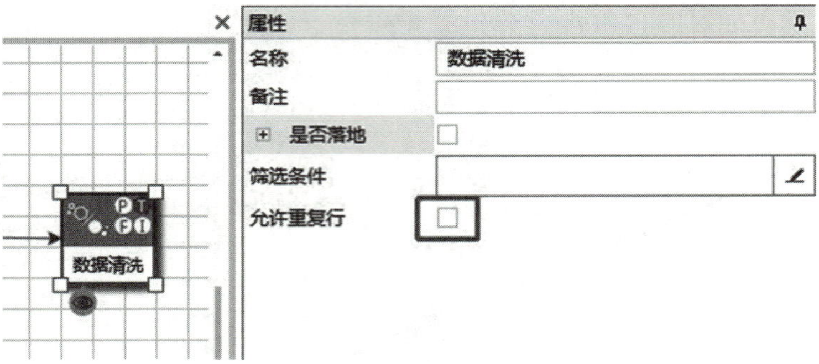

图 4－12

第 8 步：创建【云数据库】。

下面我们创建一个云数据库节点，并将其作为数据清洗的落地目标，用来将清洗后的数据汇集到数据湖。

在工作流节点面板的数据源分组使用鼠标左键将云数据库组件拖拽到设计区，见图 4－13。

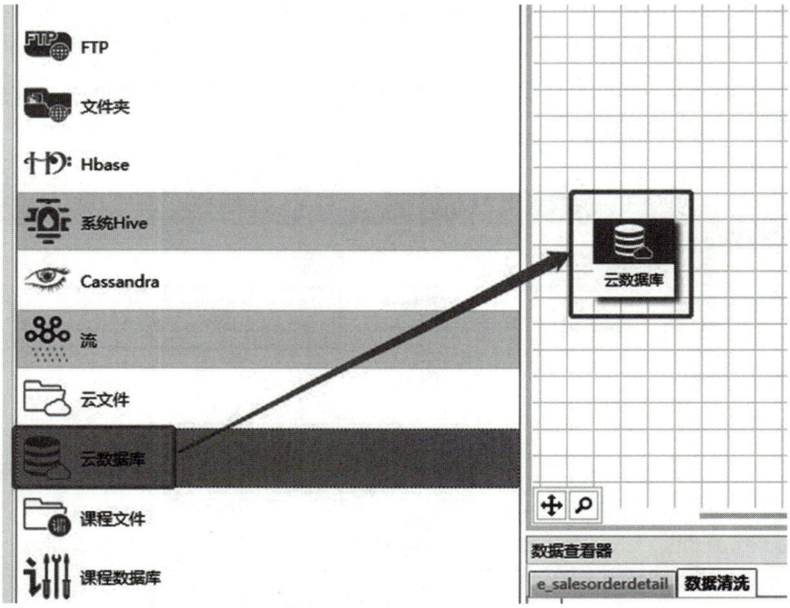

图 4－13

第 9 步：设置数据落地表。

选择数据清洗节点，在属性面板勾选落地。设置落地表名为 salesorderdetail，落地库为云数据库，选中清空旧数据，见图 4－14。

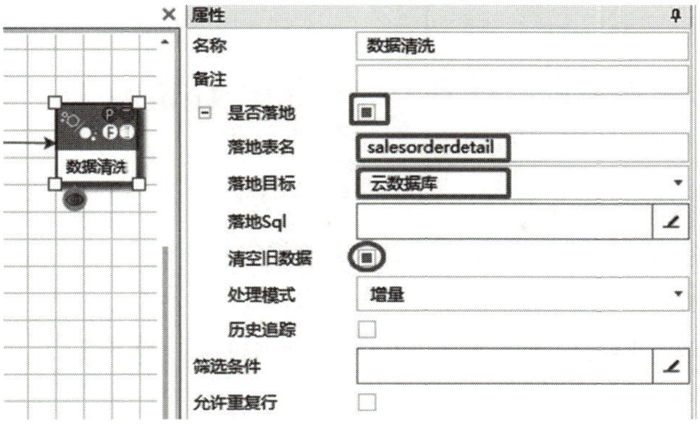

图 4 – 14

第 10 步：查看数据落地表。

点击调试下的运行按钮，就会将我们清洗之后的数据落地到 salesorderdetail，下面我们验证一下。

选中云数据库节点，在属性面板点击【连接】按钮，可以在数据源面板看到我们刚才落地的表 salesorderdetail，选中它并抽取（见图 4 – 15）。

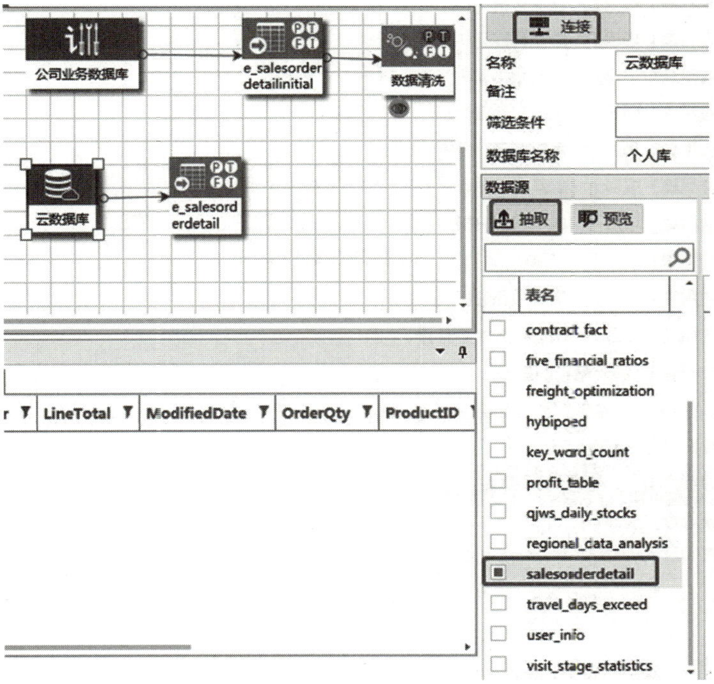

图 4 – 15

我们按照第 9 步、第 10 步同样的方式查看这个表的数据，可以看到重复数据已经去掉了，SalesOrderDetailID 小于 10 的数据只剩下 9 条，UnitPriceDiscount 一列的 Null 值也已经改成默认的 0 了。

任务 4－2　销售收入统计分析

销售收入
统计分析

第 1 步：创建【数据工作流】。

本任务是统计每年销售收入对销售详情表进行数据分析。那么首先需要创建一个“数据工作流”用来设计处理流程。

创建数据工作流并重命名为“统计每年销售收入”，然后再打开该数据工作流，见图 4－16。

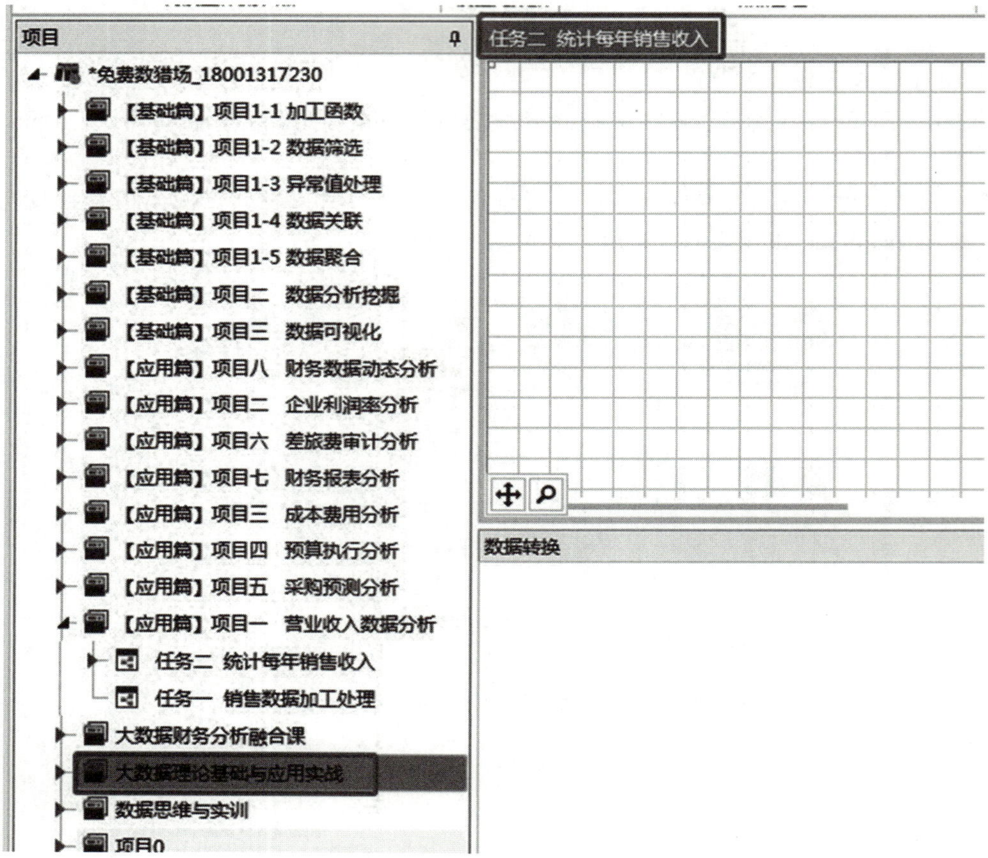

图 4－16

第 2 步：创建【元连接】工作流节点。

我们利用前述任务中加工清洗好的数据来进行年销售收入的统计。

从【工作流节点】面板的数据源分组找到“云数据库”组件，使用鼠标左键将其拖拽到数据工作流工作区创建【云数据库】（见图 4－17）。

点击属性面板上面的连接，我们就可以在数据源面板中看到云数据库的表，找到上个实验我们数据清洗加工然后落地的表 saleorderdetail（见图 4－18）。

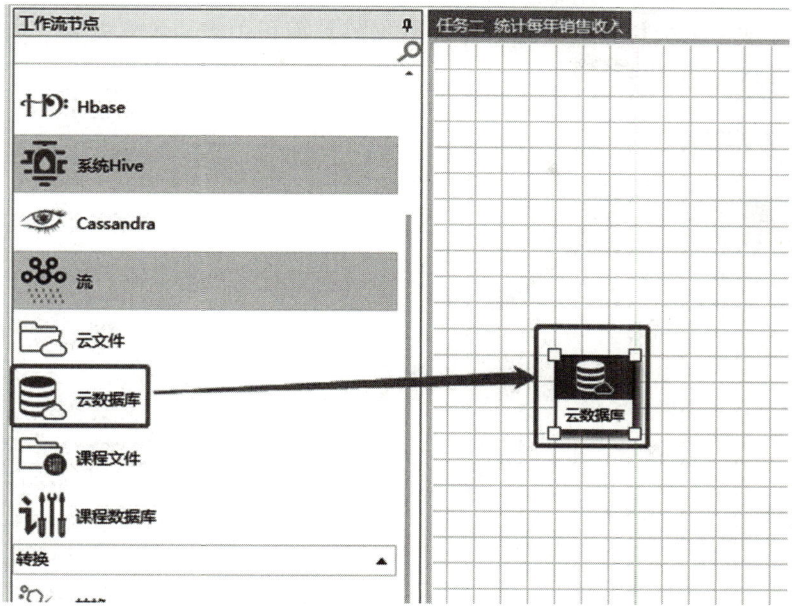
工作流节点
任务二 统计每年销售收入
Hbase
系统Hive
Cassandra
流
云文件
云数据库
课程文件
课程数据库
转换
云数据库

图 4－17

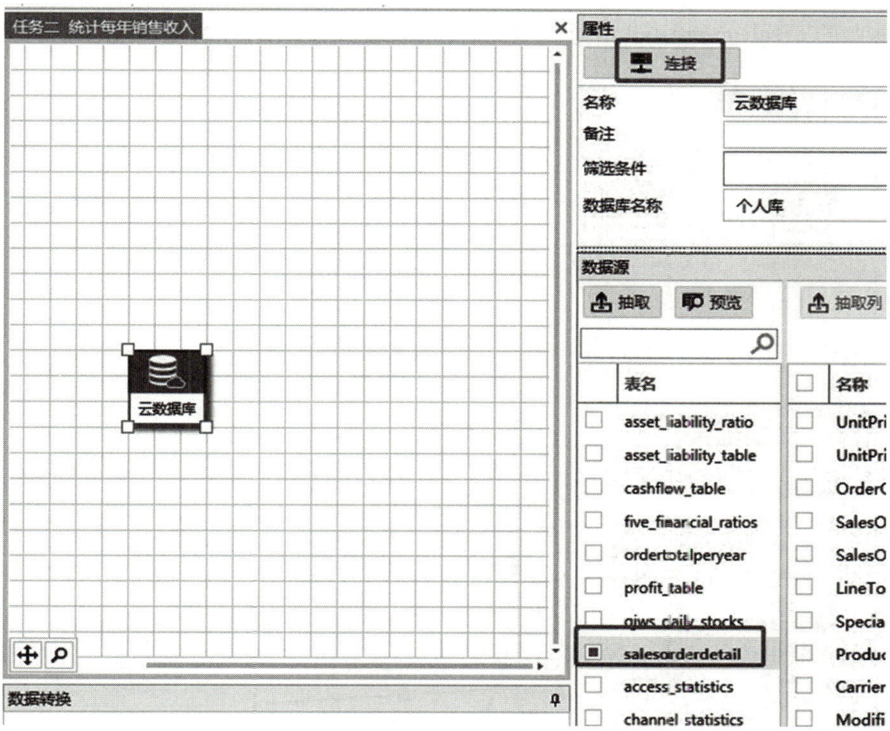
任务二 统计每年销售收入
属性
连接
名称
云数据库
备注
筛选条件
数据库名称
个人库
数据源
抽取
预览
抽取列
表名
asset_liability_ratio
asset_liability_table
cashflow_table
five_financial_ratios
ordertotalperyear
profit_table
salesorderdetail
access_statistics
channel statistics
名称
云数据库
数据转换

图 4－18

第 3 步：创建【抽取】工作流节点。

前面我们完成了云数据库的连接，在【数据源】面板中将销售数据表“salesorderdetail”拖到工作流设计区（见图 4 – 19）。

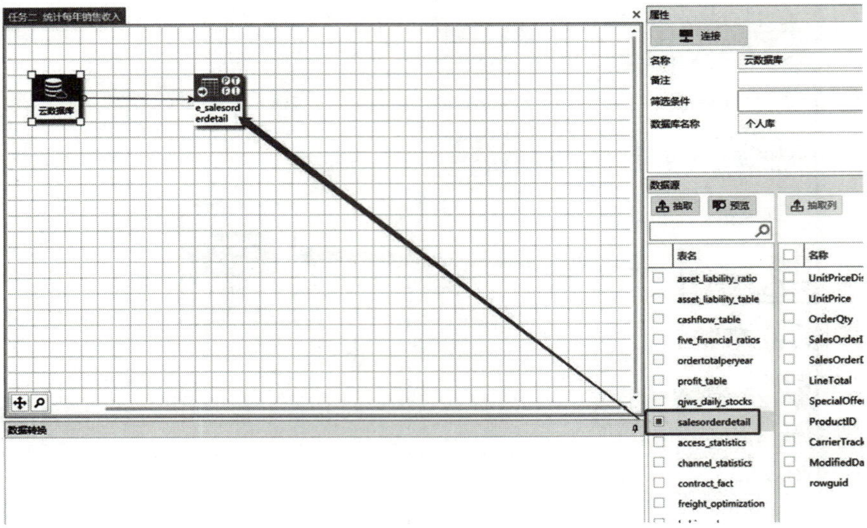

图 4 – 19

选中抽取的 e_saleorderdetail 节点在数据转换面板可以看到该节点的列信息（见图 4 – 20）。

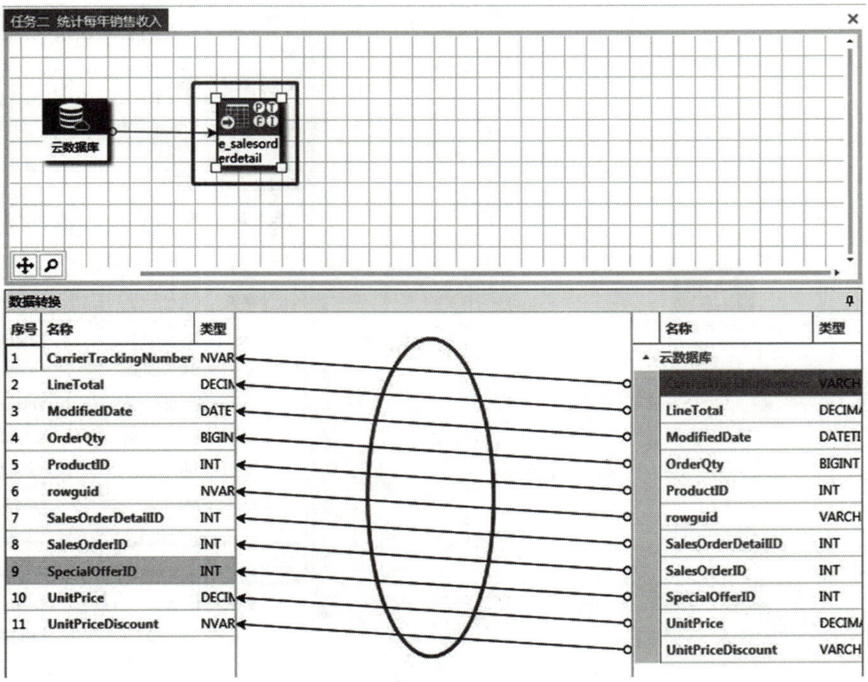

图 4 – 20

第 4 步：创建【转换】工作流节点，用于计算每单总价和年份。

拖一个【转换】节点到数据工作流编辑区并连接上游 e_saleorderdetail 节点（见图 4－21）。

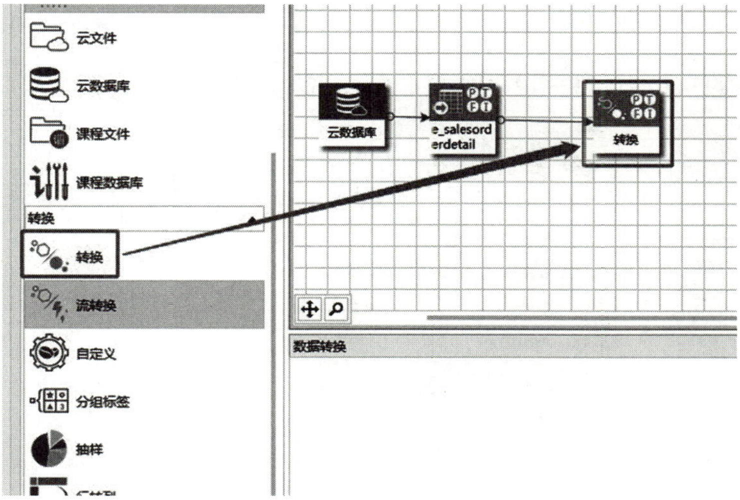

图 4－21

在这个节点中我们将要完成两项工作：

（1）完成每个订单收入的计算，销售总额等于单价乘以数量。

（2）计算出每个订单的年份，用于后面的按年统计。

首先完成每个订单的计算。

拖一个【Calculation】到【数据转换】编辑区，这个转换器是用于数学四则运算的（见图 4－22）。

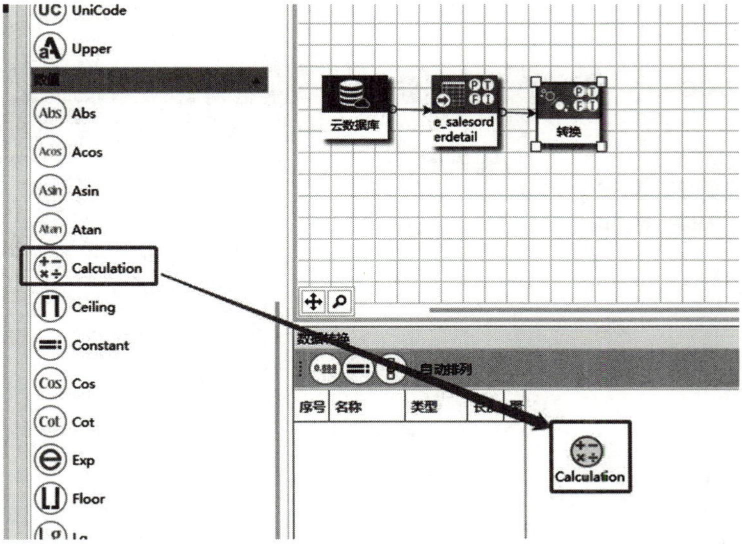

图 4－22

选中 Calculation，参数面板将运算符选择“乘”并保存（见图 4－23）。

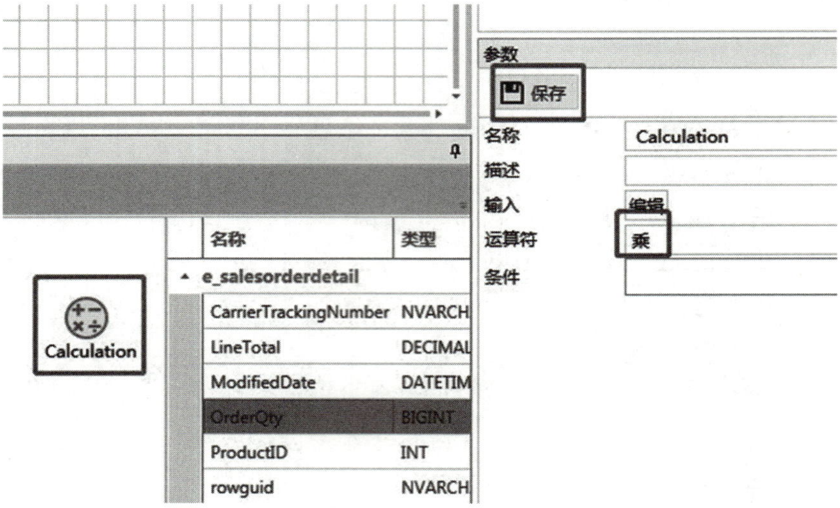

图 4－23

下面我们要设置这个计算乘积转换器的两个参数 OrderQty（商品数量）和 UnitPrice（单价）。

首先连入“OrderQty”，见图 4－24。

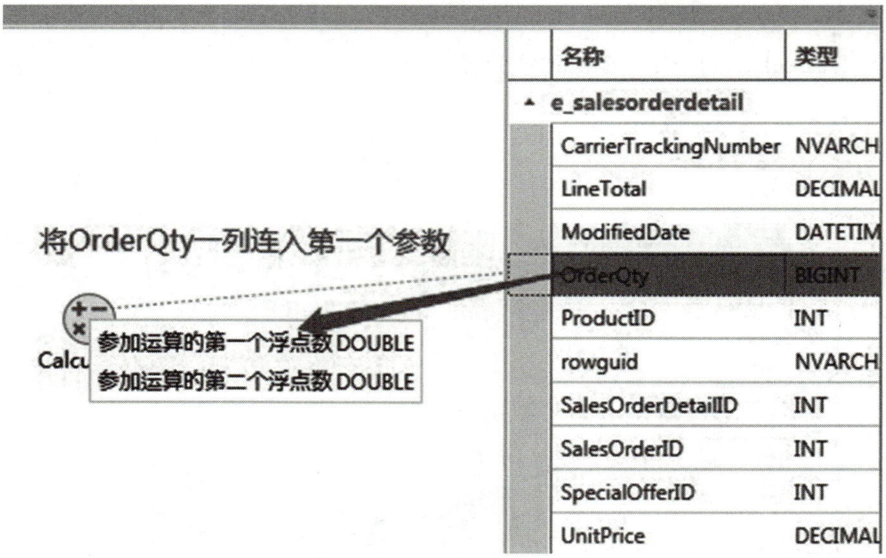

图 4－24

其次连入“UnitPrice”，见图 4－25。

我们可以双击打开参数界面看到这个计算组件的两个参数分别设置为单价和数量（见图 4－26）。

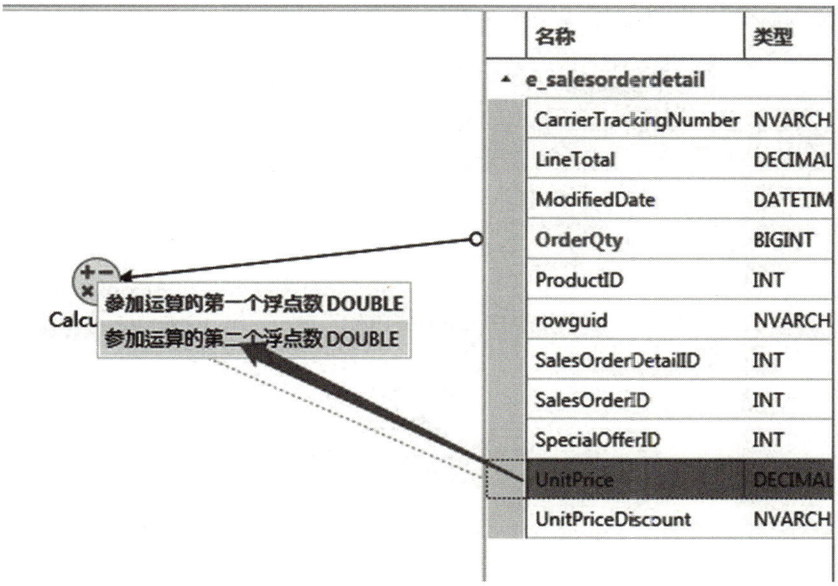
名称
类型
e_salesorderdetail
CarrierTrackingNumber NVARCH
LineTotal DECIMAL
ModifiedDate DATETIM
OrderQty BIGINT
ProductID INT
rowguid NVARCH
SalesOrderDetailID INT
SalesOrderID INT
SpecialOfferID INT
UnitPrice DECIMAL
UnitPriceDiscount NVARCH
参加运算的第一个浮点数 DOUBLE
参加运算的第二个浮点数 DOUBLE

图 4－25

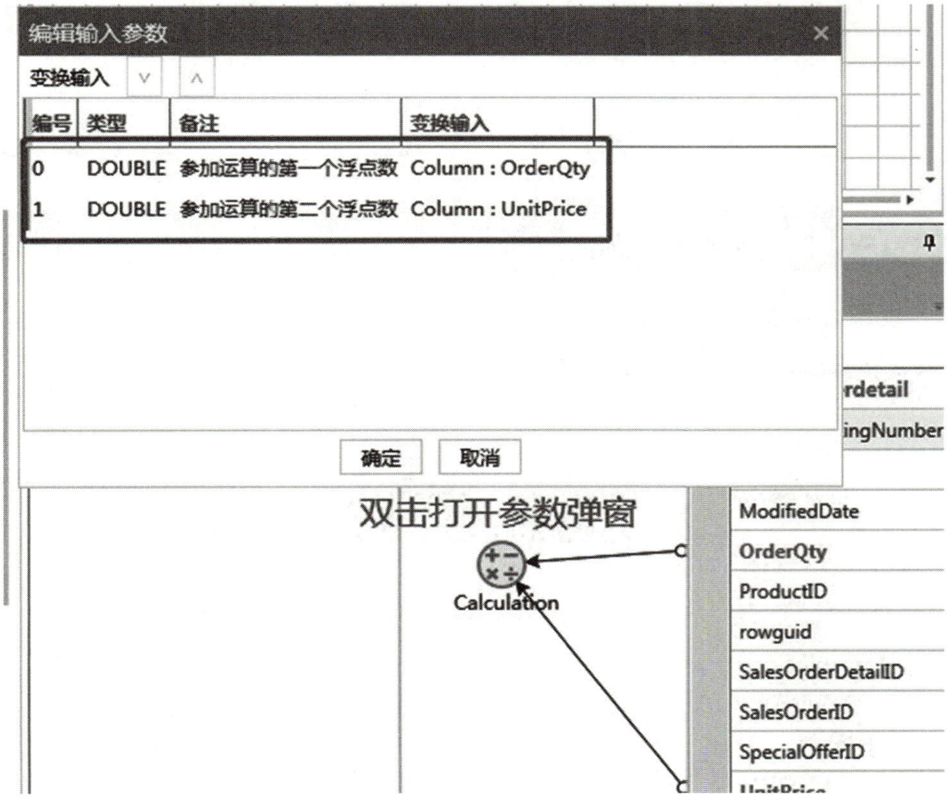
编辑输入参数
变换输入
编号 类型 备注 变换输入
0 DOUBLE 参加运算的第一个浮点数 Column : OrderQty
1 DOUBLE 参加运算的第二个浮点数 Column : UnitPrice
确定
取消
双击打开参数弹窗
Calculation
ModifiedDate
OrderQty
ProductID
rowguid
SalesOrderDetailID
SalesOrderID
SpecialOfferID

图 4－26

计算转换器计算的结果需要流转到下游，我们需要生成新列，见图 4－27。

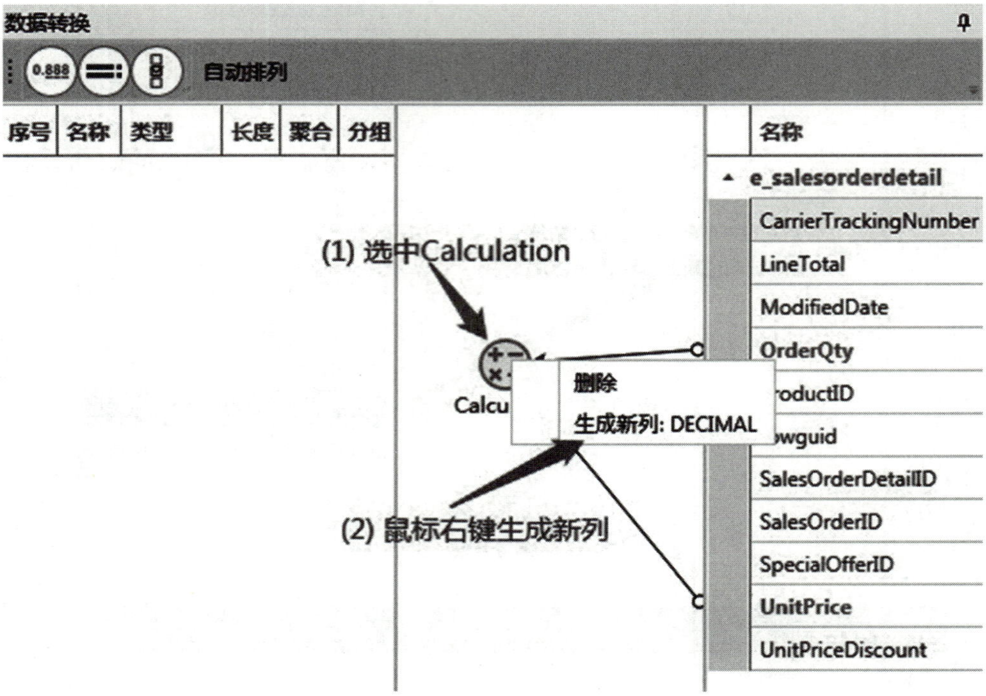

（1）

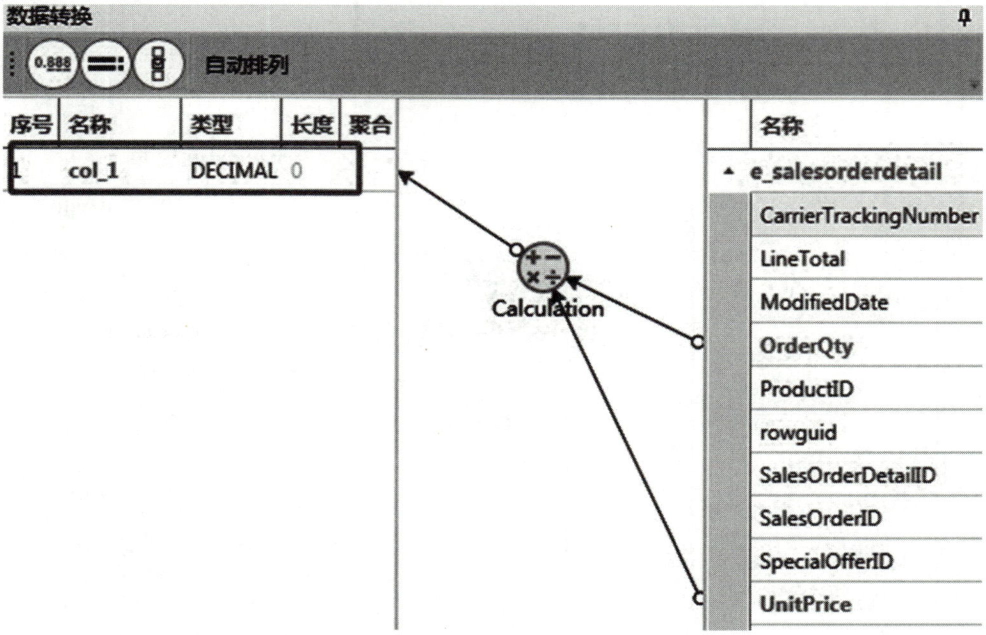

（2）

图 4－27

将生成的新列改名为 OrderTotal，见图 4－28。

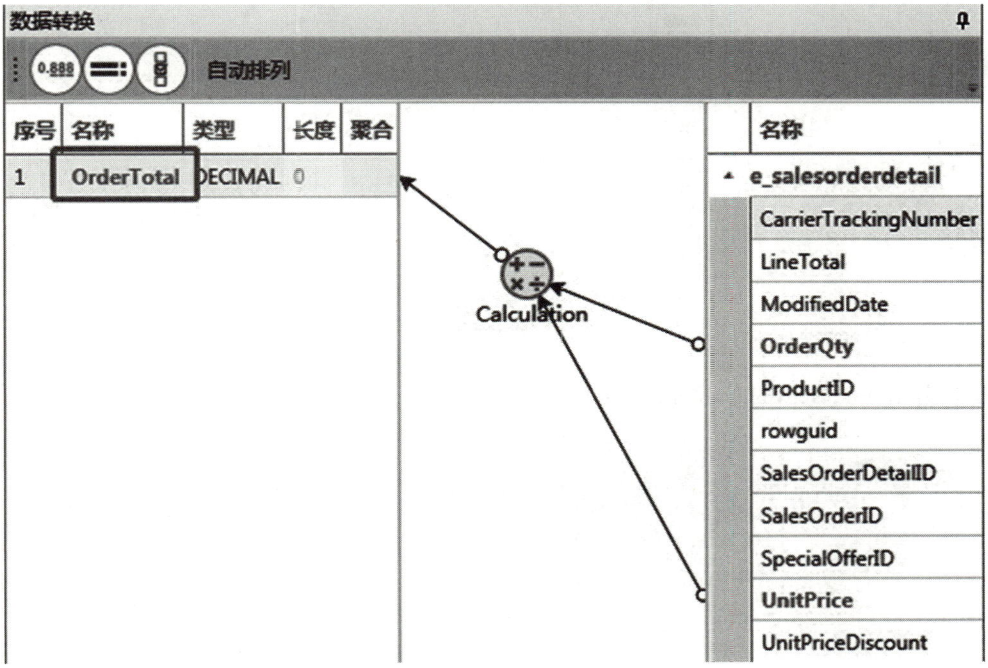

图 4－28

下面我们完成这个工作流节点的第二项工作：计算年份。拖拽【DatePart】到【数据转换】面板，这个转换器左右是提前日期中的部分内容，如年_月_日等，见图 4－29。

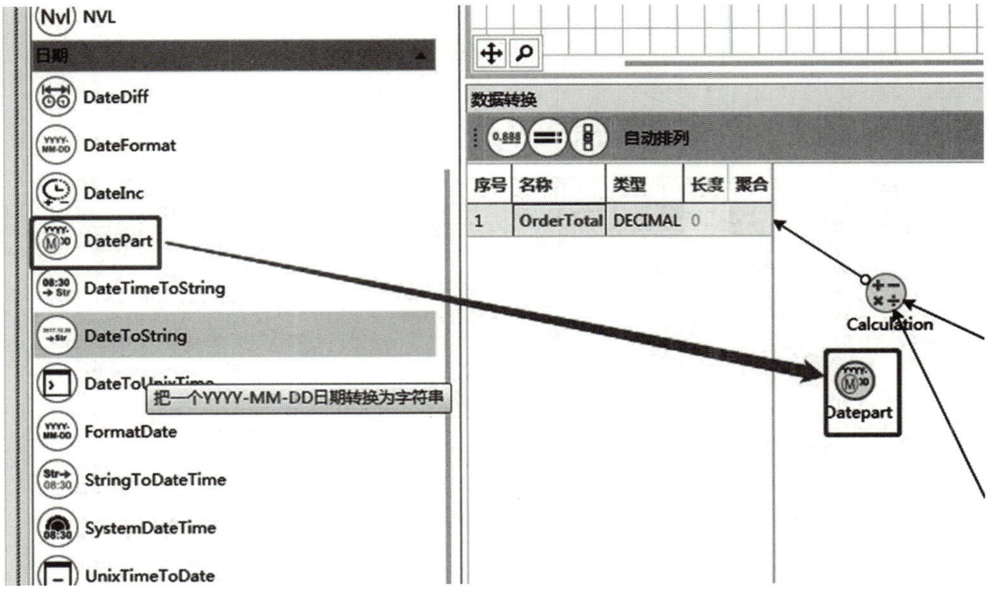

图 4－29

时间单位选择【年】，然后点击【保存】按钮，见图 4－30。

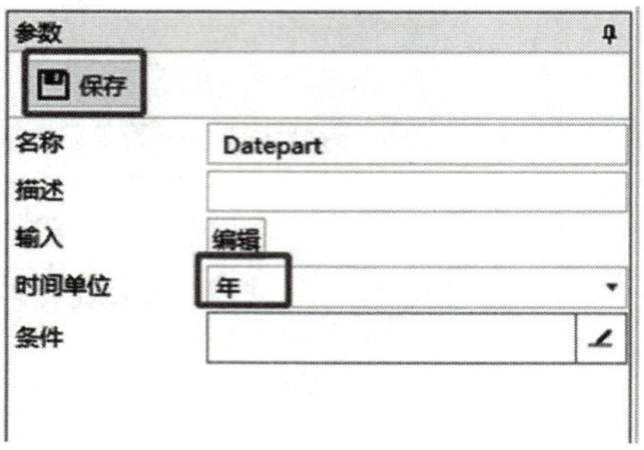

图 4－30

我们利用 ModifiedDate（修改日期）字段计算年份，连入列“ModifiedDate”，见图 4－31。

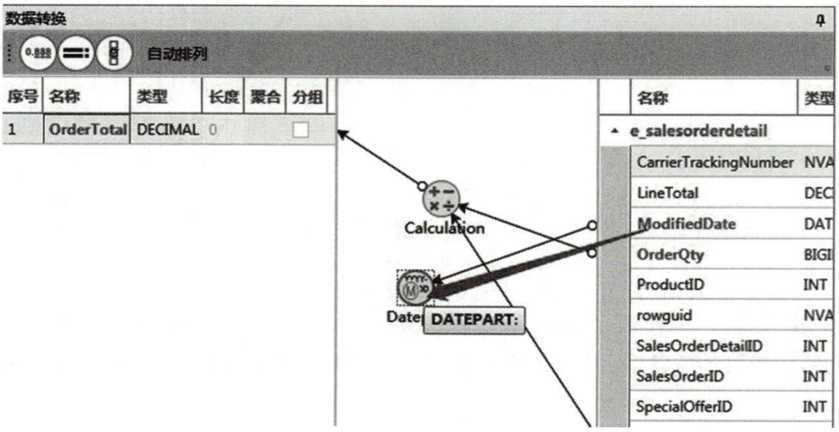

图 4－31

在【DatePart】上鼠标右键点击【生成新列 INT】，见图 4－32。

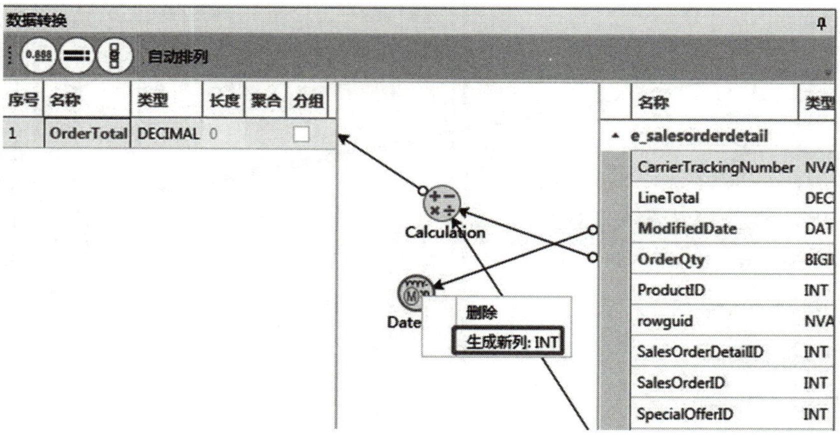

图 4－32

把生成新列的【Name】改为“year”，见图 4－33。

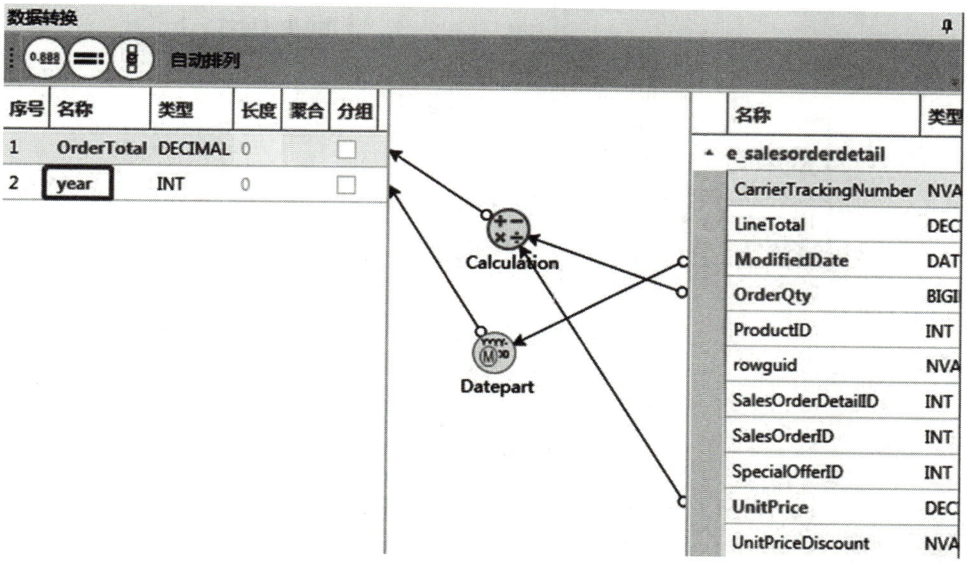

图 4－33

第 5 步：创建【转换】工作流节点用于统计每年销售收入和落地。

再拖一个【转换】到数据工作流编辑区，并连入上游转换节点，见图 4－34。

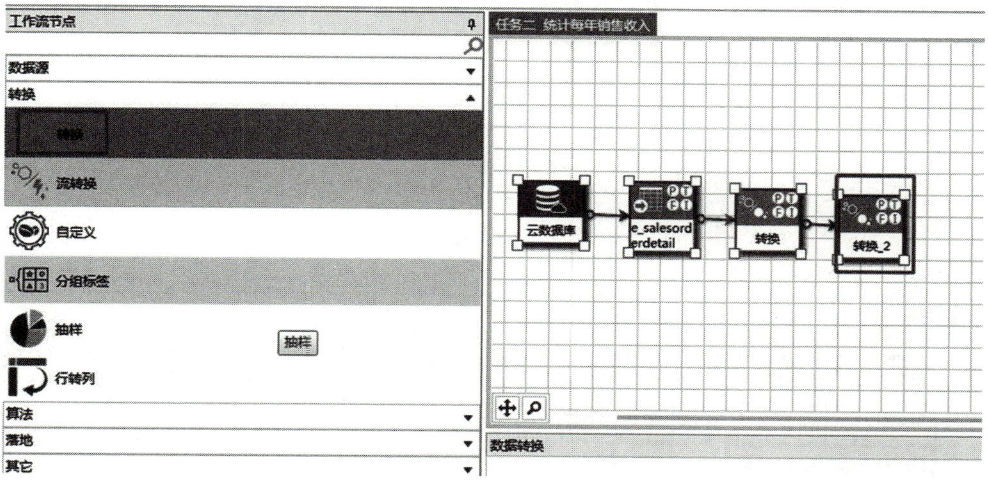

图 4－34

重命名为“每年销售总额”，见图 4－35。

按年分组，对全年订货总价求和。在左侧的出参列上鼠标右键点击【增加列】，见图 4－36。

修改【名称】为 OrderTotal，【类型】改为【DECIMAL】，【聚合】改为【求和】，见图 4－37。

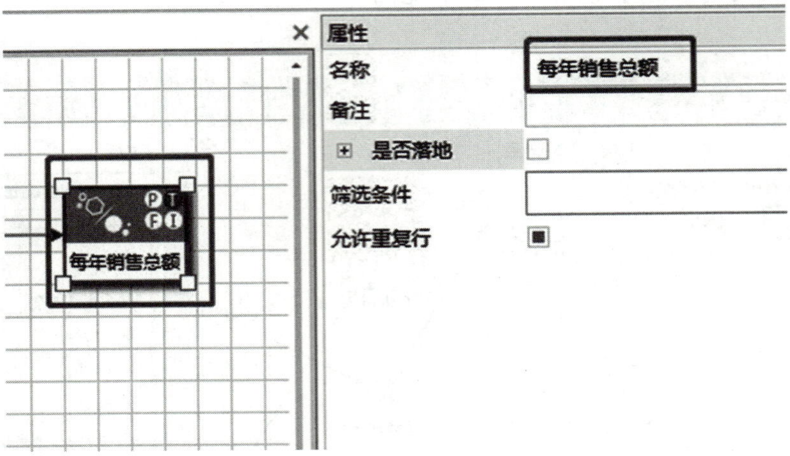

图 4－35

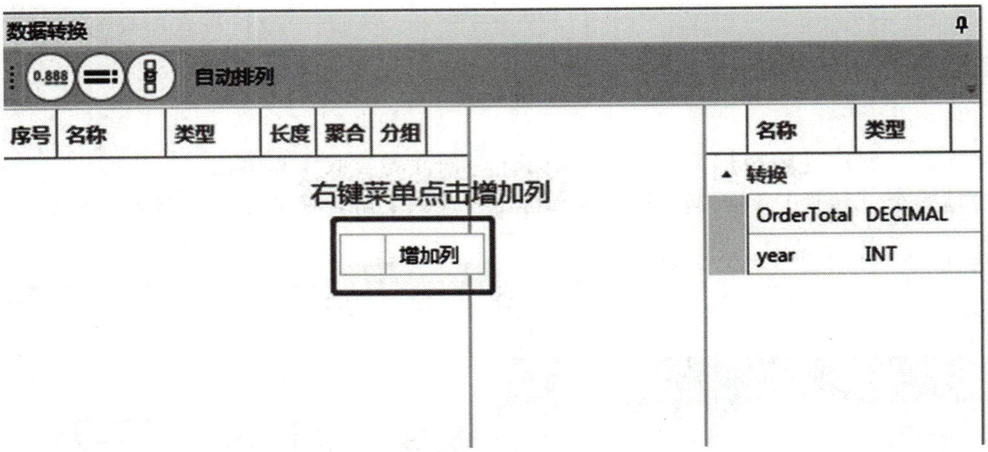

图 4－36

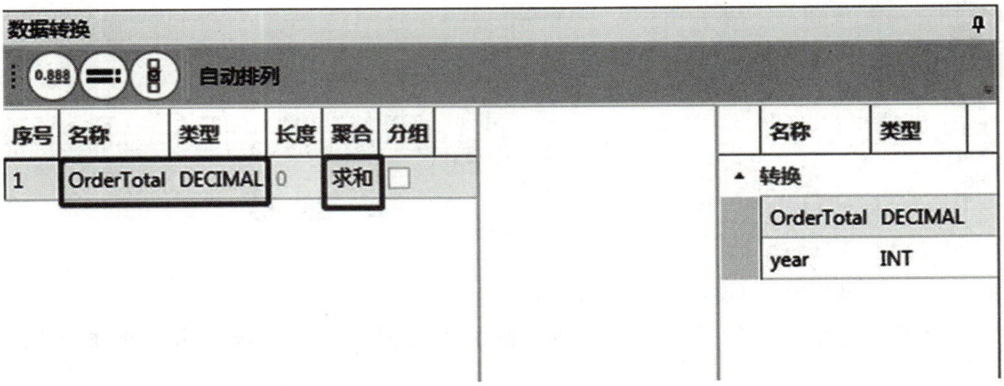

图 4－37

连入入参列 “OrderTotal”，见图 4－38。

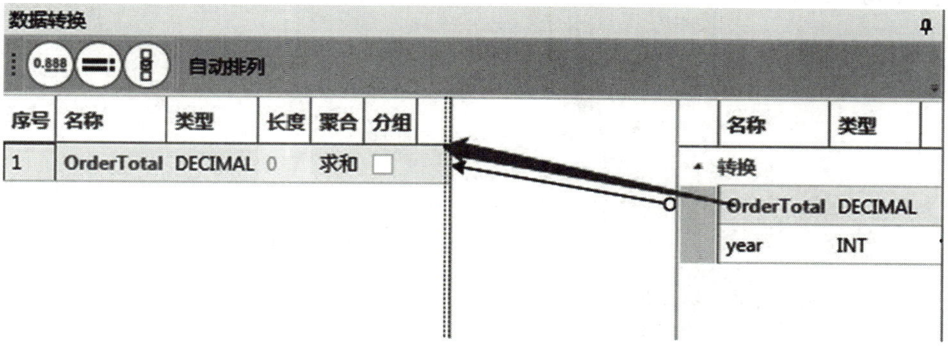

图 4－38

导入 “year” 列，见图 4－39。

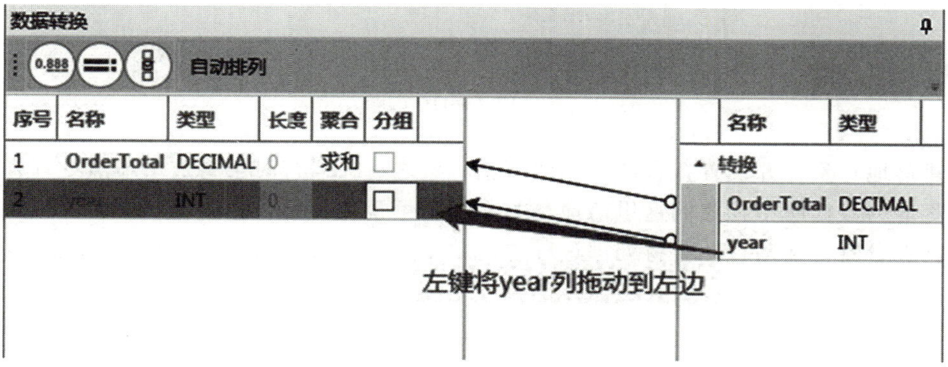

图 4－39

列 “year” 勾选【Group】，这里利用聚合函数进行统计，对 OrderTotal 列采用聚合函数里面的求和，对 year 列进行分组，这样会求得每年的销售总额（见图 4－40）。

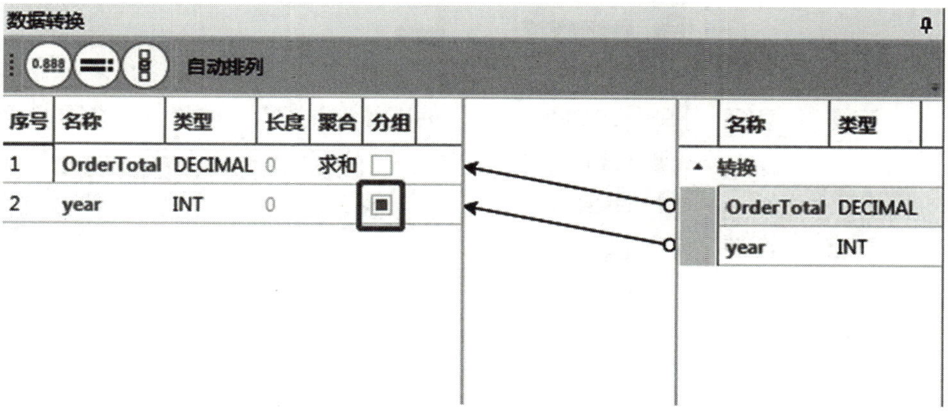

图 4－40

设置落地属性。选中“每年销售总额”节点，在属性面板上勾选【是否落地】，【落地表名】填写 OrderTotalPerYear，【落地目标】选择云数据库，勾选【清空旧数据】，见图 4－41。

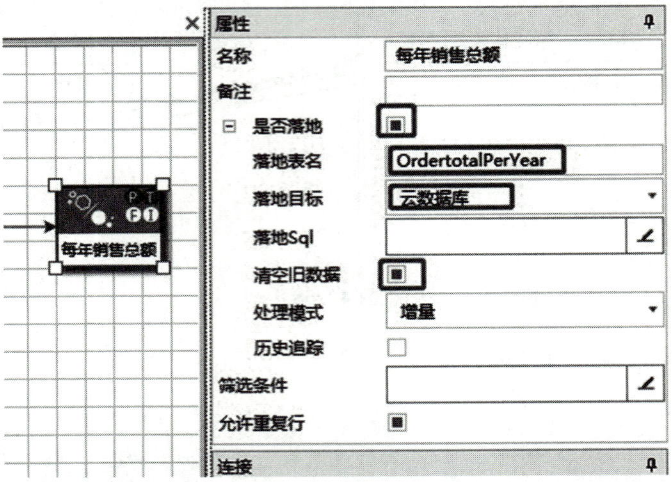

图 4－41

创建落地对象，并设置查看器。创建落地对象之后在运行时会将这个节点处理好的数据映射到落地的数据库中，我们这里落地是为下一个可视化实验作准备。

设置查看器，在运行时会将处理过程中的数据在数据查看器面板中显示（见图 4－42）。

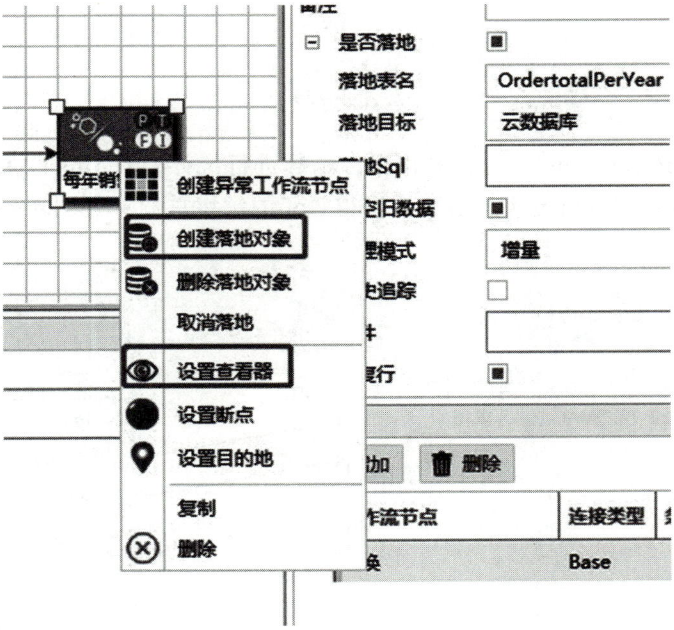

图 4－42

运行调试，见图 4－43。

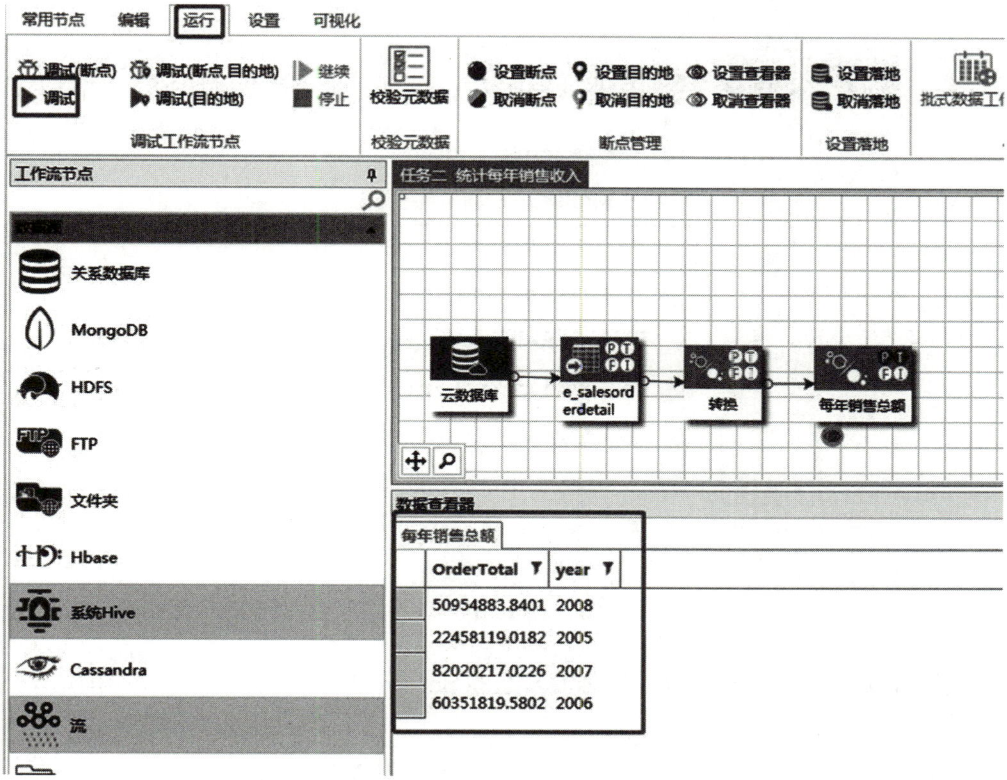

图 4－43

从计算结果可以看出 2005—2008 年每年的销售收入。

这样我们就完成了统计每年销售收入的实验。

任务 4－3　销售收入可视化

销售收入可视化

第 1 步：准备数据。

(1) 在数猎云实验窗口，点击【可视化】，见图 4－44。

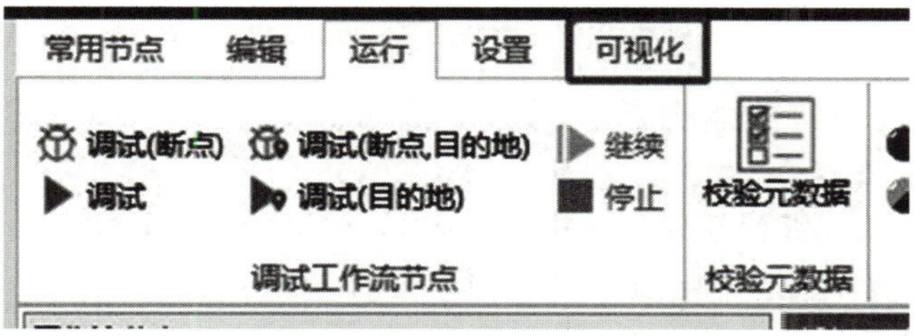

图 4－44

（2）在【数据准备】列表中，点击自己的【用户业务包】，见图 4－45。

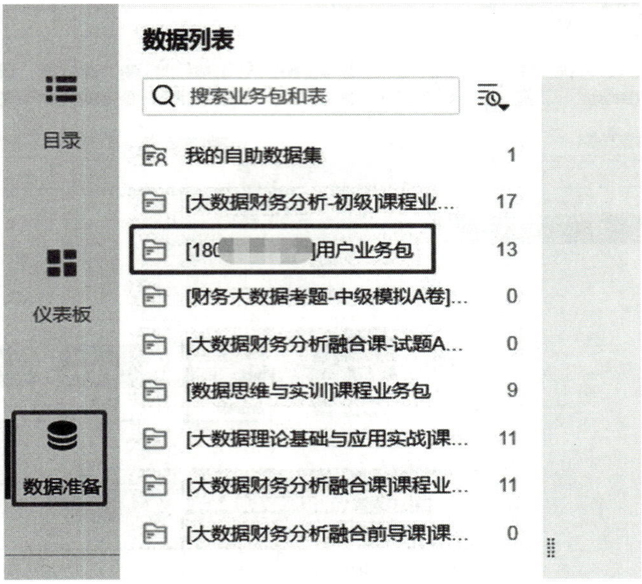

图 4－45

（3）然后点击【添加表】【DB 数据库表】按钮，见图 4－46。

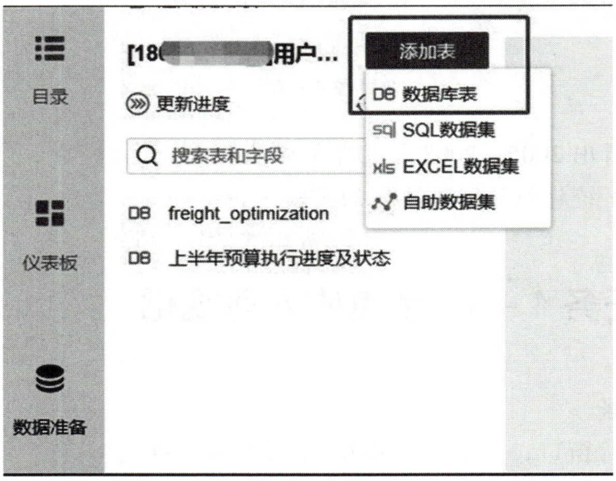

图 4－46

（4）选择自己的【用户数据连接】，然后选择表 ordertotalperyear，最后点击【确定】按钮，见图 4－47。

第 2 步：创建全年订货总额分布柱状图。

（1）打开【实时数据】，然后点击【创建组件】按钮，见图 4－48。

（2）组件的【名称】输入：全年订货总额分布图，然后点击【确定】按钮，见图 4－49。

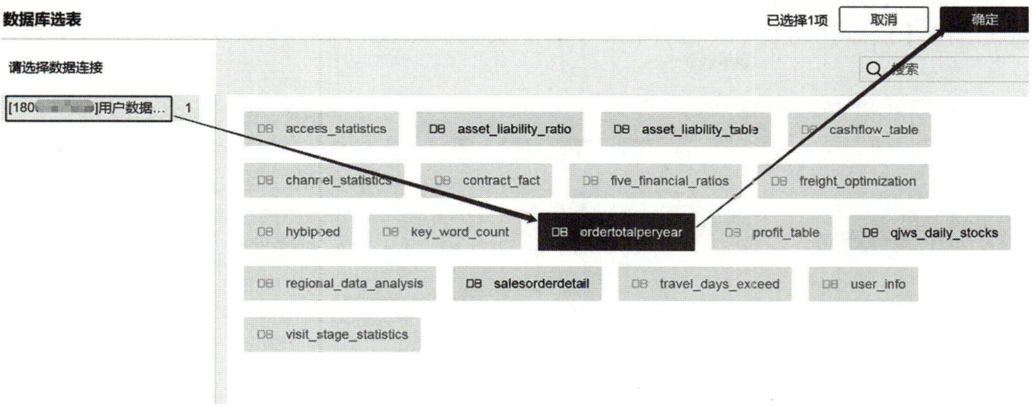

图 4－47

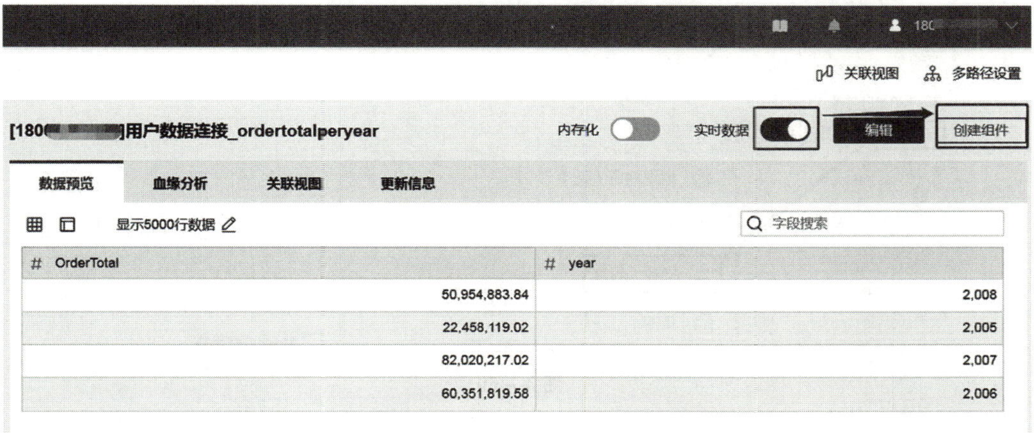

图 4－48

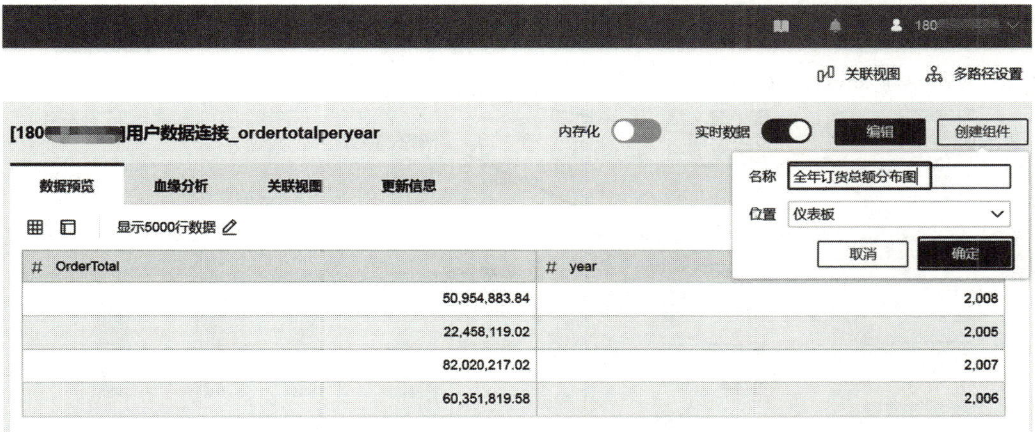

图 4－49

即可进入【添加组件】界面。

（3）在【指标】列表中，选择把“year”转化为维度，见图 4－50。

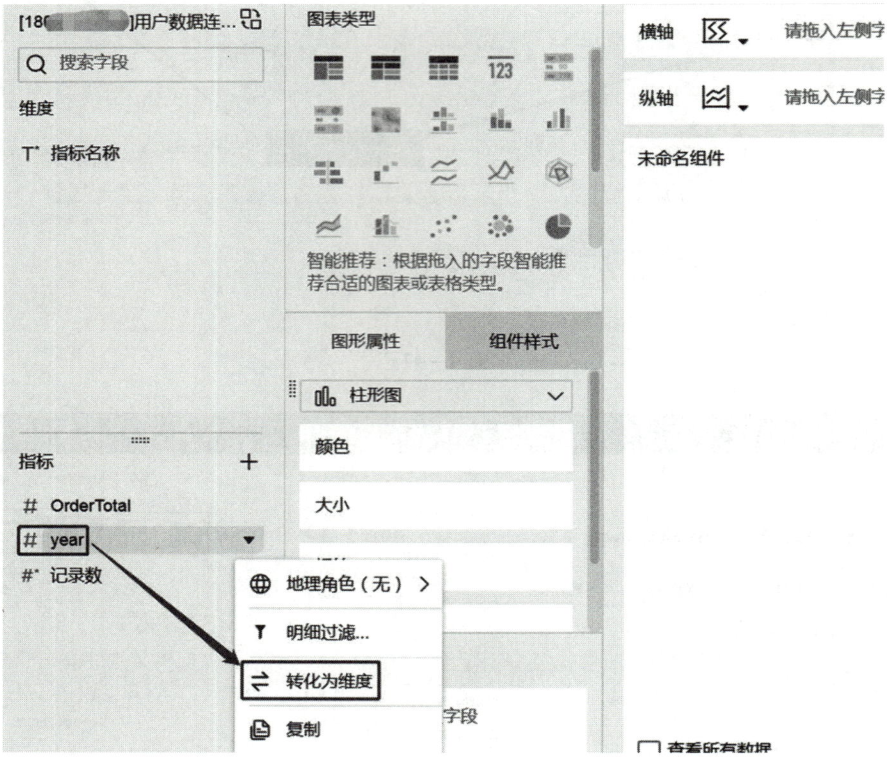

图 4－50

转化后的结果是字段“year”被移动到【维度】列表中。

（4）把字段“year”拖拽到【横轴】中，把“OrderTotal”拖拽到【纵轴】中，见图 4－51。

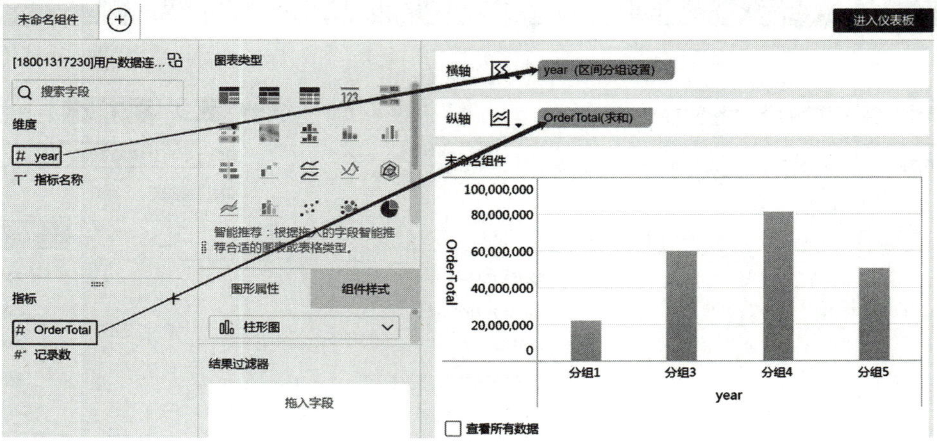

图 4－51

在【纵轴】的“year（区间分组设置）”中，选择【值相同为一组】，最后点击【确定】按钮，见图4-52。

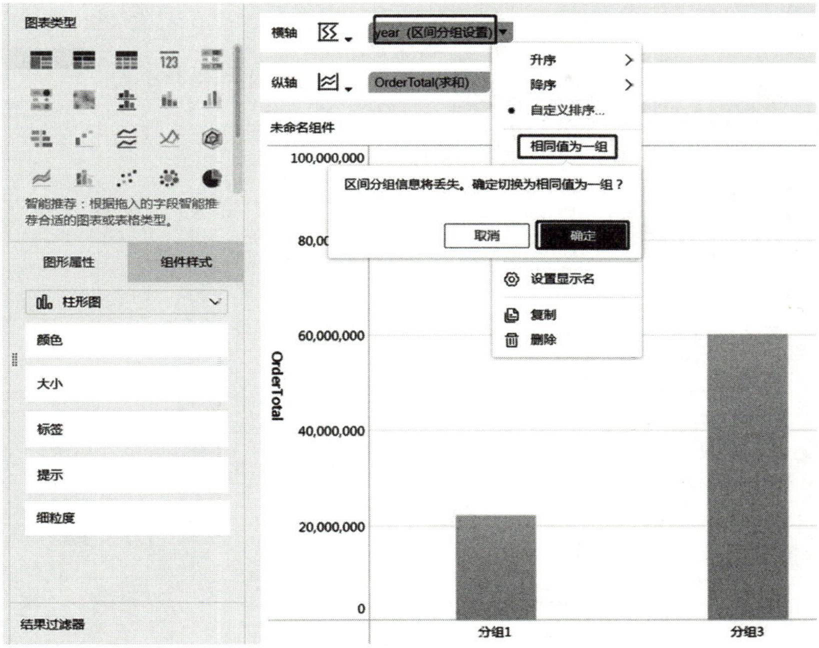

图4-52

这样，就可以看到柱状图了，横轴year是年份，纵轴OrderTotal是全年订货总额，见图4-53。

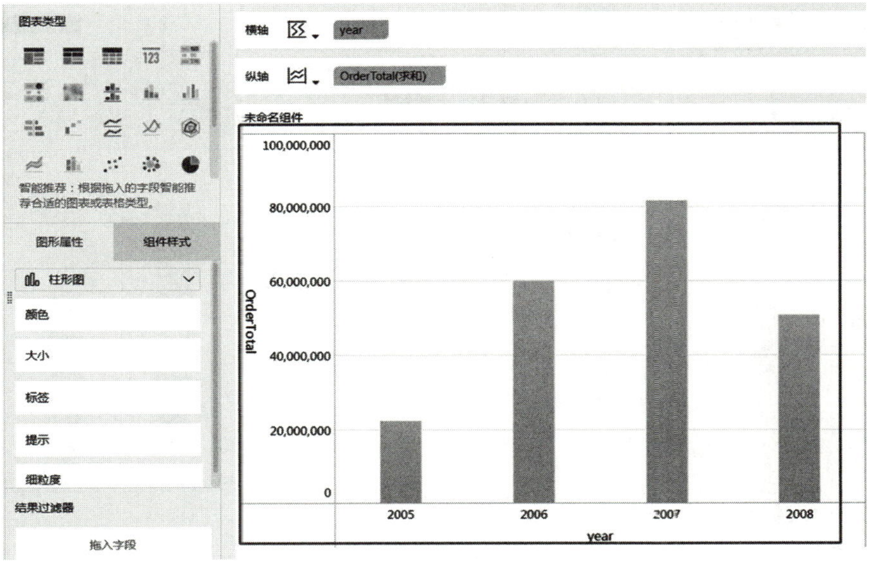

图4-53

（5）修改横轴、纵轴、组件的名称。鼠标点击 year，修改其名称为年份，鼠标点击 OrderTotal，修改其名称为全年订货总额。在【组件样式】列表中，在【标题】【内容】中输入：全年订货总额分布柱状图（见图 4－54）。

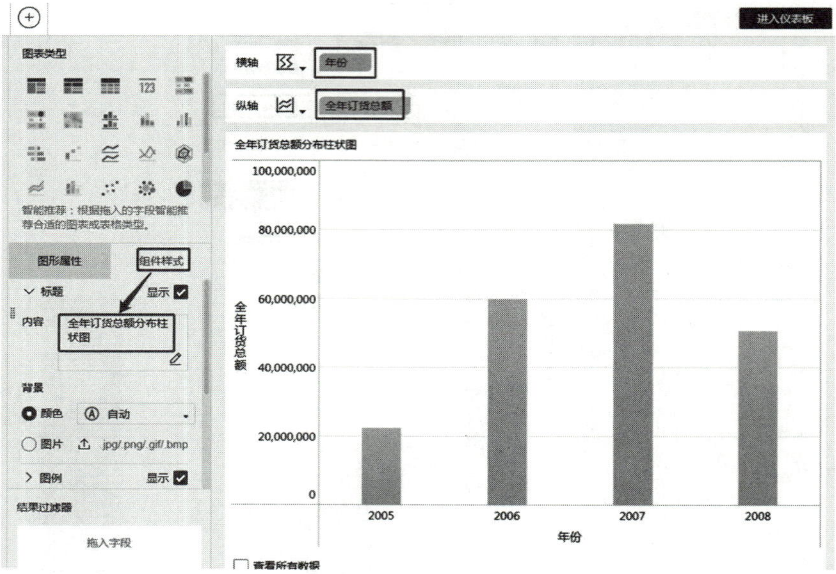

图 4－54

这样，就完成了全年订货总额分布柱状图。

第 3 步：创建全年订货总额分布表视图。

（1）点击左上方的【添加组件】按钮，见图 4－55。

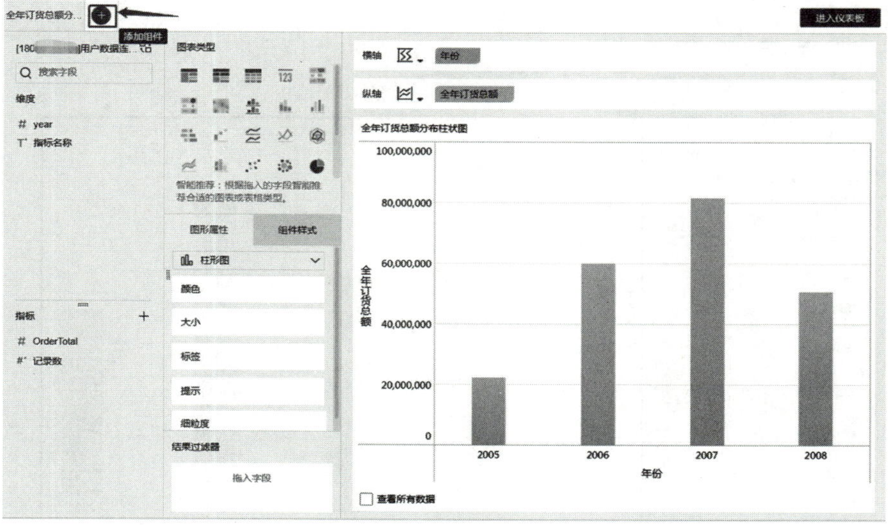

图 4－55

(2)【数据列表】选择：用户数据连接_ordertotalperyear，然后点击【确定】按钮，见图 4 - 56。

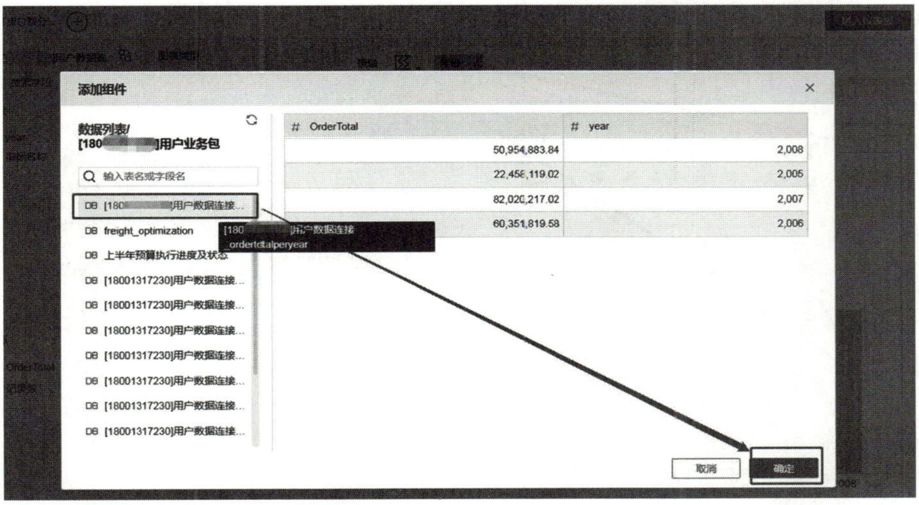

图 4 - 56

(3) 在【指标】列表中，把 year 转化为维度，见图 4 - 57。

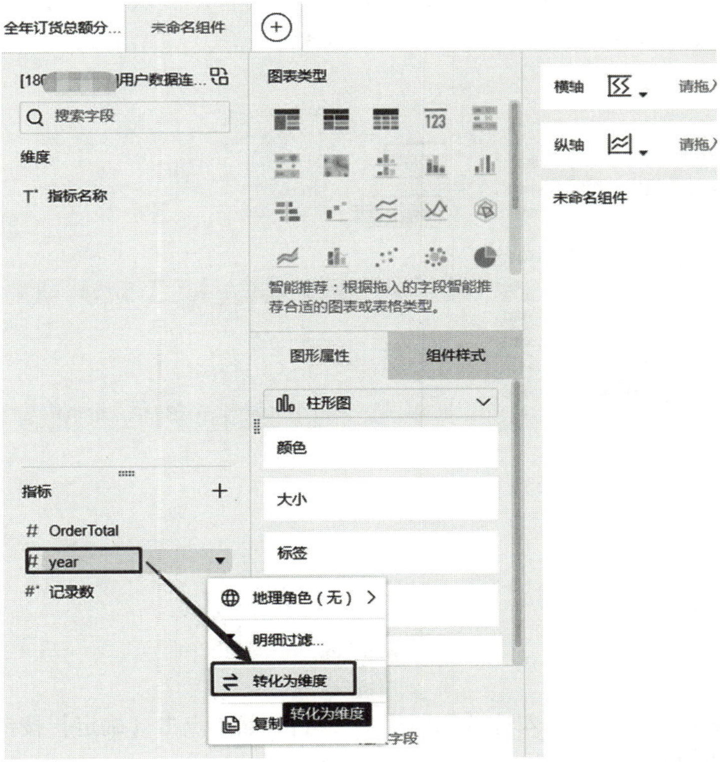

图 4 - 57

（4）在【图标类型】中，选择第一个图标，把左侧【维度】列表的 year 拖拽到右侧的【维度】中，把左侧【指标】列表的 OrderTotal 拖拽到右侧的【指标】中，见图 4－58。

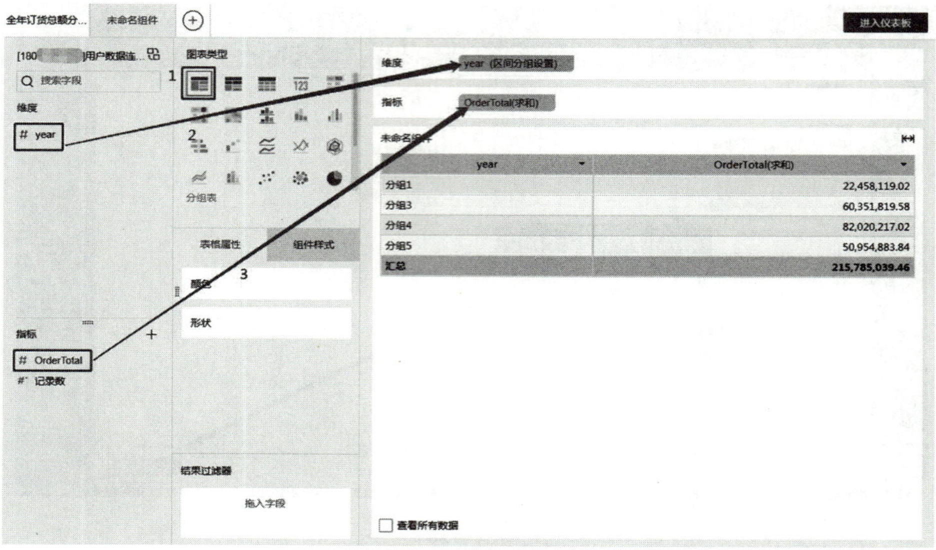

图 4－58

（5）修改维度、指标、组件的名称。鼠标点击 year，修改其名称为年份。鼠标点击 OrderTotal，修改其名称为全年订货量（见图 4－59）。

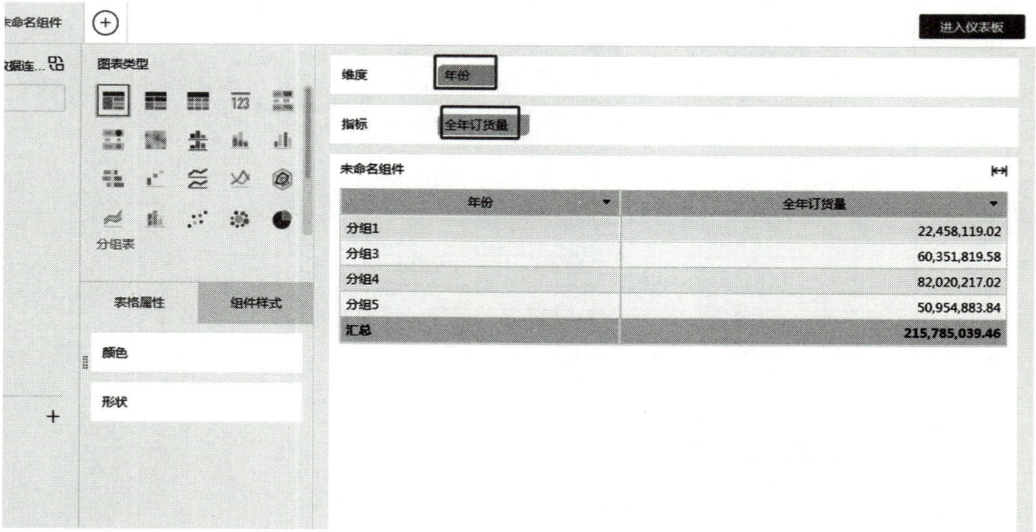

图 4－59

（6）点击年份的下拉列表，勾选【相同值为一组】，然后点击【确定】按钮，见图 4－60。设置后的结果是按年份分组，如图 4－61 所示。

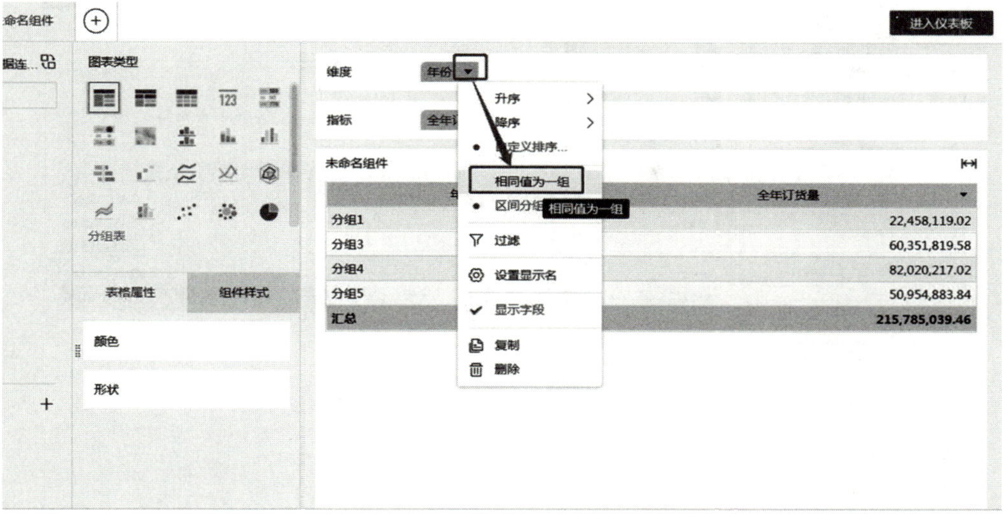

图 4－60

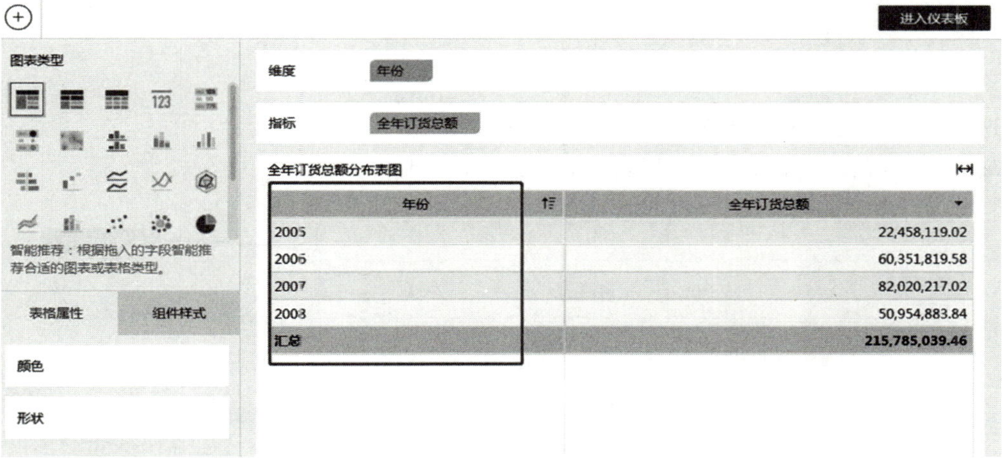

图 4－61

（7）在【组件样式】列表中，在【标题】【内容】中输入：全年订货总额分布表图，见图 4－62。

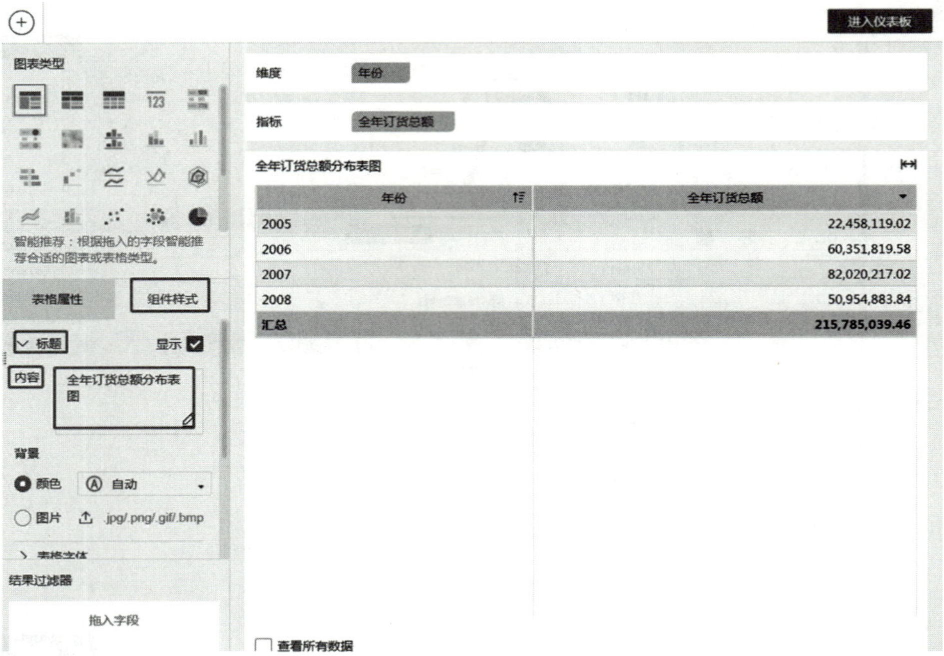

图 4－62

这样，就完成了全年订货总额分布表视图。

最后，点击右上角的【进入仪表板】，见图 4－63。

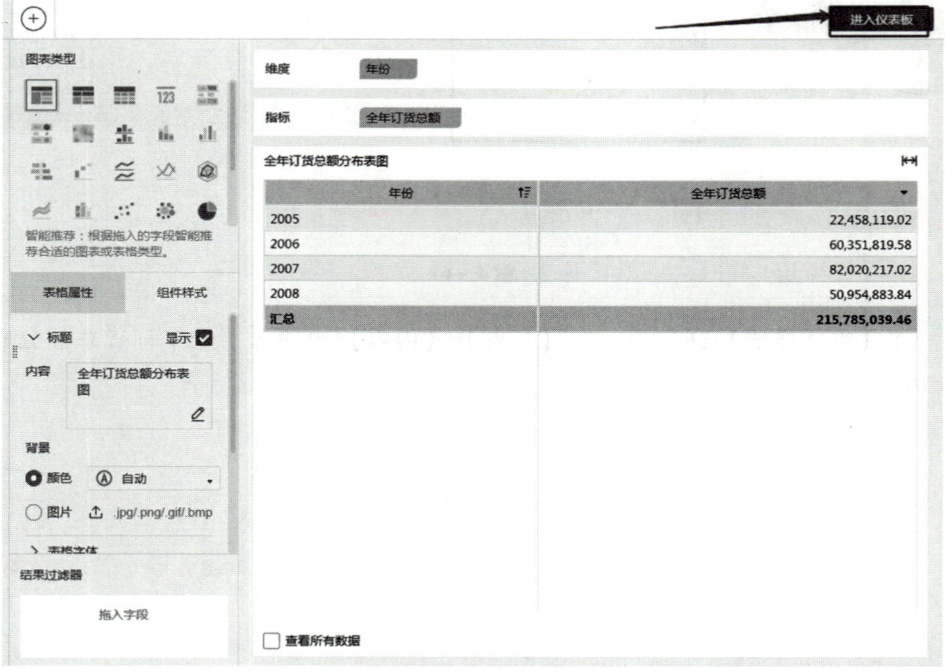

图 4－63

可以在仪表板中查看所有的组件，见图 4－64。

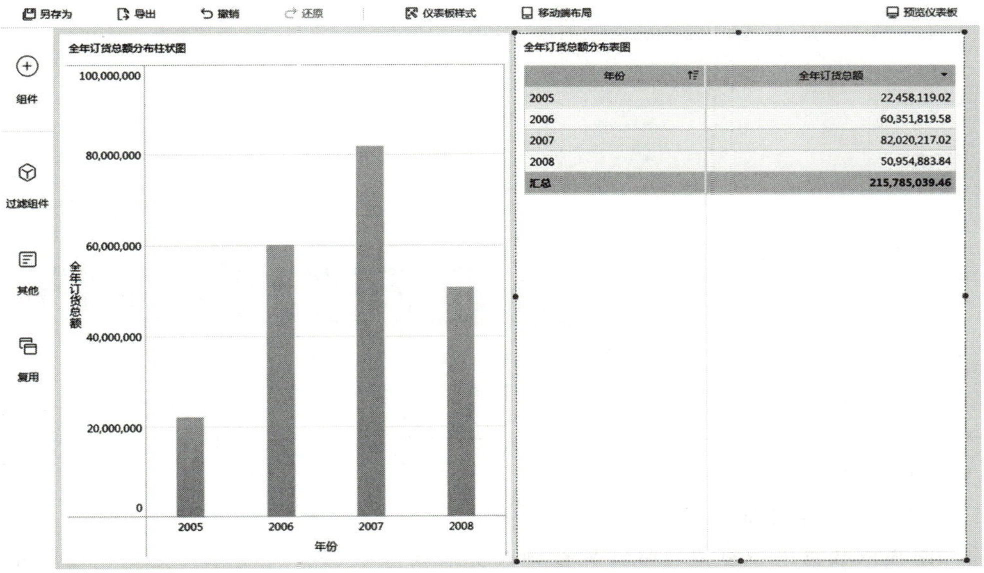

图 4－64

从图 4－64 中可以看出，2005 年、2006 年、2007 年的全年订货总额在增长，但是 2008 年的全年订货总额下降。

至此，就完成了全年订货总额分布柱状图与表视图。

项目五
企业利润率分析

【能力目标】

1. 数据思维培养目标

☐ 掌握以数据思维框架（DAF）设计业务和财务数据分析流程，主要包括提出问题、合理利用数据、执行分析测试、优化分析结果、测试分析结果、应用效果反馈

☐ 形成业财融合的数据分析思维，即财务人员必须具备的将通用业务与财务分析有效融合的数据分析思维

2. 数据能力训练目标

☐ 掌握时间类型数据自定义加工的方法

☐ 加强数据关联方法的使用

☐ 掌握折线图的设计方法

【任务情境】

某港口集团公司的毛利率自2007年成立以来一直处于波动状态，而集团管理层及利益相关者对利润率等指标非常关注，始终怀疑受政策和宏观经济影响，但一直未找到影响毛利率波动的真正根源。现将集团公司2007—2020年的相关财务数据全部收集起来，运用大数据技术进行深入分析，找出影响毛利率波动的主要原因。

【知识准备】

企业为获取较高的利润率，常采用积极的差异化战略，以提高企业收益水平。实现差异化战略，企业将投入更多研发、销售和广告费用，导致销售毛利率水平是决定企业能否实现差异化战略的重要指标，销售毛利率低会限制企业差异化战略的空间。

销售毛利率是指毛利占销售收入的百分比，计算公式为：销售毛利率＝销售毛利/销售收入×100%＝（销售收入－销售成本）/销售收入×100%。销售毛利率可以帮助企业有效选择投资方向、衡量并预测成长性和核心竞争力、明确销售成本、评价经营业绩、发现潜在问题。销售毛利率受销售数量、单价、成本变动等直接因素和市场供求、成本管理水平、产品构成特性、行业差别等间接因素的影响，对销售利率的分析可从影响因素、结构比较和同业比较等多方面进行。

【数据准备】

本任务选用的数据集为某港口集团公司历年财务数据中的营业收入和成本数据，时间粒度以季度为节点，分别记录当年截至记录时间的累计数量，因该数据集取自 2020 年 5 月，故 2020 年数据只有第一季度数据，数据集为 csv 格式的“e_Tangshan_port_csv”文本文件，部分数据预览如图 5－1 所示。

文件内容预览

```
date_time,Total_operating_costs,business_income,cost,Business_tax_and_surcharges,selling_expenses,Management_expenses,Financial_expenses,R_D_exp
2020-3-31,1571648890.97,2039011015.23,1440127884.04,46116761.52,931258.85,78732975.99,4595642.30,1144368.27,80296039.45
2019-12-31,9539220513.24,11209104808.76,8733403509.80,183489558.49,27448467.03,461220879.32,67309159.93,16348938.67,403081687.59
2019-9-30,7413727653.85,8529722348.15,6864924187.67,137932334.61,23990961.58,320787287.28,54770203.39,11322679.32,300343254.71
2019-6-30,5176181326.01,5969394781.86,4798230983.77,101283032.32,15151064.36,218331291.20,38509687.20,4675267.16,238794191.68
2019-3-31,2545235221.24,3030798567.47,2332934798.65,57869052.97,6810703.55,98624714.34,20722473.59,1235699.20,83339434.24
2018-12-31,8790110937.90,10138132143.78,8037291444.86,203395895.25,32232628.65,419127593.28,74752738.55,7858208.00,437032067.15
2018-9-30,6230875236.06,7176797770.58,5736986225.90,78793810.01,22571884.95,316220255.82,69723963.98,3065359.71,297330558.72
2018-6-30,3756161413.31,4459184165.15,3449543913.51,51672443.97,13675369.25,185567050.85,42788360.17,0.00,182492872.21
2018-3-31,1484833460.75,1831347903.17,1328273875.08,22236401.39,6649733.57,88046392.67,12871088.23,0.00,80592045.39
2017-12-31,6108527795.73,7612185740.64,5539294257.52,75270284.83,27887920.58,407831879.53,46842545.95,0.00,214480702.95
2017-9-30,2941874133.52,4119304171.18,2585753367.82,48143719.22,1606181.25,251572792.87,36223700.96,0.00,139244208.64
2017-6-30,1906970769.52,2701739794.97,1659751825.75,33060258.99,1015020.34,167814983.58,25046664.42,0.00,131275360.60
2017-3-31,1022255344.26,1407476119.35,899649507.38,19784678.83,471006.47,71494179.32,12851367.73,0.00,42993983.10
2016-12-31,4003945314.12,5626440546.85,3532992928.34,48122479.00,1903185.31,327715583.54,80492662.64,0.00,44582369.24
2016-9-30,3753404785.66,4925145278.03,3415349586.06,15656232.05,787550.19,248801120.63,64707015.61,0.00,32700963.88
2016-6-30,2066624431.02,2851773914.89,1834806637.40,10616115.13,535496.44,159019699.21,45230852.01,0.00,31550395.55
2016-3-31,1003844858.64,1356074573.94,889266043.80,4170836.68,815122.11,76819550.18,25478564.14,0.00,439297.10
2015-12-31,3601152572.53,5157369192.01,3061530652.31,12316517.62,1876396.21,331786908.01,151407355.78,0.00,39765458.48
2015-9-30,2617883101.78,3739442080.44,2221990559.96,8468329.87,1455419.31,236251747.28,127200407.17,0.00,39723741.33
2015-6-30,1790539650.77,2551438380.23,1506939893.45,6021235.07,1031052.25,159299705.98,94184782.93,0.00,38568541.29
2015-3-31,817268832.56,1153642371.36,673000782.15,2639789.94,533490.23,79033045.25,46349723.54,0.00,577790.09
2014-12-31,3674696563.47,5126627132.09,3079522015.64,14979528.00,4668589.44,334459711.78,191153461.60,0.00,35659417.17
2014-9-30,2941020025.89,4021054047.04,2529443878.55,10778552.89,3485980.22,230880801.87,149690231.08,0.00,14434393.02
2014-6-30,1886314092.57,2614078509.23,1621234075.60,7092136.57,2035568.52,145778752.12,104418750.96,0.00,13809752.01
2014-3-31,823122312.99,1145076016.76,696090652.02,3181292.91,594162.08,67911665.39,48318945.27,0.00,881850.16
2013-12-31,3361397070.56,4549915314.66,2715074804.86,91264472.36,7988981.85,339621086.77,187658943.55,0.00,59074038.53
2013-9-30,2620643268.63,3533108056.75,2141284241.39,88065256.23,5990008.92,222337042.53,136271150.67,0.00,17987647.49
2013-6-30,1685304610.08,2317937920.07,1367792511.03,69761316.84,4959952.78,134269351.21,89628435.75,0.00,15012299.98
2013-3-31,810497077.76,1061814170.05,649294642.06,32189827.46,1381201.98,71243170.75,43429186.14,0.00,7904333.84
2012-12-31,3041768615.08,3951033033.08,2407146272.42,129927048.01,10385906.33,321650707.87,164963377.83,0.00,12665174.15
2012-9-30,2429213249.65,3108945426.23,2012811234.68,91401949.04,5388193.67,198345489.12,110978952.40,0.00,1487061.56
2012-6-30,1635966001.08,2120015596.80,1367465539.52,61953113.82,3776571.61,128544051.99,68073369.55,0.00,1257705.83
2012-3-31,783064519.77,982858603.07,648965655.29,27409553.21,2390992.71,69081678.81,31683816.34,0.00,561574.09
2011-12-31,2387036477.86,2998260900.21,1982149196.23,86650054.83,8613995.45,271602506.81,36607234.72,0.00,11628238.00
```

图 5－1

具体字段说明如表 5－1 所示。

表 5－1

字段名	描述
date_time	时间节点
Total_operating_costs	总成本
business_income	总收入
cost	营业成本
Business_tax_and_surcharges	税金及附加
selling_expenses	销售费用
Management_expenses	管理费用
Financial_expenses	财务费用
R_D_expenses	研发费用
income_from_investment	投资收益

【技术准备】

- 项目、数据工作流、数据源组件的创建技能
- 日期、文本、数值类自定义加工组件及分组、聚合类数据汇总技能
- 数据连接、运行调试技能
- 数据可视化操作技能

【任务实施】

任务5－1　利润率统计分析

利润率统计分析

第1步：创建工作流。

创建数据工作流，命名为“唐山港财务数据分析”，然后打开。

第2步：创建课程文件数据源并连接。

创建“课程文件”工作流节点，见图5－2。

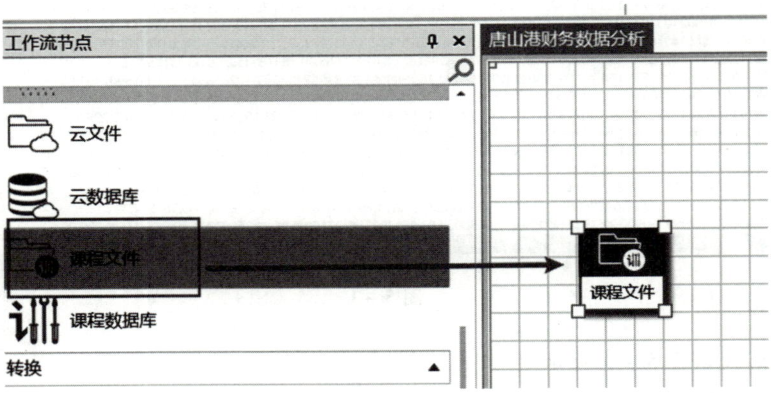

图5－2

选中“课程文件”节点，在其属性面板设置“课程”为“大数据财务分析”，然后点击【连接】按钮，可以在【数据源】面板看到该课程下的所有文件（见图5－3）。

第3步：抽取唐山港财务数据。

在“课程文件”节点的数据源面板抽取文件“Tangshan_port. csv”，生成抽取数据节点“e_Tangshan_port_csv”（抽取过程中文件类型使用默认的CSV），见图5－4。

从数据准备中我们得知，该数据集第一行为标题行，第二行为数据起始行。

选中“e_Tangshan_port_csv”节点，在其属性面板设置参数：

标题行号	1
起始数据行号	2

其他参数使用默认，点击【获取元数据】按钮，见图5－5。

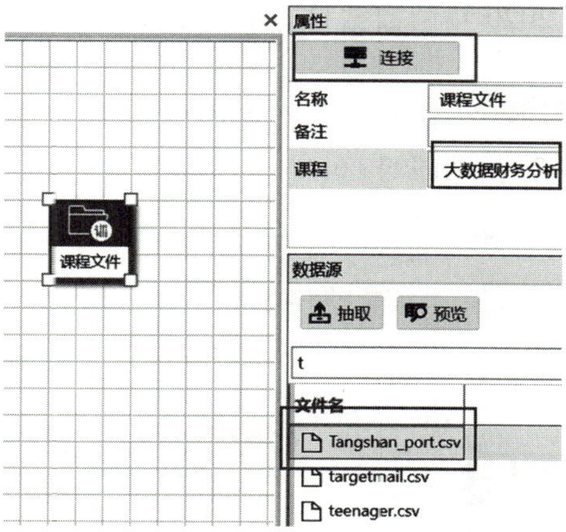
属性
连接
名称
课程文件
备注
课程
大数据财务分析
课程文件
数据源
抽取
预览
t
文件名
Tangshan_port.csv
targetmail.csv
teenager.csv

图 5－3

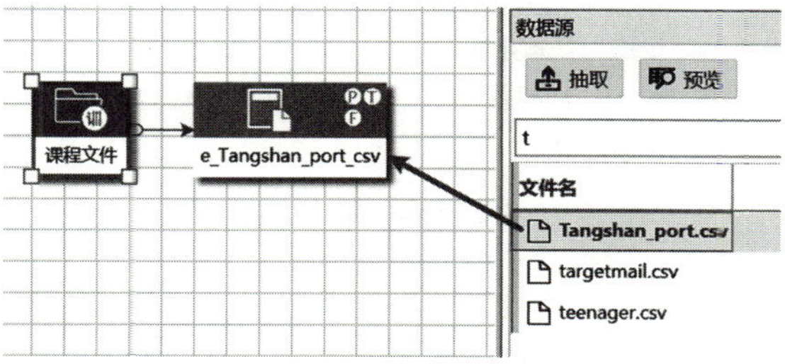
课程文件
e_Tangshan_port_csv
数据源
抽取
预览
t
文件名
Tangshan_port.csv
targetmail.csv
teenager.csv

图 5－4

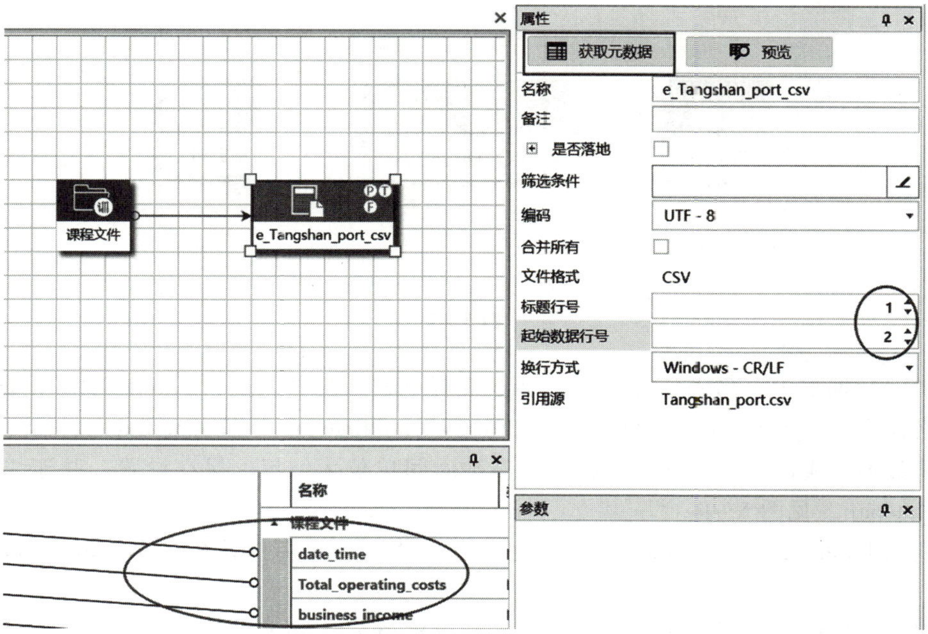
属性
获取元数据
预览
名称
e_Tangshan_port_csv
备注
是否落地
筛选条件
编码
UTF－8
合并所有
文件格式
CSV
标题行号
1
起始数据行号
2
换行方式
Windows－CR/LF
引用源
Tangshan_port.csv
课程文件
参数
名称
课程文件
date_time
Total_operating_costs
business_income

图 5－5

在数据准备中我们得知 2020 年的数据只有第一季度，所以我们需要将 2020 年第一季度数据过滤掉。

选中“e_Tangshan_port_csv”节点，在属性面板设置筛选条件为：e_Tangshan_port_csv. date_time <> 2020－3－31，见图 5－6。

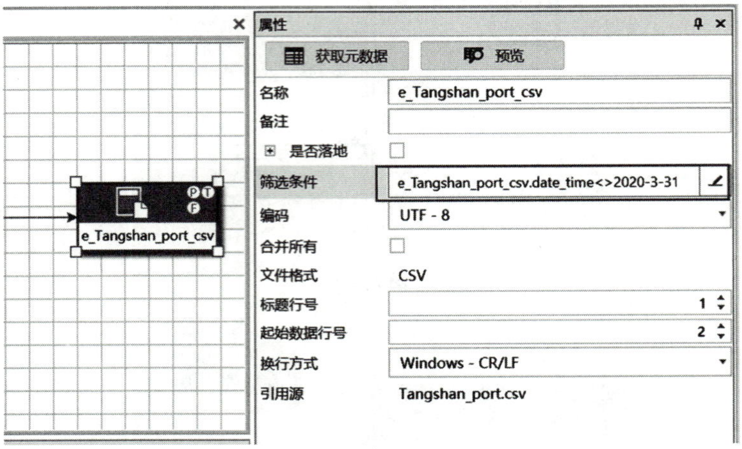

图 5－6

第 4 步：数据加工。

创建“转换”节点，将其重命名为“数据加工”，并连线“e_Tangshan_port_csv”节点到“数据加工”节点，见图 5－7。

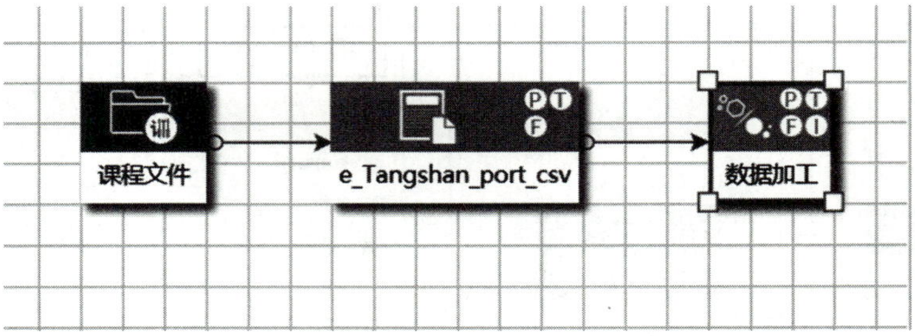

图 5－7

选中“数据加工”节点，在其数据转换面板创建数据转换器“FormatDate”，设置其参数日期格式为：yyyy-MM-dd，保存设置，并连线 date_time 列到“FormatDate”，见图 5－8。

创建数据转换器“Datepart”，设置其参数时间单位为：年，保存设置，并连线 Formatdate 到 Datepart，见图 5－9。

分别在 Datepart 和 Formatdate 上点击鼠标右键生成两个新列并命名为 year 和 date_time，见图 5－10。

创建两个数据转换器“StringtoNumeric”，分别将 cost 和 business_income 两列数据类型由“NVARCHAR”转换为“DOUBLE”，见图 5－11。

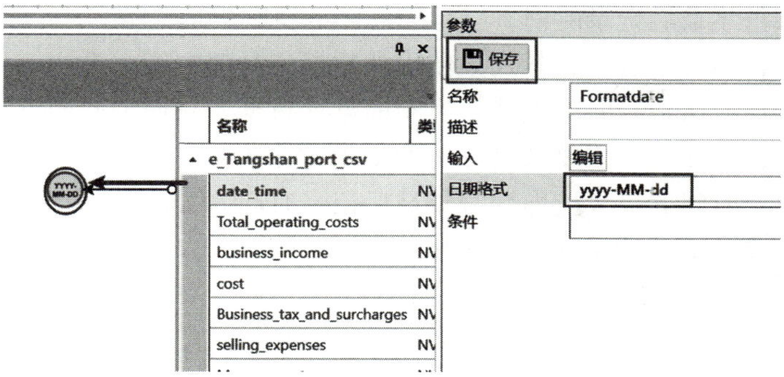

图 5－8

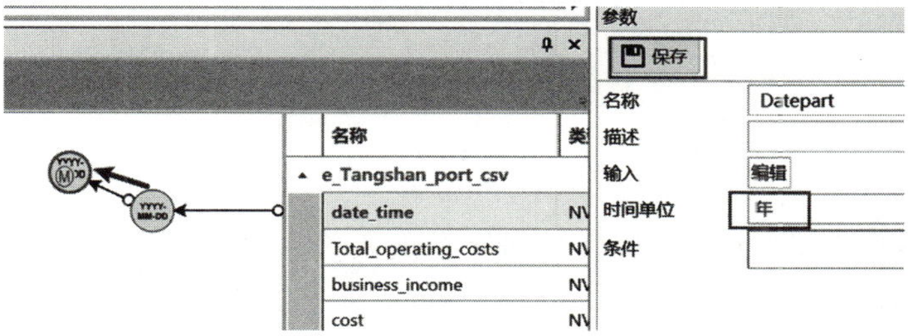

图 5－9

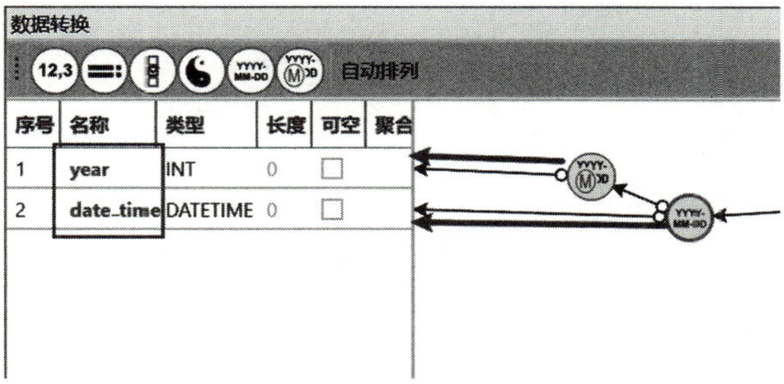

图 5－10

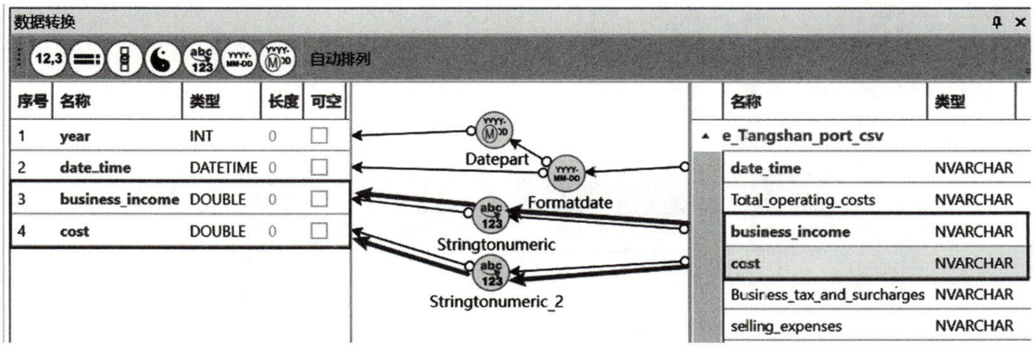

图 5－11

第 5 步：提取每年最后记录时间。

从数据准备中我们可以看到，本任务使用的数据集时间粒度为季度，且并非单独记录时间节点所在季度内数据而是时间节点截至当年的累计数据，我们关心的不是每季度的毛利率而是每年的毛利率，因此我们需要取出每年的全年累计数据进行分析。这里我们以年份进行分组，取出每年记录时间的最大值即为每年最后记录时间。

创建“转换”节点，重命名为“每年最后记录时间”，并连线“数据加工”到“每年最后记录时间”，见图 5－12。

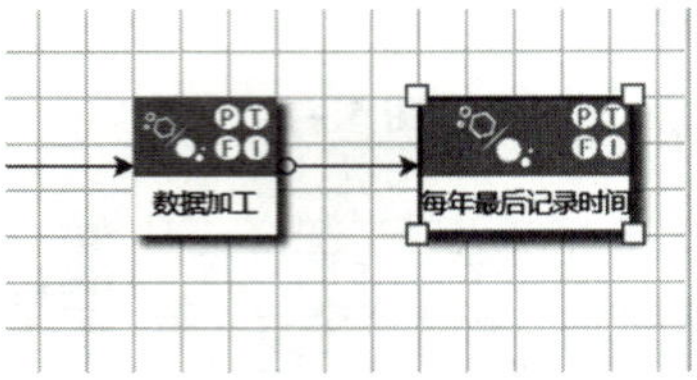

图 5－12

选中“每年最后记录时间”，在其数据转换面板设置 year 列为分组，对 date_time 列取最大值，见图 5－13。

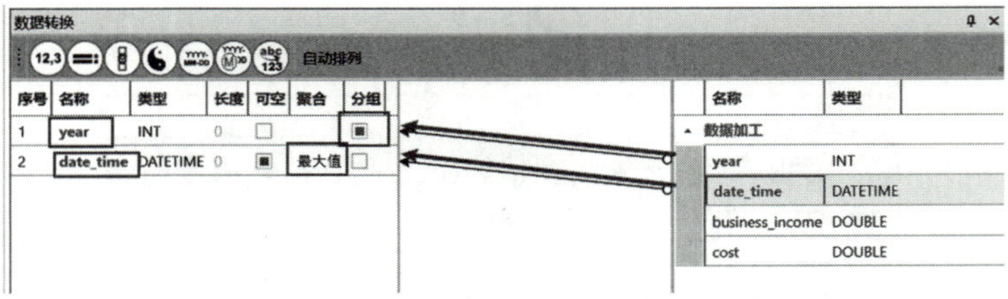

图 5－13

第 6 步：历年年终数据。

在上面步骤中我们从财务数据中得到了每年最后记录时间，那么我们使用每年的最后记录时间与所有记录进行关联即可快速筛选出每年的年终财务数据。

创建“转换”节点，重命名为“历年年终数据”，并分别连线“数据加工”“每年最后记录时间”到“历年年终数据”，见图 5－14。

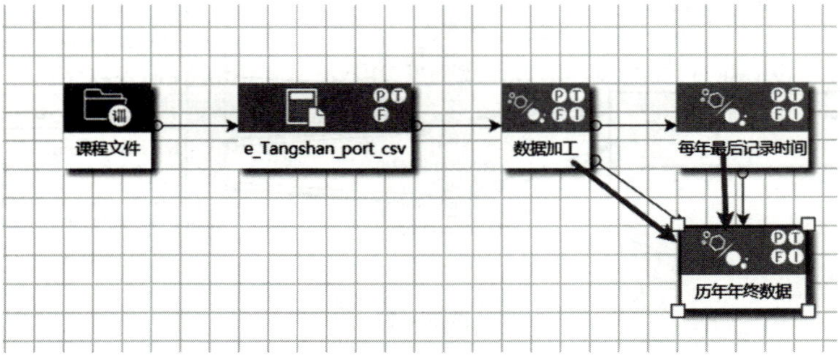

图 5－14

选中“历年年终数据”节点，在其连接面板设置条件为：'数据加工'.date_time ='每年最后记录时间'.date_time，见图 5-15。

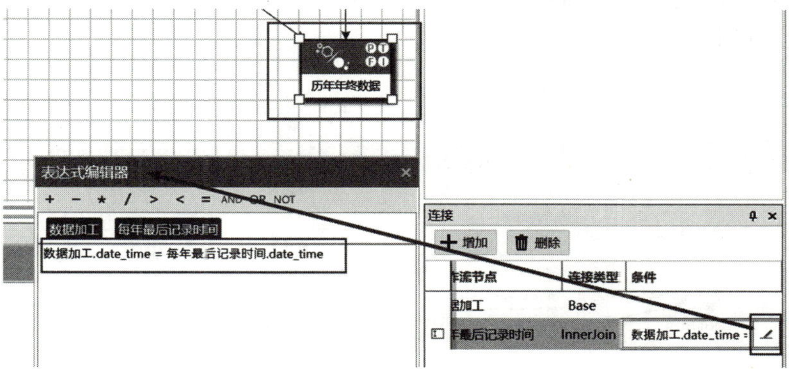

图 5-15

在“历年年终数据”节点的数据转换面板，将“数据加工”分组的列全部直连映射，见图 5-16。

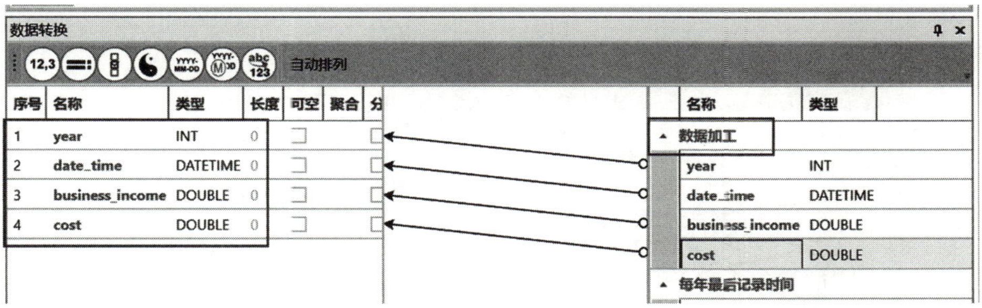

图 5-16

第 7 步：历年毛利率计算。

创建“转换”节点，重命名为“历年毛利率”，并连线“历年年终数据”到“历年毛利率”，见图 5-17。

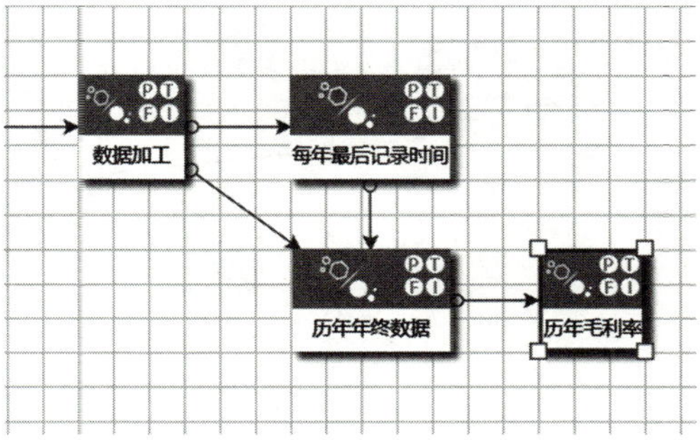

图 5-17

选中“历年毛利率”节点，在其数据转换面板将 year 和 date_time 列直连映射。

创建数据转换器“Calculation”，在其参数面板设置运算符为：减，并保存设置，用以计算毛利（即 business_income 和 cost 之差，其中 business_income 作为第一个入参，cost 作为第二个入参），见图 5－18。

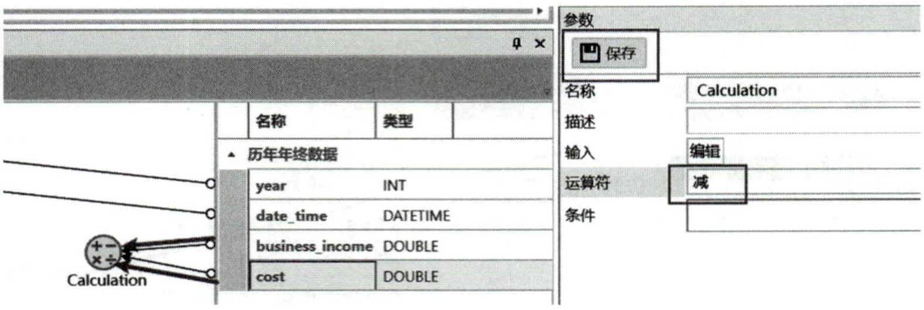

图 5－18

创建数据转换器“Calculation_2”，在其参数面板设置运算符为：除，并保存设置，用以计算毛利率（即 Calculation 和 business_income 之差，其中 Calculation 作为第一个入参，business_income 作为第二个入参），见图 5－19。

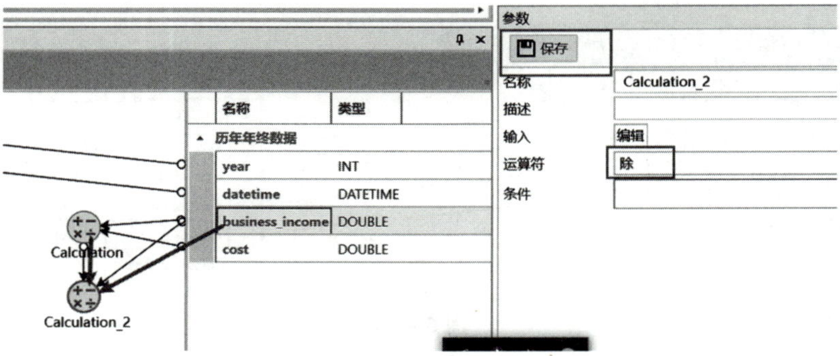

图 5－19

由 Calculation_2 生成新列并重命名为：gross_margin，见图 5－20。

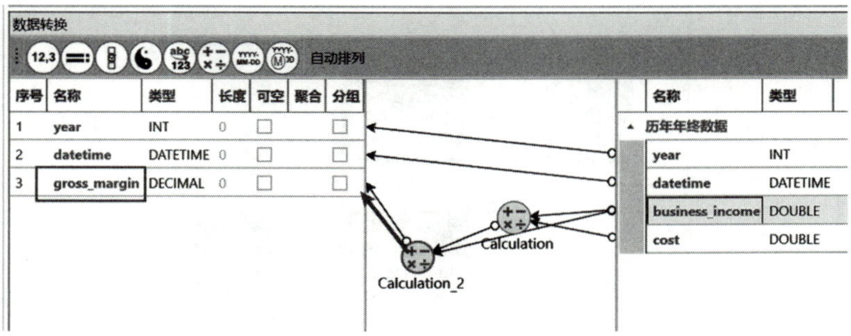

图 5－20

第 8 步：将历年毛利率落地到云数据库。

创建“云数据库”节点，选中“历年毛利率”节点，在其属性面板勾选“是否落地”，设置落地表名为：Gross_margin，落地目标为：云数据库，见图 5-21。

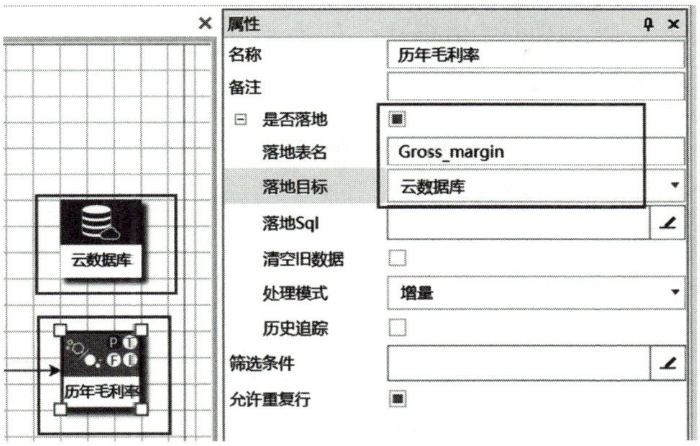

图 5-21

在“历年毛利率”节点上点击鼠标右键选择“创建落地对象”，并确定。

点击运行菜单下的【调试】按钮，当所有节点全部变化为草绿色说明调试完毕，点击运行菜单下的【停止】按钮，见图 5-22。

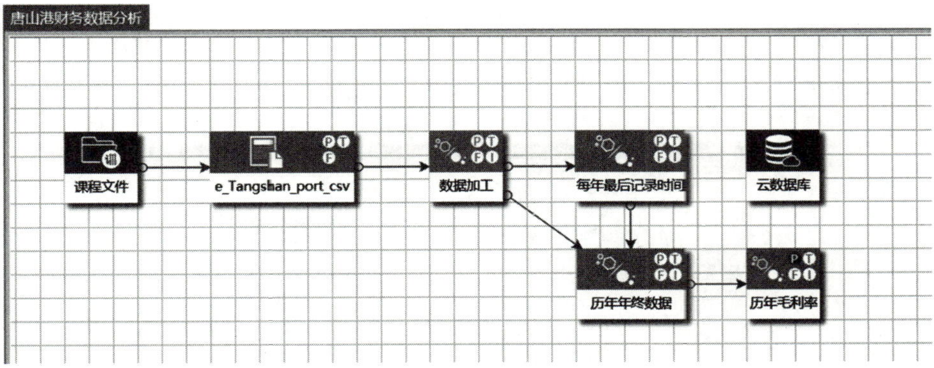

图 5-22

第 9 步：进入 DEEP 可视化模块。

点击“可视化”菜单进入 DEEP 可视化模块，见图 5-23。

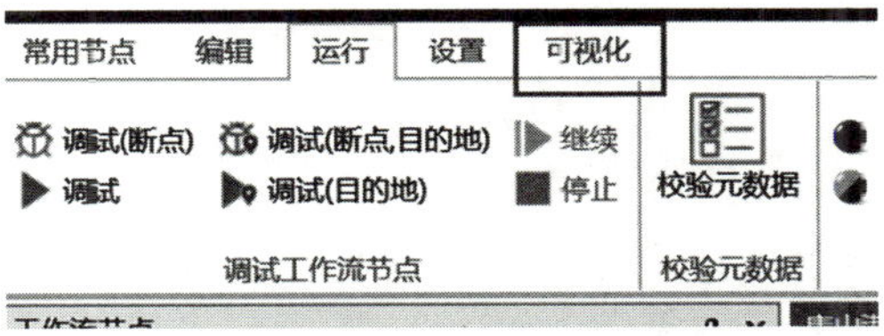

图 5-23

任务 5－2　利润率可视化

利润率可视化

将处理后的数据导入 DEEP 可视化模块，依次点击左侧导航菜单“数据准备” --> “［××××］用户业务包”，见图 5－24。

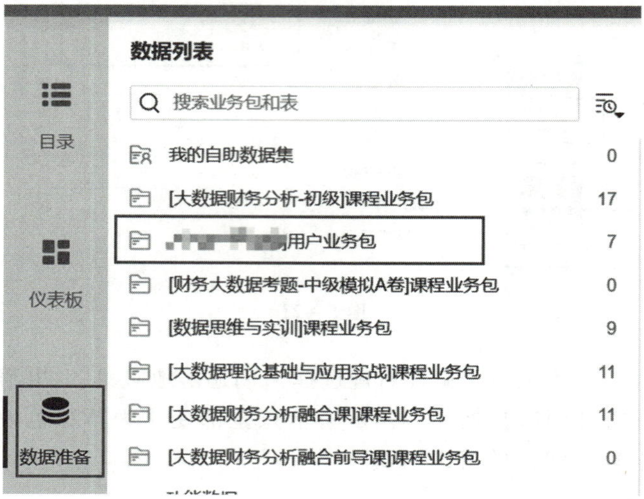

图 5－24

点击“添加表”下拉菜单中的“DB 数据库表”，见图 5－25。

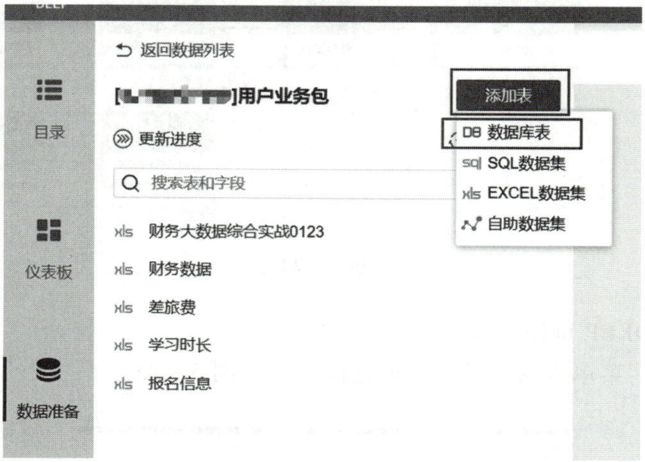

图 5－25

选择上面处理后并落地的表“DB gross_margin”，点击【确定】按钮，见图 5－26。打开表的“实时数据”开关，见图 5－27。

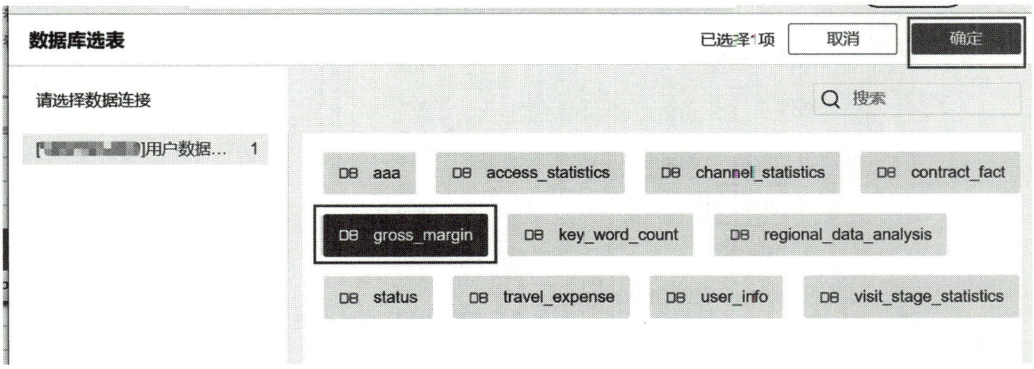

图 5 – 26

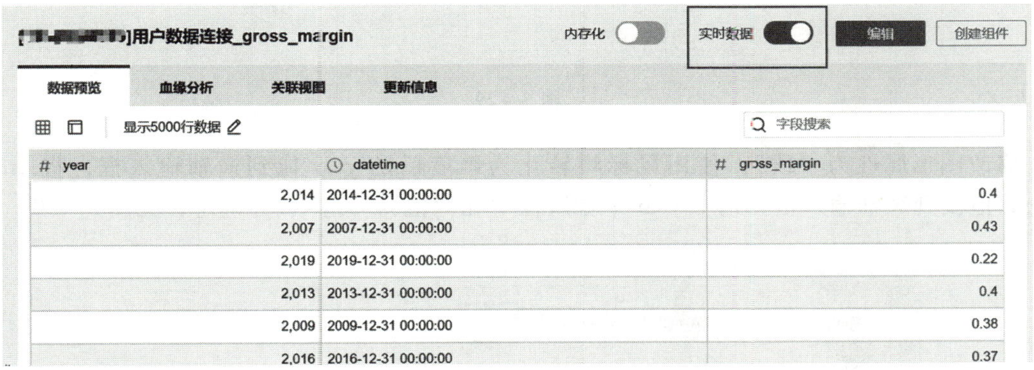

图 5 – 27

点击表的【创建组件】按钮，设置名称及位置并点击【确定】按钮，见图 5 – 28。

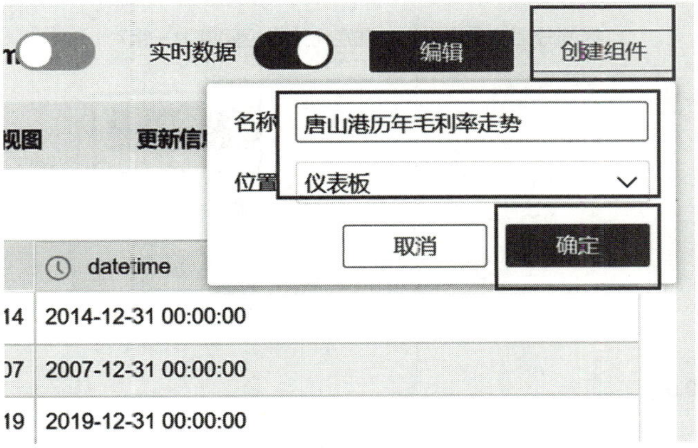

图 5 – 28

在左侧指标面板将 year 由指标转换为维度（作为折线图的横轴），见图 5－29。

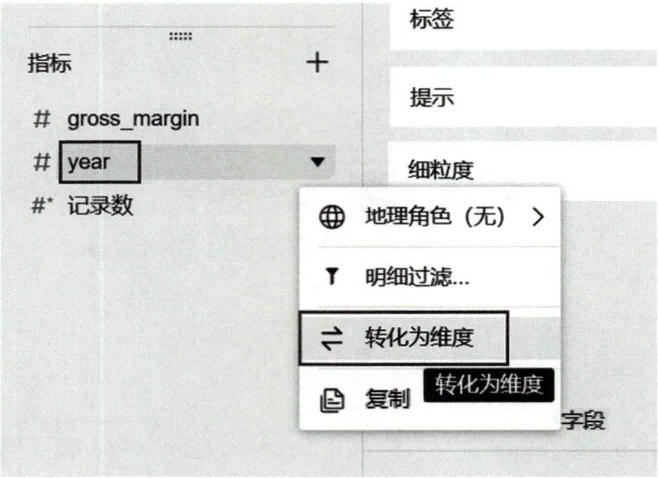

图 5－29

修改图形属性为“线”，使用鼠标将转化为维度后的 year 拖到横轴输入框，将 gross_margin 拖拽到纵轴输入框，选中 year 下拉属性“相同值为一组”，并确定，见图 5－30。

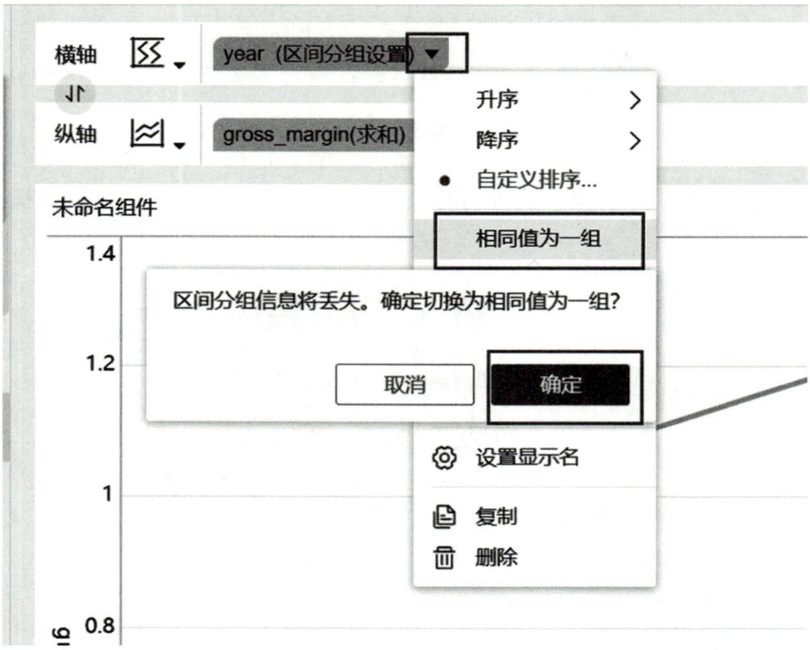

图 5－30

设置完毕，点击右上角的【进入仪表板】按钮进入仪表板修改组件名称为“唐山港历年毛利率走势”，见图 5－31、图 5－32。

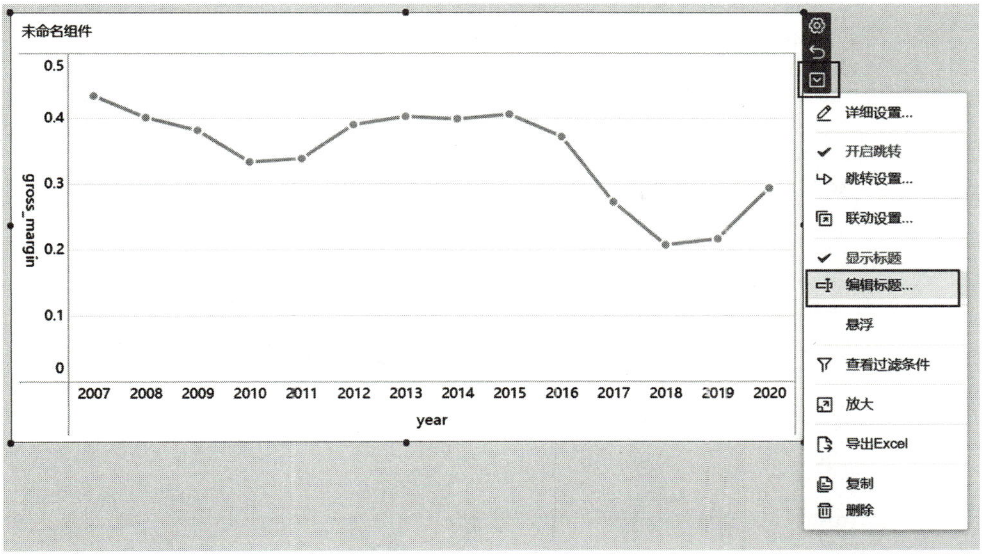

图 5－31

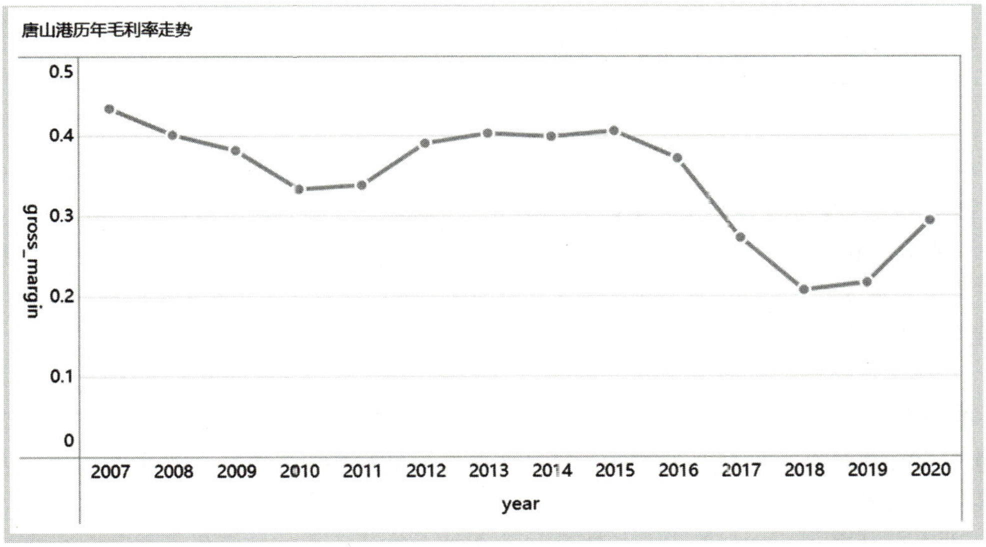

图 5－32

我们从“唐山港历年毛利率走势”折线图中不难看出，唐山港 2015—2018 年毛利率处于下降趋势，2018—2019 年处于上升趋势。

唐山港在 2010 年国内经济增速下降的宏观经济背景下，为了减少这一宏观经济情况对自身毛利率的影响，开始开源节流，最终因大环境经济增速持续下降时间过久，即便采取了一系列应对措施，唐山港毛利率这一指标也在 2013 年开始下降，但正是这一系列措施才使其毛利率受到宏观经济的影响比较迟缓。

项目六
成本费用分析

【能力目标】

- ☐ 培养学生通过大数据进行物流成本控制的意识
- ☐ 掌握数据关联的使用方法
- ☐ 掌握数据处理中条件判断的使用
- ☐ 加强数据可视化的运用

【任务情境】

运输物流费用是企业运营中常见的成本支出，运输物流费用是随运输物流活动同步产生的，运输物流是供应链管理的重要内容，对企业的服务质量有非常重要的影响。如何加强运输物流管理、提高服务质量、降低物流成本是很多企业面临的问题。现有顺丰、申通和德邦三家物流公司的报价及物流运输记录数据，运用大数据技术深入分析，选择最合适的物流公司。

【知识准备】

成本分析是利用业务和财务数据，对影响成本水平和构成变动因素及原因进行分析，认识、掌握和运用成本变动的规律，为制订成本计划、经营决策提供重要依据。常用的成本分析技术方法有对比分析法、因素分析法和相关分析法等。成本结构受技术发展、生产类型和生产规模等因素的影响。

制造企业产品成本构成主要包括材料、人工成本和费用三部分。材料按实际耗用材料的真实价值计算，主要包括原材料、辅助材料、包装材料；人工成本按规定的工资标准、工时、产量记录等资料计算，还包括各种工资性补贴和职工福利费；费用主要指制造费用，包括生产单位车间管理人员的工资、职工福利费、折旧费、劳动保护费、水电费、维修费等，按约定的方法分配并计入成本对象成本中。

企业的期间费用包括销售费用、管理费用和财务费用。销售费用是企业在销售商品过程中支出的费用，包括运输费、装卸费、包装费、保险费、展览费和广告费，以及销售机构的工资及福利费、业务费等销售费用；管理费用是企业生产经营所发生的费用，如行政管理部门职工工资、修理费、物料消耗、低值易耗品摊销、办公费和差旅费等、工会经费、待业保险费、劳动保险费、咨询费、诉讼费、业务招待费、技术转让费、排污费等；财务费用是筹集生产经营所需资金等而发生的费用，如利息支出、汇兑损失以及相关的手续费等。

企业的物流运输成本通常由运输、库存和管理三部分组成。运输成本是指承运人为完成特定货物位移而消耗的物化劳动和活劳动的总和；库存成本是指花费在保存货物上的费用；管理成本通常是以一个系数乘以库存费用和运输费用的总和得出的。

影响物流运输成本的因素是多样化、综合性的，包括人员、技术、制度、政策等，对物流运输成本的分析应以数据为基础，采用客观性、系统性的思维进行综合分析。

【数据准备】

本任务选用的数据集为顺丰、申通和德邦三家物流公司的报价和包裹信息，以及某物流公司 2017 年全年物流运输单记录。

包裹信息预览如图 6－1 所示。

order_number	packing_time	province	city	package_weight
out-1	2020-03-01 09:58:38	黑龙江省	哈尔滨市	105
out-2	2020-03-01 09:58:41	北京	北京市	46
out-3	2020-03-01 09:59:35	辽宁省	沈阳市	59
out-4	2020-03-01 09:59:40	北京	北京市	85
out-5	2020-03-01 09:59:45	辽宁省	沈阳市	257
out-6	2020-03-01 10:54:31	山西省	太原市	288
out-7	2020-03-01 10:54:37	上海	上海市	288
out-8	2020-03-01 10:54:40	天津	天津市	288
out-9	2020-03-01 10:54:42	辽宁省	葫芦岛市	288
out-10	2020-03-01 10:54:46	天津	天津市	288
out-11	2020-03-01 10:54:47	北京	北京市	288
out-12	2020-03-01 10:54:51	北京	北京市	288
out-13	2020-03-01 10:54:54	天津	天津市	288
out-14	2020-03-01 10:54:56	天津	天津市	288

图 6－1

具体字段说明如表 6－1 所示。

表 6－1

字段名称	字段含义
order_number	包裹编号
packing_time	打包时间
province	目的省份
city	目的城市
package_weight	包裹重量（克）

顺丰报价预览如图 6－2 所示。

province	price_within_1kg	unit_price_of_continued_weight
天津	14.5	2
北京	16.5	2
河北省	14.5	2
辽宁省	23.5	8
山东省	23.5	8
山西省	23.5	8
河南省	23.5	8
上海	24.5	10
江苏省	24.5	10
湖北省	24.5	10
陕西省	24.5	10
吉林省	24.5	10
黑龙江省	24.5	10
内蒙古自治区	24.5	10

图 6－2

顺丰报价具体字段说明如表 6－2 所示。

表 6－2

字段名称	字段含义
province	省份
price_within_1kg	首重 1 公斤价格
unit_price_of_continued_weight	续重单价

申通报价预览如图 6－3 所示。

id	province	price_within_1kg	unit_price_of_continued_weight
1	北京	5	1
2	天津	5	1
3	河北省	5	1
4	山东省	5	1
5	安徽省	5	1
6	浙江省	5	1
7	江苏省	5	1
8	上海	5	1
9	黑龙江省	5	2
10	吉林省	5	2
11	辽宁省	5	2
12	山西省	5	2
13	陕西省	5	2
14	湖南省	5	2

图 6－3

申通报价具体字段说明如表 6－3 所示。

表 6－3

字段名称	字段含义
province	省份
price_within_1kg	首重 1 公斤价格
unit_price_of_continued_weight	续重单价

德邦报价预览如图 6－4 所示。

province	one_kg	two_kg	three_kg	four_kg	five_kg	more_than_five_kg
安徽省	15.5	20.5	22.5	26.5	30.5	4.0
北京	13.5	15.5	15.5	17.5	19.5	2.0
福建省	15.5	20.5	24.5	28.5	32.5	4.0
甘肃省	16.5	21.5	25.5	29.5	33.5	4.0
广东省	15.5	21.5	24.5	29.5	34.5	5.0
广西壮族自治区	16.5	22.5	25.5	31.5	37.5	6.0
贵州省	16.5	22.5	25.5	30.5	35.5	5.0
海南省	16.5	22.5	25.5	31.5	37.5	6.0
河北省	12.5	14.5	15.5	17.0	18.5	1.5
河南省	15.5	20.5	22.5	26.5	30.5	4.0
黑龙江省	15.5	20.5	22.5	26.5	30.5	4.0
湖北省	15.5	20.5	22.5	26.5	30.5	4.0
湖南省	15.5	20.5	22.5	26.5	30.5	4.0
吉林省	15.5	20.5	22.5	26.5	30.5	4.0

图 6－4

德邦报价具体字段说明如表 6－4 所示。

表 6－4

字段名称	字段含义
province	省份
one_kg	1 公斤内价格
two_kg	2 公斤内价格
three_kg	3 公斤内价格
four_kg	4 公斤内价格
five_kg	5 公斤内价格
more_than_five_kg	超出 5 公斤部分每公斤价格

某物流公司 2017 年物流运输记录数据预览如图 6－5 所示。

date	city	express_line	signature_type	type_of_shipping	business_type	ID	SECN	longitude	number	latitude	signed_in
2017-01-01	北京市	北京市-三亚市	网点签单	汽运专线	常温化工危险品	1	0	116.4	297	39.9	179
2017-02-01	三亚市	北京市-三亚市	原件签单	汽运偏线	常温普货	2	1	109.5	297	18.26	159
2017-03-01	北京市	北京市-中卫市	其他	汽运偏线	常温普货	3	0	116.4	1325	39.9	1006
2017-04-01	中卫市	北京市-中卫市	其他	汽运偏线	常温普货	4	1	105.18	1325	37.52	1153
2017-05-01	乌鲁木齐市	乌鲁木齐市-丽水市	其他	汽运偏线	常温普货	5	0	87.62	3134	43.82	2291
2017-06-01	丽水市	乌鲁木齐市-丽水市	网点签单	汽运偏线	冷链普货	6	1	119.92	3134	28.45	1912
2017-07-01	北京市	北京市-乌鲁木齐市	其他	国内空运	常温化工品	7	0	116.4	667	39.9	599
2017-08-01	乌鲁木齐市	北京市-乌鲁木齐市	网点签单	新邦快线	冷链普货	8	1	87.62	667	43.82	266
2017-09-01	丽水市	丽水市-九江市	其他	新邦快线	冷链化工品	9	0	119.92	2184	28.45	1900
2017-10-01	九江市	丽水市-九江市	网点签单	新邦快线	常温普货	10	1	116	2184	29.7	1928
2017-11-01	九江市	九江市-伊春市	原件签单	汽运专线	冷链普货	11	0	116	528	29.7	336
2017-12-01	伊春市	九江市-伊春市	网点签单	新邦专线	冷链普货	12	1	128.9	528	47.73	176
2017-03-17	包头市	包头市-保定市	其他	汽运偏线	冷链化工品	13	0	109.83	1475	40.65	1255
2017-06-21	保定市	包头市-保定市	其他	城际专线	常温化工品	14	1	115.48	1475	38.05	562
2017-05-29	北京市	北京市-克拉玛依市	网点签单	新邦快线	冷链化工品	15	0	116.4	493	39.9	405
2017-01-24	克拉玛依市	北京市-克拉玛依市	其他	汽运专线	常温普货	16	1	84.87	493	45.6	264
2017-05-28	大同市	大同市-包头市	网点签单	新邦快线	冷链化工品	17	0	113.3	2837	40.08	1078
2017-09-17	包头市	大同市-包头市	网点签单	汽运偏线	常温化工危险品	18	1	109.83	2837	40.65	1745
2017-03-02	咸宁市	咸宁市-十堰市	其他	城际快线	冷链普货	19	0	114.32	1385	29.85	986
2017-03-22	十堰市	咸宁市-十堰市	其他	城际专线	常温化工危险品	20	1	110.78	1385	32.65	438
2017-10-18	安庆市	安庆市-南平市	原件签单	新邦快线	常温化工危险品	21	0	117.05	2193	30.53	1831
2017-08-07	南平市	安庆市-南平市	原件签单	城际快线	常温化工品	22	1	118.17	2193	26.65	1296
2017-08-10	吴忠市	吴忠市-台州市	网点签单	城际快线	常温化工品	23	0	106.2	2648	37.98	948
2017-09-18	台州市	吴忠市-台州市	其他	城际专线	冷链普货	24	1	121.43	2648	28.68	1319
2017-10-09	固原市	固原市-吴忠市	其他	城际快线	冷链普货	25	0	106.28	1639	36	1259
2017-09-10	吴忠市	固原市-吴忠市	原件签单	国内空运	常温化工危险品	26	1	106.2	1639	37.98	798
2017-03-25	咸宁市	咸宁市-周口市	网点签单	城际专线	冷链普货	27	0	116.4	1859	39.9	1387
2017-02-23	周口市	咸宁市-周口市	网点签单	新邦专线	冷链化工品	28	1	114.65	1859	33.62	1188
2017-04-27	北京市	北京市-呼和浩特市	原件签单	国内空运	冷链化工品	29	0	116.4	485	39.9	242
2017-08-17	呼和浩特市	北京市-呼和浩特市	原件签单	城际专线	冷链普货	30	1	111.73	485	40.83	361
2017-07-06	娄底市	娄底市-咸宁市	其他	国内空运	冷链普货	31	0	116.4	745	39.9	292

图 6－5

具体字段说明如表 6－5 所示。

表 6－5

字段名称	字段含义
date	日期
city	城市
express_line	物流线路
signature_type	签单类型
type_of_shipping	运输方式
business_type	业务类型
ID	ID
SECN	线路编号，0 为下行，1 为上行
longitude	经度
number	件数
latitude	维度
signed_in	已签收

某物流公司各分公司历史订单数据预览如图 6－6 所示。

date	branch_of	cust	custom	shipping_c	industry	business_type	cost	gross_p	income
2017-01-01	南京分公司	A	宏尚	CP000001	快消品	常温化工危险品	1127.25	375.75	1503.0
2017-02-01	南京分公司	B	宝瑞吉	CP000002	化妆品	常温普货	1780.1	762.9	2543.0
2017-03-01	南京分公司	S	创海	CP000003	食品-低温	常温化工品	2348.25	782.75	3131.0
2017-04-01	南京分公司	S	营才	CP000004	家电电器	冷链化工品	2895.35	769.65	3665.0
2017-05-01	南京分公司	A	柏策千	CP000005	快消品	冷链普货	2418.03	1190.97	3609.0
2017-06-01	南京分公司	D	哲航	CP000006	医药	冷链化工危险品	2276.96	719.04	2996.0
2017-07-01	南京分公司	D	驰迅	CP000007	化工低温	冷链化工品	2354.36	961.64	3316.0
2017-08-01	南京分公司	B	奥正合	CP000008	化妆品	常温化工危险品	2073.33	1217.67	3291.0
2017-09-01	南京分公司	B	赛兴	CP000009	其他行业（临时	常温化工危险品	988.8	247.2	1236.0
2017-10-01	南京分公司	A	凤厅	CP000010	快消品	常温化工危险品	931.86	571.14	1503.0
2017-11-01	南京分公司	D	凯昆	CP000011	汽车零配件	常温化工品	786.8	337.2	1124.0
2017-12-01	南京分公司	D	丰聆万	CP000012	服装	常温普货	706.2	470.8	1177.0
2018-01-01	南京分公司	S	旺聚宋	CP000013	家电电器	常温化工品	2515.98	1898.02	4414.0
2018-02-01	南京分公司	S	叶湾	CP000014	食品-低温	冷链化工品	1409.28	1526.72	2936.0
2018-03-01	南京分公司	B	泰百	CP000015	快消品	冷链化工品	1619.2	910.8	2530.0

图 6－6

具体字段说明如表 6－6 所示。

表 6－6

字段名称	字段含义
date	日期
branch_office	分公司
customer_level	客户等级
customer_name	客户名称
shipping_order_num	运单编号
industry	行业
business_type	业务类型
cost	成本
gross_profit	毛利
income	收入

【技术准备】

- 项目、数据工作流、数据源组件的创建技能
- 文本类、算法类、时间类、数值类自定义加工组件及随机森林回归、移动平均算法及分组标签等操作技能
- 实验运行调试及数据可视化操作技能

【任务实施】

任务6－1　运输物流费用对比分析

运输物流费用对比分析

第1步：创建工作流。

运用前述任务所学习的操作方法建立数据加工流程如图6－7所示。

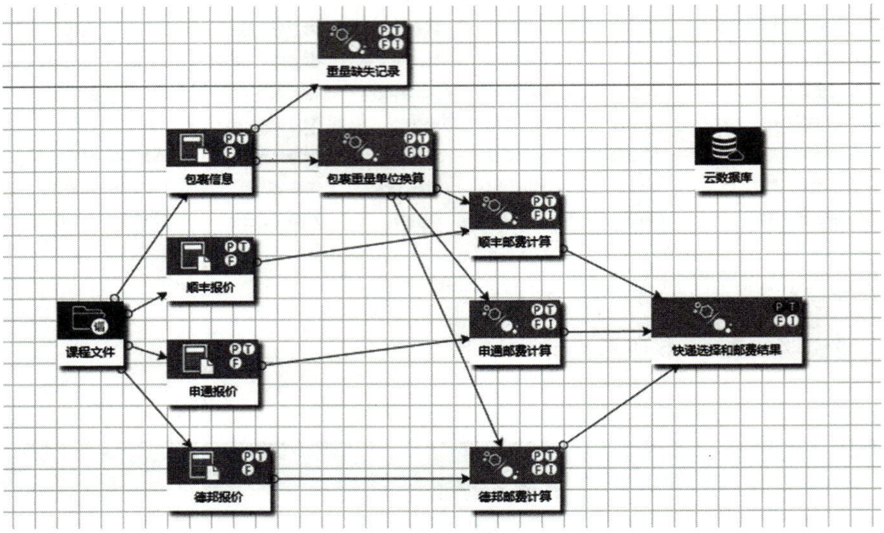

图6－7　数据加工流程

第2步：创建课程文件数据源并连接。

【课程文件】节点属性如表6－7所示。

表6－7

属性名	值
课程	大数据财务分析

第3步：创建【包裹信息】节点。

【包裹信息】节点属性如表6－8所示。

表6－8

属性名	值
名称	包裹信息
数据格式	XLSX
标题行号	1
起始数据行号	2
引用源	package_info. xlsx

第 4 步：创建【重量缺失记录】节点。

该节点用于筛选出来没有进行称重（或忘记记录重量）的包裹（如有需求可以进行落地处理）。

【属性】面板设置如表 6－9 所示。

表 6－9

属性名	值
名称	重量缺失记录
筛选条件	'包裹信息'. package_weight is null

转换逻辑定义如图 6－8 所示。

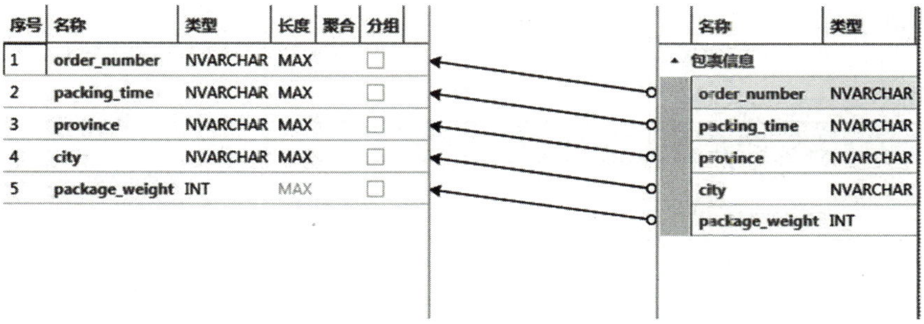

图 6－8

第 5 步：创建【包裹重量单位换算】节点。

转换逻辑定义如图 6－9 所示。

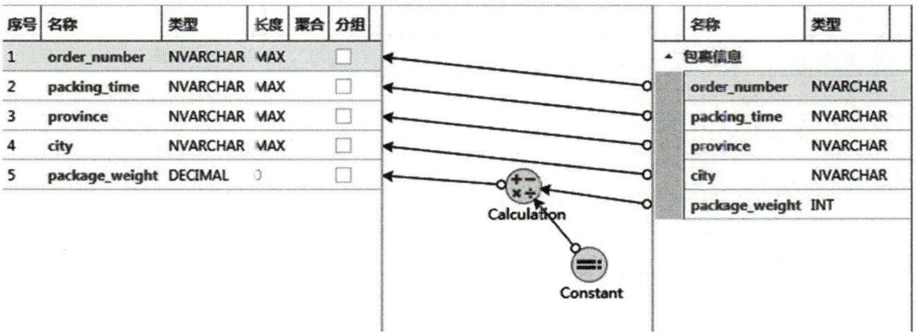

图 6－9

【数据转换器】参数如表 6－10 所示。

表 6－10

转换器	名称	参数	参数说明
Constant	Constant		数据类型：INT；值：1000
Calculation	Calculation	运算符：除	入参次序：package_weight、Constant

第 6 步：创建【顺丰报价】节点。

【顺丰报价】节点属性如表 6－11 所示。

表 6－11

属性名	值
名称	顺丰报价
数据格式	XLSX
标题行号	1
起始数据行号	2
引用源	sf_price. xlsx

第 7 步：创建【申通报价】节点。

【申通报价】节点属性如表 6－12 所示。

表 6－12

属性名	值
名称	申通报价
数据格式	XLSX
标题行号	1
起始数据行号	2
引用源	sto_price. xlsx

第 8 步：创建【德邦报价】节点。

【德邦报价】节点属性如表 6－13 所示。

表 6－13

属性名	值
名称	德邦报价
数据格式	XLSX
标题行号	1
起始数据行号	2
引用源	deppon_price. xlsx

第 9 步：创建【顺丰邮费计算】节点。

【连接】面板设置如表 6－14 所示。

表 6－14

工作流节点	连接类型	条件
包裹重量单位换算	Base	无
顺丰报价	InnerJoin	'顺丰报价'. province ='包裹重量单位换算'. province

转换逻辑定义如图 6－10 所示。

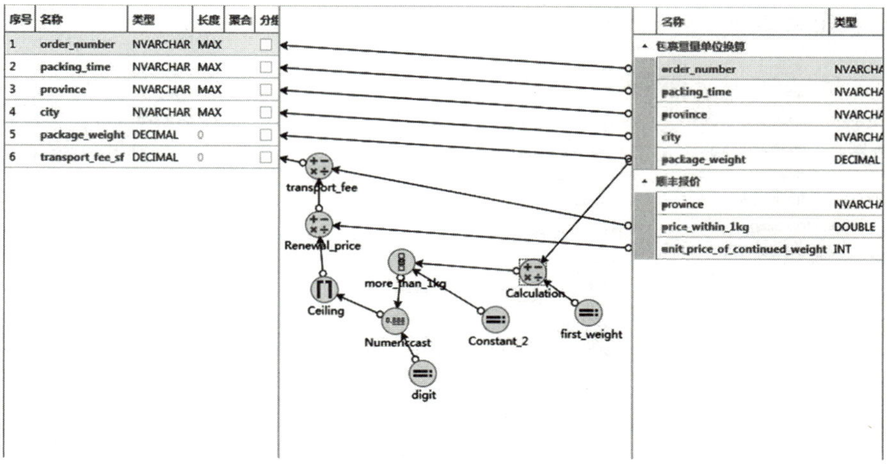

图 6－10

【数据转换器】参数如表 6－15 所示。

表 6－15

转换器	名称	参数	输入入参
Constant	first_weight	数据类型：INT 值：1	无
Calculation	Calculation	运算符：减	参加运算的第一个浮点数：package_weight、参加运算的第二个浮点数：first_weight
Constant	Constant_2	数据类型：DECIMAL 值：0	无
Choice	more_than_1kg	无	Calculation 对应的筛选条件：#Calculation ＞ 0，Constant_2 对应的筛选条件：1＝1
Constant	digit	数据类型：INT 值：5	无
Numericcast	Numericcast	目标数据类型：DOUBLE	被转换的数值输入：more_than_1kg、舍入的位数：digit
Ceiling	Ceiling	无	浮点数：Numericcast
Calculation	Renewal_price	运算符：乘	参加运算的第一个浮点数：Ceiling，参加运算的第二个浮点数：unit_price_of_continued_weight
Calculation	transport_fee	运算符：加	参加运算的第一个浮点数：price_within_1kg、参加运算的第二个浮点数：Renewal_price

第 10 步：创建【申通邮费计算】节点。

【连接】面板设置如表 6－16 所示。

表 6－16

工作流节点	连接类型	条件
包裹重量单位换算	Base	无
申通报价	InnerJoin	'申通报价'.province＝'包裹重量单位换算'.province

转换逻辑定义如图 6－11 所示。

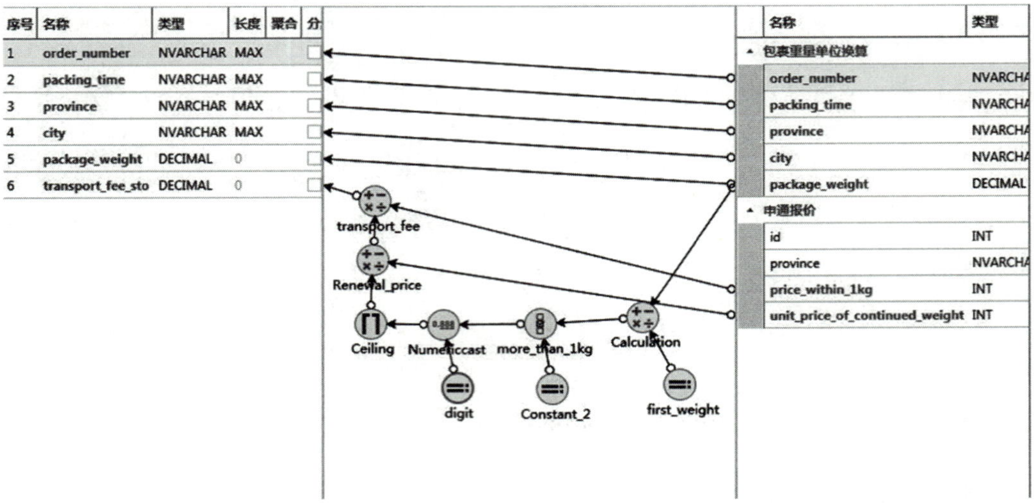

图 6－11

【数据转换器】参数如表 6－17 所示。

表 6－17

转换器	名称	参数	输入入参
Constant	first_weight	数据类型：INT 值：1	无
Calculation	Calculation	运算符：减	参加运算的第一个浮点数：package_weight、参加运算的第二个浮点数：first_weight
Constant	Constant_2	数据类型：DECIMAL 值：0	无
Choice	more_than_1kg	无	Calculation 对应的筛选条件：#Calculation ＞ 0，Constant_2 对应的筛选条件：1＝1
Constant	digit	数据类型：INT 值：5	无
Numericcast	Numericcast	目标数据类型：DOUBLE	被转换的数值输入：more_than_1kg，舍入的位数：digit
Ceiling	Ceiling	无	浮点数：Numericcast
Calculation	Renewal_price	运算符：乘	参加运算的第一个浮点数：Ceiling，参加运算的第二个浮点数：unit_price_of_continued_weight
Calculation	transport_fee	运算符：加	参加运算的第一个浮点数：price_within_1kg，参加运算的第二个浮点数：Renewal_price

第 11 步：创建【德邦邮费计算】节点。

【连接】面板设置如表 6－18 所示。

表 6－18

工作流节点	连接类型	条件
包裹重量单位换算	Base	无
德邦报价	InnerJoin	'德邦报价'. province ='包裹重量单位换算'. province

转换逻辑定义如图 6－12 所示。

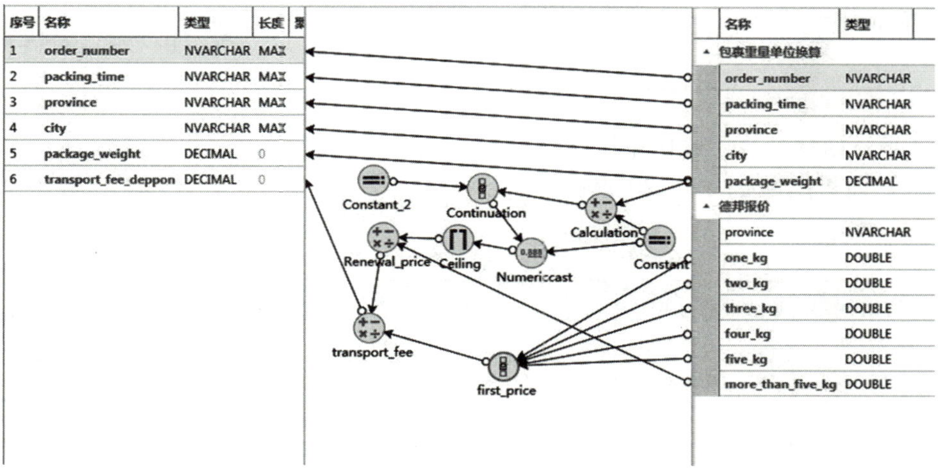

图 6－12

【数据转换器】参数如表 6－19 所示。

表 6－19

转换器	名称	参数	输入入参
Choice	first_price	无	one_kg 对应的筛选条件：包裹重量单位换算 . package_weight ＜ ＝ 1 two_kg 对应的筛选条件：包裹重量单位换算 . package_weight ＞ 1 and 包裹重量单位换算 . package_weight ＜ ＝ 2 three_kg 对应的筛选条件：包裹重量单位换算 . package_weight ＞ 2 and 包裹重量单位换算 . package_weight ＜ ＝ 3 four_kg 对应的筛选条件：包裹重量单位换算 . package_weight ＞ 3 and 包裹重量单位换算 . package_weight ＜ ＝ 4 five_kg 对应的筛选条件：包裹重量单位换算 . package_weight ＞ 4
Constant	Constant	数据类型：INT 值：5	无
Calculation	Calculation	运算符：减	参加运算的第一个浮点数：package_weight、参加运算的第二个浮点数：Constant
Constant	Constant_2	数据类型：DECIMAL 值：0	无
Choice	Continuation	无	Calculation 对应的筛选条件：#Calculation ＞ 0 Constant_2 对应的筛选条件：1 ＝1

续表

转换器	名称	参数	输入入参
Numericcast	Numericcast	目标数据类型：DOUBLE	被转换的数值输入：Continuation 舍入的位数：Constant
Ceiling	Ceiling	无	浮点数：Numericcast
Calculation	Renewal_price	运算符：乘	参加运算的第一个浮点数：Ceiling；参加运算的第二个浮点数：more_than_five_kg
Calculation	transport_fee	运算符：加	参加运算的第一个浮点数：first_price；参加运算的第二个浮点数：Renewal_price

第 12 步：创建【快递选择和邮费结果】节点。

【连接】面板设置如表 6－20 所示。

表 6－20

工作流节点	连接类型	条件
顺丰邮费计算	Base	无
申通邮费计算	InnerJoin	'顺丰邮费计算'. order_number = '申通邮费计算'. order_number
德邦邮费计算	InnerJoin	'顺丰邮费计算'. order_number = '德邦邮费计算'. order_number

转换逻辑定义如图 6－13 所示。

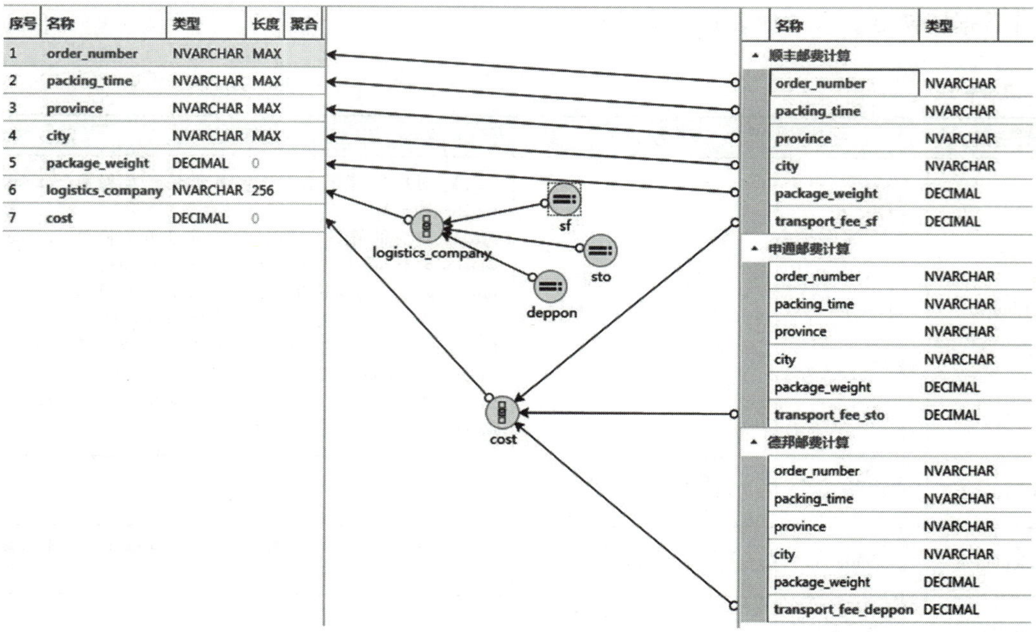

图 6－13

【数据转换器】参数如表 5 – 21 所示。

表 6 – 21

转换器	名称	参数	输入入参
Constant	sf	数据类型：NVARCHAR 值：顺丰	无
Constant	sto	数据类型：NVARCHAR 值：申通	无
Constant	deppon	数据类型：NVARCHAR 值：德邦	无
Choice	logistics_company	无	sf 对应的筛选条件：顺丰邮费计算 . transport_fee_sf < = 德邦邮费计算 . transport_fee_deppon and 顺丰邮费计算 . transport_fee_sf < = 申通邮费计算 . transport_fee_sto sto 对应的筛选条件：申通邮费计算 . transport_fee_sto < 顺丰邮费计算 . transport_fee_sf and 申通邮费计算 . transport_fee_sto < 德邦邮费计算 . transport_fee_deppon deppon 对应的筛选条件：德邦邮费计算 . transport_fee_deppon < 顺丰邮费计算 . transport_fee_sf and 德邦邮费计算 . transport_fee_deppon < = 申通邮费计算 . transport_fee_sto
Choice	cost	无	transport_fee_sf 对应的筛选条件：#logistics_company = 顺丰 transport_fee_sto 对应的筛选条件：#logistics_company = 申通 transport_fee_deppon 对应的筛选条件：#logistics_company = 德邦

【属性】面板设置如表 6 – 22 所示。

表 6 – 22

属性名	值	备注
名称	快递选择和邮费结果	
是否落地	True（勾选）	
落地表名	freight_optimization	
落地目标	云数据库	
清空旧数据	True（勾选）	该属性用于每次调试时清空落地表中已经存在的数据，这里为了防止多次调试数据多次重复落地，大家根据自身需求设置

第 13 步：创建【云数据库】节点。

【云数据库】节点属性如表 6 – 23 所示。

表 6 – 23

属性名	值
名称	云数据库
数据库名称	个人库

调试结果如图 6 – 14 所示。

重量缺失记录 | 快递选择和邮费结果

order_number	packing_time	province	city	package_weight
out-24329	2020-03-31 18:02:40	浙江省	丽水市	null

（1）

重量缺失记录 | 快递选择和邮费结果

order_number	packing_time	province	city	package_weight	logistics_company	cost
out-10178	2020-03-08 14:51:30	广东省	茂名市	0.0790	申通	5.0000
out-10475	2020-03-08 16:07:16	江苏省	南通市	0.1200	申通	5.0000
out-10749	2020-03-08 17:19:54	山东省	泰安市	0.0760	申通	5.0000
out-10838	2020-03-08 17:59:55	广东省	广州市	0.1010	申通	5.0000
out-10871	2020-03-08 18:07:55	吉林省	长春市	0.3870	申通	5.0000
out-11188	2020-03-09 11:07:52	河北省	承德市	0.0500	申通	5.0000
out-11370	2020-03-09 12:12:47	海南省	陵水黎族自治县	0.2410	申通	5.0000
out-11533	2020-03-09 15:55:04	广东省	中山市	0.0230	申通	5.0000
out-11712	2020-03-09 17:52:39	浙江省	绍兴市	0.0990	申通	5.0000
out-12045	2020-03-10 11:28:06	湖南省	长沙市	0.1670	申通	5.0000
out-12167	2020-03-10 11:35:45	陕西省	咸阳市	0.0550	申通	5.0000
out-123	2020-03-01 10:59:11	山东省	青岛市	0.2880	申通	5.0000
out-12350	2020-03-10 14:31:00	浙江省	台州市	0.2390	申通	5.0000
out-12547	2020-03-10 15:36:10	山东省	烟台市	0.2090	申通	5.0000
out-12585	2020-03-10 15:51:50	天津	天津市	0.2380	申通	5.0000
out-12687	2020-03-10 17:19:44	河南省	郑州市	0.0670	申通	5.0000

（2）

图 6－14

从“重量缺失记录”的调试结果中我们可以看到，包裹编号为 out-24329 的包裹没有重量，需要将其返回给相应工作人员进行称重和记录。

从“快递选择和邮费结果”的调试结果中我们可以看到，logistics_company 字段为流程推荐的最优快递公司，cost 字段为根据三家快递公司报价以及包裹重量计算出来的最低邮费。

任务 6－2　运输物流费用可视化

运输物流费用可视化

第 1 步：准备数据。

点击【可视化】菜单，系统会自动打开默认浏览器并进入可视化模块，如图 6－15 所示。

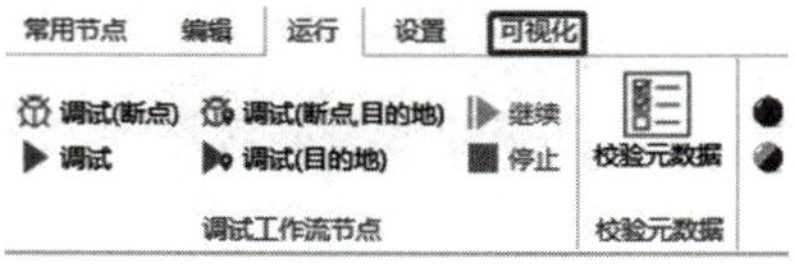

图 6－15

依次点击【数据准备】 --> 【［×××］用户业务包】 --> 【添加表】下拉菜单的【DB 数据库表】进入数据库选表界面，将上述落地的表 freight_optimization 添加到业务包中。

在业务包中对其重命名为：freight_optimization，并将其【实时数据】开关打开。

第 2 步：创建“快递成本分析”仪表板。

添加【组件】并绘制“包裹承运公司与运费列表”。

点击【添加组件】按钮，在弹出的【添加组件】弹窗选择【［×××］用户业务包】下的表“DB freight_optimization”并确定，如图 6 – 16 所示。

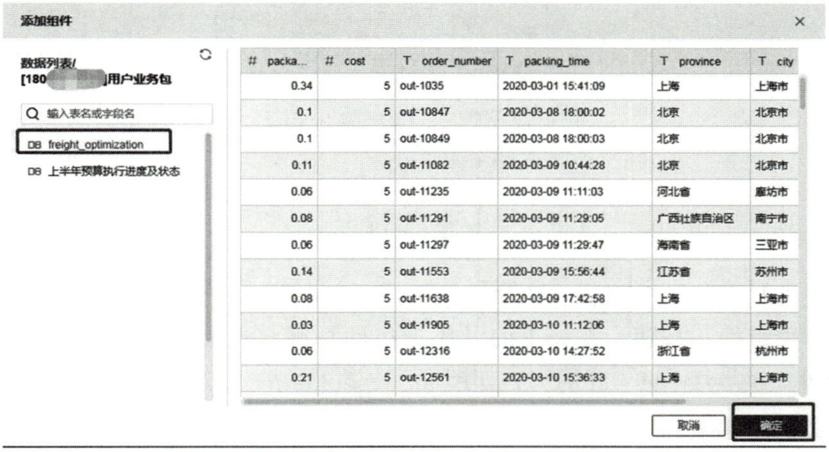

图 6 – 16

在【图表类型】中选择第一个类型“明细表”。

拖拽“待分析维度”和“待分析指标”下的字段“order_number”“city”“package_weight”“logistics_company”“cost”至“数据”并依次重命名为：编号、目标城市、包裹重量（kg）、承运公司、运费（元），如图 6 – 17 所示。

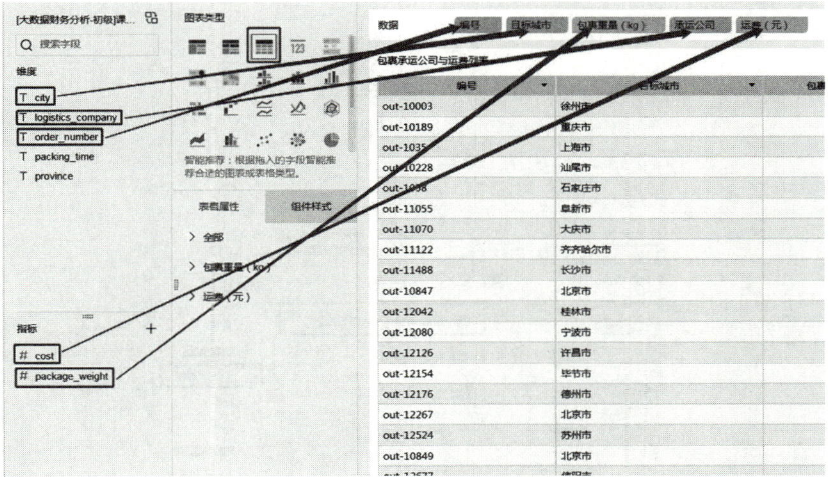

图 6 – 17

单击“组件样式”面板下的“标题”菜单，将组件标题修改为“包裹承运公司与运费列表”，如图 6－18 所示。

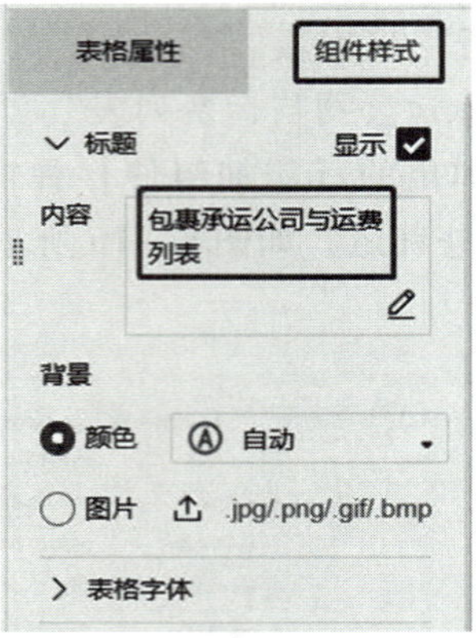

图 6－18

添加【组件】并绘制“目标省份快递总费用分布图”。

点击“添加组件”按钮，在弹出的【添加组件】弹窗选择【［×××］用户业务包】下的表“freight_optimization”并确定，如图 6－19 所示。

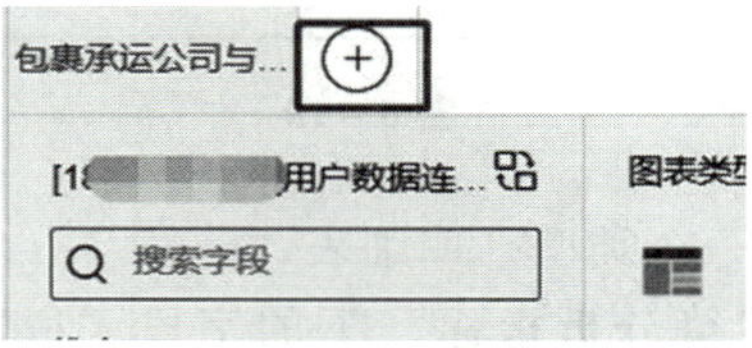

图 6－19

在“待分析维度”中通过“province”列生成“地理角色”（省/市/自治区），如图 6－20 所示。

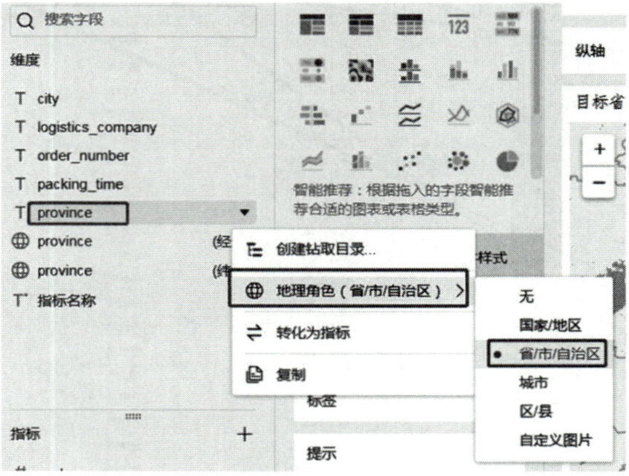

图 6－20

在【图表属性】中选择类型为：填充地图。

拖拽“待分析维度”下的字段“province（经度）”至“横轴”输入框；

拖拽“待分析维度”下的字段“province（纬度）”至“纵轴”输入框；

拖拽“待分析指标”下的字段“cost”至“图形属性”下的“颜色”输入框，如图 6－21 所示。

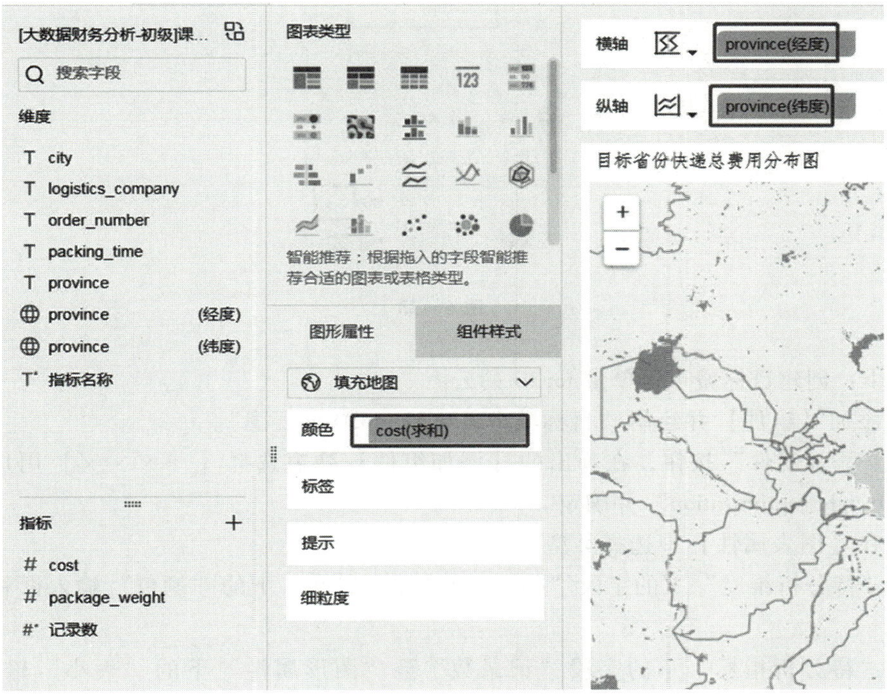

图 6－21

点击“图形属性”下的“颜色输入框”，设置简便类型为“区域渐变”，渐变方案设置为“生长”，如图 6－22 所示。

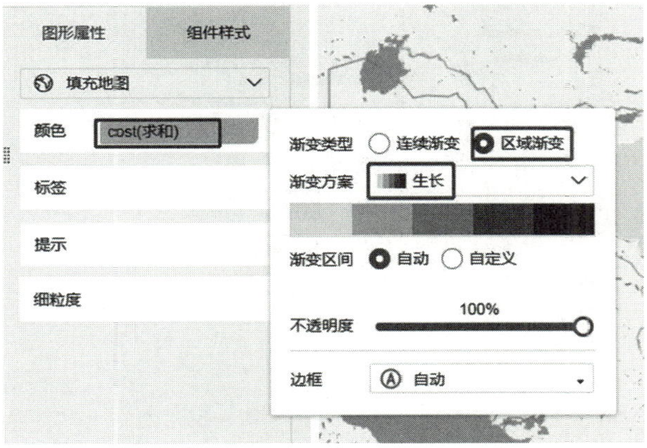

图 6－22

单击“组件样式”面板下的“标题”菜单，将组件标题修改为“目标省份快递总费用分布图”，并取消图例的勾选，如图 6－23 所示。

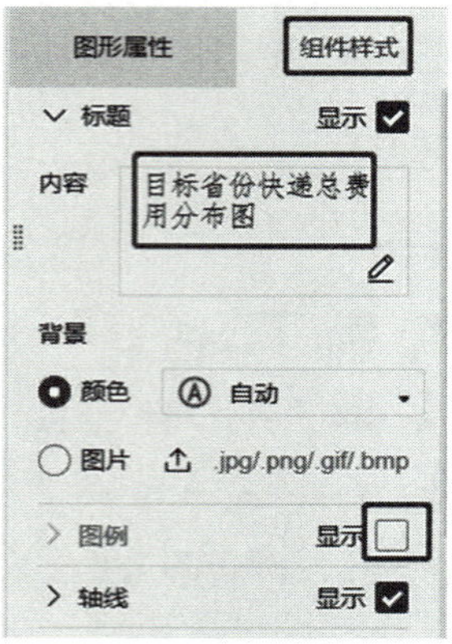

图 6－23

第 3 步：创建目标城市运单量 top30 词云图。

（1）添加【组件】并绘制“目标城市运单量 top30 词云图”。

点击“添加组件”按钮，在弹出的【添加组件】弹窗选择【［×××］用户业务包】下的表“freight_optimization”并确定。

（2）在【图表属性】中选择类型为：文本。

拖拽“待分析维度”下的字段“city”至“图形属性”下的“颜色”输入框和“文本”输入框。

拖拽“待分析指标”下的字段“记录数”至“图形属性”下的“大小”输入框，如图 6－24 所示。

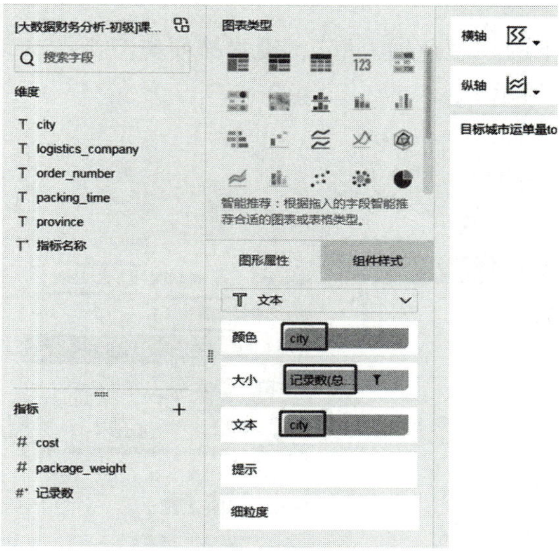

图 6－24

打开“大小”输入框中“记录数（总行数）”的“过滤”设置弹窗，如图 6－25 所示。

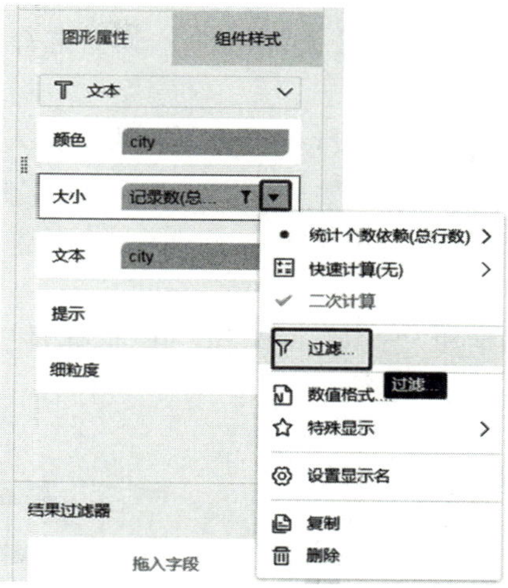

图 6－25

设置过滤条件为：记录数（总行数），最大的 N 个，N＝30，并确定，如图 6－26 所示。

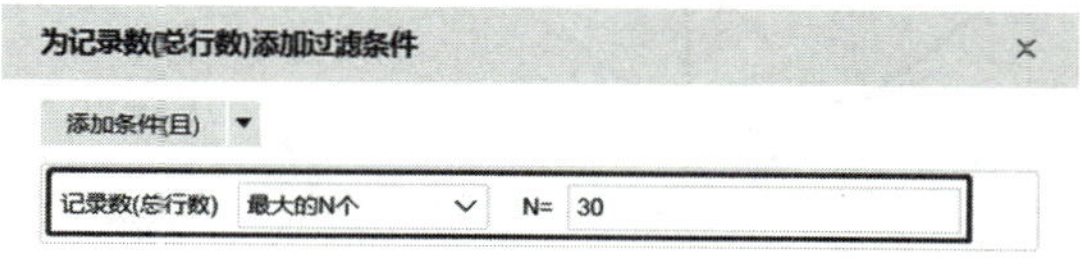

图 6－26

单击“组件样式”面板下的“标题”菜单，将组件标题修改为“目标城市运单量 top30 词云图”，并取消图例的勾选，如图 6－27 所示。

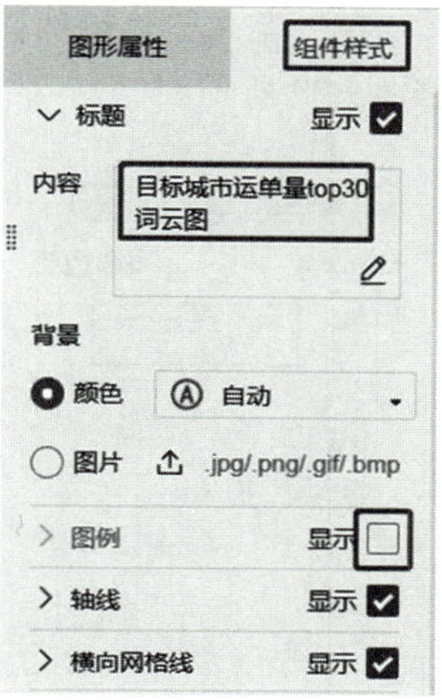

图 6－27

第 4 步：目标省份运费词云图。

(1) 添加【组件】并绘制“目标省份运费词云图”。

点击“添加组件”按钮，在弹出的【添加组件】弹窗选择【[×××]用户业务包】下的表“freight_optimization”并确定。

拖拽“待分析维度”下的字段“province”至“纵轴”输入框并重命名为：目标省份。

拖拽“待分析指标”下的字段“cost”和“记录数”至“横轴”并分别重命名为：累计费用、累计件数。

(2) 点击“图表类型”中的“对比柱状图”。

拖拽“待分析维度”下的字段“province”至“图形属性”下的“颜色”输入框，如图 6－28 所示。

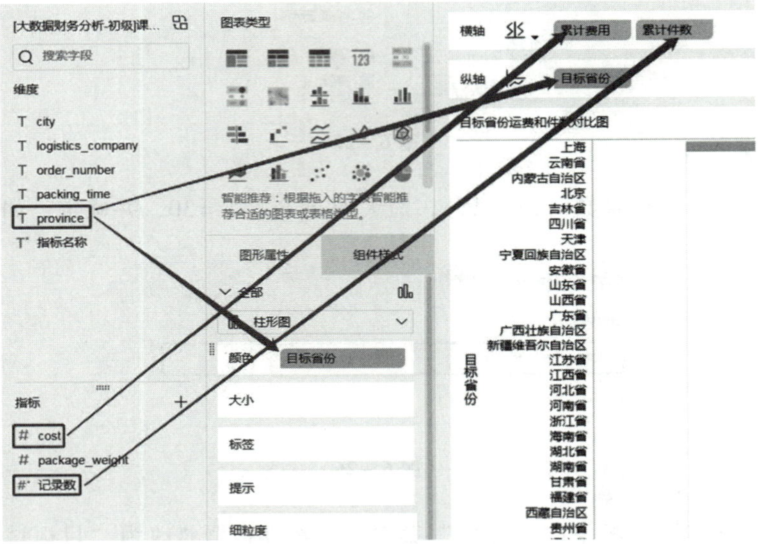

图 6－28

单击“组件样式”面板下的“标题”菜单，将组件标题修改为“目标省份运费和件数对比图”，并取消图例的勾选，如图 6－29 所示。

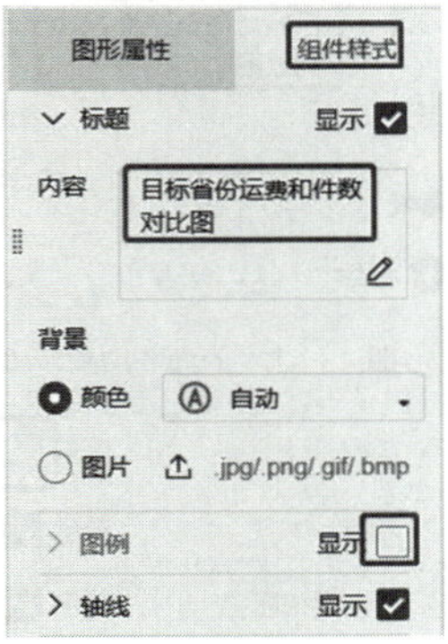

图 6－29

设置仪表板标题并调整组件排版。

点击右上角的【进入仪表板】按钮，进入仪表板编辑界面，如图 6－30 所示。

图 6－30

点击【其他】 --> 【文本组件】添加文本组件并编辑标题为：快递成本分析，如图 6－31 所示。

图 6－31

根据自己喜好进行组件排版，结果如图 6－32 所示。

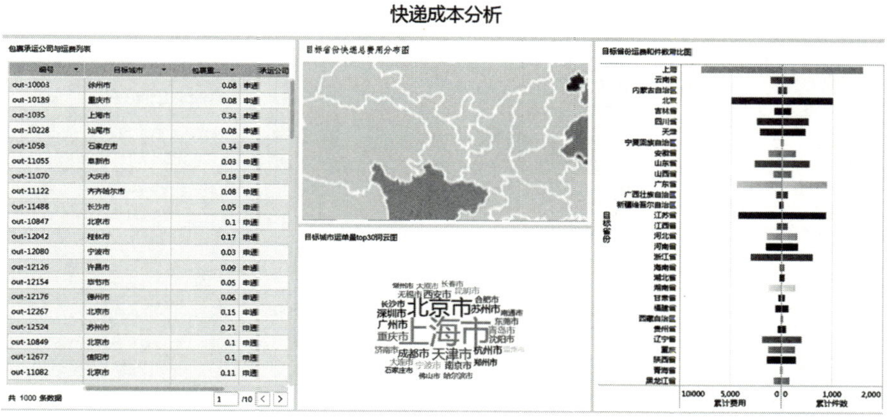

图 6－32

从“包裹承运公司与运费列表”中我们可以很方便地查出每一个包裹的最低运费和推荐承运公司，从另外三个可视化结果中我们可以看到，总运费和件数最多的省份分别为上海市、北京市、广东省、江苏省、浙江省和四川省等。

项目七 预算执行情况分析

【能力目标】

1. 数据思维培养目标

基于大数据思维进行政府开支审计

2. 数据能力训练目标

掌握数据筛选的使用

【任务情境】

为提高预算执行效率，防止年底突击花钱现象发生，亚特兰大市财政部门制定的相关规定中明确，预算一经正式批复，每月应按不低于8%的序时进度完成预算支出，确保各部门预算支出进度上半年不低于45%，前三季度不低于70%，前11个月不低于85%。因此，通过对支付数据进行分析计算，得到各预算单位2017年上半年的预算支出进度。

【知识准备】

预算是经法定程序审核批准的国家年度集中性财政收支计划，具体规定国家财政收入来源和金额、财政支出的用途和金额。预算还指企业在未来一段时期内经营、资本、财务等各方面的收入、支出、现金流的总体计划，各方都必须遵照执行，以协调和控制既定期间内资源的获得、配置和使用。预算可以分为业务预算、专门决策预算和财务预算或长期预算和短期预算。当经营环境异常变化、战略方向重大改变或原预算制定发生重大偏移时，经预算调整委员会批准，预算可以调整。

【数据准备】

本项目所用数据为亚特兰大各政府部门2017年全年支付明细数据集（vendor_payments）。

各字段说明如表7－1所示。

表 7-1

BUSINESS_UNIT	部门编号
OCP_AGNCY_NAME	单位名称
NAME1	收款人
STATE	州
POSTAL	邮编
EFFDT	有效期
VOUCHER_ID	凭证 ID
VOUCHER_STYLE	凭证样式
DESCR1	描述
VOUCHER_ID_RELATED	相关凭证
INVOICE_DT	发票日期
TRANSACTION_TYPE	交易类型
PYMNT_DT	付款日期
CANCEL_DT	取消日期
OCP_MONTH	
FISCAL_YR_TAS	财政年度
OCP_DS_DATE	
DEPTID	部门编号
DEPTID_DESCR	部门描述
ACCOUNT	账户
ACCOUNT_DESCR	账户描述
PYMNT_AMT	付款总额（美元）
CITY	城市
PO_ID	
ITEM_DESCRIPTION	项目描述

部分数据预览如图 7-1 所示。

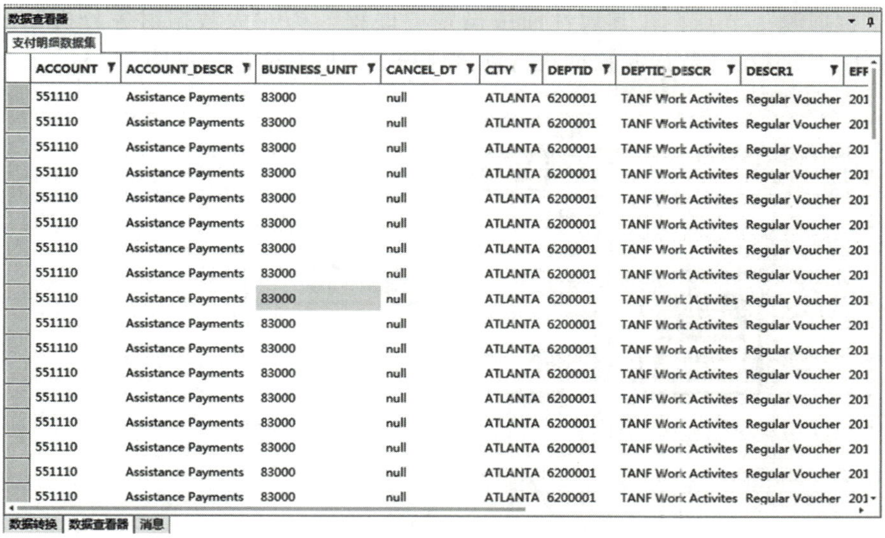

数据查看器

支付明细数据集

ACCOUNT	ACCOUNT_DESCR	BUSINESS_UNIT	CANCEL_DT	CITY	DEPTID	DEPTID_DESCR	DESCR1	EFF
551110	Assistance Payments	83000	null	ATLANTA	6200001	TANF Work Activites	Regular Voucher	201
551110	Assistance Payments	83000	null	ATLANTA	6200001	TANF Work Activites	Regular Voucher	201
551110	Assistance Payments	83000	null	ATLANTA	6200001	TANF Work Activites	Regular Voucher	201
551110	Assistance Payments	83000	null	ATLANTA	6200001	TANF Work Activites	Regular Voucher	201
551110	Assistance Payments	83000	null	ATLANTA	6200001	TANF Work Activites	Regular Voucher	201
551110	Assistance Payments	83000	null	ATLANTA	6200001	TANF Work Activites	Regular Voucher	201
551110	Assistance Payments	83000	null	ATLANTA	6200001	TANF Work Activites	Regular Voucher	201
551110	Assistance Payments	83000	null	ATLANTA	6200001	TANF Work Activites	Regular Voucher	201
551110	Assistance Payments	83000	null	ATLANTA	6200001	TANF Work Activites	Regular Voucher	201
551110	Assistance Payments	83000	null	ATLANTA	6200001	TANF Work Activites	Regular Voucher	201
551110	Assistance Payments	83000	null	ATLANTA	6200001	TANF Work Activites	Regular Voucher	201
551110	Assistance Payments	83000	null	ATLANTA	6200001	TANF Work Activites	Regular Voucher	201
551110	Assistance Payments	83000	null	ATLANTA	6200001	TANF Work Activites	Regular Voucher	201
551110	Assistance Payments	83000	null	ATLANTA	6200001	TANF Work Activites	Regular Voucher	201
551110	Assistance Payments	83000	null	ATLANTA	6200001	TANF Work Activites	Regular Voucher	201
551110	Assistance Payments	83000	null	ATLANTA	6200001	TANF Work Activites	Regular Voucher	201
551110	Assistance Payments	83000	null	ATLANTA	6200001	TANF Work Activites	Regular Voucher	201

数据转换 | 数据查看器 | 消息

图 7－1

【技术准备】

- 项目、数据工作流、数据源组件的创建技能。
- 条件筛选、汇总、条件判断、数值类自定义加工组件及连接等操作技能。
- 实验运行调试及数据可视化操作技能。

【任务实施】

任务 7－1　预算执行分析

预算执行分析

第 1 步：创建工作流。

创建数据工作流，命名为“预算执行进度审计”，然后打开。

第 2 步：创建课程文件数据源并连接。

创建“课程文件”工作流节点并重命名为“数据源”，见图 7－2。

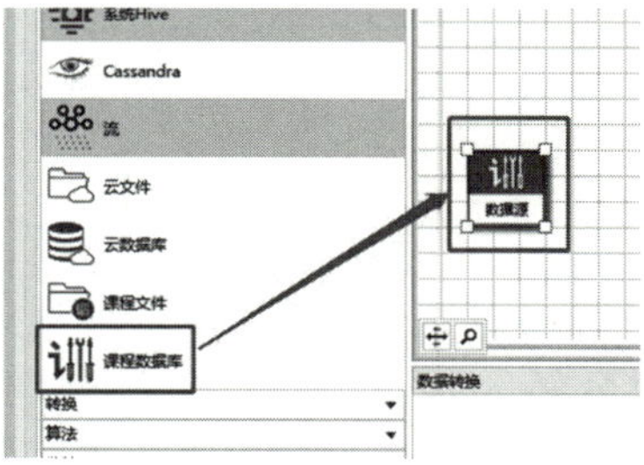

图 7－2

选中“数据源”节点，在其属性面板设置“课程”为“大数据财务分析”，然后点击【连接】按钮，可以在【数据源】面板看到该课程下的所有文件，见图 7－3。

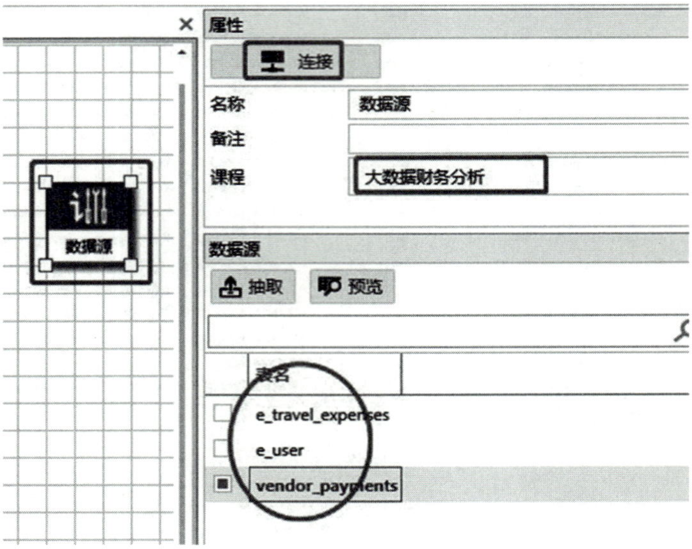

图 7－3

第 3 步：抽取支付明细数据集。

在“数据源”节点的数据源面板抽取表“vendor_payments”，生成抽取数据节点，并将其重命名为“支付明细数据集”，见图 7－4。

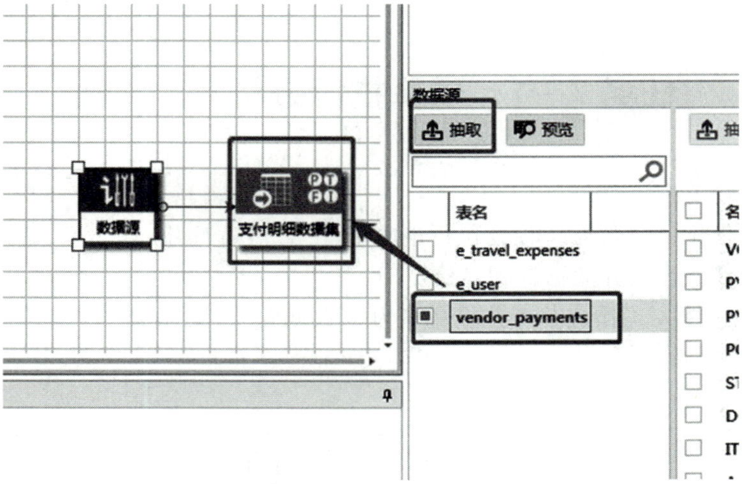

图 7－4

第 4 步：各部门上半年支付金额。

创建“转换”节点，将其重命名为“各部门上半年支付金额”，并连线“支付明细数据集”节点到“各部门上半年支付金额”节点，见图 7－5。

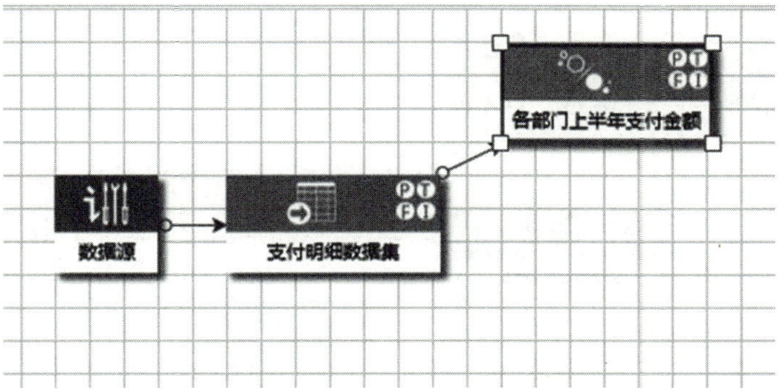

图 7－5

选中“各部门上半年支付金额”节点，在其数据转换面板将 OCP_AGNCY_NAME 列直接映射并勾选其分组属性。

在数据转换面板左侧增加新列，新列重命名为：PYMNT_AMT_first_half_of_the_year；类型为：DOUBLE；设置聚合属性为：求和。连接 PYMNT_AMT 到 PYMNT_AMT_first_half_of_the_year，见图 7－6。

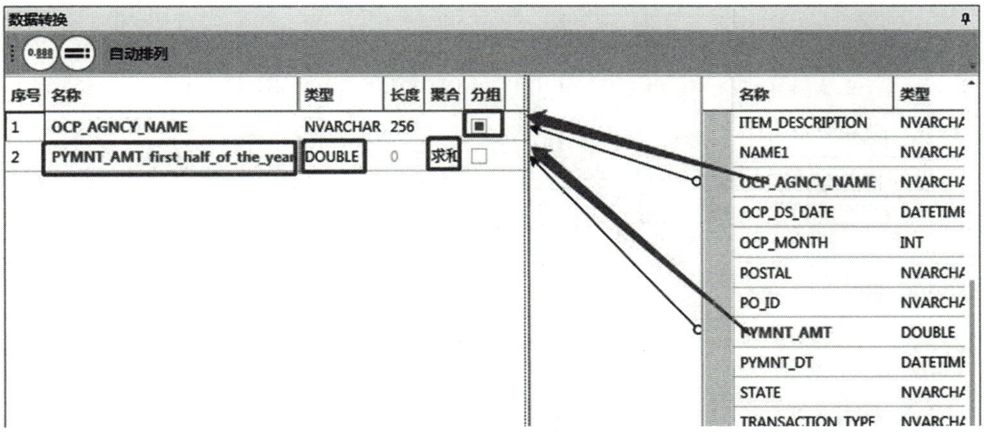

图 7－6

在“各部门上半年支付金额”节点的属性面板设置筛选条件为：'支付明细数据集'.PYMNT_DT <= '2017－06－30'（见图 7－7）。

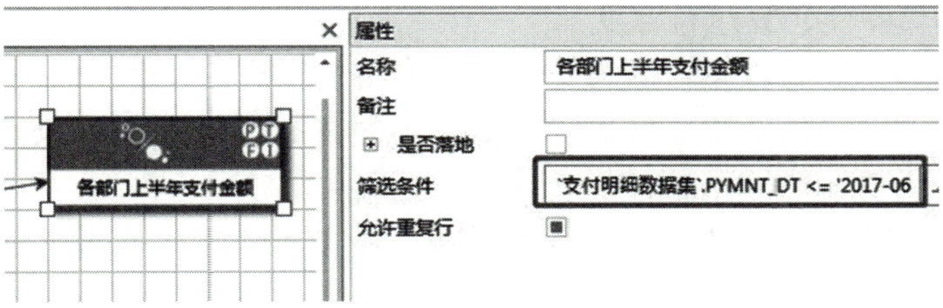

图 7－7

第 5 步：各部门全年支付金额。

创建“转换”节点，将其重命名为“各部门全年支付金额”，并连线“支付明细数据集”节点到“各部门全年支付金额”节点，见图 7 – 8。

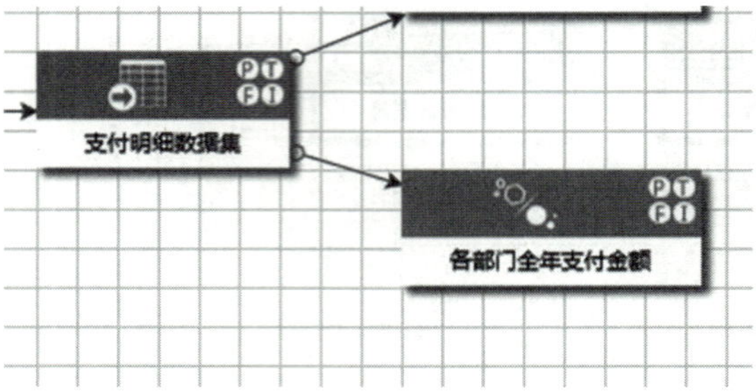

图 7 – 8

选中“各部门全年支付金额”节点，在其数据转换面板将 OCP_AGNCY_NAME 列直接映射并勾选其分组属性。

在数据转换面板左侧增加新列，新列重命名为：PYMNT_AMT_annual；类型为：DOUBLE；设置聚合属性为：求和。连接 PYMNT_AMT 到 PYMNT_AMT_annual，见图 7 – 9。

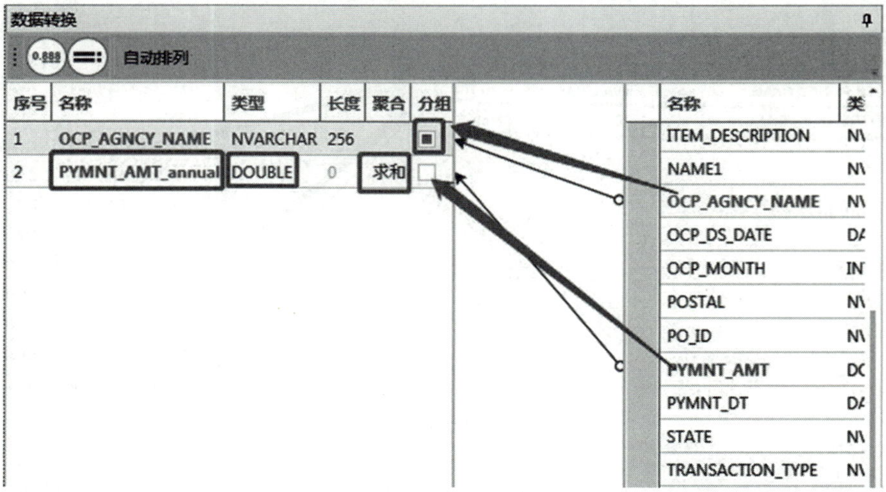

图 7 – 9

第 6 步：各部门半年预算执行进度。

创建“转换”节点，将其重命名为“各部门半年预算执行进度”，并连线“各部门上半年支付金额”节点和各部门全年支付金额”节点到“各部门半年预算执行进度”节点，见图 7 – 10。

在“各部门半年预算执行进度”节点的连接面板设置连接属性为（连接类型使用默认的 InnerJoin）：'各部门上半年支付金额'. OCP_AGNCY_NAME = '各部门全年支付金额'. OCP_AGNCY_NAME，见图 7 – 11。

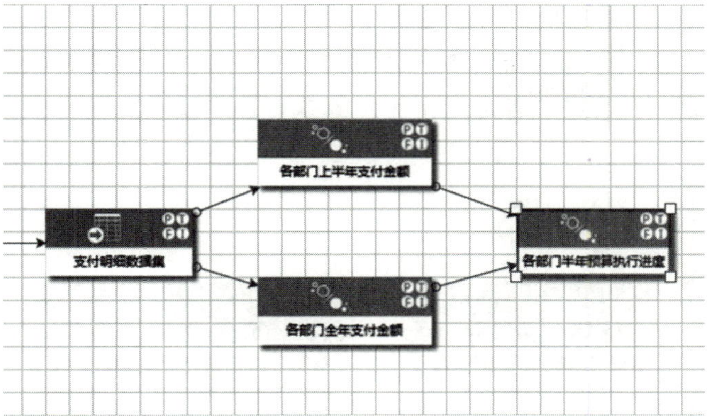

图 7－10

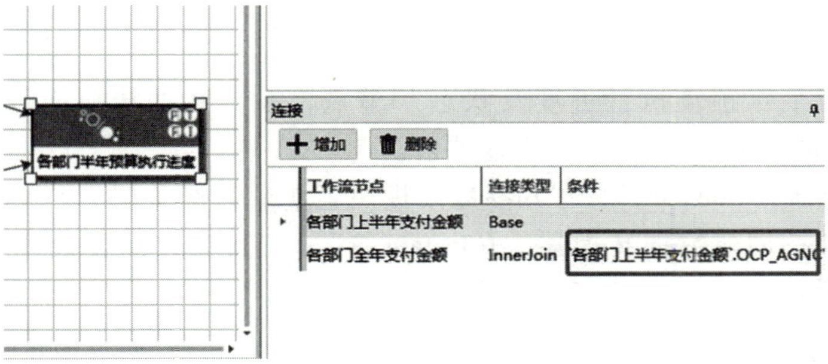

图 7－11

在“各部门半年预算执行进度”节点的数据转换面板将 OCP_AGNCY_NAME 列直连映射。

创建数据转换器“Calculation”，在其参数面板设置运算符为：除，并保存，连线 PYMNT_AMT_first_half_of_the_year 到 Calculation 的第一个入参，PYMNT_AMT_annual 到 Calculation 的第二个入参，在 Calculation 上点击鼠标右键选择生成新列，新列重命名为：Implementation_progress，见图 7－12。

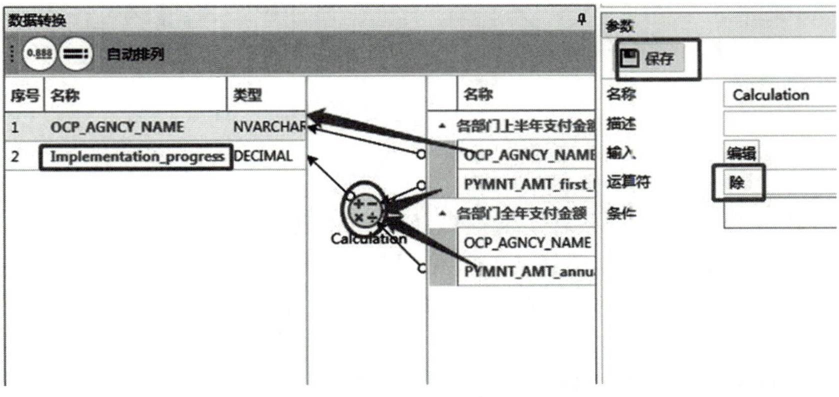

图 7－12

第 7 步：各部门半年预算执行进度及状态。

创建“转换”节点，将其重命名为“各部门半年预算执行进度及状态”，并连线“各部门半年预算执行进度”节点到“各部门半年预算执行进度及状态”节点，见图 7－13。

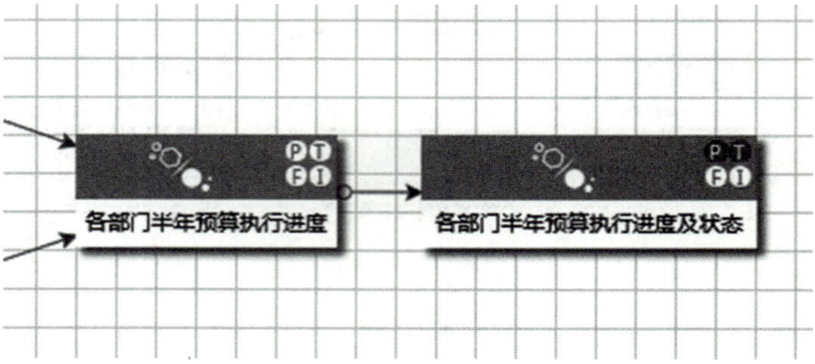

图 7－13

选中“各部门半年预算执行进度及状态”节点，在其数据转换面板将 OCP_AGNCY_NAME 列和 Implementation_progress 列直连映射。

创建数据转换器“Constant”，在其参数面板设置常量数据类型为：NVARCHAR，值为：'未达标'，并保存；创建数据转换器“Constant_2”，在其参数面板设置常量数据类型为：NVARCHAR，值为：'达标'，并保存，见图 7－14。

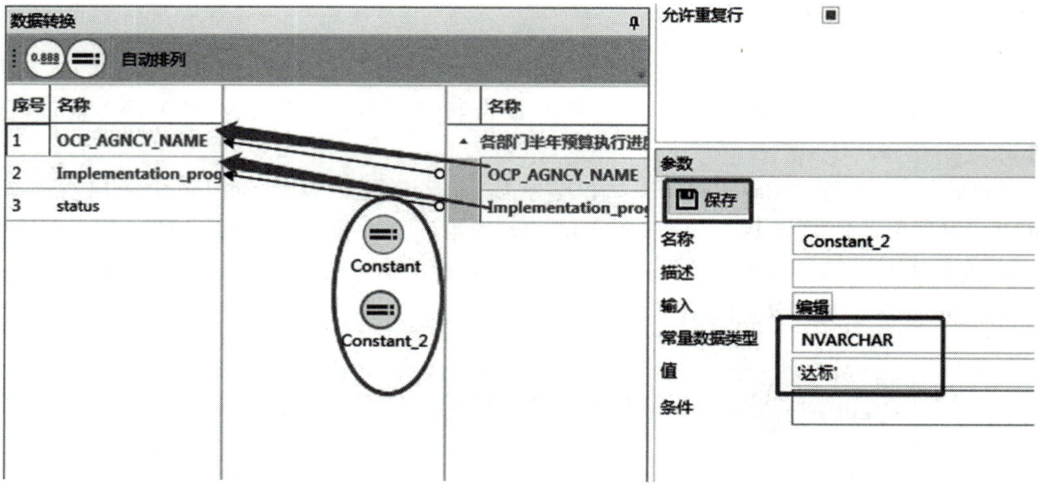

图 7－14

创建数据转换器“Choice ”，分别连线 Constant 到 Choice，Constant_2 到 Choice，在 Choice 的编辑输入参数面板设置选择条件（见图 7－15）。

Constant：各部门半年预算执行进度 . Implementation_progress ＜ 0. 45。

Constant_2：1 ＝1。

在 Choice 上点击鼠标右键选择生成新列，新列重命名为：status（见图 7－16）。

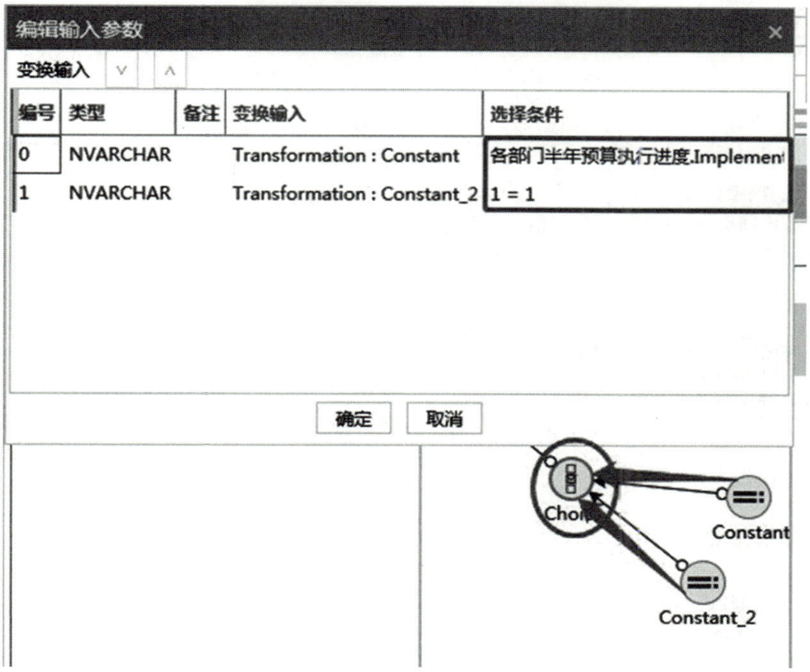

图 7－15

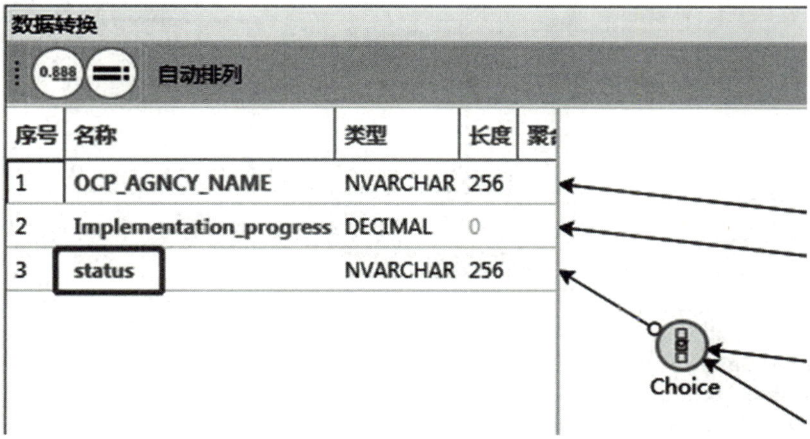

图 7－16

第 8 步：设置落地表调试。

创建云数据库节点，重命名为“数据湖”。

选中“各部门半年预算执行进度及状态”节点，在其属性面板，勾选是否落地，设置落地表名为：HYBIPOED，落地目标选择：数据湖（见图 7－17）。

在“各部门半年预算执行进度及状态”节点上点击鼠标右键选择创建落地对象，在该节点上设置查看器。

点击运行菜单下的【调试】按钮，见图 7－18。

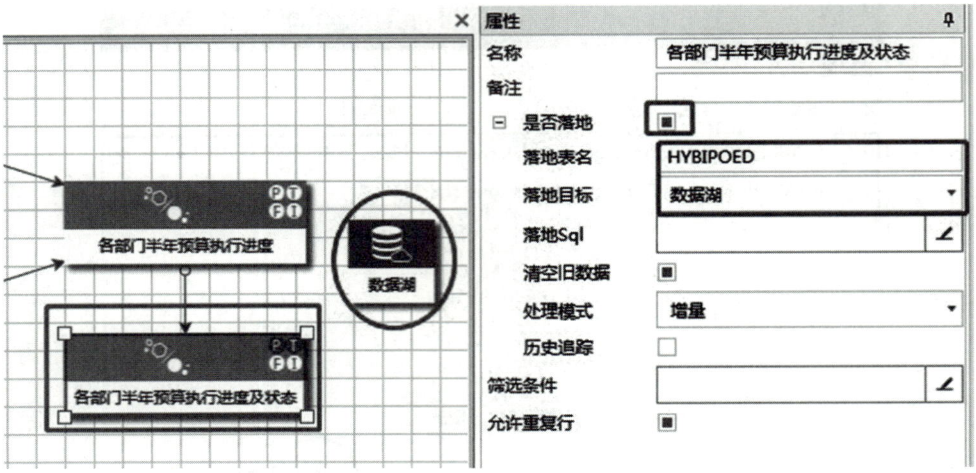

图 7－17

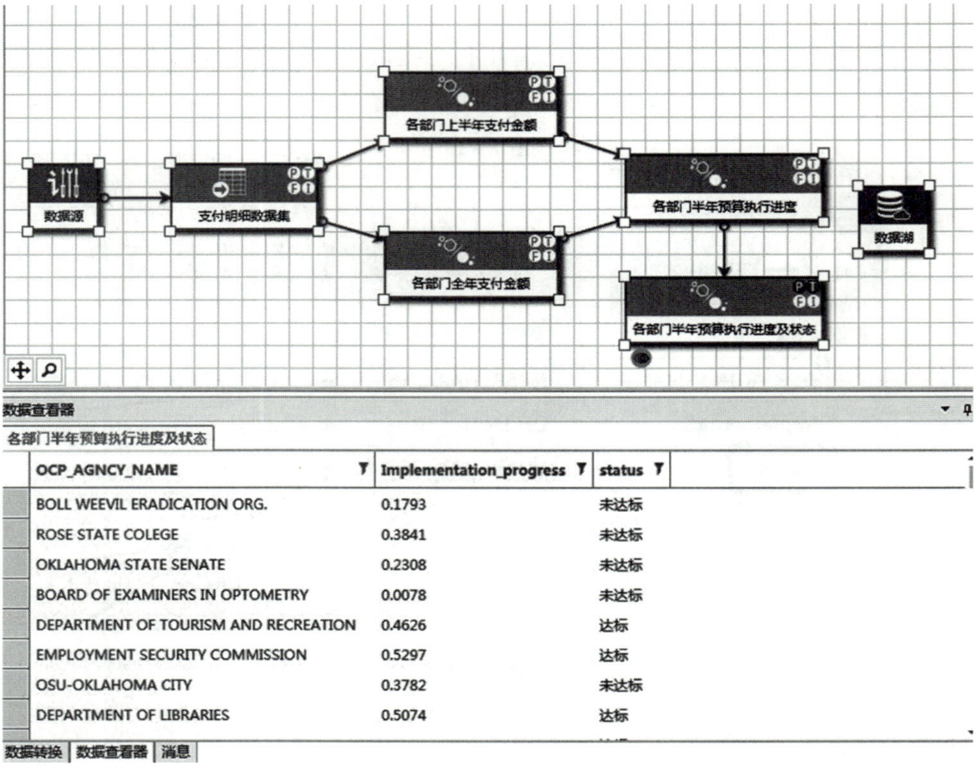

图 7－18

当所有节点变为草绿色后说明调试完毕，停止调试。

可以在数据查看器面板看到部分调试结果（查看器面板最多显示运行结果中的前 100 条数据）。

到此为止，本任务完成。

任务 7－2 预算执行分析可视化

预算执行分析可视化

第 1 步：进入 DEEP 可视化模块。

点击“可视化”菜单进入 DEEP 可视化模块，见图 7－19。

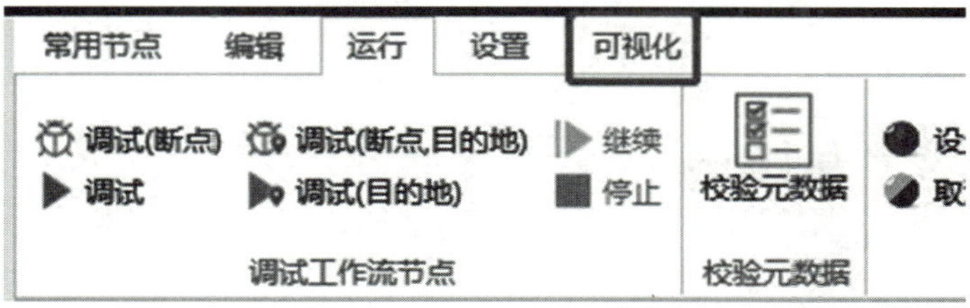

图 7－19

第 2 步：将处理后的数据导入 DEEP 可视化模块。

依次点击左侧导航菜单“数据准备” --> “［××××］用户业务包”，见图 7－20。

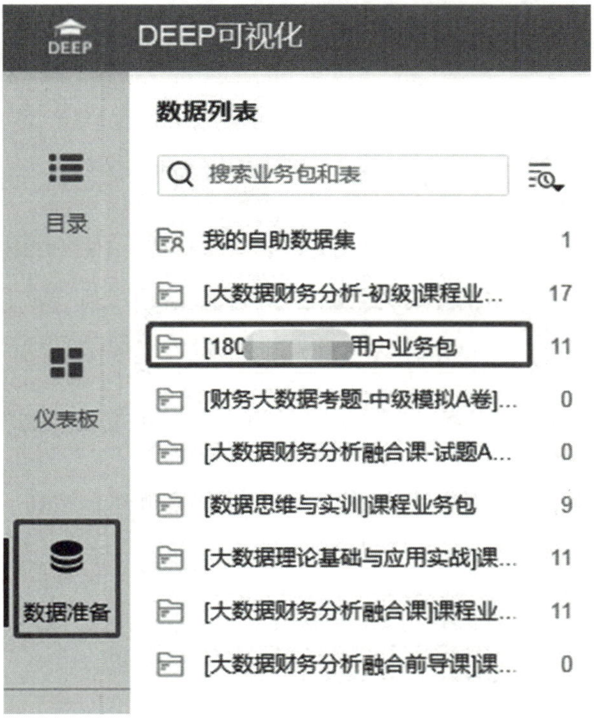

图 7－20

点击“添加表”下拉菜单中的“DB 数据库表”，见图 7－21。

选择上面处理后并落地的表“hybipoed”，点击【确定】按钮，见图 7－22。

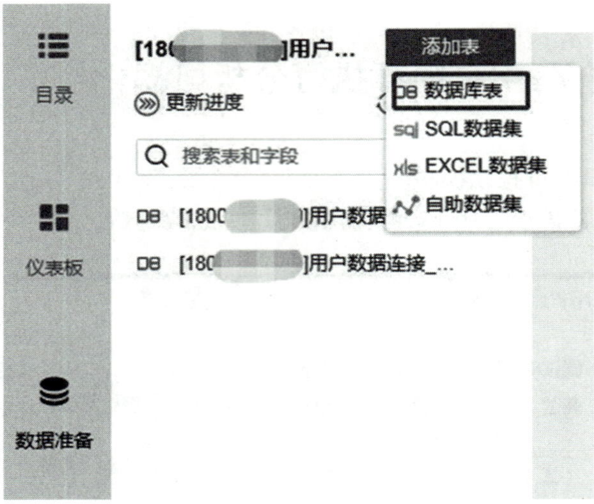

图 7－21

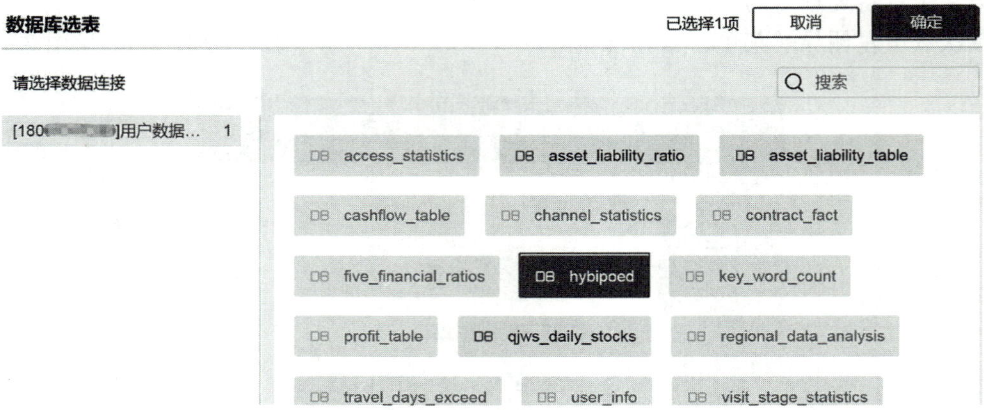

图 7－22

将抽取的表“hybipoed”重命名为“上半年预算执行进度及状态”，并打开表的“实时数据”开关，见图 7－23。

选中表“上半年预算执行进度及状态”，点击【创建组件】按钮，设置名称及位置并点击【确定】按钮，见图 7－24。

(1)

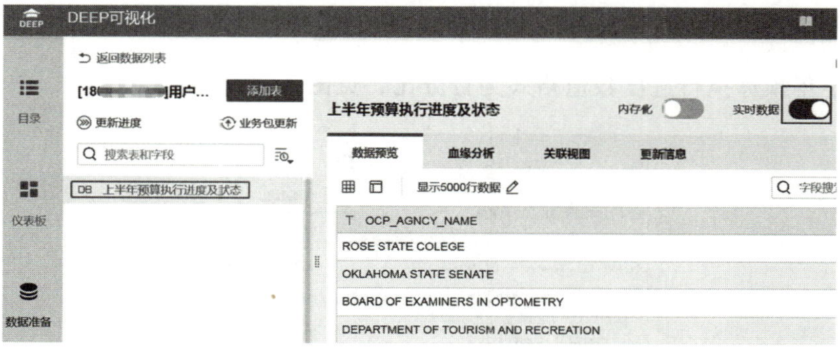

(2)

图 7－23

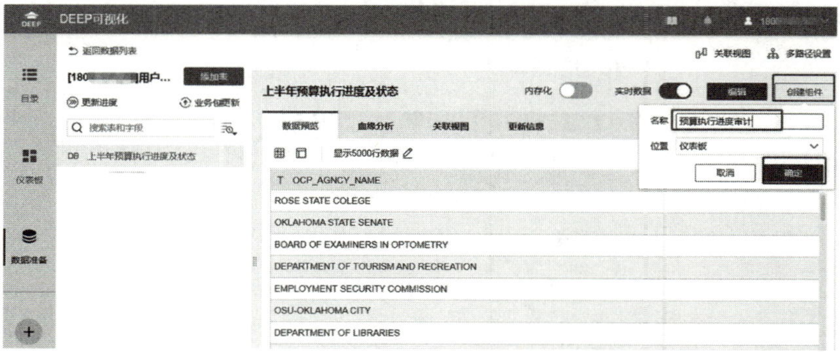

图 7－24

第 3 步：各部门上半年预算执行进度清单。

选中图表类型为：明细表，将维度中的 OCP_AGNCY_NAME 列拖到数据输入框并重命名为：部门名称；将指标中的 Implementation_progress 列拖到数据输入框并重命名为：上半年预算执行进度，见图 7－25。

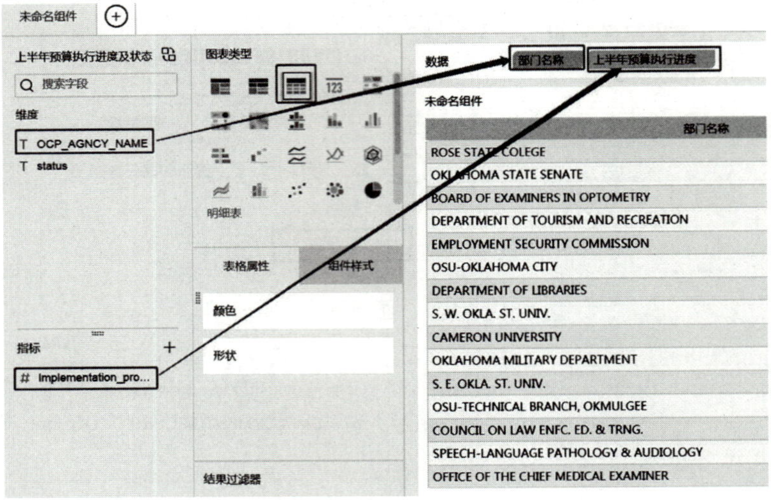

图 7－25

设置上半年预算执行进度数值格式为百分比，见图 7－26。

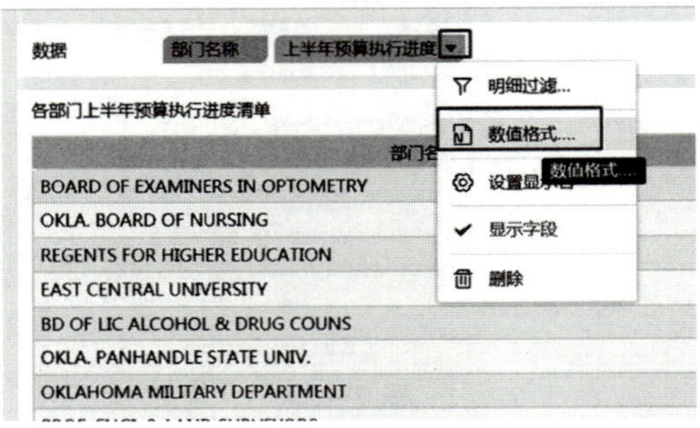

（1）

（2）

图 7－26

设置组件标题为：各部门上半年预选执行进度清单，见图 7－27。

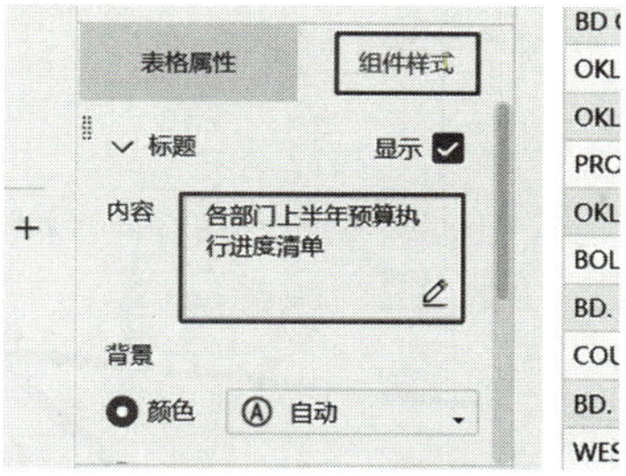

图 7－27

设置“上半年预算执行进度”按升序排列，见图 7－28。

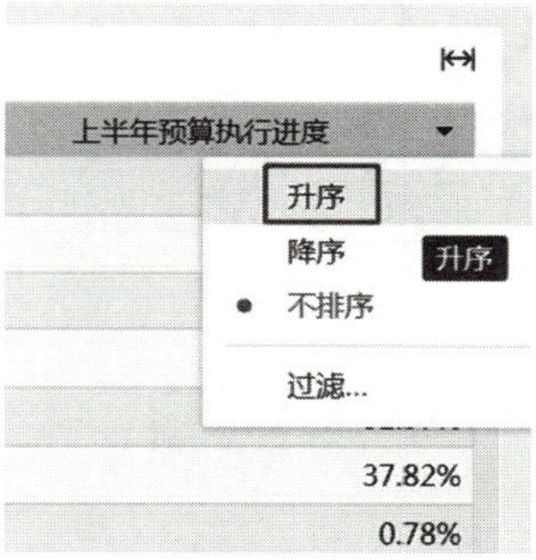

图 7－28

第 4 步：半年预算进度小于 45% 的部门进度。

点击添加组件，选择表“上半年预算执行进度及状态表”并点击【确定】，见图 7－29。

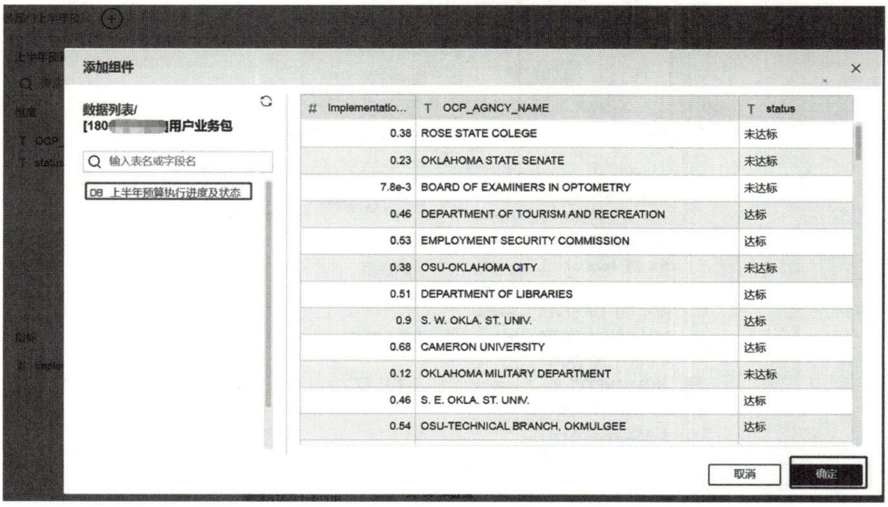

图 7－29

将维度中的 OCP_AGNCY_NAME 列拖到“纵轴”输入框和“颜色”输入框并重命名为：部门名称；将指标中的 Implementation_progress 列拖到“横轴”输入框和“标签”输入框并重命名为：预算执行进度，见图 7－30。

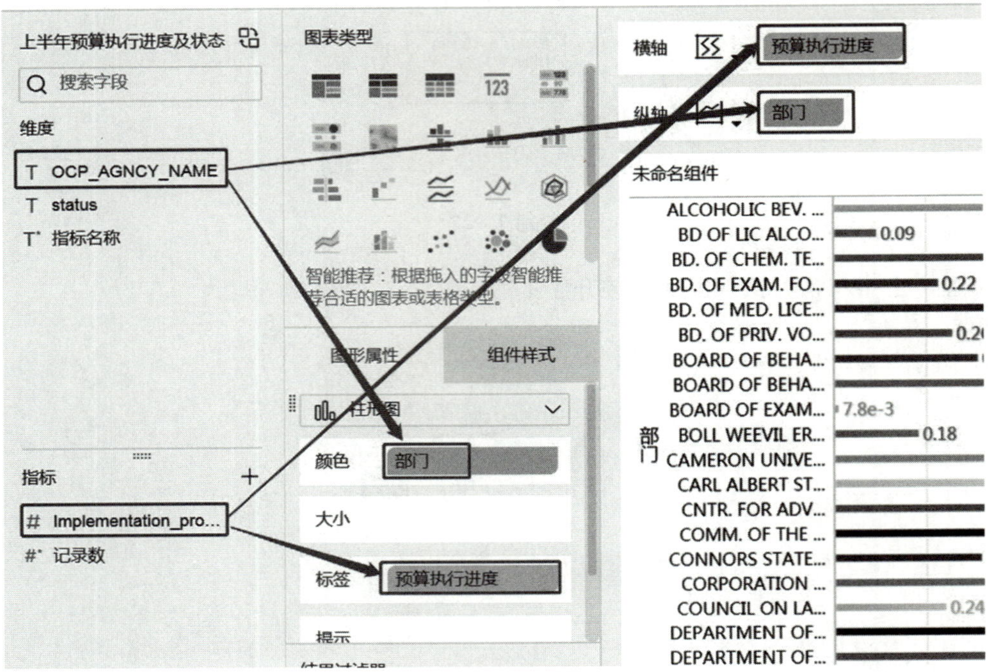

图 7－30

对“预算执行进度”设置筛选条件：预算执行进度小于 0.45，见图 7－31。

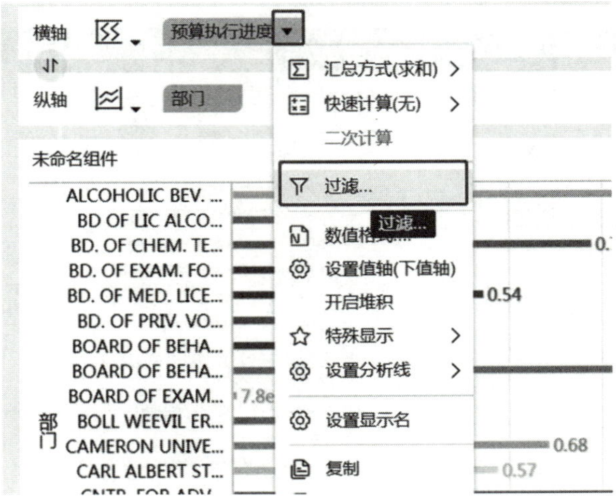

(1)

（2）

图 7－31

设置组件标题为：上半年预算进度小于 45% 的部门进度，取消图例显示的勾选，见图 7－32。

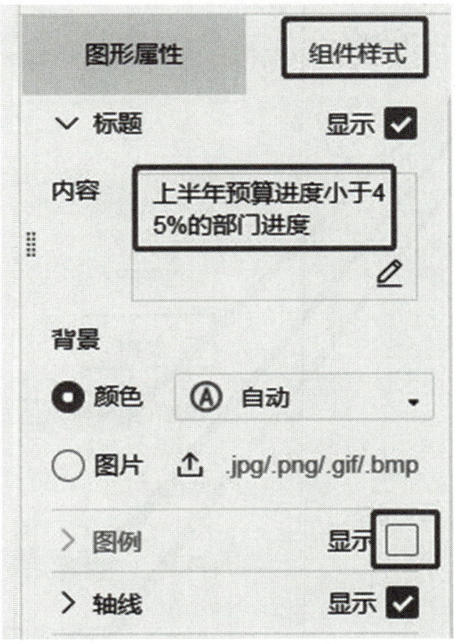

图 7－32

第 5 步：半年预算执行进度达标占比。

点击添加组件，选择“上半年预算执行进度及状态表”并点击【确定】，见图 7－33。

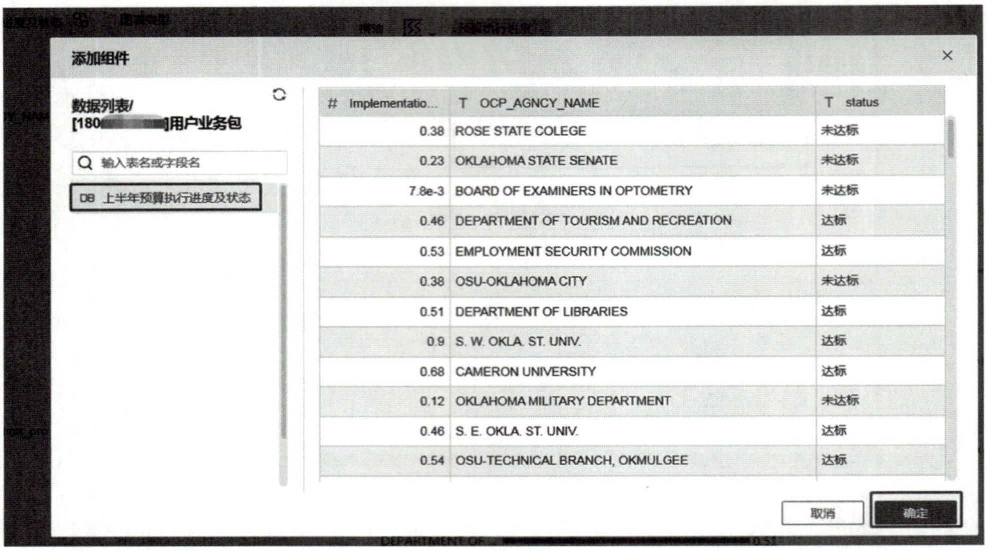

图 7－33

设置图标类型为：饼图。

将维度中的 status 拖到颜色、角度和标签输入框。

将指标中的记录数拖拽到标签输入框（见图 7－34）。

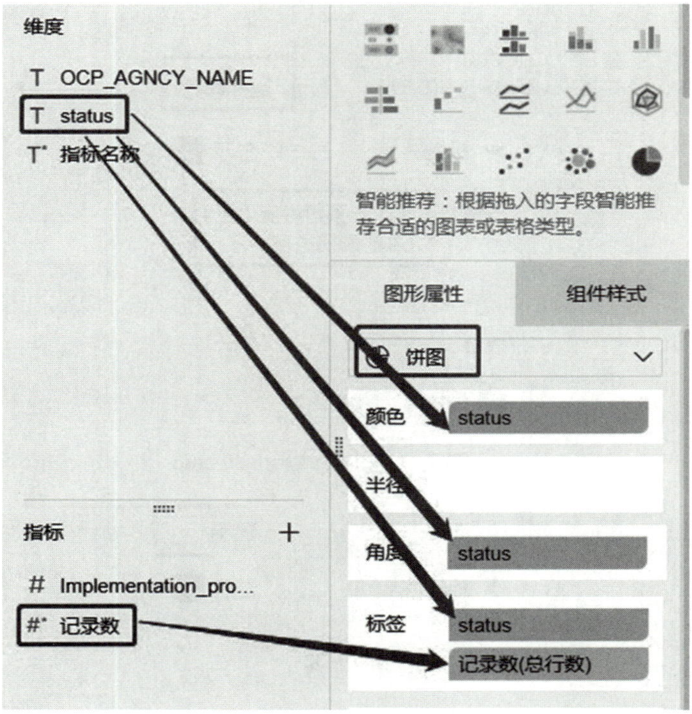

图 7－34

对“记录数”设置：快速计算 --> 当前指标百分比，见图 7 – 35。

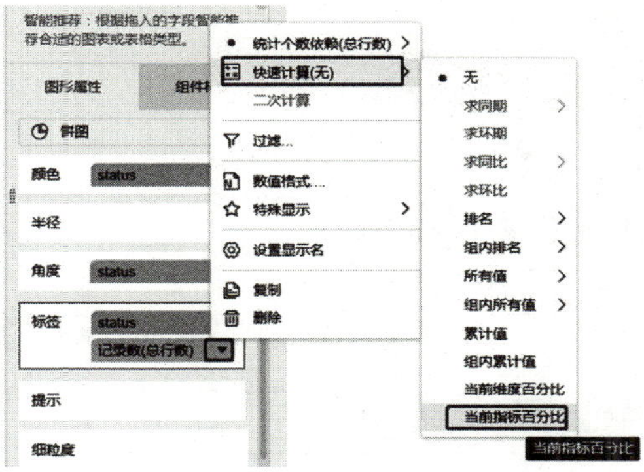

图 7 – 35

对“记录数”设置数值格式为百分比，见图 7 – 36。

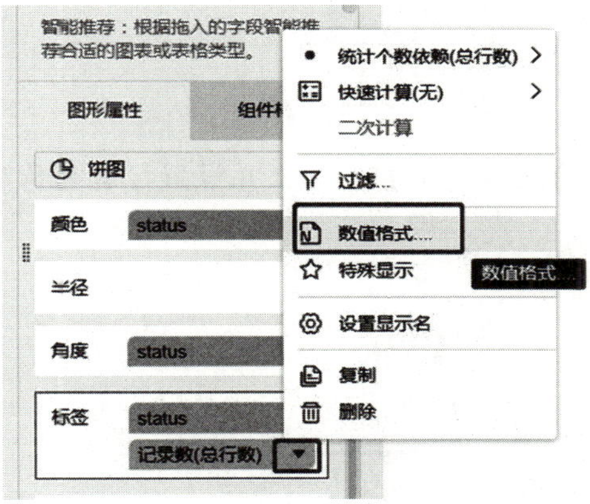

(1)

(2)

图 7 – 36

设置半径：内径占比为0，见图7－37。

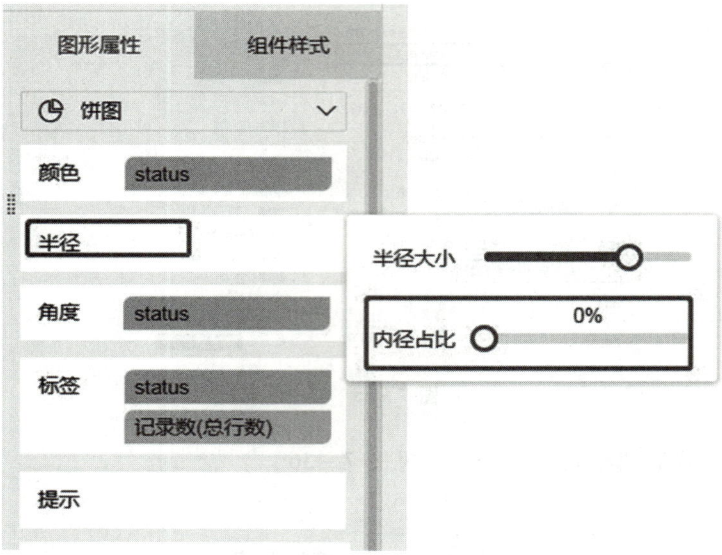

图7－37

在“组件样式”界面取消图例显示的勾选，并设置标题名称为“上半年预算执行进度达标占比”，见图7－38。

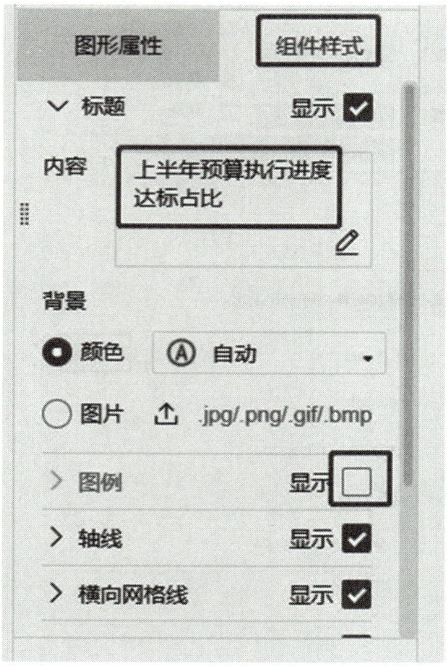

图7－38

设置完毕，点击右上角的【进入仪表板】按钮进入仪表板，点击【其他】-->【文本组件】，添加一个文本组件用来编辑仪表板名称，见图7－39。

图 7 – 39

根据个人喜好调整各组件大小以及排列顺序使仪表板更美观，见图 7 – 40。

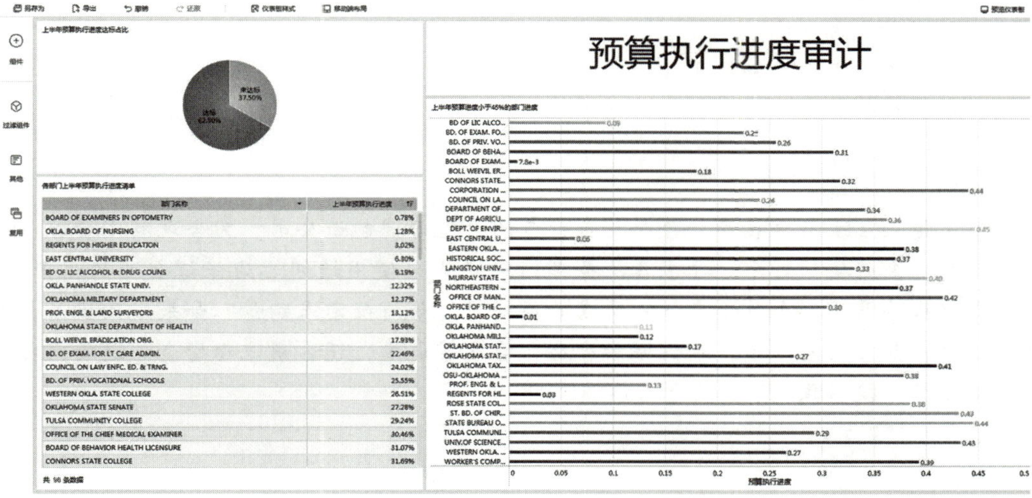

图 7 – 40

从可视化图表中可以看出，上半年预算执行进度不达标的部门占 37.5%，其中执行进度最低的部门仅为 0.78%，不足 1%。

到此为止，本任务完成。

项目八
采购预测分析

【能力目标】

1. 数据思维培养目标

□ 培养学生对企业采购部门的基本认知

□ 培养学生对数据的基本认知

2. 数据能力训练目标

□ 掌握文档类型的抽取方法

□ 理解移动平均算法及其应用场景

【任务情境】

某公司是一家生产金属和复合材料自行车的大型跨国制造公司，为合理利用资源、降低成本、提高资金的使用效率，要求各业务部门确定资金使用计划。为保证企业的生产任务，采购部需要提前采购下个月生产计划所需的原材料。如何确定采购量？如果采购少了，影响生产和出货；如果采购多了，不仅增加库存、管理等成本，还占用流动资金。这就需要采购部门运用大数据技术预测下个月的合理采购量。

【知识准备】

采购预测是在对商品采购市场充分调研分析的基础上，运用科学的方法测算未来商品市场供求变化趋势，依此制订采购决策和商品采购计划的过程。采购活动直接影响企业的生产运营和流动资金，采购周期和采购数量是影响商品流通和资金周转的关键因素，科学合理的采购预测对企业的生产运营甚至战略实施具有重要的意义。

采购预测按客观因素分为定性分析和定量分析两种方法，定量分析又包括时间序列法、季节性预测法和因果分析法。实际工作中最常用的预测方法有时间序列法中的移动加权平均法、指数平滑法和因果分析法中的线性回归分析。移动加权平均法利用与采购密切的一组最近的实际采购数据加权平均预测未来一期或几期企业采购产品的需求量。移动加权平均法是一种简单平滑预测技术，它的基本思想是：根据时间序列资料，逐项推移，依次计算包含一定项数的序时平均值，以反映长期趋势。

【数据准备】

本项目使用的数据是从业务系统中导出的“材料历史月使用量.csv”文件，其字段说明如表 8－1 所示。

表 8－1　　材料历史使用量字段说明

字段名	数据类型	字段说明
YearMonth	string	年月
UsedQty	int	使用量

文件内容预览如图 8－1 所示。

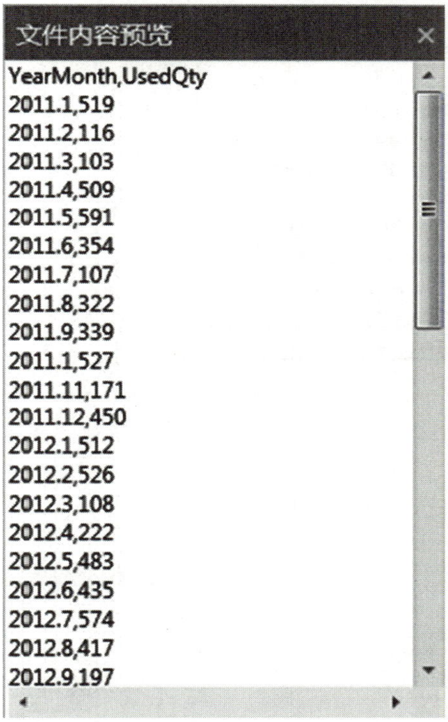

文件内容预览

```
YearMonth,UsedQty
2011.1,519
2011.2,116
2011.3,103
2011.4,509
2011.5,591
2011.6,354
2011.7,107
2011.8,322
2011.9,339
2011.1,527
2011.11,171
2011.12,450
2012.1,512
2012.2,526
2012.3,108
2012.4,222
2012.5,483
2012.6,435
2012.7,574
2012.8,417
2012.9,197
```

图 8－1

【技术准备】

- 创建项目、创建数据工作流
- 文本类型数据源组件的创建和使用
- 统计分析节点的使用
- 数据预览及调试运行

【任务实施】

任务 8－1 用移动平均算法预测采购量

用移动平均算法预测采购量

第 1 步：创建数据工作流。

创建一个项目命名为“采购预测分析”，在这个项目下创建一个数据工作流，并命名为“用移动平均算法预测配件采购量”，然后打开，见图 8－2。

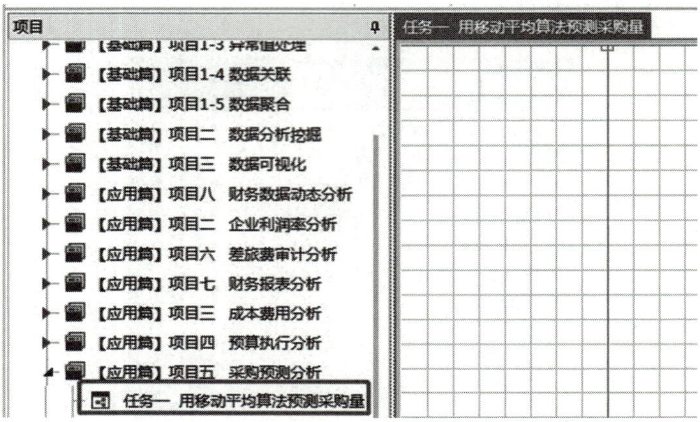

图 8－2

第 2 步：连接数据源。

新建一个【课程文件】节点，见图 8－3。

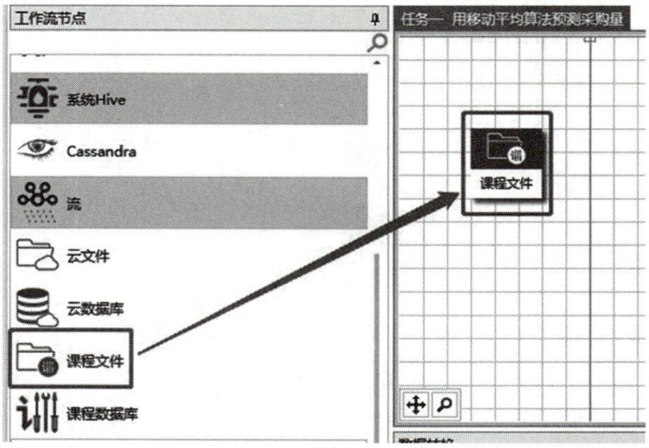

图 8－3

在【属性】面板名称选择课程“大数据财务分析”，然后点击【连接】按钮，完成实训文件数据源的连接，可以在【数据源】面板看到文件列表（见图 8－4）。

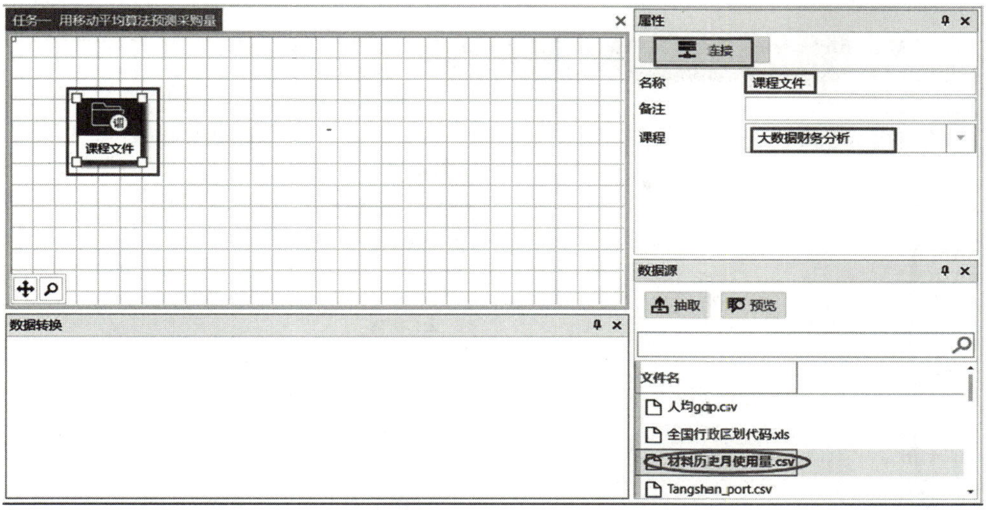

图 8－4

第 3 步：抽取材料历史使用量数据。

在【数据源】面板中选中“材料历史月使用量 . csv”文件，左键点击上面的【抽取】按钮（或者左键拖动到工作流设计区），创建一个抽取节点，重命名为“材料历史月使用量”（见图 8－5）。

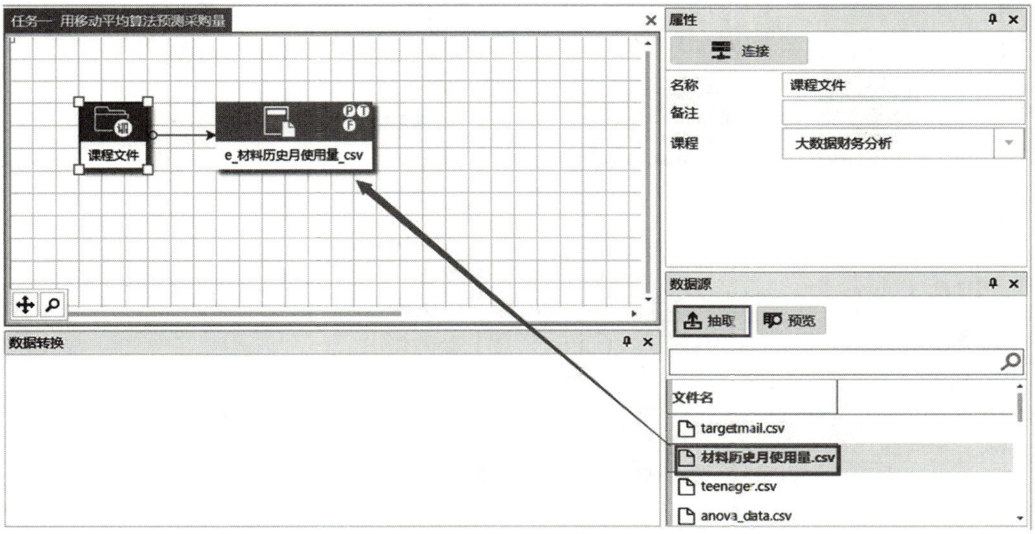

图 8－5

对于文本类型的抽取节点，需要获取元数据才能获取数据结构，我们预览一下文件，在“材料历史月使用量”的【属性】面板，点击【预览】按钮（见图 8－6）。

可以看出第一行是标题行，从第二行开始是内容行，所以我们设置标题行号为 1 起始。内容行号为 2，点击获取元数据，将表结构映射出来（见图 8－7）。

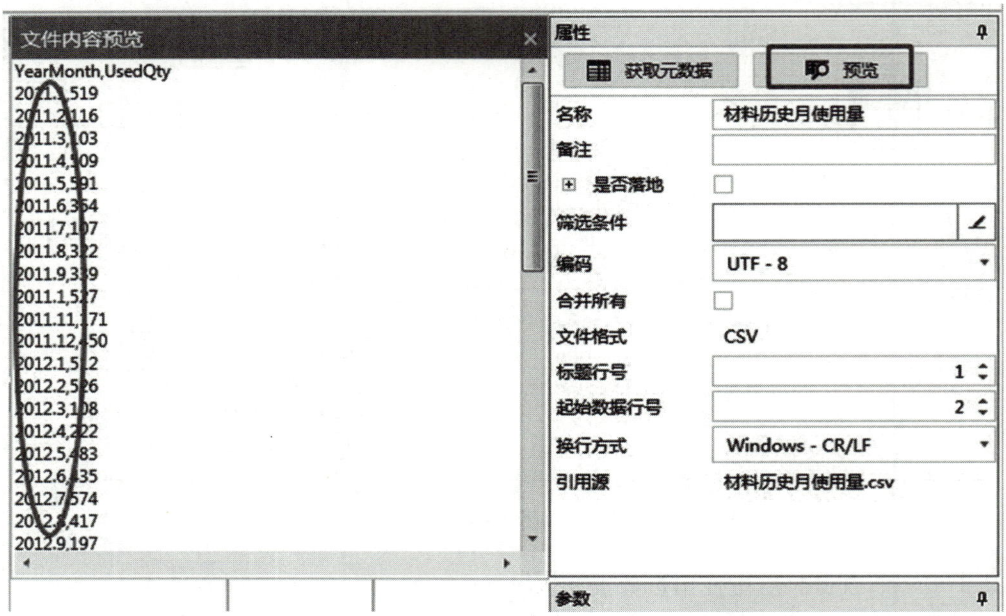

图 8－6

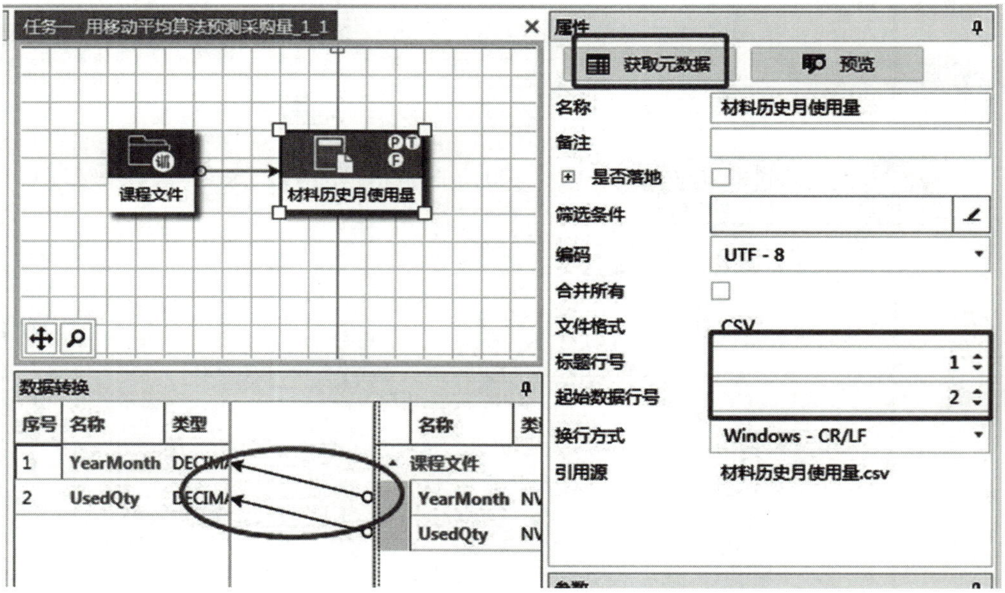

图 8－7

将使用数量（UsedQty）一列的类型改为 DECIMAL，这是因为后面用到的移动平均算法的参数类型要求。

先删除 UsedQty 的连线，修改类型为 DECIMAL，然后再使用鼠标右键创建原 UsedQty 到 UsedQty 的连线（见图 8－8）。

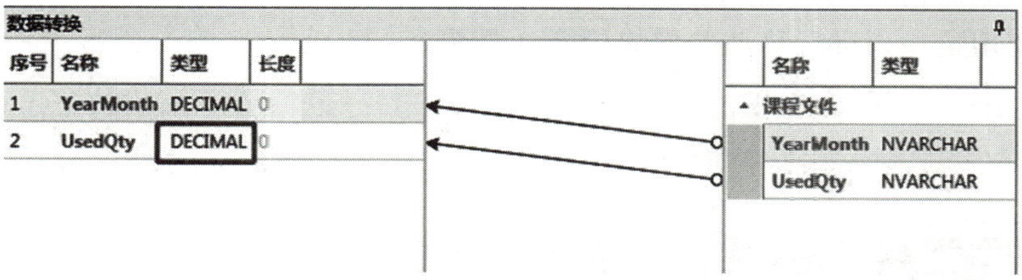

图 8－8

第 4 步：通过统计分析节点的移动平均算法预测下个月材料使用量。

在左侧【工作流节点】的算法分组下，拖出一个统计分析节点到设计区并重命名为“移动平均”，创建从【材料历史月使用量】到【移动平均】的连线，见图 8－9。

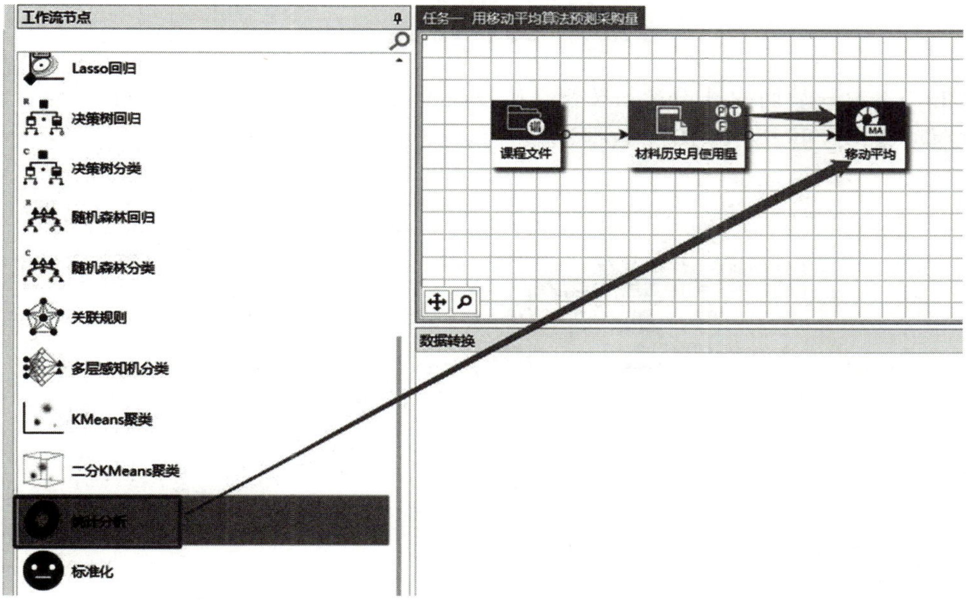

图 8－9

在【移动平均】的属性面板将“算法名称”设置为“移动平均”，见图 8－10。

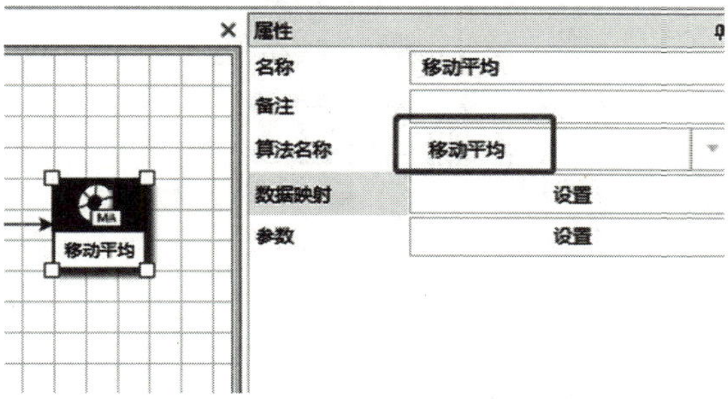

图 8－10

点击“数据映射”后面的【设置】按钮在数据映射窗口选择“UsedQty”为数据映射列，表示对使用量一列进行移动平均的计算（见图 8－11）。

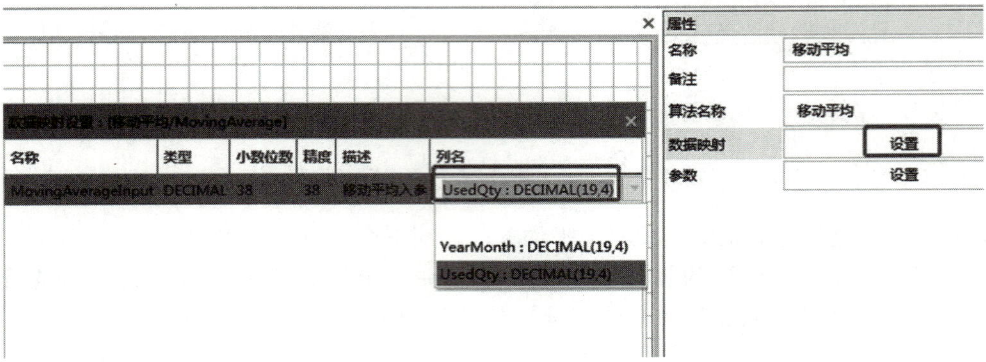

图 8－11

点击“参数”后面的【设置】按钮在参数设置窗口设置步长为 10，步长表示计算平均值的时距项数，这里表示每 10 个数据计算一下平均值（见图 8－12）。

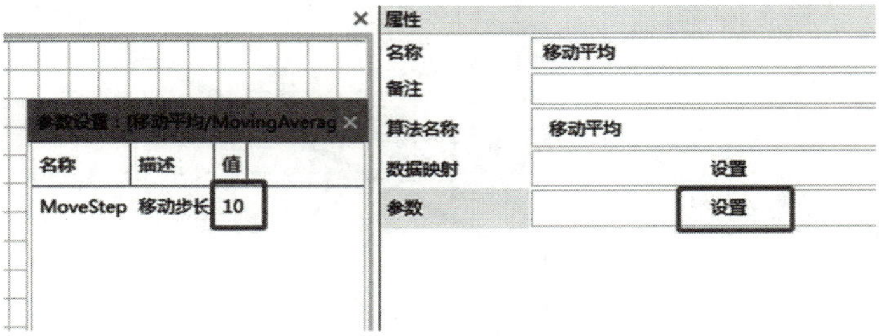

图 8－12

在“移动平均”上设置查看器，见图 8－13。

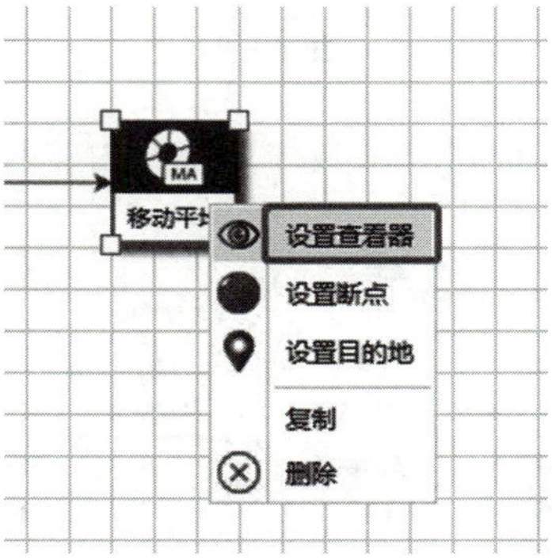

图 8－13

并点击“运行”下的“调试”按钮，见图 8－14。

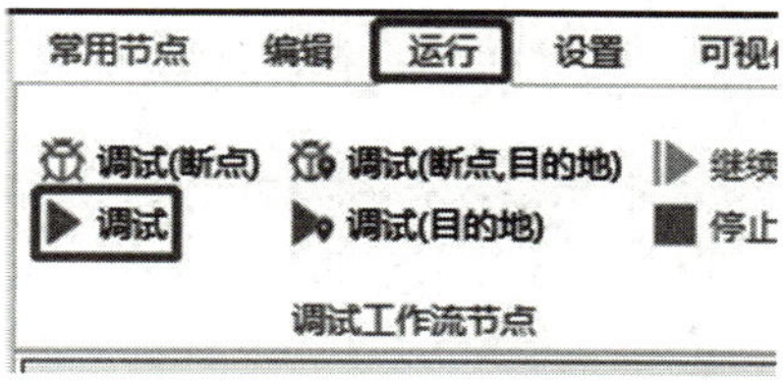

图 8－14

可以在数据查看器中看到运行结果。数据查看器仅在大数据项目开发过程中调试用，因为数据查看器面板最多显示 100 条记录，本任务数据不足 100 条可以全部在此显示，实际项目中，结果数据量比较大时，建议下游增加工作流节点做出筛选得到小于 100 条记录的结果在数据查看器中查看，或者将结果落地到数据库中再通过其他手段查看（见图 8－15）。

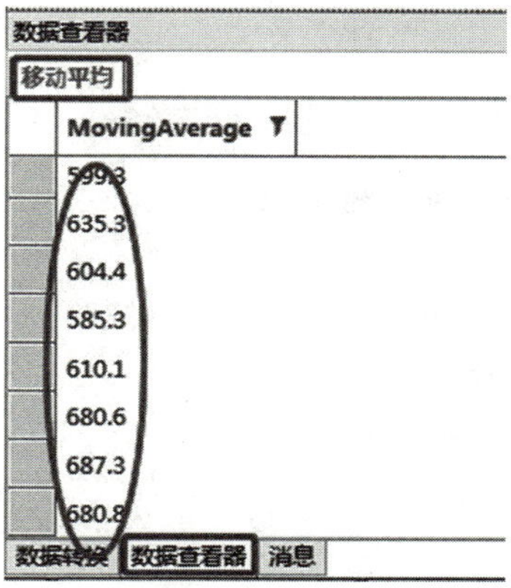

图 8－15

至此，可以预测下个月的采购量为 680.8。

项目九
差旅费审计分析

【能力目标】

1. 数据思维培养目标

☐ 培养学生使用大数据进行审计的意识

2. 数据能力训练目标

☐ 掌握数据自关联的使用方法

☐ 掌握数值组装的使用方法

☐ 掌握 Lasso 回归的使用方法

【任务情境】

近几年的例行审计报告中，都有“严格出差审批管理、降低差旅费用支出”的建议。某公司已经多次修订出差审批管理制度，并严格按相关制度执行，但差旅费用一直都很高，始终没有达到预期的效果。因以往例行审计只是对抽取的部分数据进行审计，现在公司决定采用大数据技术对所有的差旅记录进行审计。

【知识准备】

差旅费是工作人员因办理公务离开办公地点而产生的交通费、住宿费和公杂费等各项费用。差旅费审计是由专职机构和人员依照相关理论和目标，运用专门的方法对差旅业务活动及相关费用的真实性、完整性、准确性、合法性进行审查和监督，以规范企业经营活动的监督活动。差旅费审计的范围包括差旅时间，地点，往返途中的车、船、飞机等各种交通费，住宿费，伙食补助费及其他方面的支出是否符合法律法规及企业规章制度。

公司差旅费审计的主要流程包括确定审计目标、收集业务资料、现场审计、出具审计报告四个主要步骤。确定审计目标以分解目标、责任和时间计划为主；收集的业务资料包括政策、法规及规章制度等规范性文件和人事资料、业绩资料、业务资料和财务资料等业务数据；现场审计主要以规范性文件对业务资料的真实性、完整性、准确性、合法性进行现场评估；出具审计报告为审计流程中的最终环节。

【数据准备】

本项目使用的数据为差旅费数据表 e_travel_expenses，以及员工数据表 e_user。

差旅费数据表具体字段如表 9－1 所示。

表 9－1

字段名	描述
accommodationcost	住宿费
citylevel	城市等级
enddate	结束日期
endplace	出差地点
id	id
othercost	其他费用
startdate	开始日期
sumcost	总费用
traveldays	出差天数
travelreason	出差原因
userid	员工 id
vehiclecost	交通费

部分预览数据如图 9－1 所示。

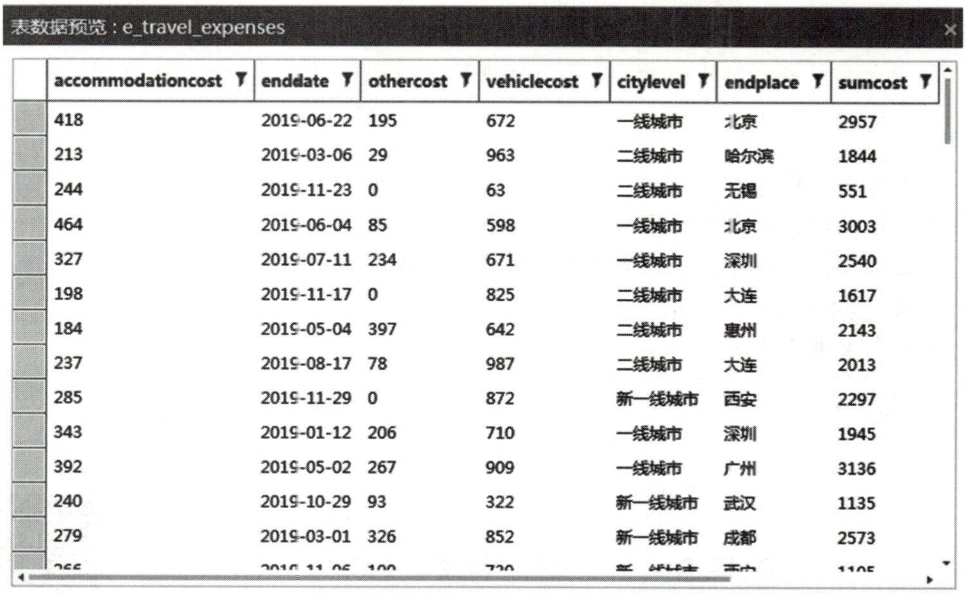
表数据预览：e_travel_expenses

accommodationcost	enddate	othercost	vehiclecost	citylevel	endplace	sumcost
418	2019-06-22	195	672	一线城市	北京	2957
213	2019-03-06	29	963	二线城市	哈尔滨	1844
244	2019-11-23	0	63	二线城市	无锡	551
464	2019-06-04	85	598	一线城市	北京	3003
327	2019-07-11	234	671	一线城市	深圳	2540
198	2019-11-17	0	825	二线城市	大连	1617
184	2019-05-04	397	642	二线城市	惠州	2143
237	2019-08-17	78	987	二线城市	大连	2013
285	2019-11-29	0	872	新一线城市	西安	2297
343	2019-01-12	206	710	一线城市	深圳	1945
392	2019-05-02	267	909	一线城市	广州	3136
240	2019-10-29	93	322	新一线城市	武汉	1135
279	2019-03-01	326	852	新一线城市	成都	2573

图 9－1

员工数据表具体字段如表 9－2 所示。

表 9－2

字段名	描述
id	员工 id
name	员工名称
department	员工所在部门

部分预览数据如图 9－2 所示。

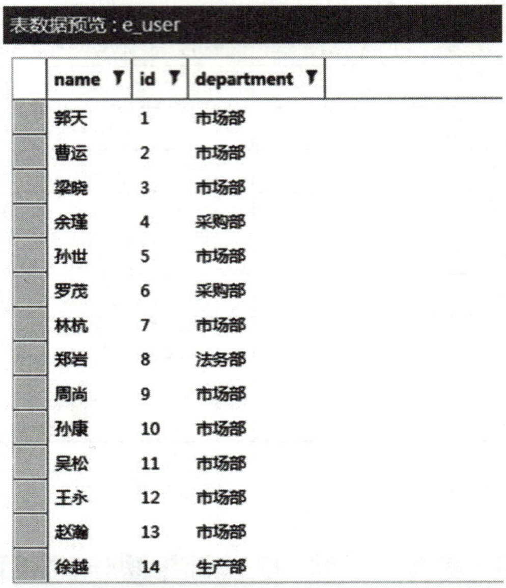
表数据预览：e_user

name	id	department
郭天	1	市场部
曹运	2	市场部
梁晓	3	市场部
余瑾	4	采购部
孙世	5	市场部
罗茂	6	采购部
林杭	7	市场部
郑岩	8	法务部
周尚	9	市场部
孙康	10	市场部
吴松	11	市场部
王永	12	市场部
赵瀚	13	市场部
徐越	14	生产部

图 9－2

【技术准备】

- 创建数据工作流
- 课程数据库、课程文件数据源组件的创建和使用
- 汇总组件、算法类、数值类自定义数据加工组件的使用
- 连接、Lasso 回归模型的使用
- 可视化模块的使用

【任务实施】

任务 9－1　出差任务分析

出差任务分析

统计出每个城市出差的平均天数，然后看每条记录的天数与平均值的差异，筛选差异较大（超过平均值 100%）的记录，然后管理部门进行核实。

第 1 步：新建一个数据工作流。

新建数据工作流命名为“公司差旅审计 - 出差天数分析”，并打开（见图 9 - 3）。

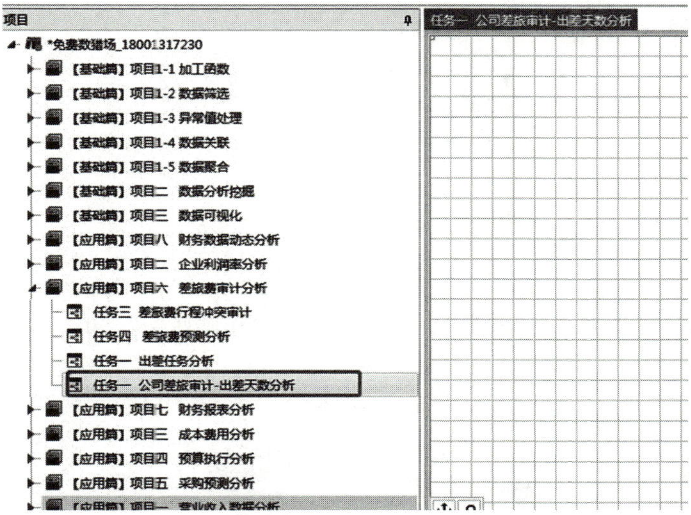

图 9 - 3

第 2 步：新建课程数据库，并连接。

新建一个课程数据库，课程选择“大数据财务分析”并连接，可以在数据源中看到这个数据库中的表（见图 9 - 4）。

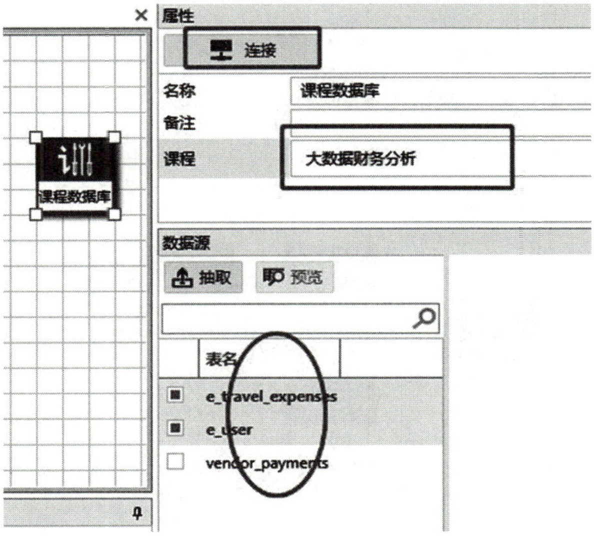

图 9 - 4

第 3 步：抽取差旅费用表和用户表。

在【数据源】面板，勾选 e_travel_expenses 和 e_user 表，点击抽取，见图 9 - 5。

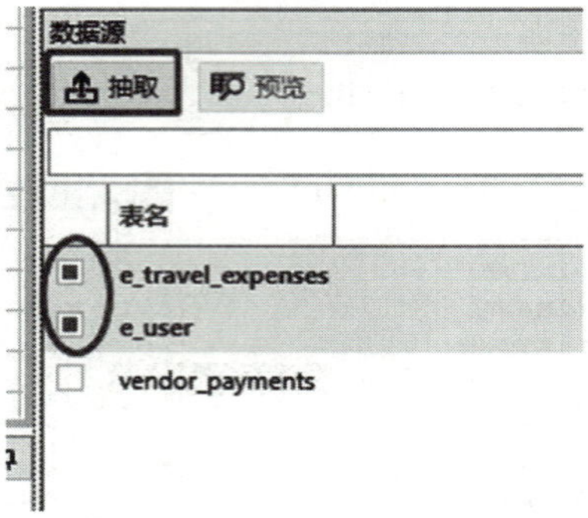

图 9－5

在流程设计区，新增两个抽取节点，分别命名为“差旅费用”和“用户”，见图 9－6。

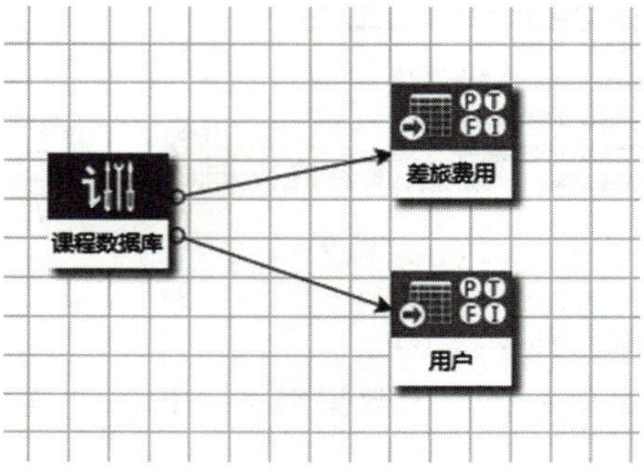

图 9－6

第 4 步：计算城市平均天数。

新建一个转换节点命名为“城市平均出差天数”，上游连入“差旅费用”，见图 9－7。

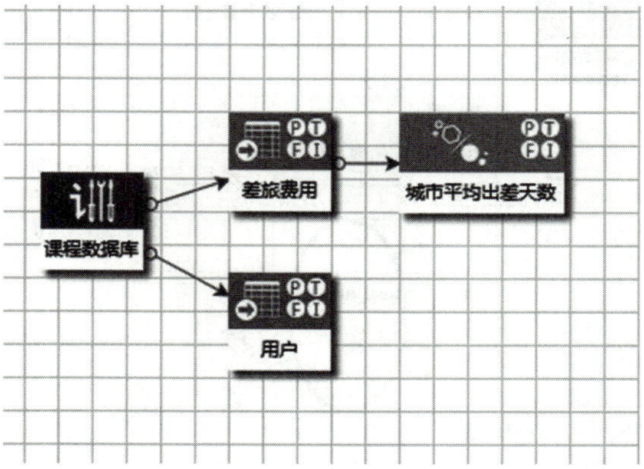

图 9－7

将 endplace 拖入目标列，并勾选分组，然后新增一列命名为 city_avg_days，聚合设置为平均值，然后上游连入 traveldays 列，见图 9－8。

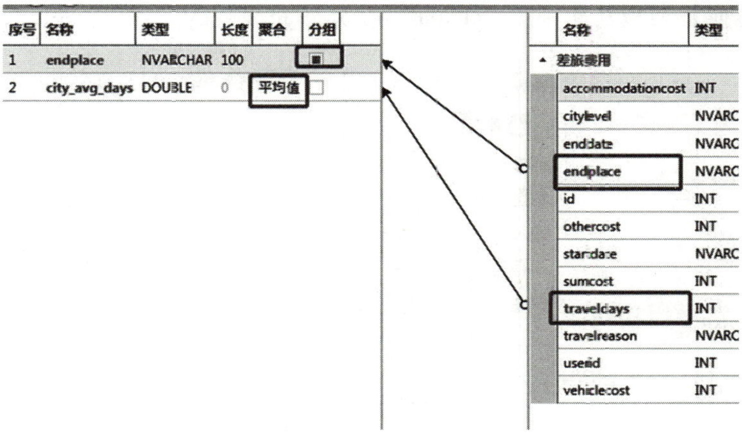

图 9-8

第 5 步：出差天数差异度。

新建一个转换节点命名为"出差天数差异度"，上游连入"差旅费用"和"城市平均出差天数"节点，见图 9-9。

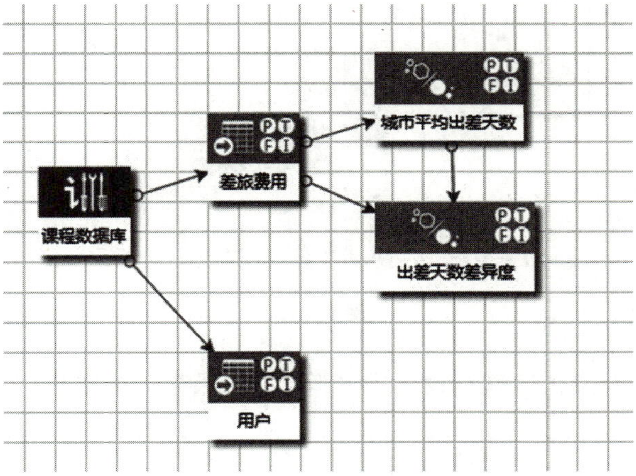

图 9-9

在【连接】面板设置 InnerJoin 条件：'差旅费用'. endplace = '城市平均出差天数'. endplace，见图 9-10。

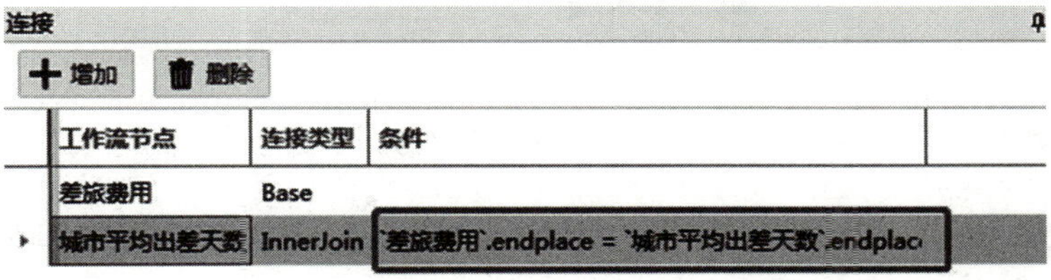

图 9-10

在【数据转换】面板新建一个 Calculation，运算符设置为“减”，并保存，见图 9－11。

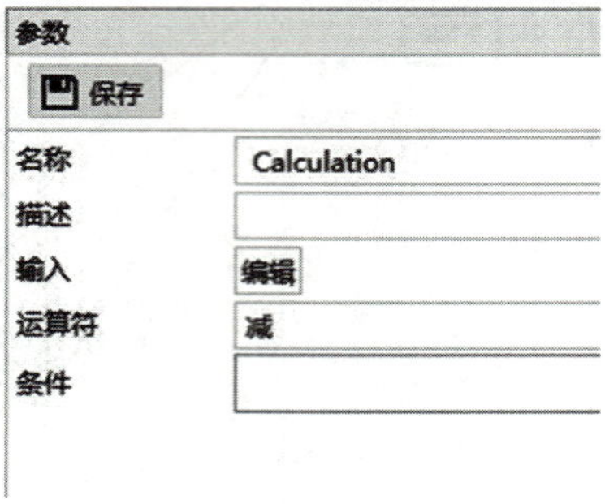

图 9－11

第一个参数连入 traveldays 列，第二个参数连入 city_avg_days 列，见图 9－12。

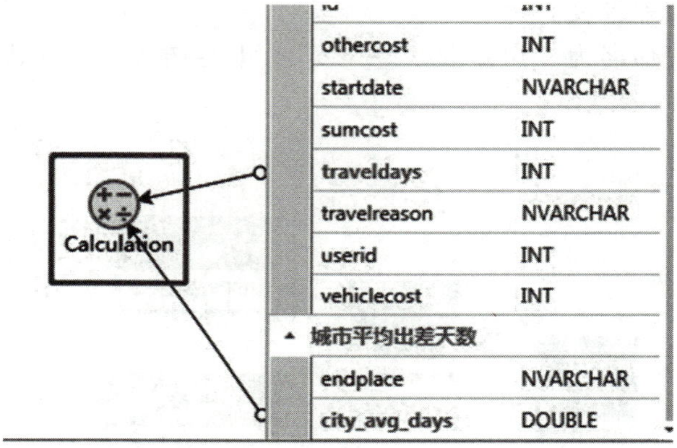

图 9－12

新建一个 Calculation_2，运算符设置为“除”，并保存，见图 9－13。

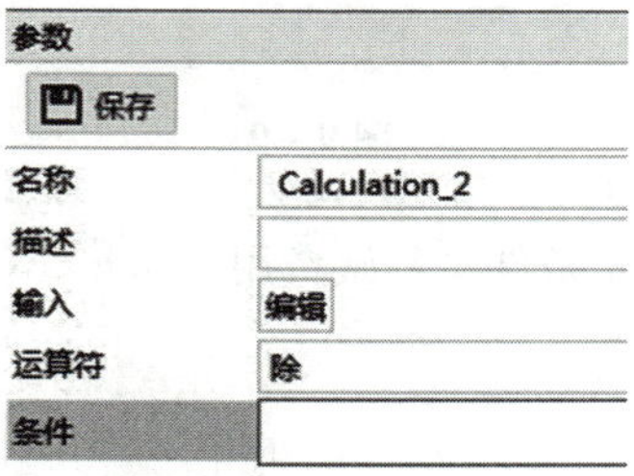

图 9－13

第一个参数连入 Calculation，第二个参数连入 city_avg_days，见图 9－14。

然后在 Calculation_2 上右键生成新列命名为 exceed_range，见图 9－15。

然后将 endplace，traveldays，userid，city_avg_days，id，startdate 拖入目标列，见图 9－16。

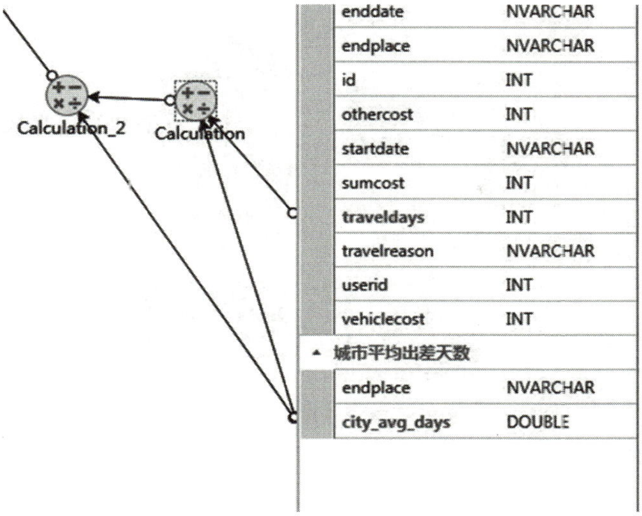

图 9－14

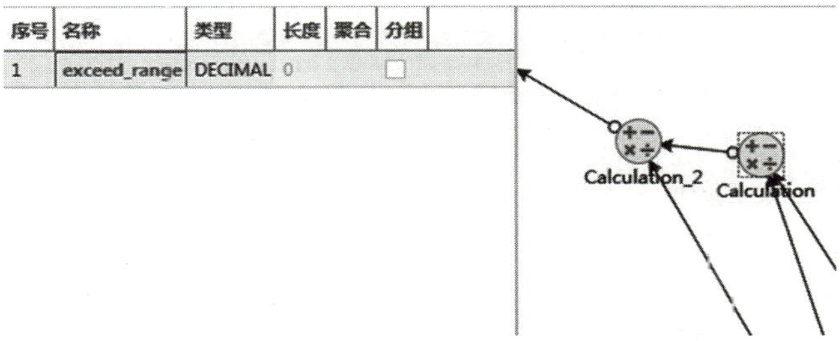

图 9－15

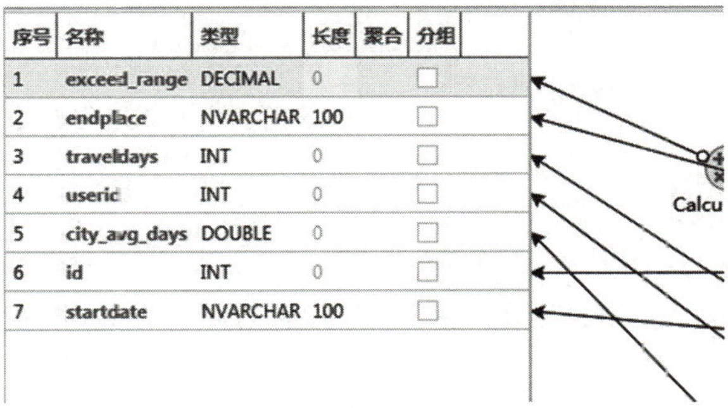

图 9－16

第 6 步：连接人员信息并过滤出异常度较高的记录。

新建一个转换节点，命名为“用户出差天数差异度”，上游连入“用户”节点和“出差天数差异度”节点，见图 9－17。

在【连接】面板设置 InnerJoin 条件：'用户'. id＝'出差天数差异度'. userid，见图 9－18。

在【属性】面板设置筛选条件：'出差天数差异度'. exceed_range＞1，见图 9－19。

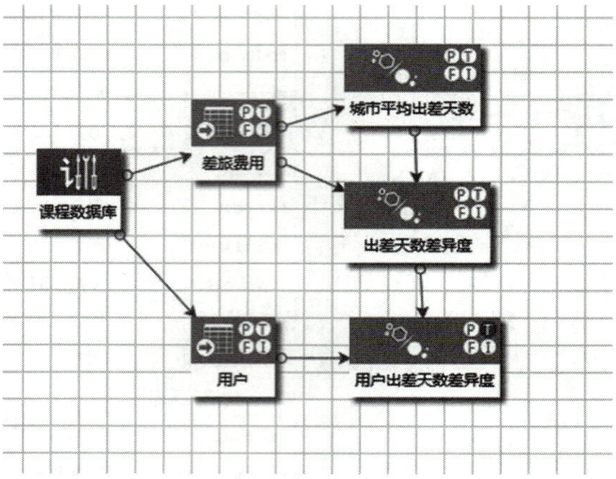

图 9－17

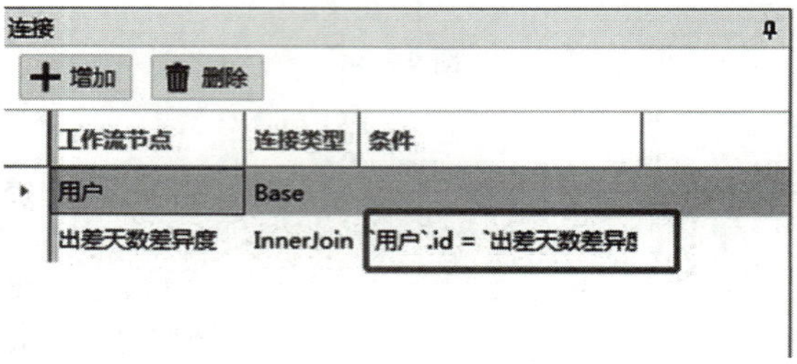

图 9－18

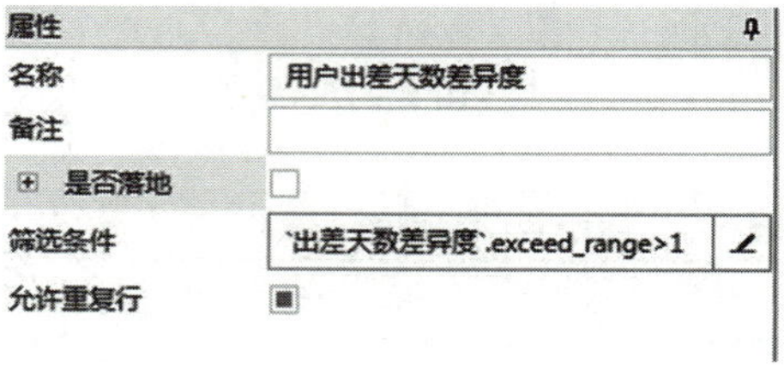

图 9－19

然后在【数据转换】面板，将列 department，name，exceed_range，endplace，traveldays，city_avg_days 拖入目标列，见图 9－20。

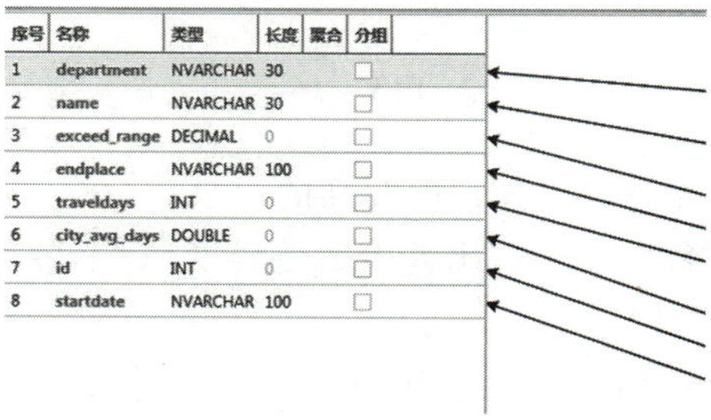

图 9－20

第 7 步：运行查看结果。

在“用户出差天数差异度”节点上设置查看器，然后点击运行，运行结束之后，在【数据查看器】就可以看到结果，见图 9－21。

数据查看器

用户出差天数差异度

department	name	exceed_range	endplace	traveldays	city_avg_days	id	startdate
采购部	周锋	1.1824	厦门	7	3.207547169811321	2448	2019-12-21
法务部	邓煌	1.1318	合肥	7	3.283582089552239	2880	2019-07-30
采购部	黄福	1.0710	唐山	7	3.38	282	2019-07-21
采购部	黄福	1.2222	镇江	5	2.25	433	2019-08-08
市场部	王永	1.0569	广州	7	3.403125	1431	2019-07-23
研发部	袁康	1.0569	广州	7	3.403125	2549	2019-04-04
采购部	潘君	1.1611	西安	7	3.239130434782609	1061	2019-10-10
市场部	彭翎	1.0569	广州	7	3.403125	2750	2019-11-11
采购部	冯泰	1.1318	合肥	7	3.283582089552239	246	2019-03-02
市场部	吴磊	1.2794	无锡	6	2.632258064516129	1098	2019-09-15
市场部	孙世	1.2794	无锡	6	2.632258064516129	2875	2019-04-18
法务部	李鹏	1.6667	镇江	6	2.25	3909	2019-11-14
网销部	余龙	1.1824	厦门	7	3.207547169811321	3388	2019-09-19
市场部	刘辰	1.1824	厦门	7	3.207547169811321	678	2019-11-15
法务部	郑岩	1.1611	西安	7	3.239130434782609	434	2019-07-17
法务部	林俊	1.6667	镇江	6	2.25	2955	2019-11-11

图 9－21

第 8 步：数据落地。

下面我们对数据进行可视化，首先要把数据落地到数据湖，新建一个云数据库，在“用户出差天数差异度”节点的【属性】面板上勾选落地，填写落地表名，落地目标为云数据库，见图 9－22。

图 9－22

然后在“用户出差天数差异度”节点上右键创建落地对象，见图 9－23。

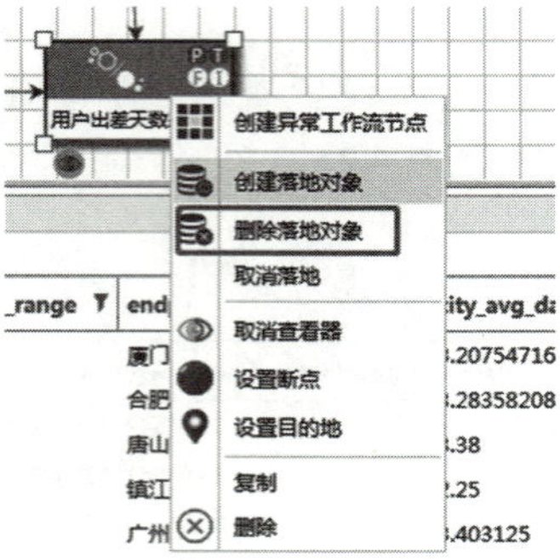

图 9－23

然后再次点击运行，数据就落地到了个人库中。

任务 9－2　差旅费可视化操作

差旅费可视化

第 1 步：进入 deepBI 模块。

点击“可视化”菜单进入 deepBI 模块，见图 9－24。

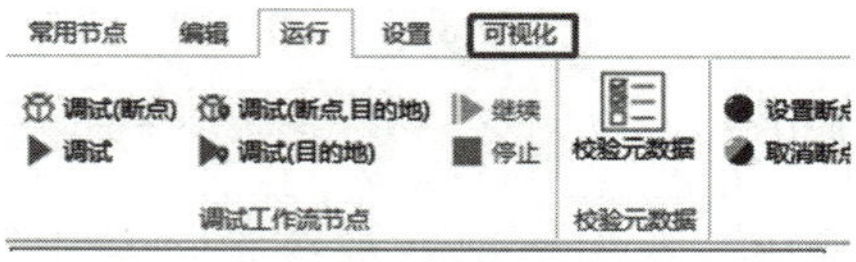

图 9－24

第 2 步：将处理后的数据导入 BI 模块。

依次点击左侧导航菜单“数据准备” --> “［××××］用户业务包”，见图 9－25。

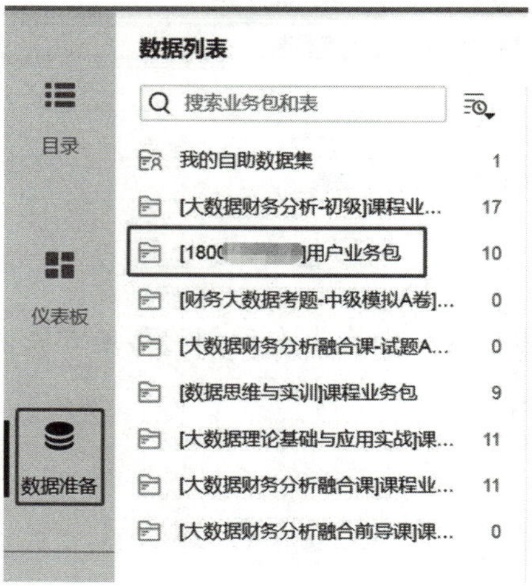

图 9－25

点击“添加表”下拉菜单中的“DB 数据库表”，见图 9-26。

图 9-26

选择上面处理后并落地的表“travel_days_exceed”，点击【确定】按钮，见图 9-27。

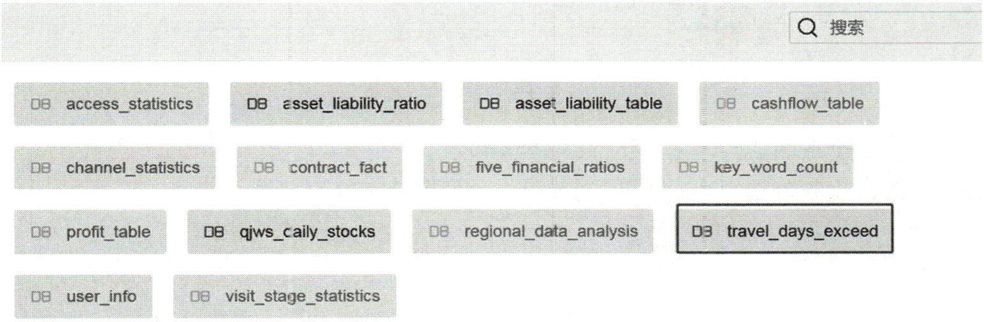

图 9-27

打开表的“实时数据”开关，见图 9-28。

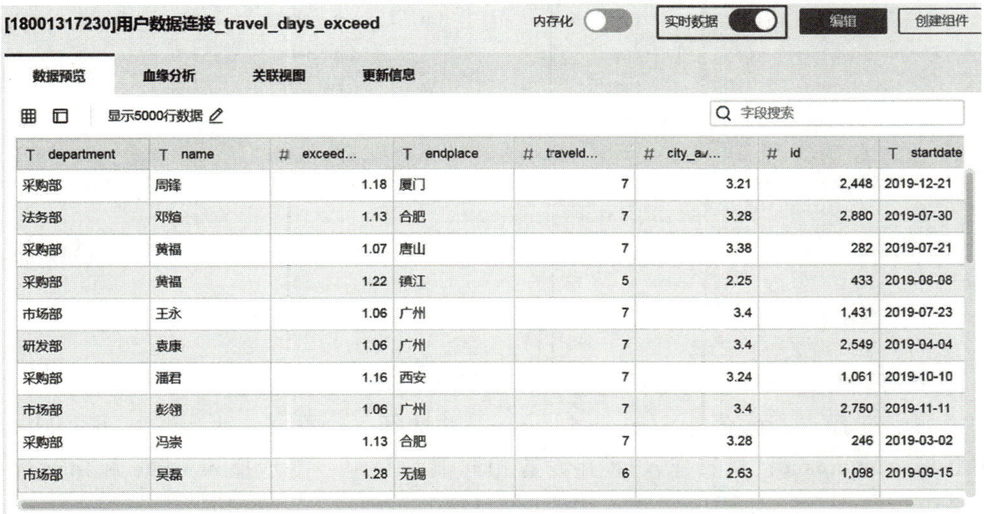

T department	T name	# exceed...	T endplace	# traveld...	# city_a...	# id	T startdate
采购部	周锋	1.18	厦门	7	3.21	2,448	2019-12-21
法务部	邓焰	1.13	合肥	7	3.28	2,880	2019-07-30
采购部	黄福	1.07	唐山	7	3.38	282	2019-07-21
采购部	黄福	1.22	镇江	5	2.25	433	2019-08-08
市场部	王永	1.06	广州	7	3.4	1,431	2019-07-23
研发部	袁康	1.06	广州	7	3.4	2,549	2019-04-04
采购部	潘君	1.16	西安	7	3.24	1,061	2019-10-10
市场部	彭翎	1.06	广州	7	3.4	2,750	2019-11-11
采购部	冯崇	1.13	合肥	7	3.28	246	2019-03-02
市场部	吴磊	1.28	无锡	6	2.63	1,098	2019-09-15

图 9-28

第 3 步：新建仪表板。

在页面左侧选中仪表板，点击新建仪表板，输入仪表板名称“公司差旅审计”，然后点击【确定】，进入仪表板编辑页面，见图 9－29。

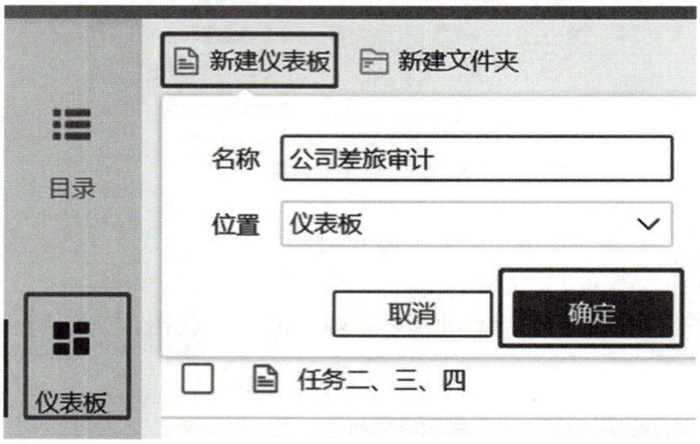

图 9－29

第 4 步：新建点图。

添加组件，业务包选择 travel_days_exceed，见图 9－30。

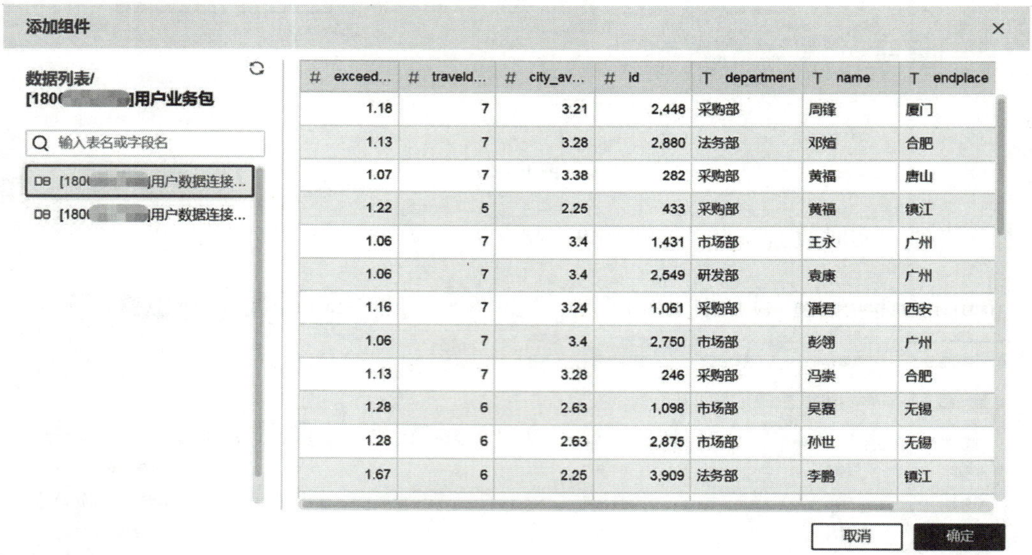

图 9－30

将 id 指标转化为维度，用于标识记录，见图 9－31。

图形属性选择点：颜色拖入 exceed_range，并选择一个样式；大小拖入 traveldays 平均值；形状拖入 endplace；标签拖入 id 并设置相同值为一组；提示拖入 name 和 startdate（见图 9－32）。

设置标题为“差旅审计－出差天数差异较大”，见图 9－33。

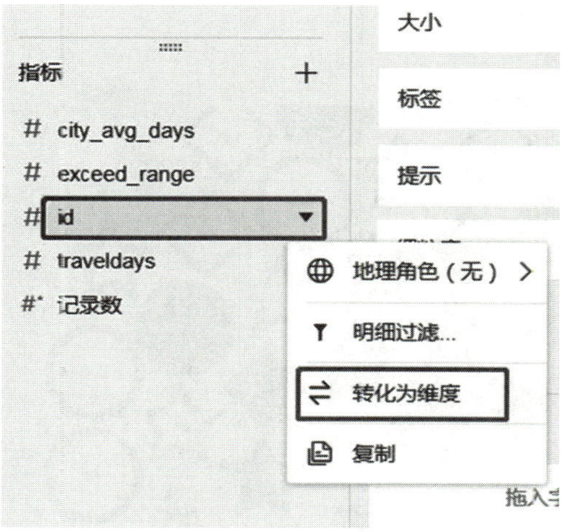

图 9－31

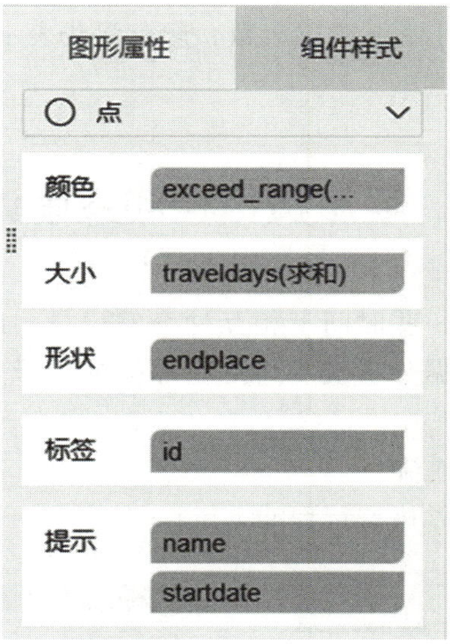

图 9－32

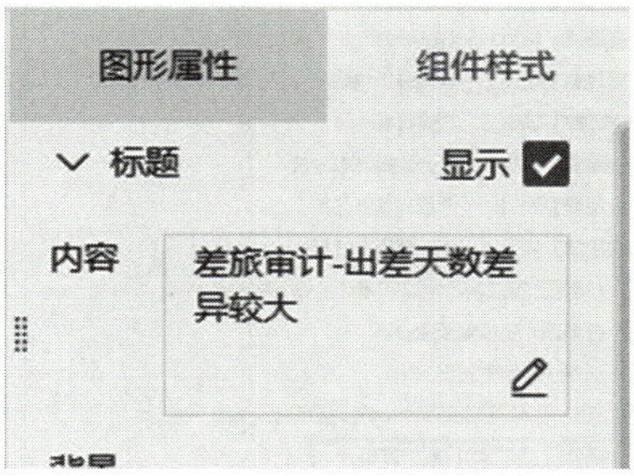

图 9－33

点图效果如图 9－34 所示。

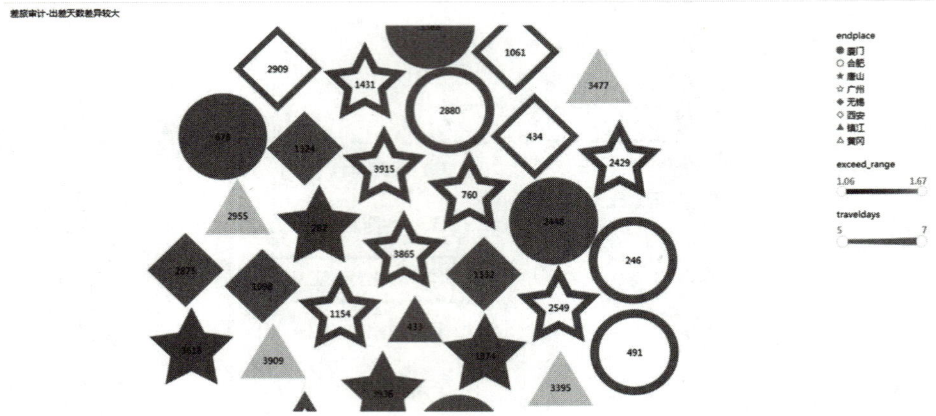

图 9－34

形状表示出差的城市，大小表示出差天数，颜色深浅表示出差天数跟该城市平均天数差异度，数值表示该条记录的 id。

任务 9－3　差旅费行程冲突审计

差旅费行程冲突审计

公司的差旅记录中可能有一些时间上相互冲突的记录，出差时间段上有交叉，本任务我们通过大数据分析技术将这些冲突的记录抓取出来，用于管理部门进行审核。

第 1 步：新建一个数据工作流。

新建数据工作流命名为“差旅费行程冲突审计”，并打开，见图 9－35。

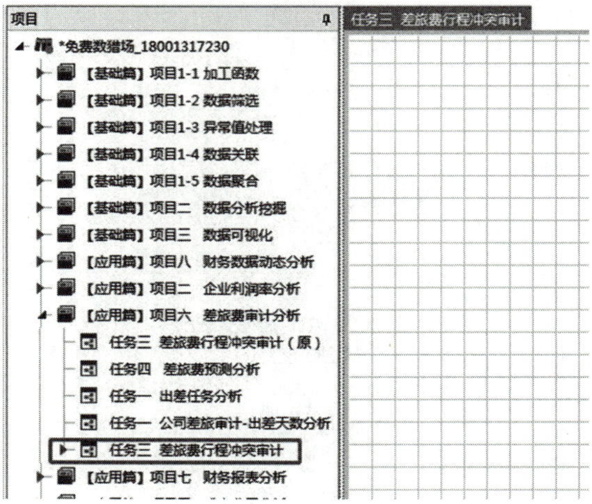

图 9－35

第 2 步：新建课程数据库并连接。

新建一个课程数据库，课程选择“大数据财务分析”并连接，可以在数据源中看到这个数据库中的表（见图 9－36）。

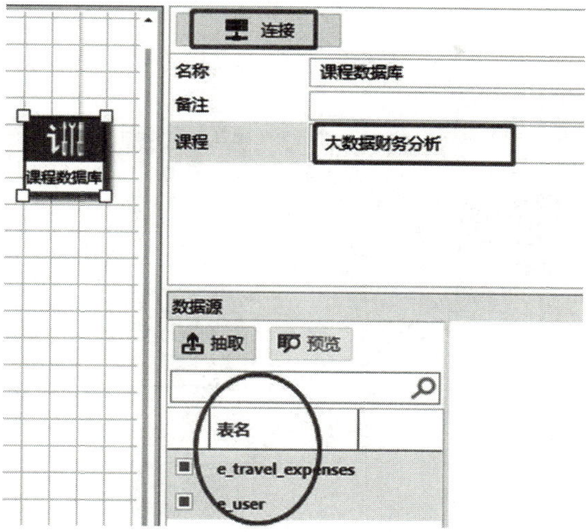

图 9－36

第 3 步：抽取差旅费用表和用户表。

在【数据源】面板，勾选 e_travel_expenses 和 e_user 表，点击抽取，见图 9－37。

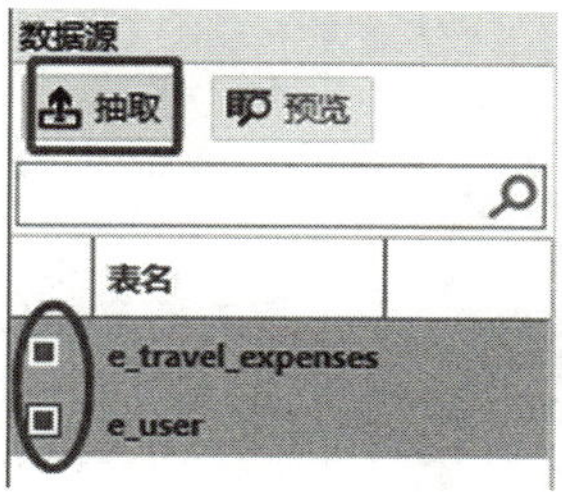

图 9－37

在流程设计区，新增两个抽取节点，分别命名为“差旅费用”和“用户”，见图 9－38。

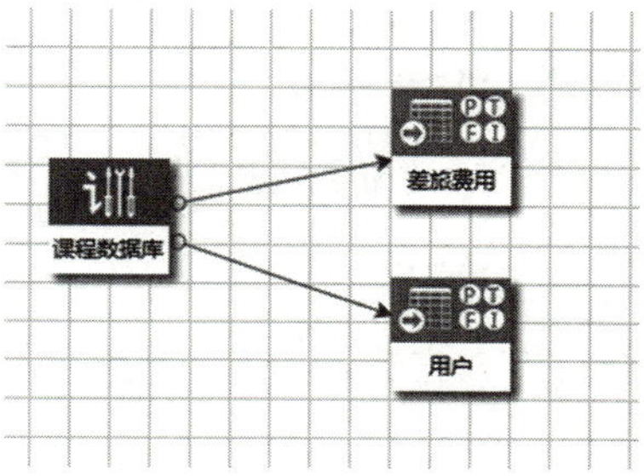

图 9－38

第 4 步：差旅费用复制两份，用于自关联。

差旅冲突的记录，在数据特征上的体现是一条记录的开始日期在另一条记录的开始日期和结束日期之间，我们需要对数据进行自关联，然后通过日期进行判断。

新建两个转换节点，分别命名为“差旅费用 1”和“差旅费用 2”，上游都连入“差旅费用”节点，见图 9－39。

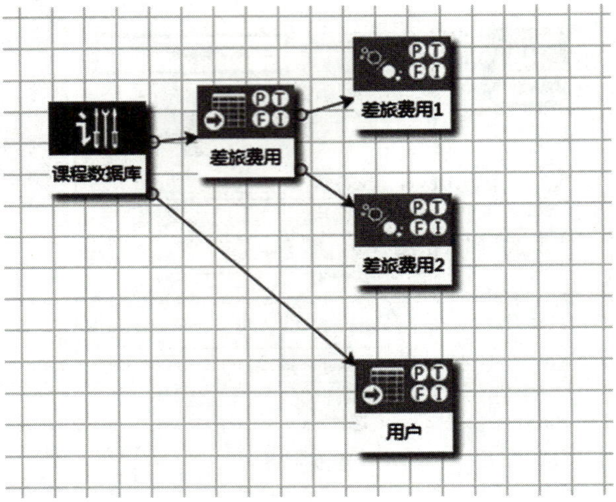

图 9－39

在“差旅费用 1”和“差旅费用 2”的【数据转换】面板将所有列都拖动到目标列，见图 9－40。

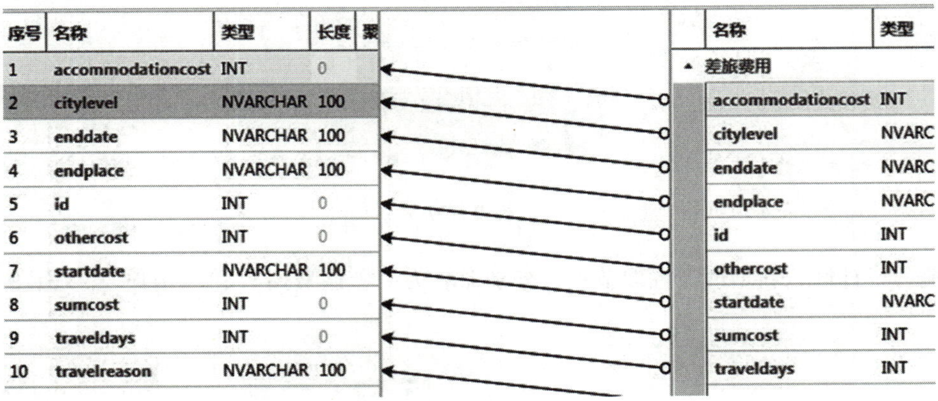

图 9－40

第 5 步：行程冲突。

新建一个【转换】节点，命名为“行程冲突”，上游连入“差旅费用 1”和“差旅费用 2”，见图 9－41。

在【连接】面板输入 Innerjoin 条件“'差旅费用 1'. userid ='差旅费用 2'. userid”，见图 9－42。

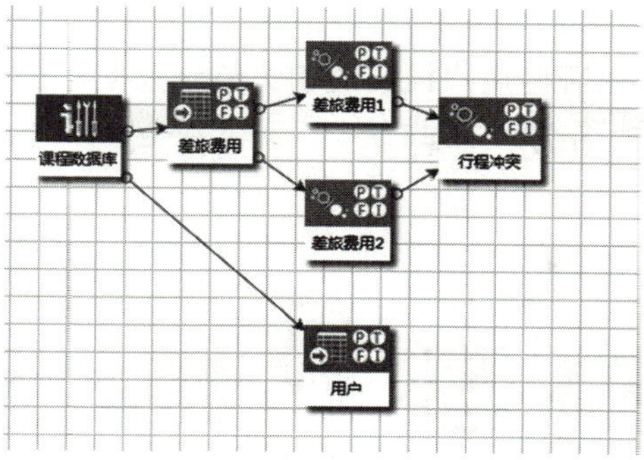

图 9－41

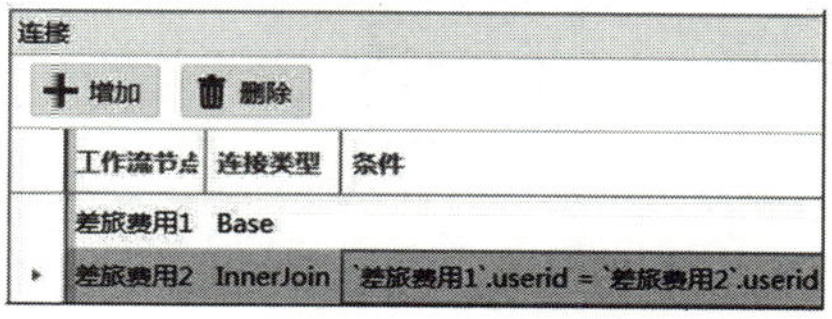

图 9－42

在【属性】面板，输入筛选条件“'差旅费用 1'. id！ ='差旅费用 2'. id and'差旅费用 1'. startdate > ='差旅费用 2'. startdate and'差旅费用 1'. startdate < ='差旅费用 2'. enddate ”，见图 9－43。

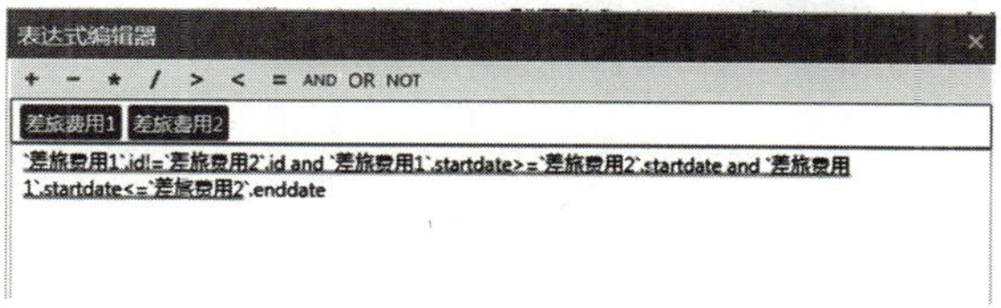

图 9－43

在【数据转换】面板，将“差旅费用 1”的列 userid，id，startdate，enddate，endplace 拖入目标列。

将“差旅费用 2”的列 id，startdate，enddate，endplace 拖动到目标列，并重命名，见图 9－44。

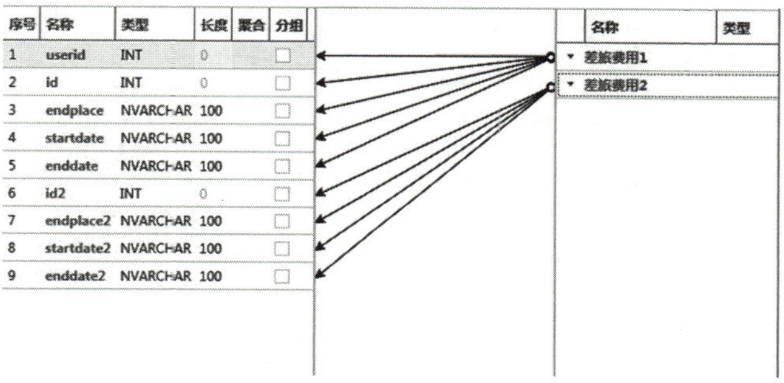

图 9－44

第 6 步：用户统计。

我们管理用户表，统计出哪些用户提交的相关差旅数据存在行程冲突。

新建一个转换节点，命名为“用户统计”，上游连入“行程冲突”和“用户”，见图 9－45。

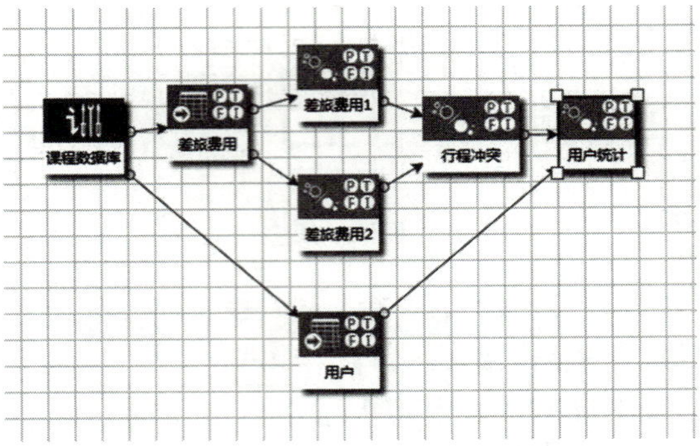

图 9－45

在【连接】面板，Innerjoin 条件填写“′用户′. id =′行程冲突′. userid”，见图 9－46。

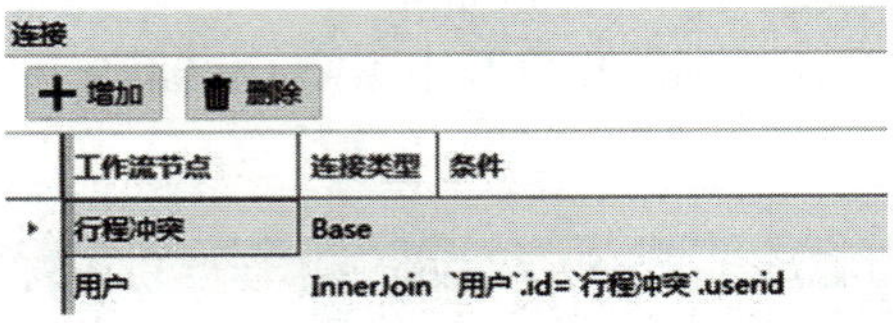

图 9－46

在【数据转换】面板，将行程冲突的所有列都拖入目标列，将用户的 department（部门）和 name（姓名）列拖入目标列，见图 9－47。

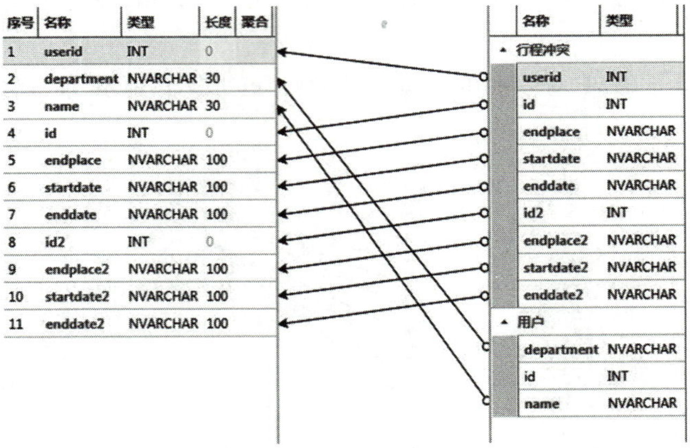

图 9－47

第 7 步：运行查看结果。

在“用户统计”节点上设置查看器，见图 9－48。

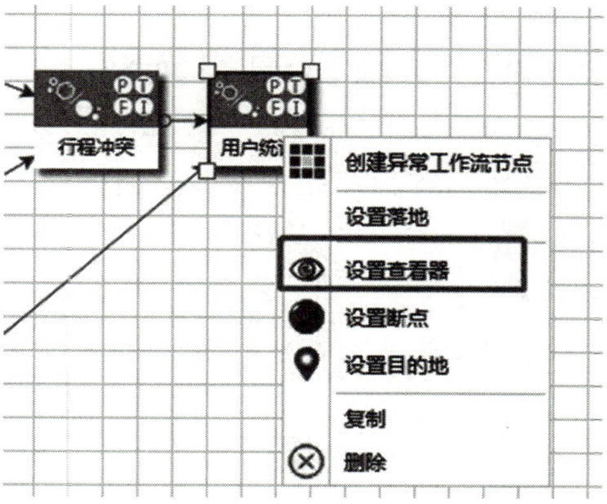

图 9－48

点击“运行”下的“调试”按钮，见图 9－49。

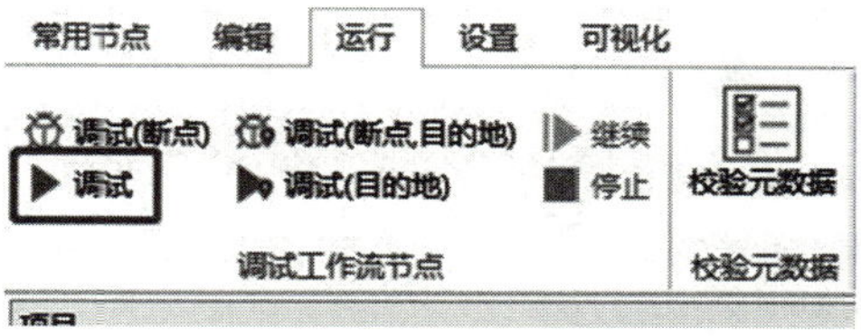

图 9－49

可以在查看器中查看用户的行程冲突数据，见图 9－50。

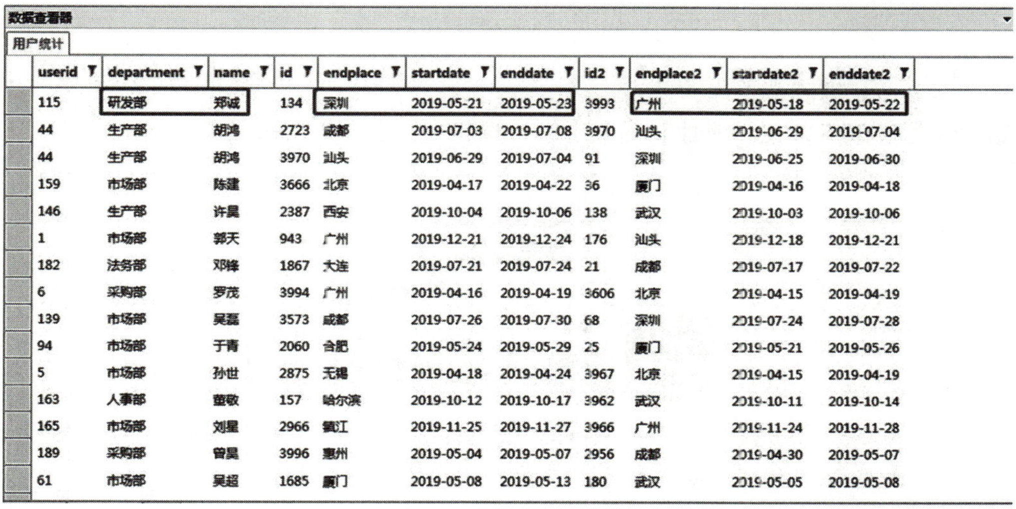
数据查看器

用户统计

userid	department	name	id	endplace	startdate	enddate	id2	endplace2	startdate2	enddate2
115	研发部	郑诚	134	深圳	2019-05-21	2019-05-23	3993	广州	2019-05-18	2019-05-22
44	生产部	胡鸿	2723	成都	2019-07-03	2019-07-08	3970	汕头	2019-06-29	2019-07-04
44	生产部	胡鸿	3970	汕头	2019-06-29	2019-07-04	91	深圳	2019-06-25	2019-06-30
159	市场部	陈建	3666	北京	2019-04-17	2019-04-22	36	厦门	2019-04-16	2019-04-18
146	生产部	许昊	2387	西安	2019-10-04	2019-10-06	138	武汉	2019-10-03	2019-10-06
1	市场部	郭天	943	广州	2019-12-21	2019-12-24	176	汕头	2019-12-18	2019-12-21
182	法务部	邓锋	1867	大连	2019-07-21	2019-07-24	21	成都	2019-07-17	2019-07-22
6	采购部	罗茂	3994	广州	2019-04-16	2019-04-19	3606	北京	2019-04-15	2019-04-19
139	市场部	吴磊	3573	成都	2019-07-26	2019-07-30	68	深圳	2019-07-24	2019-07-28
94	市场部	于青	2060	合肥	2019-05-24	2019-05-29	25	厦门	2019-05-21	2019-05-26
5	市场部	孙世	2875	无锡	2019-04-18	2019-04-24	3967	北京	2019-04-15	2019-04-19
163	人事部	董敬	157	哈尔滨	2019-10-12	2019-10-17	3962	武汉	2019-10-11	2019-10-14
165	市场部	刘星	2966	镇江	2019-11-25	2019-11-27	3966	广州	2019-11-24	2019-11-28
189	采购部	曾昊	3996	惠州	2019-05-04	2019-05-07	2956	成都	2019-04-30	2019-05-07
61	市场部	吴超	1685	厦门	2019-05-08	2019-05-13	180	武汉	2019-05-05	2019-05-08

图 9－50

每条数据表示一条行程冲突数据，如第一条数据，采购部的王朋 4 月 5 日到 4 月 11 日出差到广州，4 月 4 日到 4 月 9 日出差到武汉。

任务 9－4　差旅费预测分析

差旅费预测分析

本任务我们利用公司差旅费历史数据，通过移动平均算法，估计出下个月的差旅费，从而制定财务预算。

第 1 步：新建数据工作流。

新建一个数据工作流命名为“差旅费预测分析”，并打开，见图 9－51。

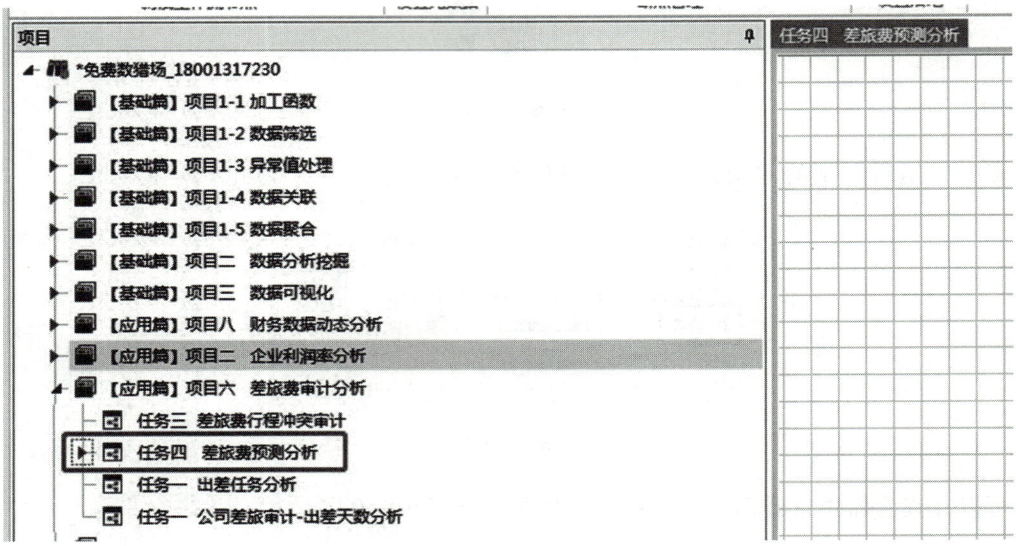

图 9－51

第 2 步：新建课程数据库，并连接。

新建课程数据库，在【属性】面板上选择课程“大数据财务分析”，见图 9－52。

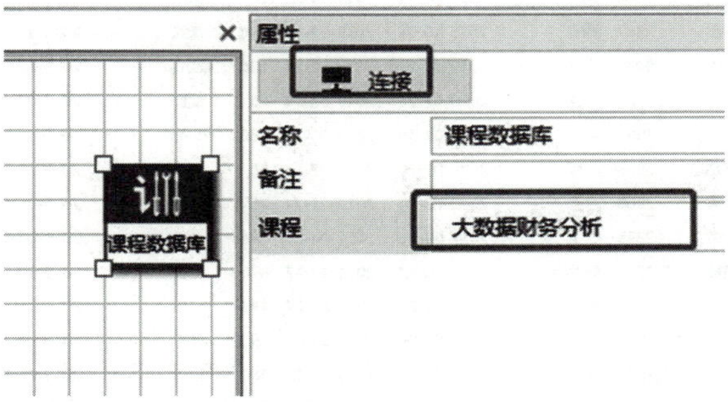

图 9－52

第 3 步：抽取差旅数据。

在【数据源】面板将 e_travel_expense 抽取出来，命名为“差旅费”，见图 9－53。

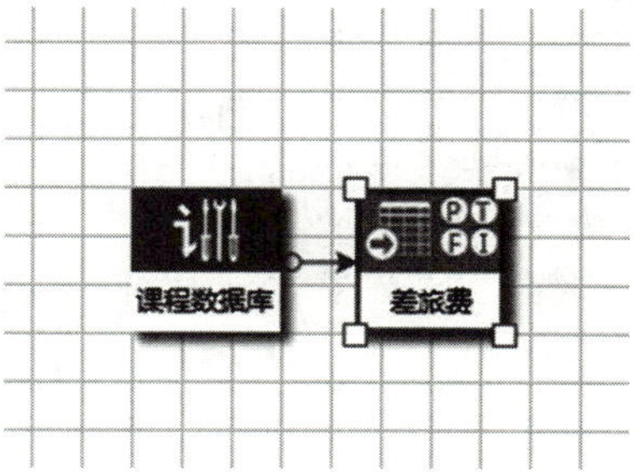

图 9－53

第 4 步：数据加工—出差日期加工。

我们要统计每月的差旅费总额，由于数据都是 2019 年，需要取出月份，新建一个转换节点，命名为“出差日期加工”，上游连入“差旅费”节点，见图 9－54。

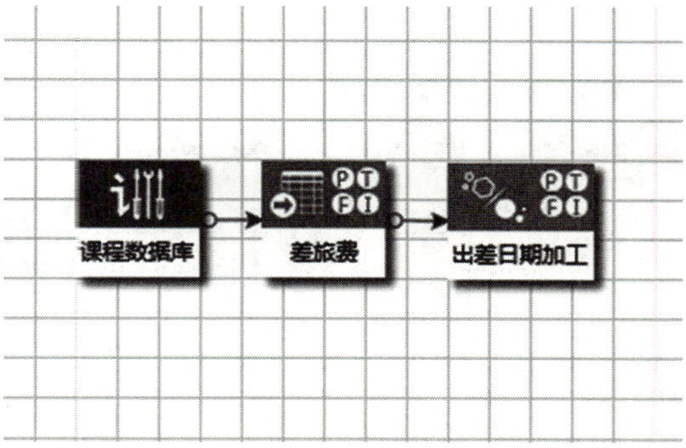

图 9－54

在【数据转换】节点，新建一个 Formatdate 转换器，日期格式输入“yyyy－MM－dd”，上游连入 startdate 列，见图 9－55。

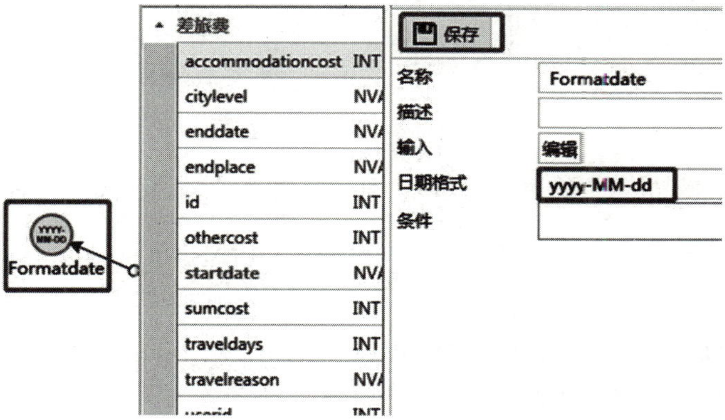

图 9－55

新建一个 DatePart 转换器，时间单位选择“月”，上游连入 Formatdate，见图 9－56。

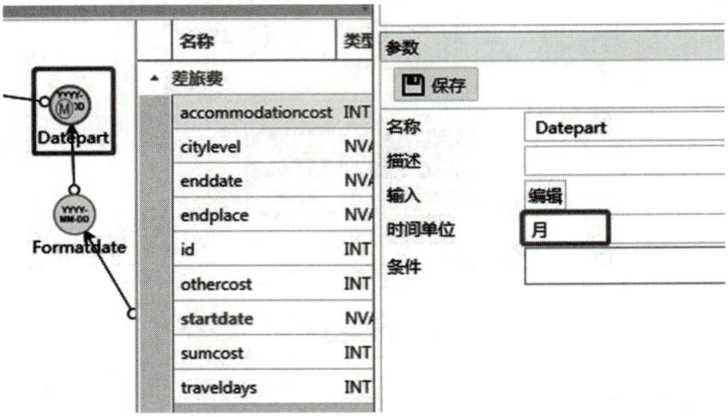

图 9－56

在 Datepart 上右键生成新列，命名为 month，见图 9－57。

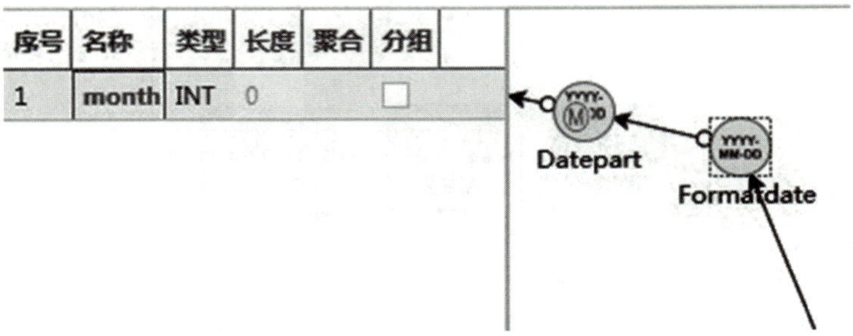

图 9－57

然后将 sumcost 拖入目标列，见图 9－58。

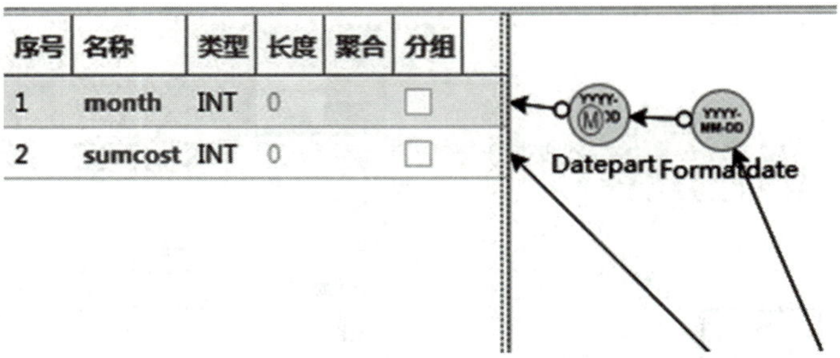

图 9－58

第 5 步：数据加工—按月统计总差旅费。

新建一个转换节点命名为“按月统计总差旅费”，上游连入“出差日期加工”，见图 9－59。

在【数据转换】面板将 month 列拖入目标列，并勾选分组，见图 9－60。

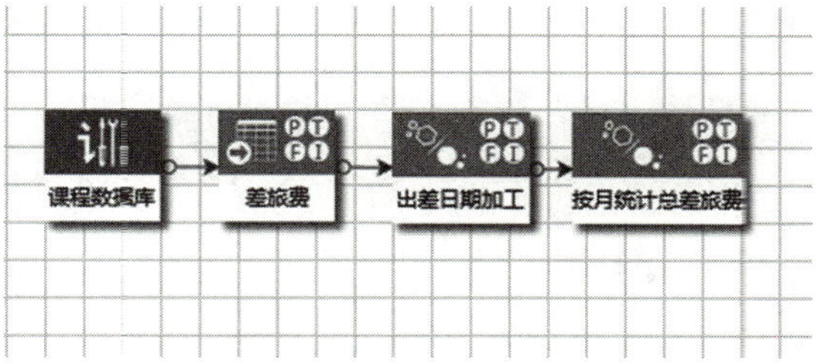

图 9－59

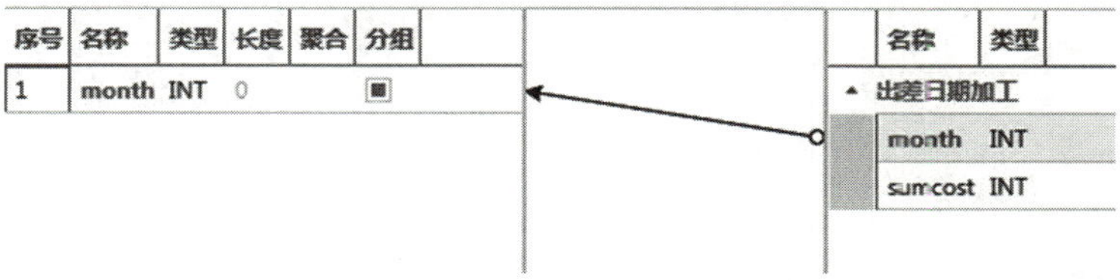

图 9－60

因为后面移动平均算法参数类型的要求，我们要把 sumcost 的 int 类型转为 decimal。新建一个 Numericcast 转换器，目标数据类型选择 DECIMAL，并保存，见图 9－61。

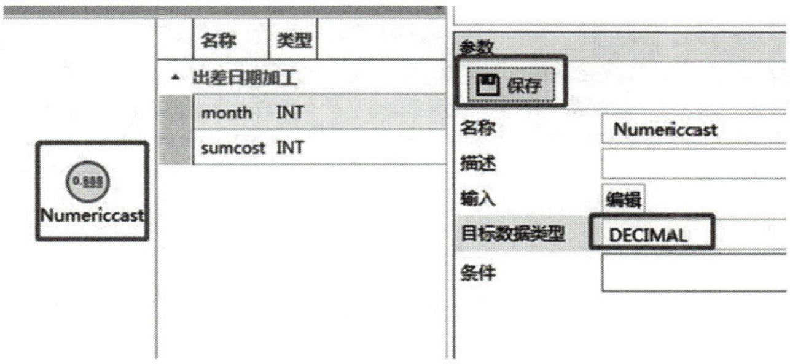

图 9－61

新建一个 constant，常量数据类型选择 int，值为 0，见图 9－62。

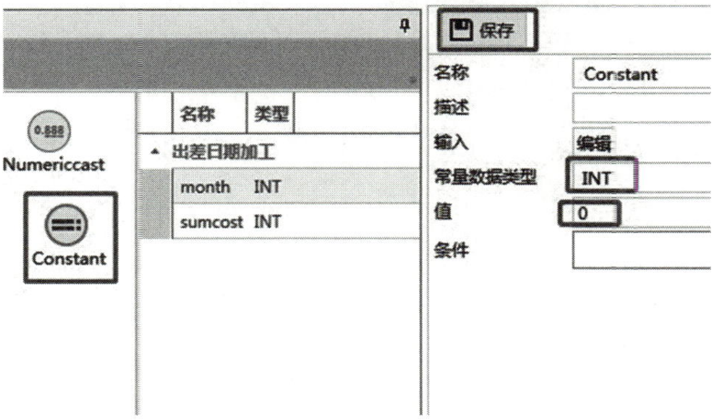

图 9－62

新建一列命名为 total_sumcost，类型为 DECIMAL，聚合设置为求和。

Numericcast 的第一个参数连入 sumcost 列，第二个参数连入 constant，然后往下连入 total_sumcost 列，见图 9－63。

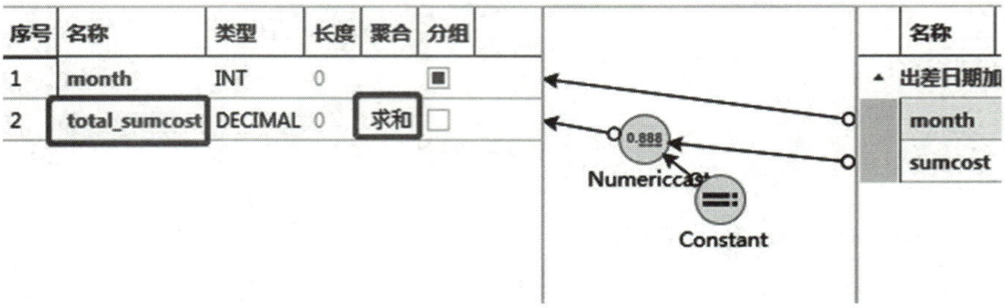

图 9－63

第 6 步：数据加工—按月份排序。

我们把月份按顺序排列。新建一个分组标签节点，命名为“按月份排序”，上游连入“按月统计总差旅费”节点，见图 9－64。

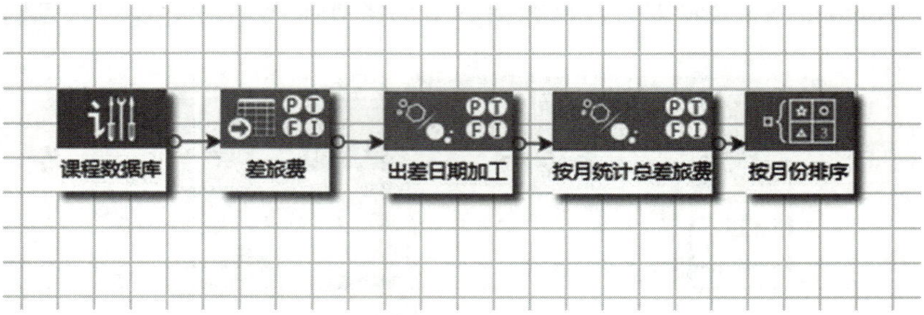

图 9－64

在【属性面板】点击设置按钮，然后设置 month 为排序列，total_sumcost 为标签列，见图 9－65。

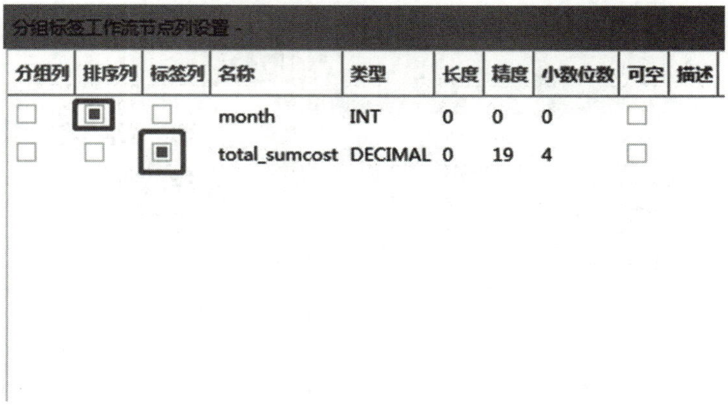

图 9－65

第 7 步：数据挖掘—预测下个月的总差旅费。

新建一个统计分析节点，命名为“移动平均”，上游连入“按月份排序”节点，见图 9－66。

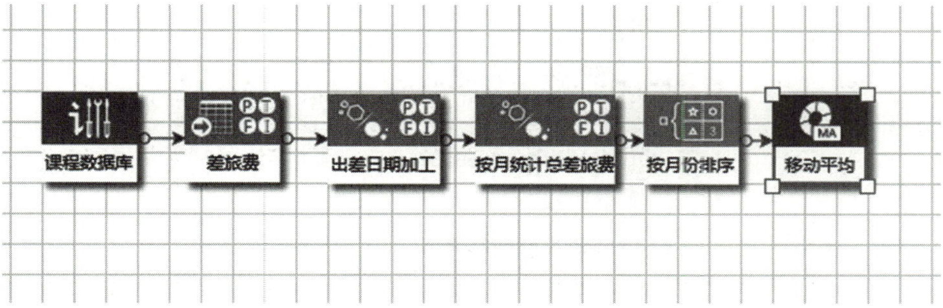

图 9－66

在【属性】面板，设置数据映射列名为 total_sumcost，见图 9－67。

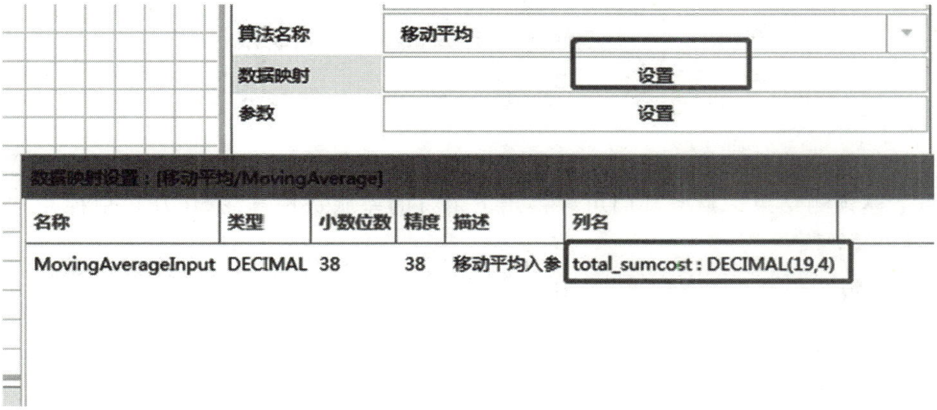

图 9－67

设置步长参数为 3，见图 9－68。

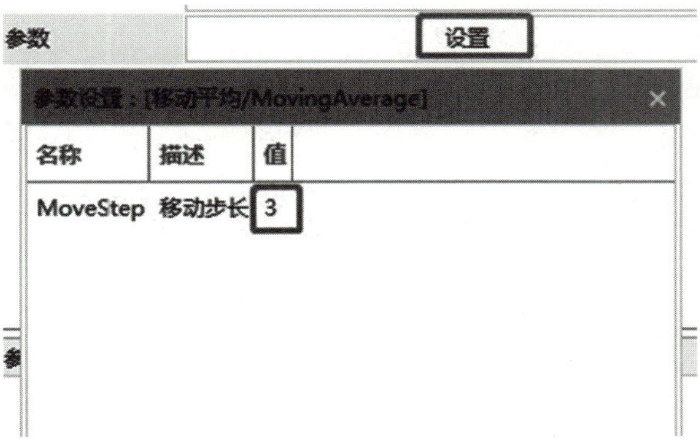

图 9－68

然后在“移动平均”节点上设置查看器，运行工作流，见图 9－69。

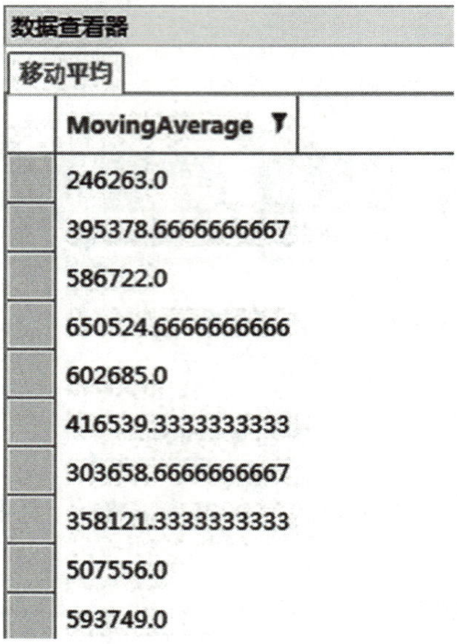

图 9－69

下个月的差旅费预测值为最后一个值 593749.0。

参照上述预测结果，财务部门可以得出下个月的差旅费预算在 50 万元左右。

项目十
财务报表分析

【能力目标】

1. 数据思维培养目标

☐ 用大数据技术分析以可扩展商业报告语言编制的财务报告数据

2. 数据能力训练目标

☐ 掌握非结构化数据的抽取和解析的方法

☐ 掌握集合类型数据转换的方法

☐ 掌握行转列的使用方法

【任务情境】

当前，基于互联网、跨平台操作的可扩展商业报告语言（XBRL）普遍用于编制财务报告、披露企业财务信息，该语言是国际上公认用于非结构化数据，尤其是财务信息交换的标准和技术。通过对数据统一进行特定的识别和分类，可以实现数据的提取再利用以及不同系统、不同主体之间的信息交换以提高数据的相关性、可比性和及时性，同时降低信息处理成本。本项目对 XBRL 编制的财务报告进行分析。

【知识准备】

财务报表分析主要分析企业资产、负债的分布和构成的变动情况，分析企业计划的完成情况和盈利水平的变动趋势，分析企业的现金流量增减变动原因，分析资金保全和增值的情况，以评价企业盈利能力、偿债能力、运营能力和成长能力。财务报表分析的主要步骤包括明确目的、制定方案、收集信息、整理核实分析、出具分析报告，常用的方法有比较分析法和因素分析法。XBRL 是财务信息交换的最新公认标准和技术，广泛应用于企业管理、审计、企业信用等级评估、证券市场、贸易与纳税和金融行政六大领域。XBRL 主要由技术规格、分类标准、实例文档、样式单四个方面组成，根据财务信息披露规则，将财务报告内容分解成不同的数据元（data elements），再根据信息技术规则对数据元赋予唯一的数据标记，从而形成标准化规范，它增加了公司财务报告披露的透明度，提高了财务报告信息处理的效率和能力。利用 XBRL 可以强化不同类型的财务比率分析，创建并解读财务报表数据可视化结果。

【数据准备】

本项目解析的 XRBL 数据文件 (balance_sheet. xbrl), 记录了某公司三年的财务报表信息, 图 10 - 1 是该文件解析后的部分数据预览。

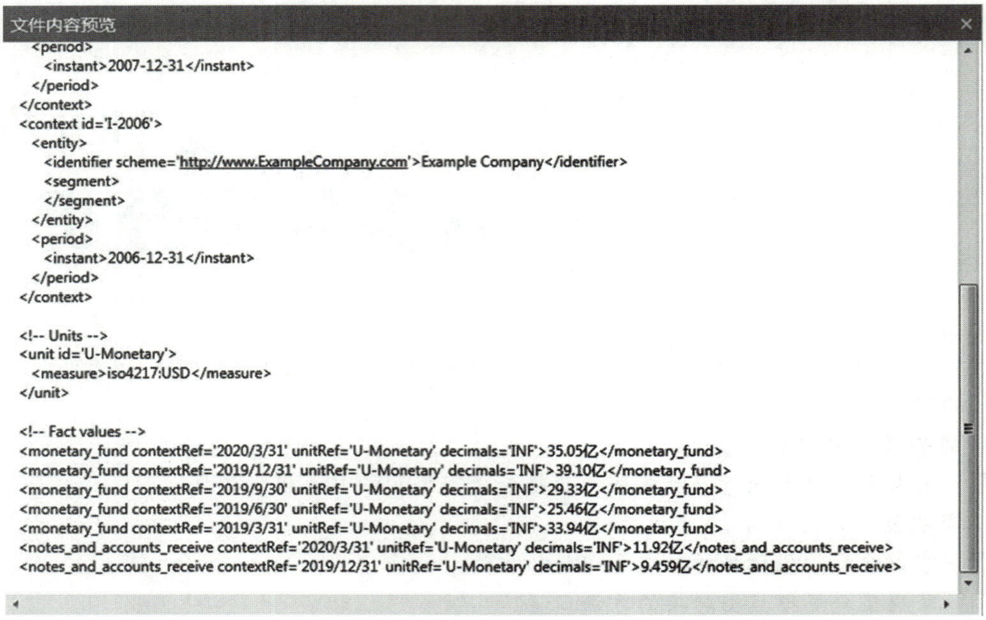


```
    <period>
      <instant>2007-12-31</instant>
    </period>
  </context>
  <context id='I-2006'>
    <entity>
      <identifier scheme='http://www.ExampleCompany.com'>Example Company</identifier>
      &lt;segment&gt;
      &lt;/segment&gt;
    </entity>
    <period>
      <instant>2006-12-31</instant>
    </period>
  </context>

  <!-- Units -->
  <unit id='U-Monetary'>
    <measure>iso4217:USD</measure>
  </unit>

  <!-- Fact values -->
  <monetary_fund contextRef='2020/3/31' unitRef='U-Monetary' decimals='INF'>35.05亿</monetary_fund>
  <monetary_fund contextRef='2019/12/31' unitRef='U-Monetary' decimals='INF'>39.10亿</monetary_fund>
  <monetary_fund contextRef='2019/9/30' unitRef='U-Monetary' decimals='INF'>29.33亿</monetary_fund>
  <monetary_fund contextRef='2019/6/30' unitRef='U-Monetary' decimals='INF'>25.46亿</monetary_fund>
  <monetary_fund contextRef='2019/3/31' unitRef='U-Monetary' decimals='INF'>33.94亿</monetary_fund>
  <notes_and_accounts_receive contextRef='2020/3/31' unitRef='U-Monetary' decimals='INF'>11.92亿</notes_and_accounts_receive>
  <notes_and_accounts_receive contextRef='2019/12/31' unitRef='U-Monetary' decimals='INF'>9.459亿</notes_and_accounts_receive>
```

图 10 - 1

【技术准备】

- 项目、数据工作流、数据源组件的创建技能。
- 文本类、条件判断类自定义加工组件及行转列操作技能。
- 数据预览、运行调试技能。
- 数据可视化操作技能。

【任务实施】

任务 10 - 1　XRBL 财务数据解析

XRBL 财务数据解析

本任务我们解析 XRBL 类型的一个数据文件 balance_sheet. xbr。

第 1 步: 新建数据工作流。

新建一个数据工作流, 命名为 "XRBL 财务数据解析", 并打开, 见图 10 - 2。

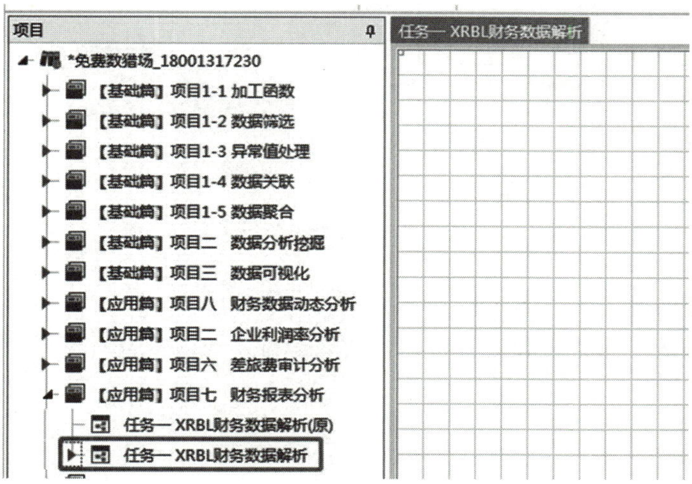

图 10－2

第 2 步：新建课程文件数据源并连接。

新建一个课程文件，课程选择“大数据财务分析”，然后连接，见图 10－3。

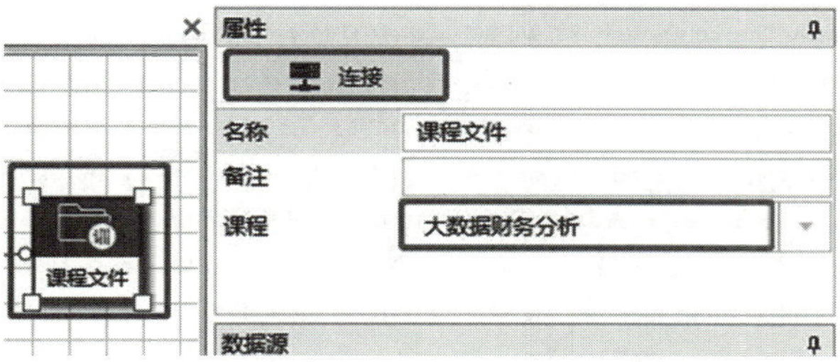

图 10－3

第 3 步：抽取 xrbl 数据。

在数据源面板选择 balance_sheet. xbrl 文件，然后点击抽取，生成的抽取节点命名为“资产负债表”，见图 10－4。

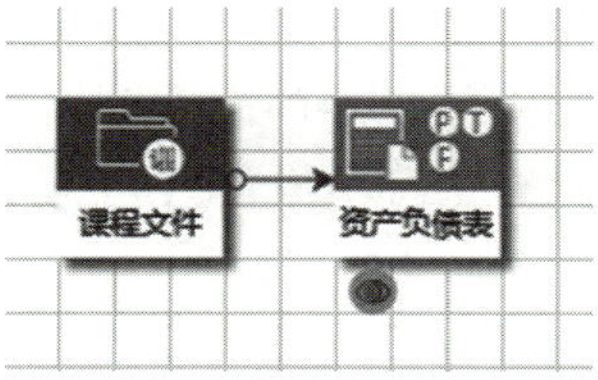

图 10－4

第 4 步：获取元数据。

在“资产负债表”的属性面板上，标题行号设为 0，起始行号设为 1，换行符设为 \ r \ n，点击获取元数据，在【数据转换】面板就能看到列信息了，见图 10－5。

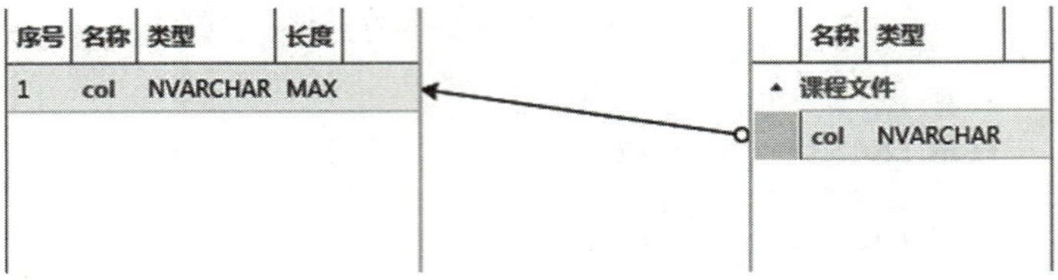

图 10－5

第 5 步：数据清洗。

在“资产负债表”节点上设置查看器，然后运行，在数据查看器中可以看到运行结果，见图 10－6。

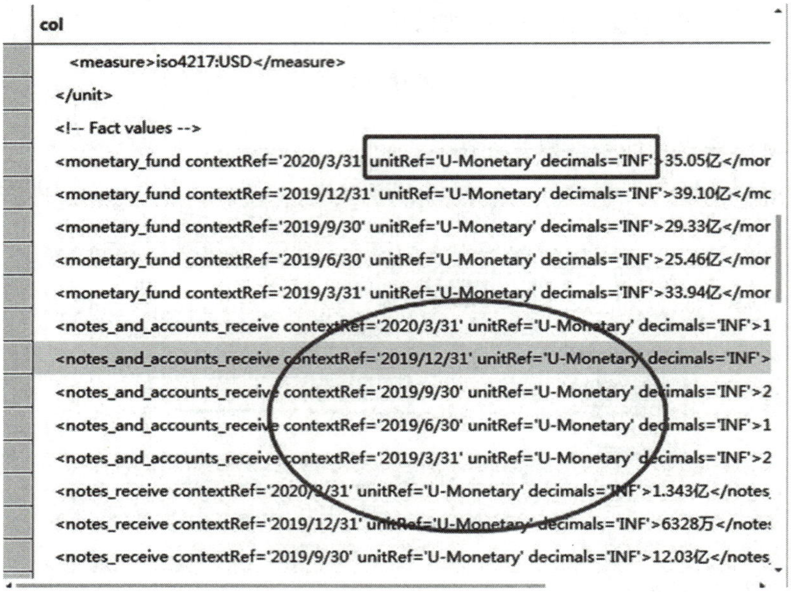

图 10－6

我们可以看到方框和椭圆形框标注的后半部分是有用的财务数据，前面的数据需要清洗掉，观察数据，后半部分财务数据都包含 unitRef＝U－Monetary decimals＝INF 字符串，我们通过这个特征把前面的数据清洗掉，先计算出这个字符串的位置，然后把位置为－1 的过滤掉。

新建一个转换节点，命名为“计算字符串位置”，上游连入“资产负债表”，见图 10－7。

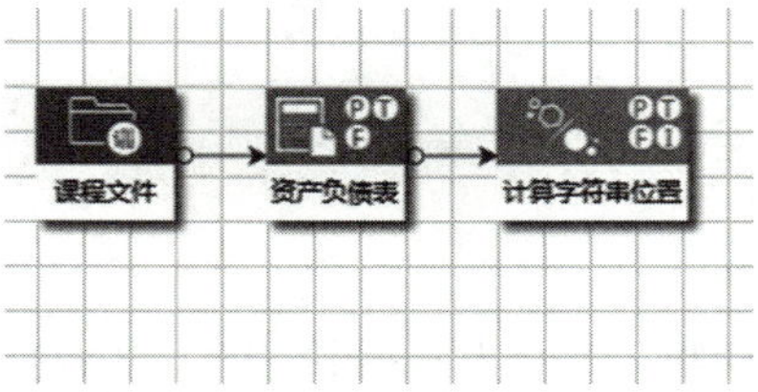

图 10－7

在【数据转换】面板，新增一个 Patternindex，一个 Constant，见图 10－8。

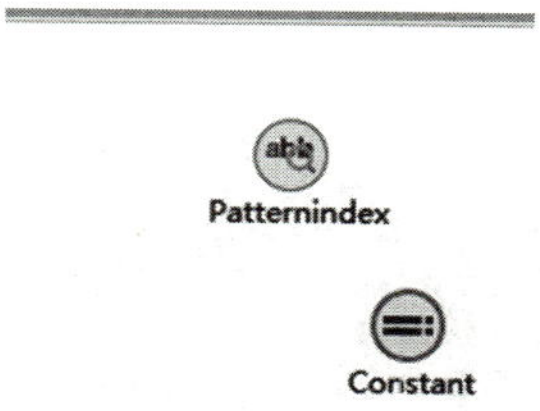

图 10－8

Constant 类型为 Nvarchar，值为 unitRef = U－Monetary decimals = INF，见图 10－9。

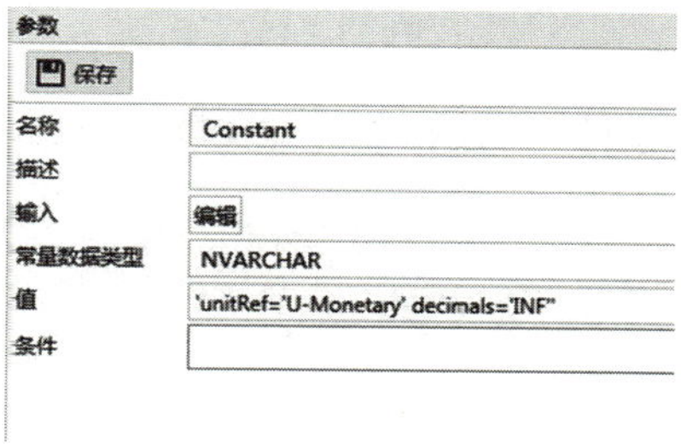

图 10－9

Patternindex 第一个参数连入 col，第二个参数连入 constant，然后右键生成新列，命名为 idx，见图 10－10。

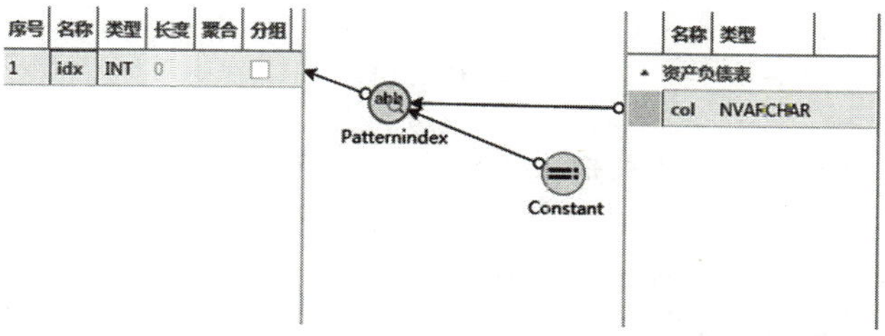

图 10－10

然后把 col 拖入目标列，见图 10－11。

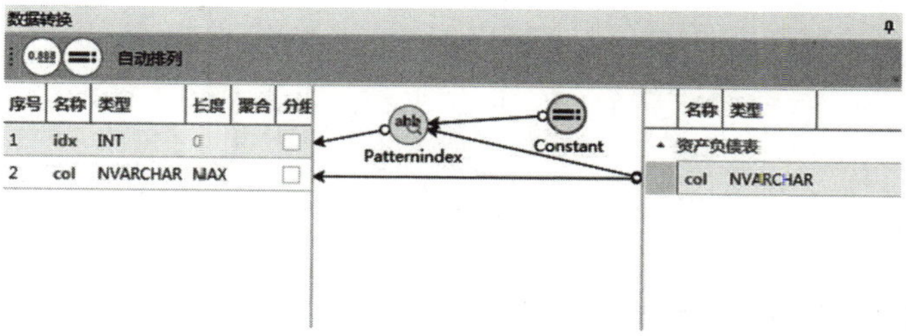

图 10－11

下面通过对 idx 进行过滤，新建一个转换节点，命名为“数据清洗”，上游连入“计算字符串位置”，见图 10－12。

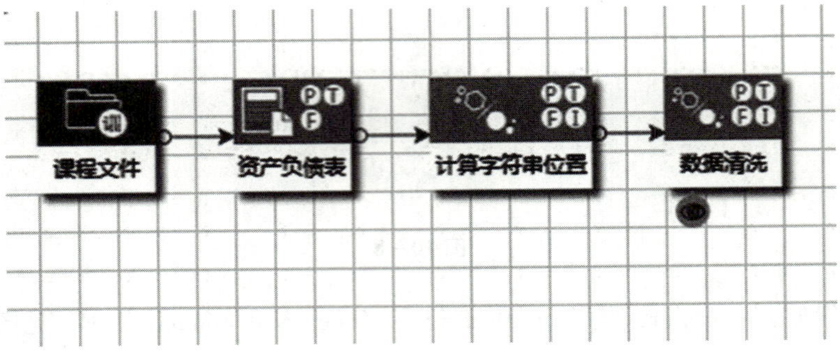

图 10－12

在【属性】面板输入筛选条件“'计算字符串位置'. idx＞0”，见图 10－13。

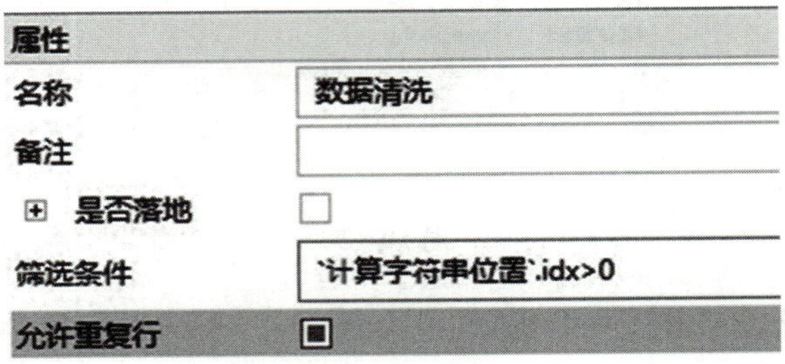

图 10－13

在【数据转换】面板，将 col 列拖入目标列，见图 10－14。

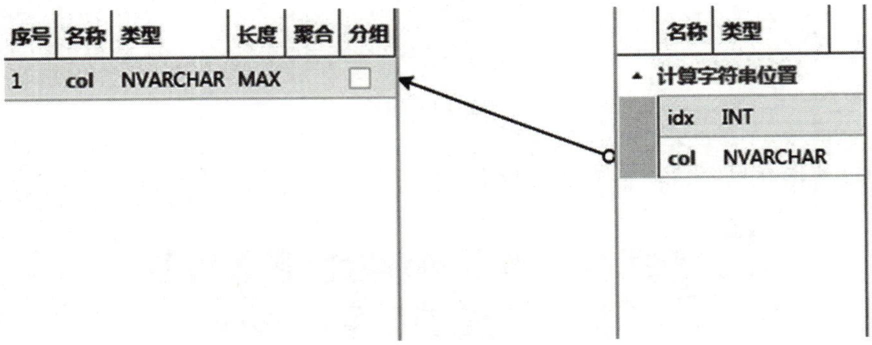

图 10－14

第 6 步：数据加工—数组分割。

在“数据清洗”节点上设置查看器，然后运行，见图 10－15。

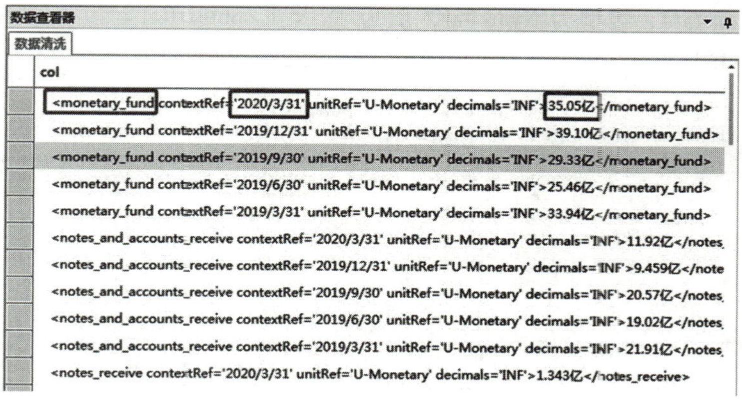

图 10－15

在数据查看器面板，通过观察，我们需要解析出财务指标、财务报告期、值，对应第一行为 monetary_fund，2020/3/31，35.05 亿。

我们用 ArraySplit 可以实现，利用三个指标之间的文本作为分隔符。

新建一个转换节点，命名为“数组分割”，上游连入“数据清洗”，见图 10－16。

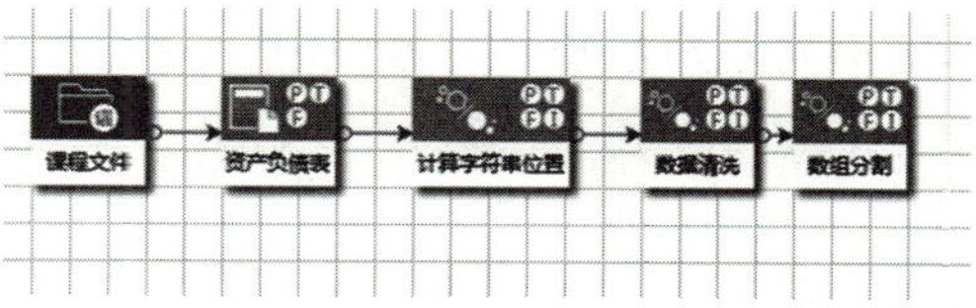

图 10－16

在【数据转换】面板新建一个 ArraySplit 转换器，见图 10－17。

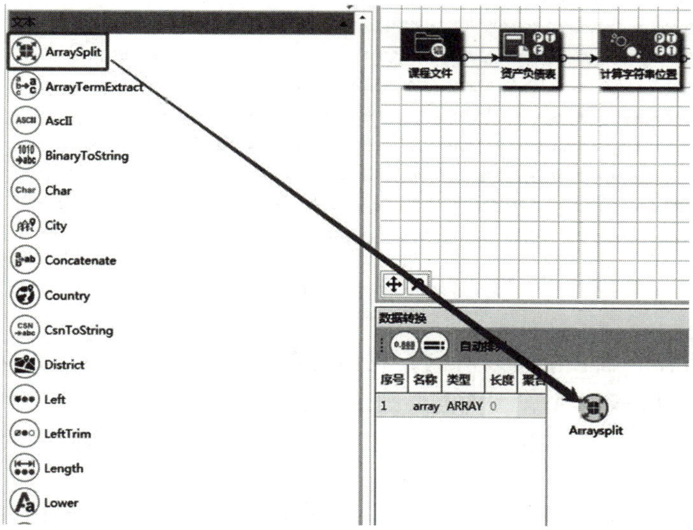

图 10－17

新建一个 Constant，类型为 Nvarchar，值为 “' < | contextRef = ' | ' unitRef = 'U - Monetary' decimals = 'INF' > | </'”，然后点击保存，见图 10 - 18。

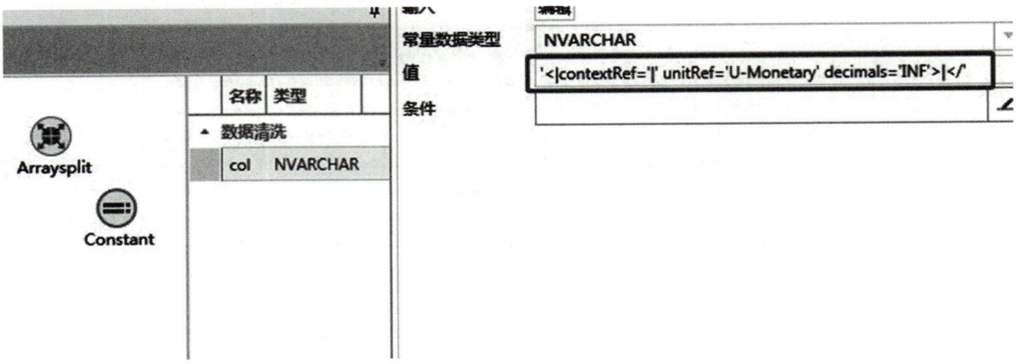

图 10 - 18

ArraySplit 的第一个参数连入 col 列，第二个参数连入 Constant，然后右键生成新列，命名为 array。

第 7 步：获取分组值。

在数组分割节点上设置查看器，然后运行，见图 10 - 19。

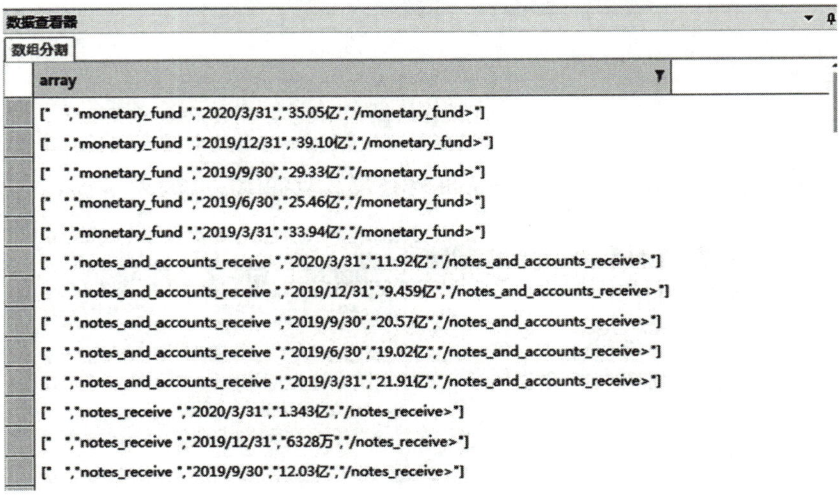

图 10 - 19

在【数据查看器】面板上可以看到，我们需要的财务指标是数组的第 2 个数据，财务报告期是第 3 个，值是第 4 个，下面需要把这三个值取出来。

新建一个转换节点，命名为“数组取值”，上游连入“数组分割”节点，见图 10 - 20。

首先取出财务指标。

在【数据转换】面板，新建一个 ArragGet 转换器，这个转换器作用是从 Array 中取值，数据类型设置为 Nvarchar，然后保存，见图 10 - 21。

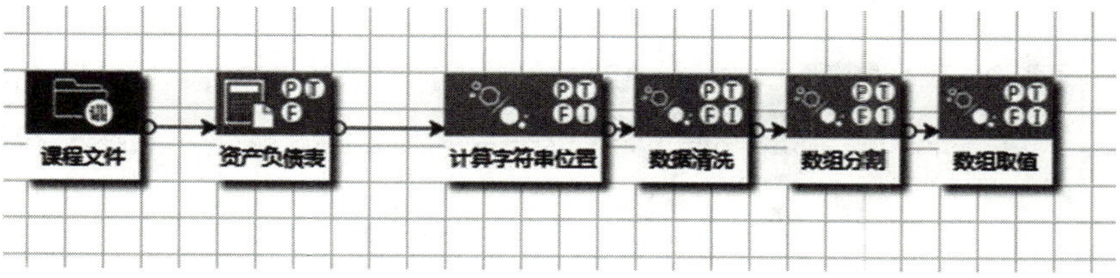

图 10 – 20

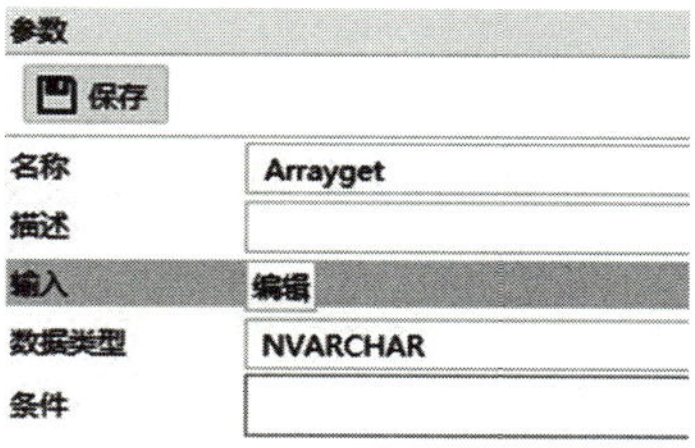

图 10 – 21

新建一个 constant，常量数据类型为 int，值为 1，见图 10 – 22。

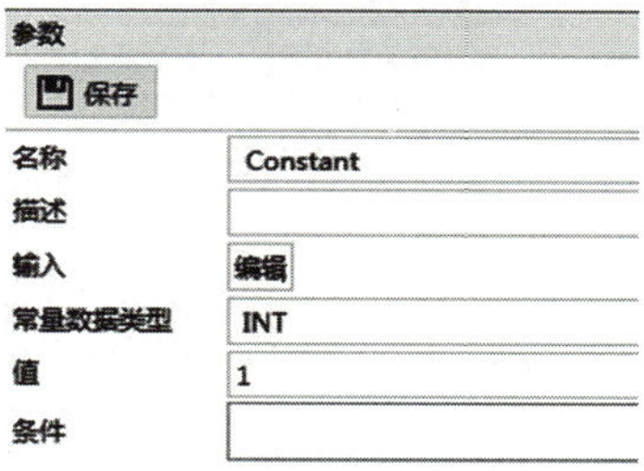

图 10 – 22

ArrayGet 第一个参数连入 array 列，第二个参数连入 constant，表示从 array 中取出第 2 个值，然后新增一个 trim，用于去掉前后的空格，上游连入 ArragGet，然后在 trim 上右键生成新列命名为 financial_indicators，见图 10 – 23。

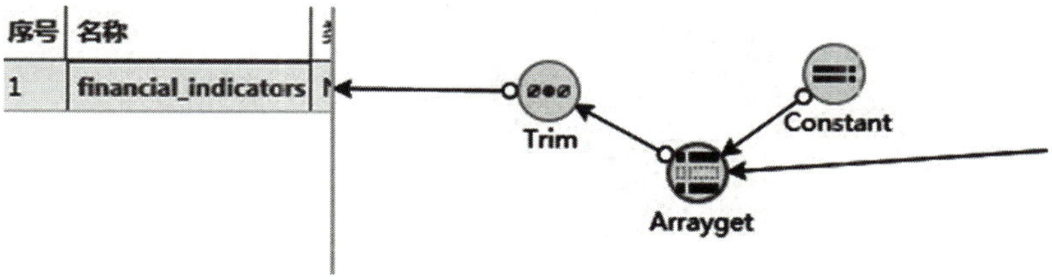

图 10 – 23

用同样的方式取出财务报告期和值，见图 10－24。

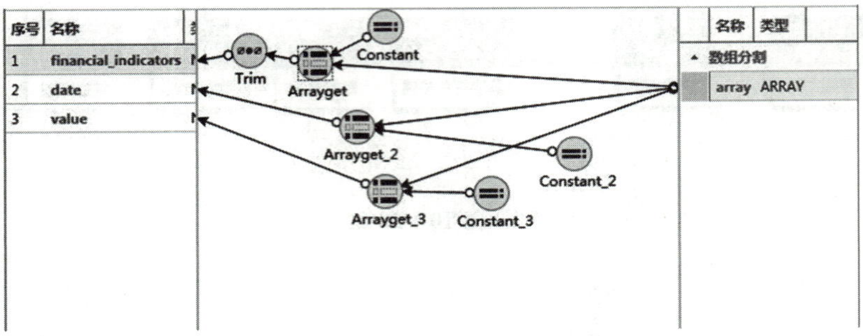

图 10－24

第 8 步：值和单位分离。

数值的展示形式比较杂乱，有的单位是亿，有的单位是万，有的只显示“—”，需要统一把“—”转换成 0，把亿单位转换成万单位，这个节点我们把数值和单位分离，下个节点把数值的单位统一为万。

新建一个转换节点，命名为“值和单位分离”，上游连入“数组取值”节点，见图 10－25。

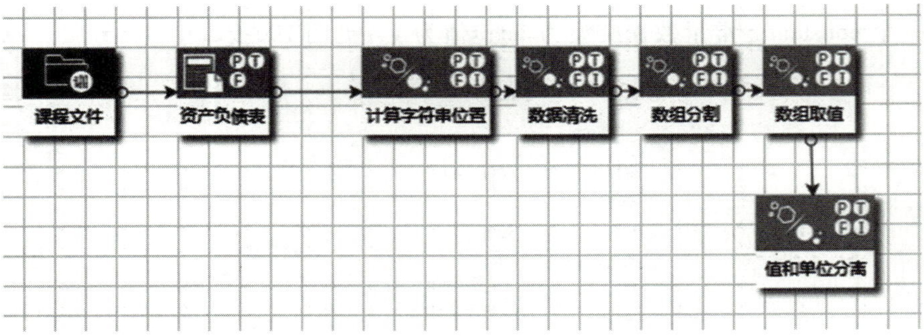

图 10－25

在【数据转换】面板，首先将“—”替换成“0 万”，新建一个 Replace 转换器，第一个参数连入 value，第二个参数连入 Constant_2：“0 万”，第三个参数连入 Constant：“—”（见图 10－26）。

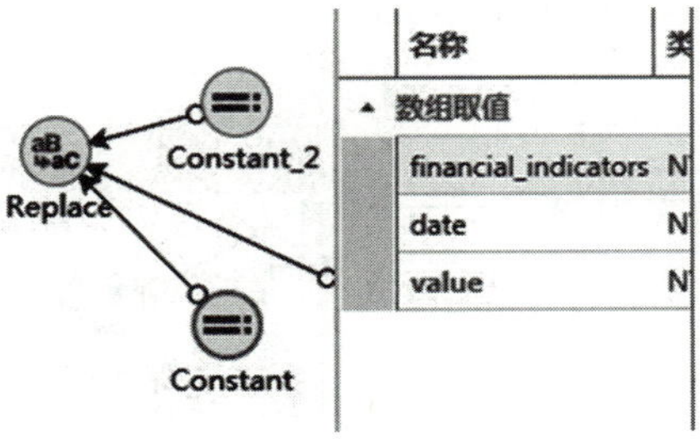

图 10－26

下面计算万或者亿所在的位置。

新建一个 length 转换器，入参连入 Replace。

新建一个 calculation 转换器，运算符设置为减，第一个参数连入 length，第二个参数连入常量 Constant_4：1。

新建一个 Numericcast 转换器，目标类型为 int，第一个参数连入 Calculation，第二个参数连入 Constant_5：0，见图 10－27。

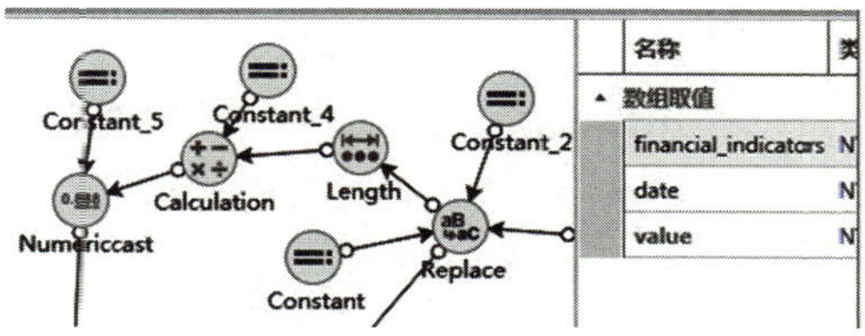

图 10－27

下面求出值，即截取从左边开始长度为总长度－1 的字符串。

新建一个 left 转换器，第一个参数连入 Replace，第二个参数连入 Numericcast，见图 10－28。

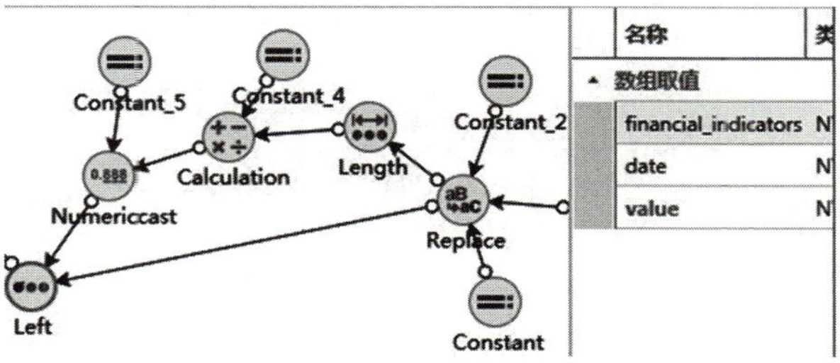

图 10－28

然后把值转换成数组类型。

新建一个 Stringtonumeric，入参连入 left，然后右键生成新列，命名为 value，见图 10－29。

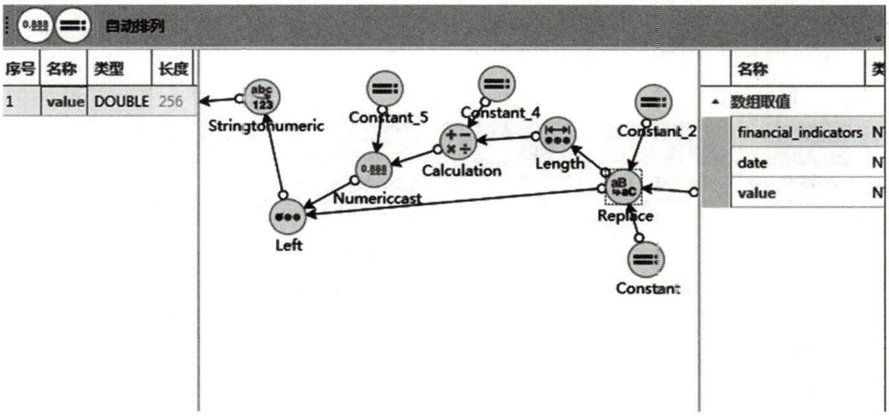

图 10－29

下面解析出单位。

新建一个 Right 转换器，第一个参数连入 Replace，第二个参数连入 Constant_3：1。然后右键生成新列命名为 unit，见图 10－30。

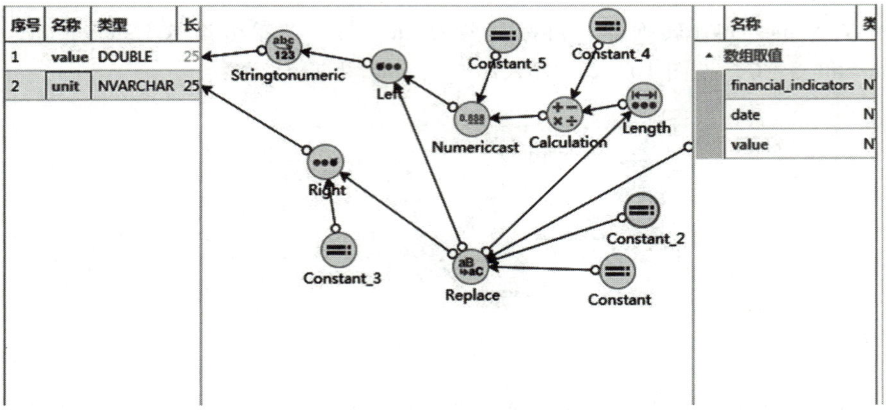

图 10－30

然后把 financial_indicators，date 列拖入目标列，见图 10－31。

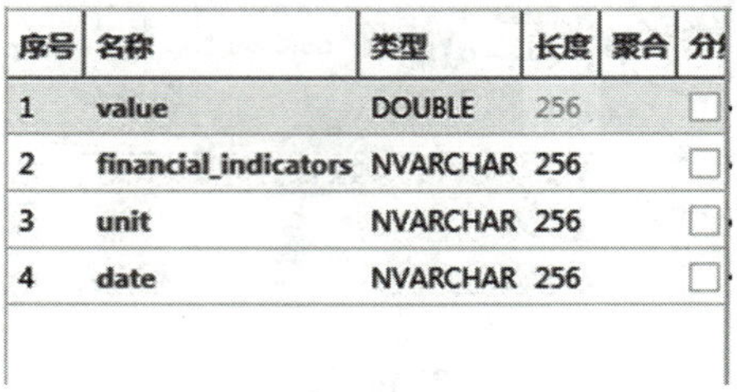

序号	名称	类型	长度	聚合	分
1	value	DOUBLE	256		☐
2	financial_indicators	NVARCHAR	256		☐
3	unit	NVARCHAR	256		☐
4	date	NVARCHAR	256		☐

图 10－31

第 9 步：单位统一为万。

新建一个转换节点命名为“单位统一为万”，上游连入“值和单位分离”节点，见图 10－32。

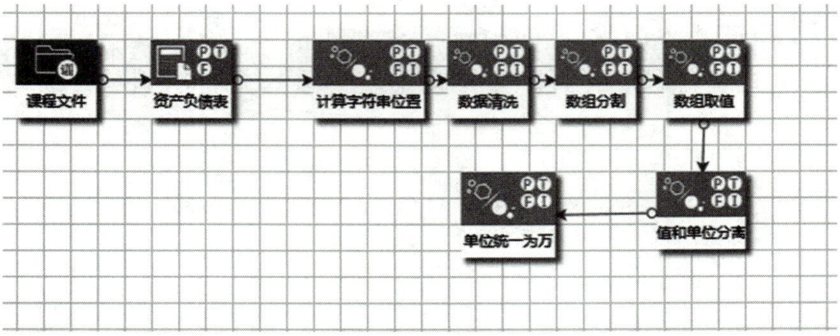

图 10－32

在【数据转换】面板，新建两个 Constant 转换器，类型为 int，值分别为 Constant_2：1 和 Constant：10000。

新建一个 Choice 转换器，连入 Constant 和 Constant_2，见图 10 - 33。

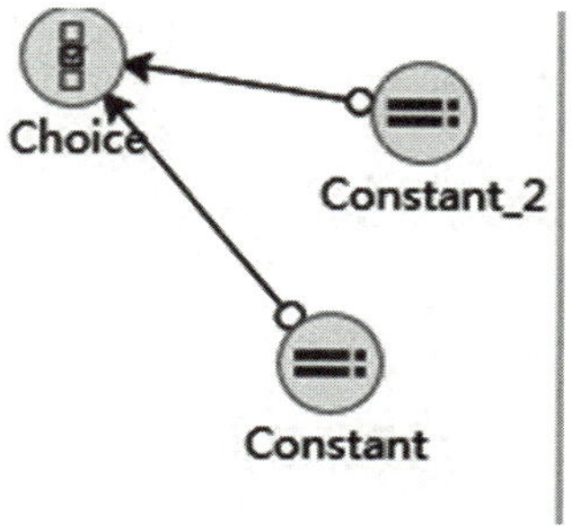

图 10 - 33

双击 Choice，编辑选择条件，Constant 值和单位分离 . unit ='亿'，Constant_2 1 = 1（见图 10 - 34）。

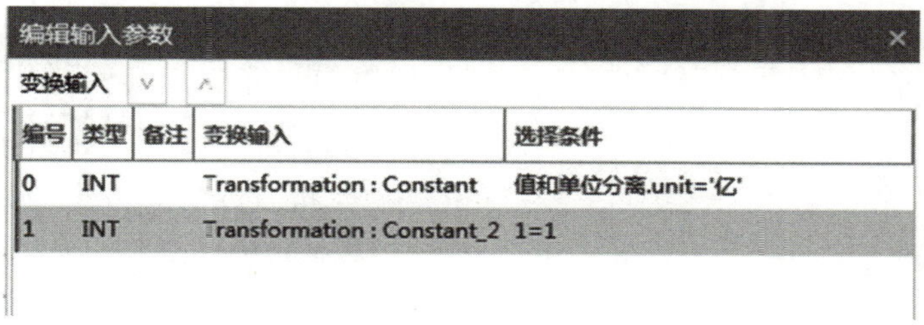

图 10 - 34

新建一个 Calculation，运算符选择"乘"，上游参数连入 Choice 转换器和 value 列，然后右键生成新列命名为 value，见图 10 - 35。

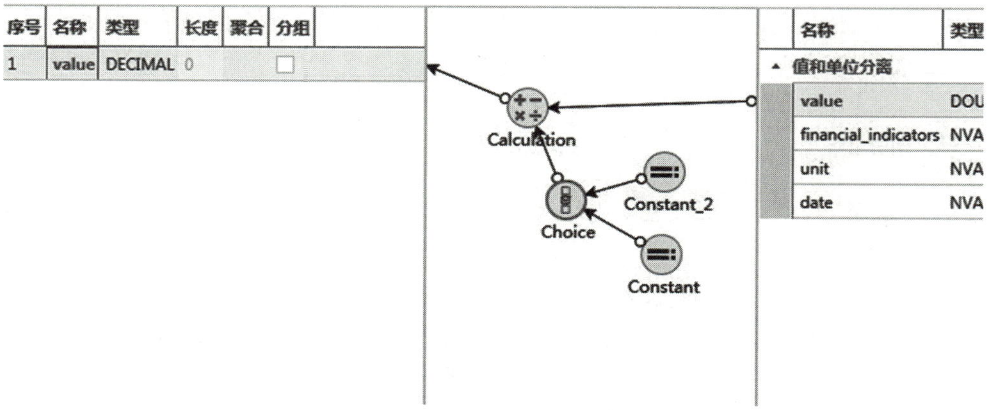

图 10 - 35

然后把 financial_indicators, date 列拖入目标列，见图 10－36。

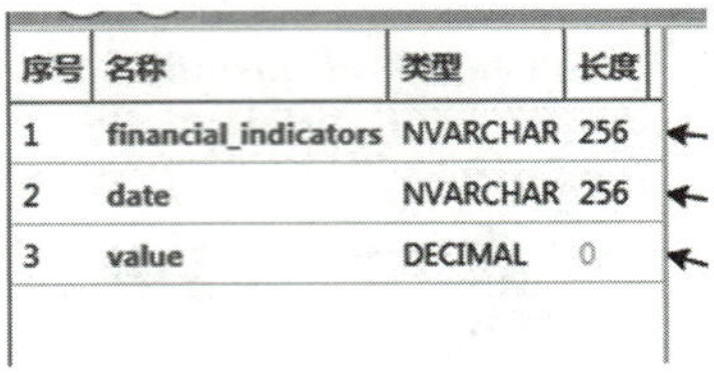

序号	名称	类型	长度
1	financial_indicators	NVARCHAR	256
2	date	NVARCHAR	256
3	value	DECIMAL	0

图 10－36

第 10 步：财务指标行转列。

下面将财务指标转成列，首先看有哪些财务指标。

新建一个转换节点，上游连入“单位统一为万”节点，见图 10－37。

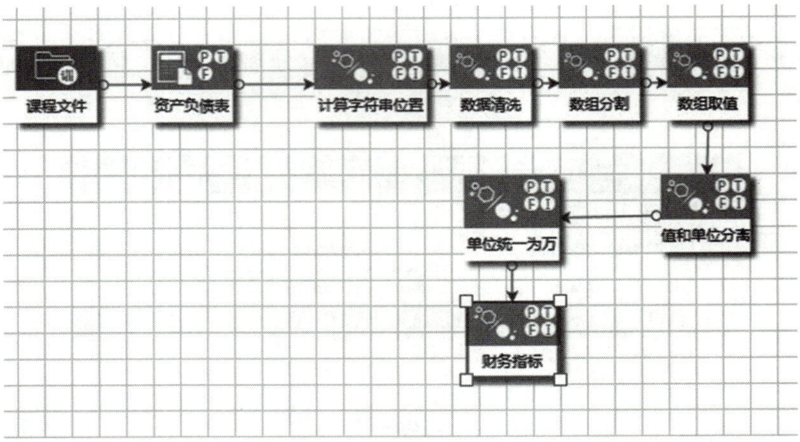

图 10－37

在【属性】面板，取消勾选允许重复行，见图 10－38。

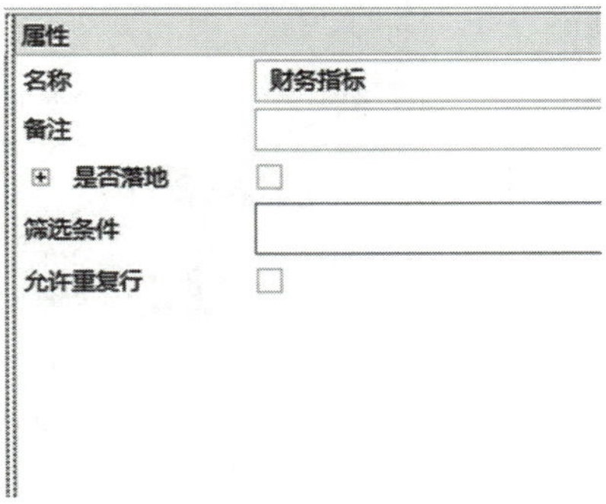

图 10－38

在【数据转换】面板，将 financial_indicators 列拖入目标列，在“财务指标”节点上设置查看器，然后运行，就能得到去重后的所有财务指标了，见图 10－39。

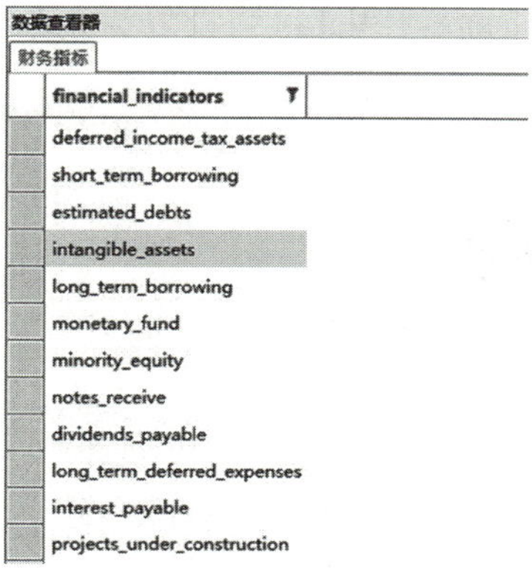

图 10－39

下面进行行转列的操作，新建一个行转列节点，命名为“财务指标行转列”，上游连入“单位统一为万”节点，见图 10－40。

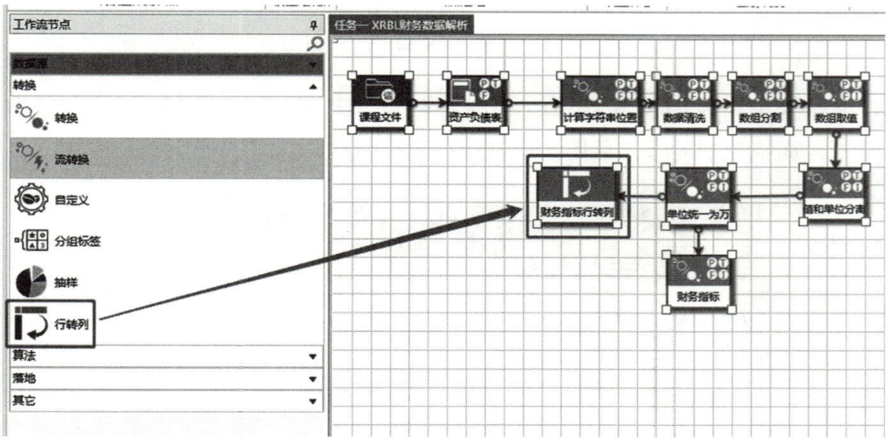

图 10－40

在【属性】面板，分组列设置为 date，见图 10－41。

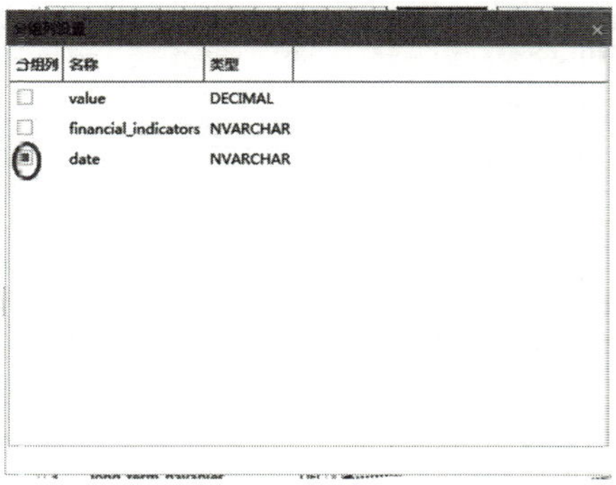

图 10－41

Pivot 列设置为 financial_indicators，Value 列设置为 value，聚合方式为 max 或 min，见图 10－42。

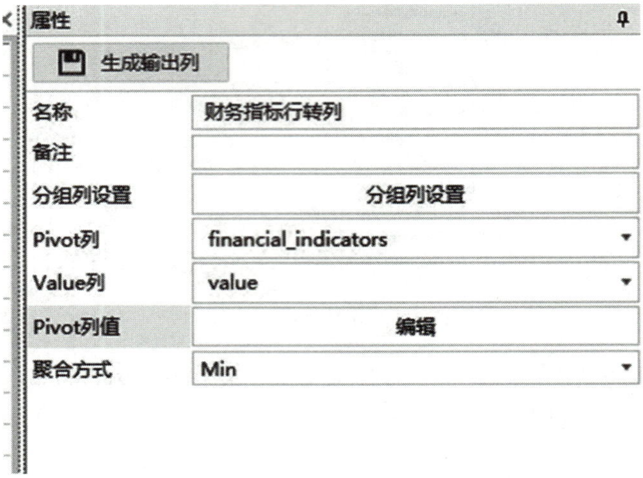

图 10－42

Pivot 列值设置为所有的财务指标（将财务指标节点查看器上的值用键盘复制，然后在 Pivot 列值设置界面点击粘贴），见图 10－43。

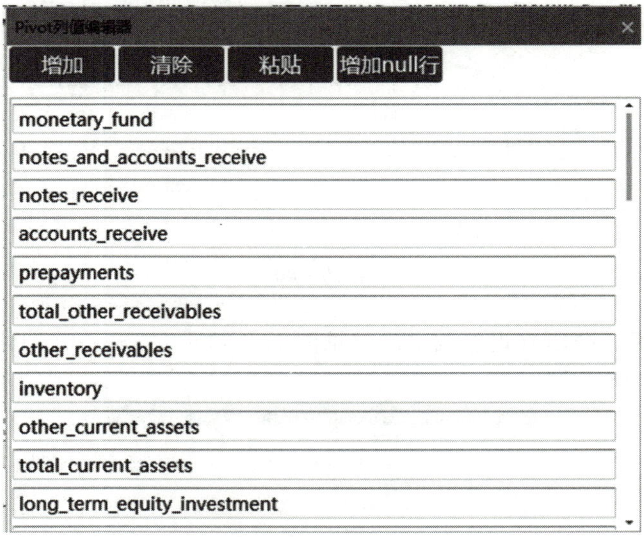

图 10－43

然后点击生成输入列，就可以在【数据转换】面板看到转换后的列，见图 10－44。

运行查看，见图 10－45。

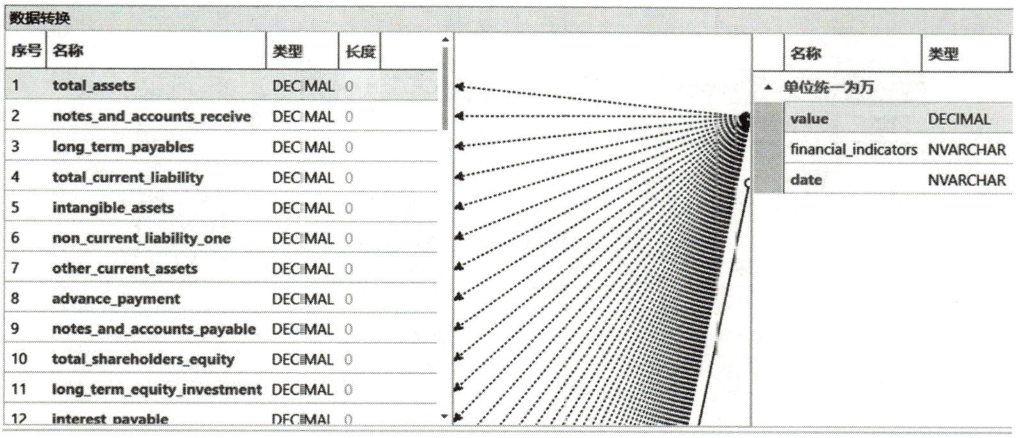

图 10－44

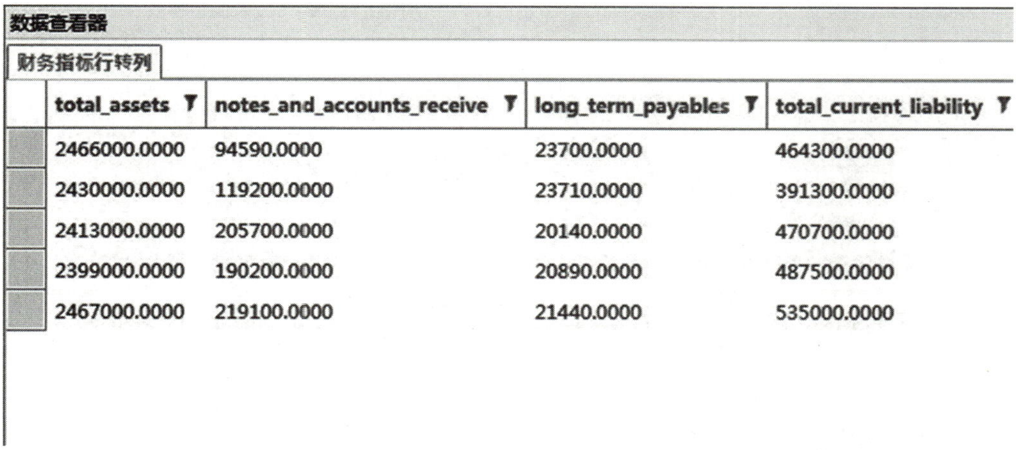

图 10－45

这样，我们就把一个 xbrl 的内容解析出来了，下面我们进行可视化展示。

第 11 步：数据落地到数据湖。

新建一个云数据库。

新建一个转换节点，命名为“数据落地”，上游连入“财务指标行转列”节点，见图 10－46。

在【数据转换】节点，将所有列拖入目标列，见图 10－47。

在“数据落地”节点的【属性】面板，勾选是否落地，输入落地表名，落地目标选择云数据库，见图 10－48。

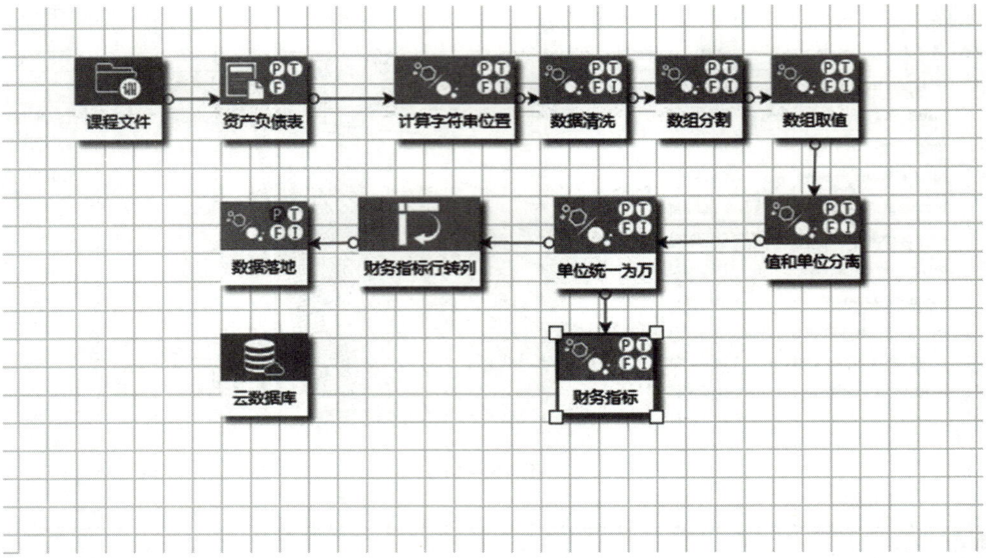

图 10 －46

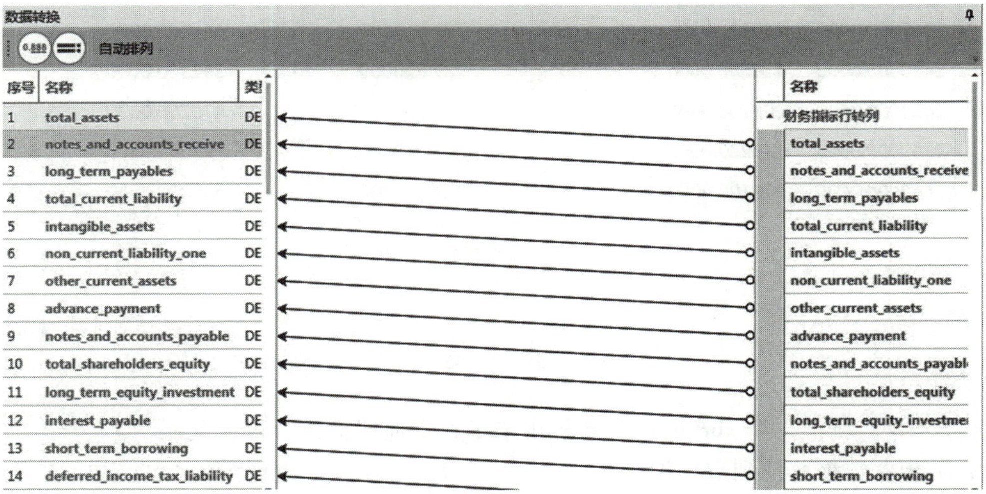

图 10 －47

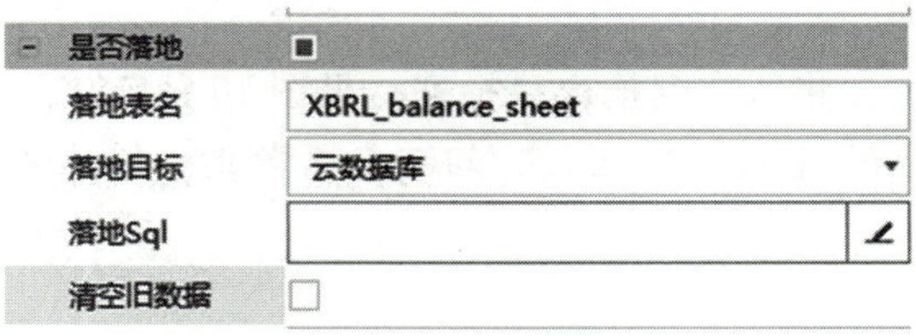

图 10 －48

然后在“数据落地”节点上右键生成落地对象，运行，数据就落地到个人库中。

任务 10－2　财务数据可视化操作

财务数据可视化操作

第 1 步：进入 deepBI 模块。

点击“可视化”菜单进入 deepBI 模块，见图 10－49。

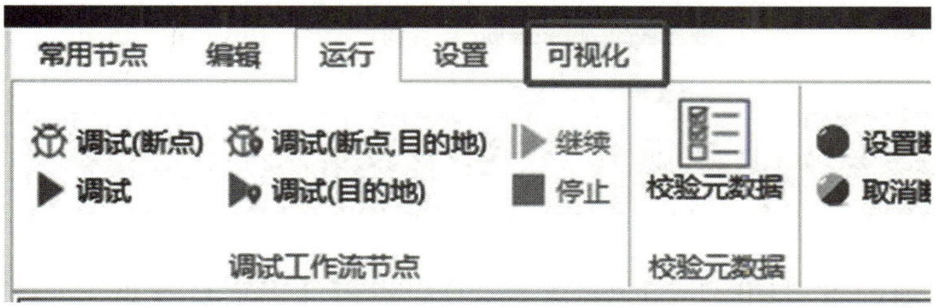

图 10－49

第 2 步：将处理后的数据导入 BI 模块。

依次点击左侧导航菜单“数据准备” --> “［××××］用户业务包”，见图 10－50。

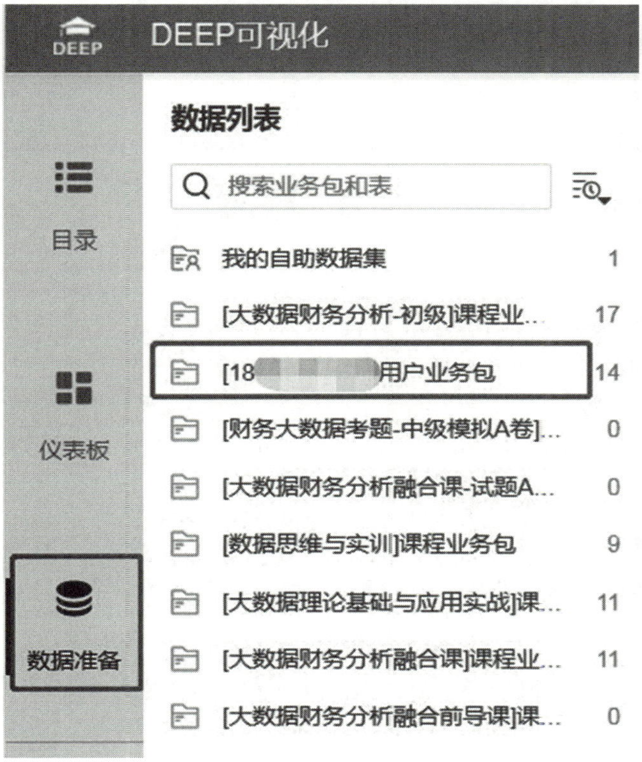

图 10－50

点击“添加表”下拉菜单中的“DB 数据库表”，见图 10－51。

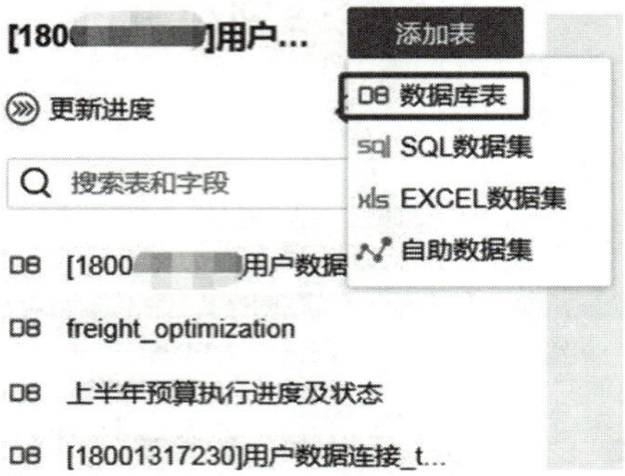

图 10－51

选择上面落地的表“DB xbrl_balance_sheet”，点击【确定】按钮，见图 10－52。

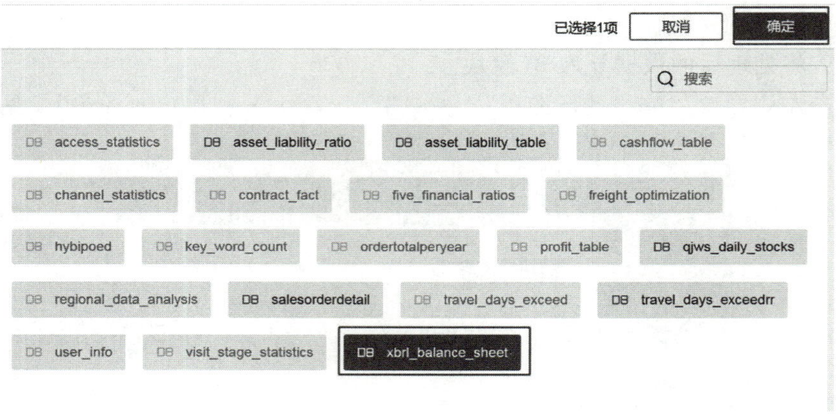

图 10－52

打开表的“实时数据”开关，见图 10－53。

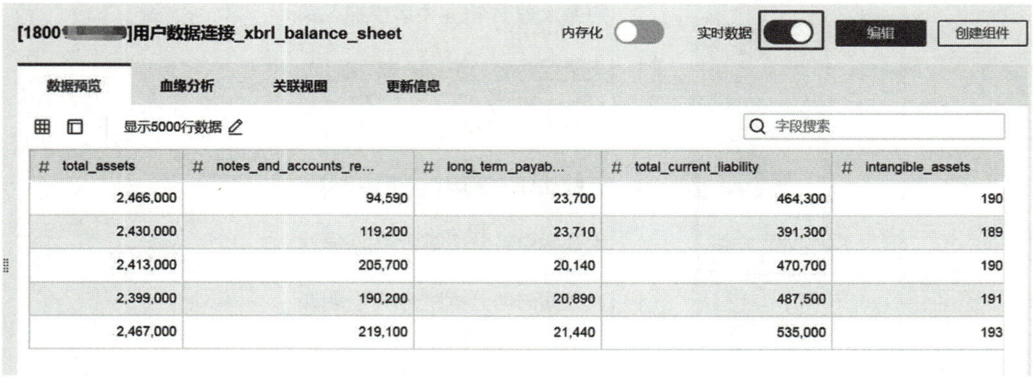

图 10－53

第 3 步：新建仪表板。

在页面左侧选中仪表板，点击新建仪表板，输入仪表板名称“财务报表数据分析”，然后点击【确定】，进入仪表板编辑页面，见图 10－54。

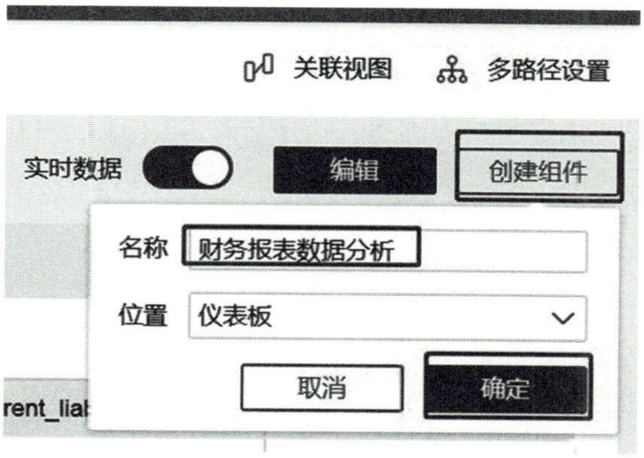

图 10－54

第 4 步：新建资产与负债组合图。

添加组件，业务包选择“［××××］用户业务包”，见图 10－55。

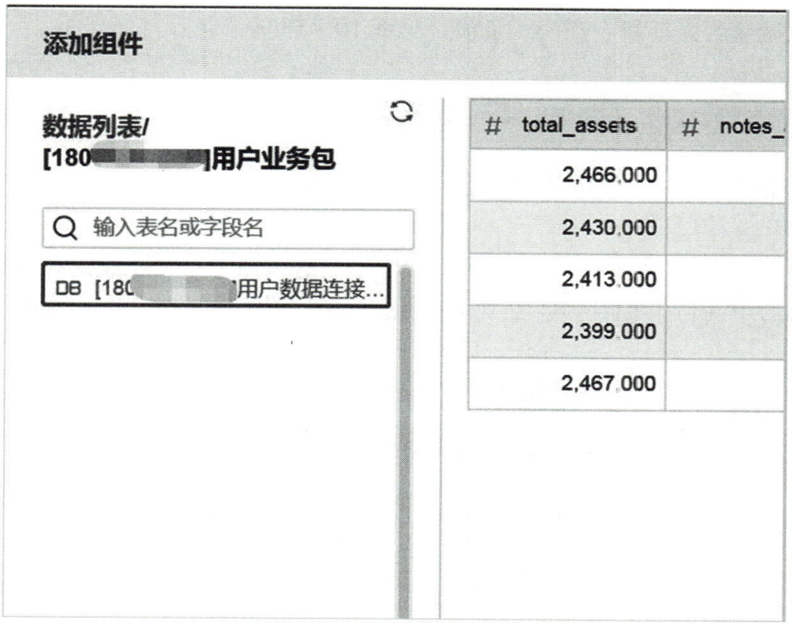

图 10－55

数据连接选择 xbrl_balance_sheet，见图 10－56。

进入组件编辑界面，将日期（date）拖入横轴，将资产总计（total_assets）和负债合计（total_liability）拖入纵轴，见图 10－57。

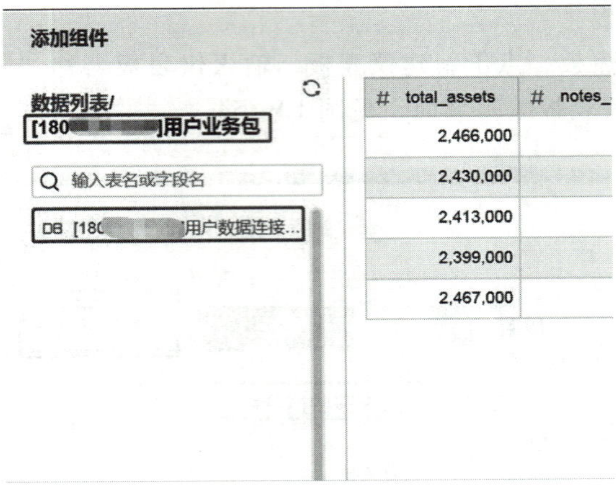

图 10－56

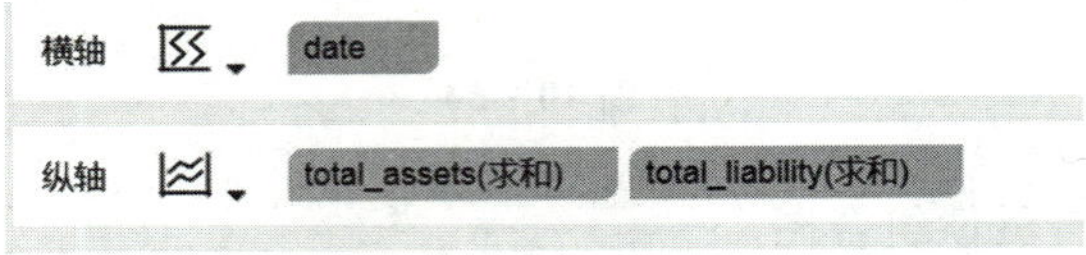

图 10－57

分别设置显示名为日期、资产、负债，见图 10－58。

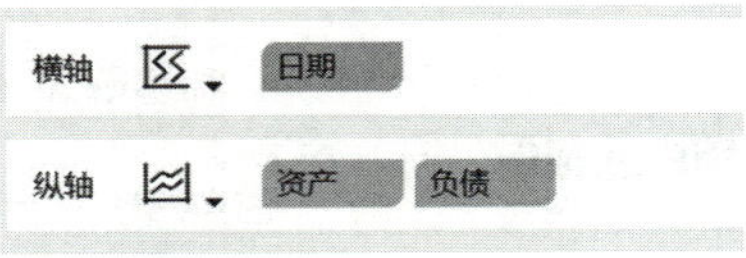

图 10－58

在图表类型中选择组合图，见图 10－59。

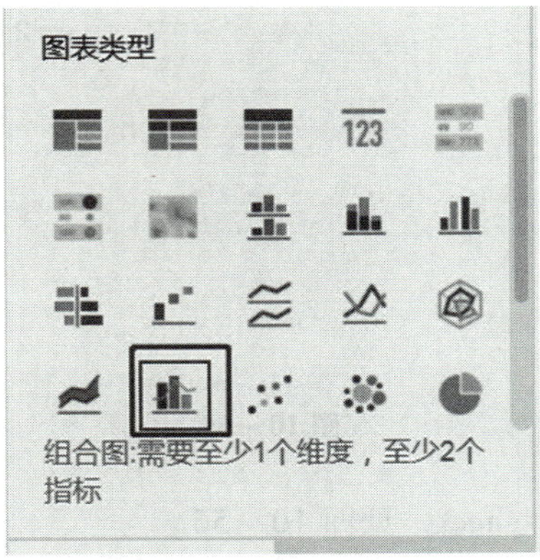

图 10－59

在组件样式下面设置标题为“资产与负债”，见图 10－60。

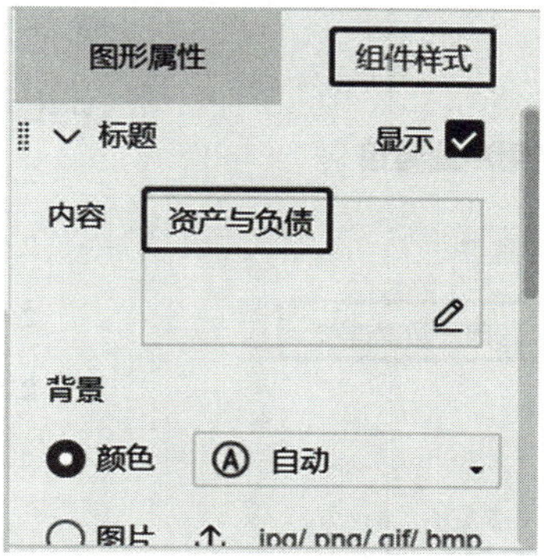

图 10－60

效果如图 10－61 所示。

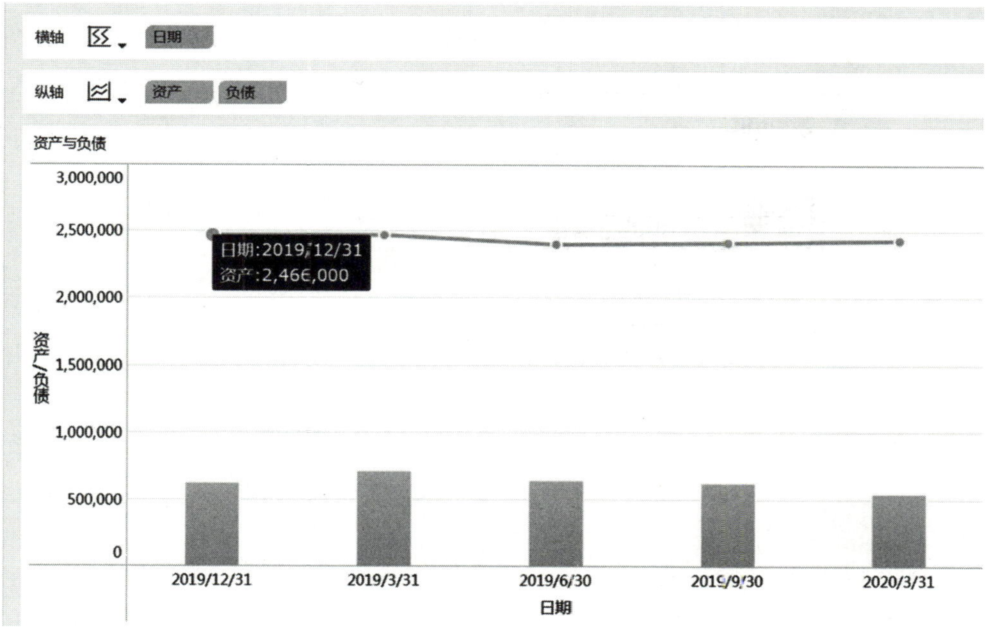

图 10－61

横轴表示日期，柱表示负债，线表示资产。

第 5 步：新建流动资产雷达图。

添加组件，业务包选择“［××××］用户业务包”，见图 10－62。

数据连接选择 xbrl_balance_sheet，见图 10－63。

进入组件编辑界面，将日期（date）拖入横轴，将流动资产合计（total_current_assets），货币资金（monetary_fund），应收票据及应收账款（notes_and_accounts_receive），存货（inventory）拖入纵轴，见图 10－64。

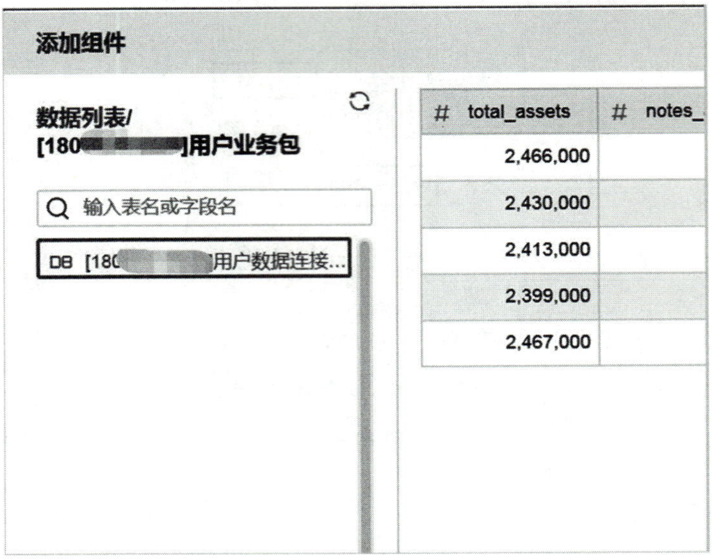

图 10－62

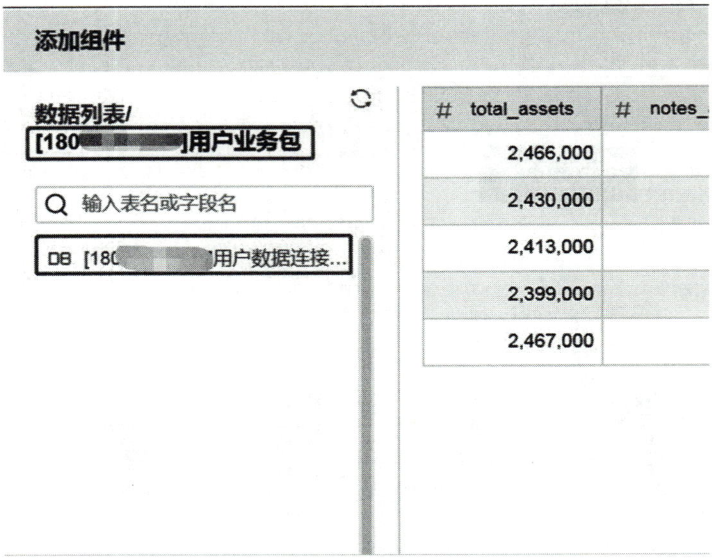

图 10－63

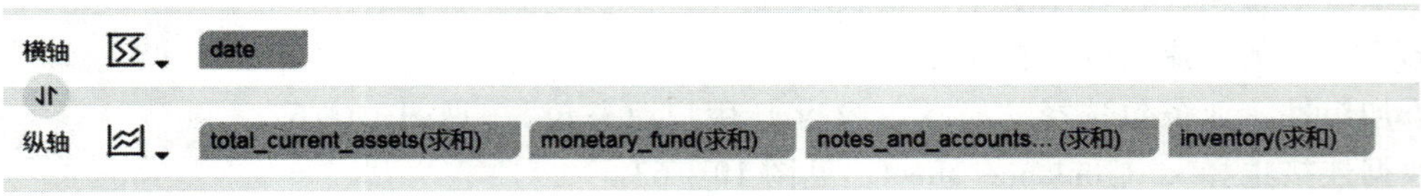

图 10－64

分别设置显示名为日期、流动资产合计、货币资金、应收票据及应收账款、存货，见图 10－65。

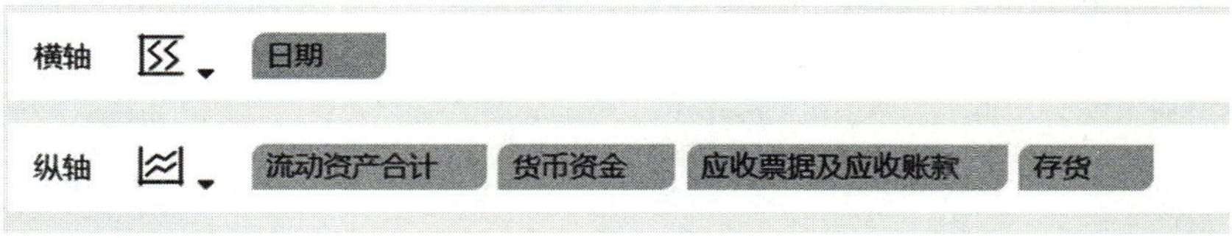

图 10－65

在图表类型中选择雷达图，见图 10－66。

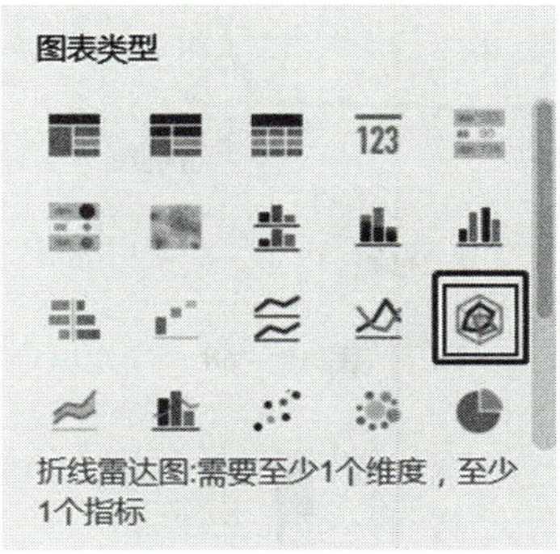

图 10－66

在组件样式下面设置标题为“流动资产”，见图 10－67。

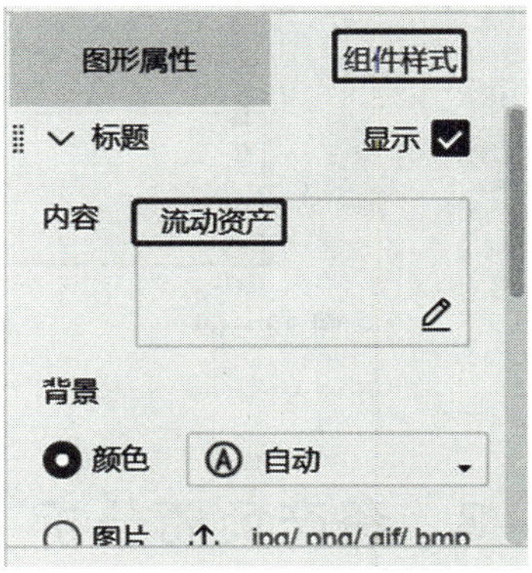

图 10－67

效果如图 10－68 所示。

雷达的外圈角度表示日期，四条雷达内的折线分别表示流动资产合计、货币资金、应收票据及应收账款、存货，然后点击右上角的进入看板，可以在看板中看到我们设计的两个图表，见图 10－69。

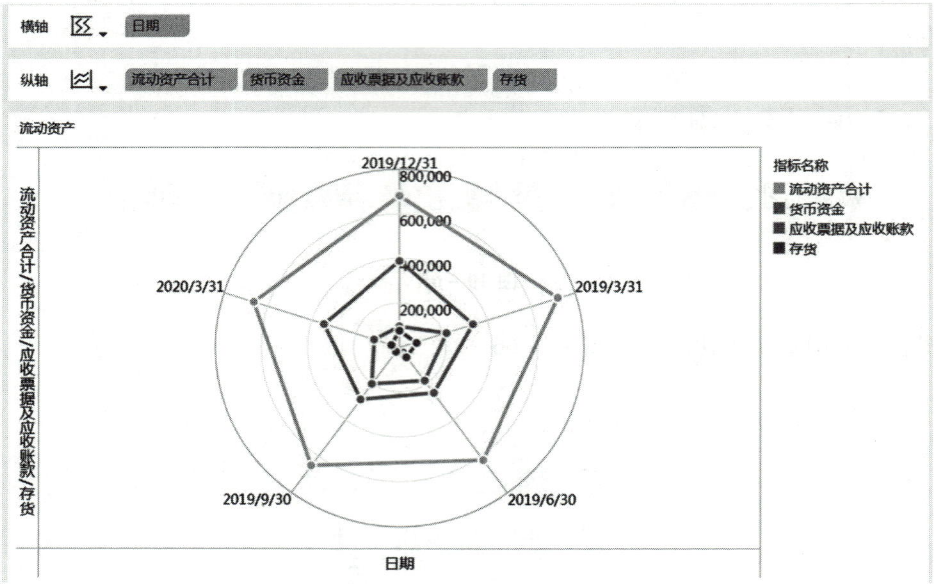

图 10－68

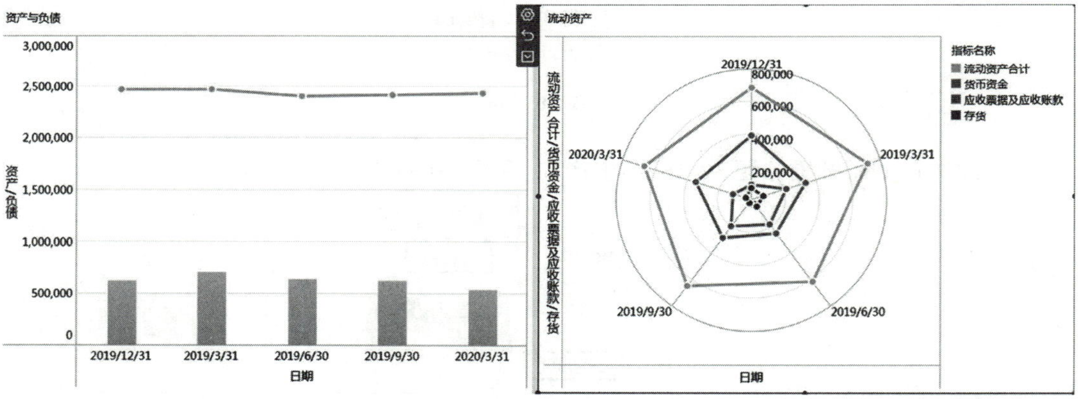

图 10－69

任务 10－3　资产负债分析

资产负债分析

本任务对某商业银行资产负债分析的 BI 结果进行赏析，让学生对 BI 可视化有直观的认识，以及用 BI 来进行资产负债分析。

本任务一共有 6 张可视化报表，分别是资产简表、资产结构、资产趋势分析、负债及所有者权益、结构分析（负债及所有者权益）、趋势分析（负债及所有者权益）。下面分别介绍这 6 张报表，总体如图 10－70 所示。

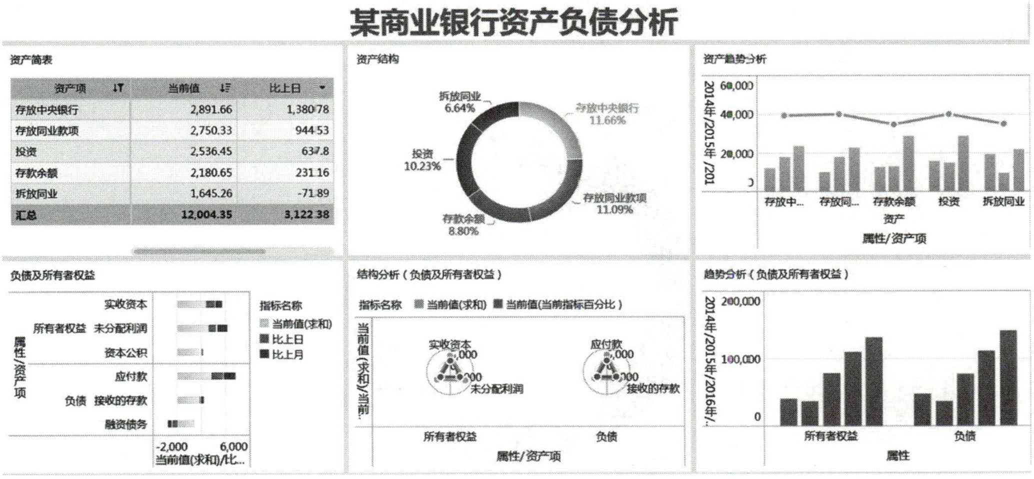

图 10－70

第 1 步：资产简表。

资产简表如图 10－71 所示。

资产简表

资产项	当前值	比上日	比上月
存放中央银行	2,891.66	1,380.78	912.71
存放同业款项	2,750.33	944.53	1,233.11
投资	2,536.45	637.8	562.22
存款余额	2,180.65	231.16	526.72
拆放同业	1,645.26	-71.89	-247.34
汇总	**12,004.35**	**3,122.38**	**2,987.42**

图 10－71

从图 10－71 中可以看出，该报表是传统的关系型报表，4 列，分别是资产项、当前值、比上日、比上月。有 6 行，分别是存放中央银行、存放同业款项、投资、存款余额、拆放同业、汇总。

从内容上看，存放中央银行、存放同业款项、投资、存款余额，汇总项都比上日、上月增加，只有拆放同业比上日、上月减少。

第 2 步：资产结构。

资产结构如图 10－72 所示。

从图 10－72 中可以看出，该报表是一个环形图，分别用不同颜色展示了五个项目的占比大小。存放中央银行的占比是 11.66%，占比最大。拆放同业的占比是 6.64%，其占比最小。排在第二位到第四位的分别是存放同业款项（11.09%）、投资（10.23%）、存款余额（8.80%）。

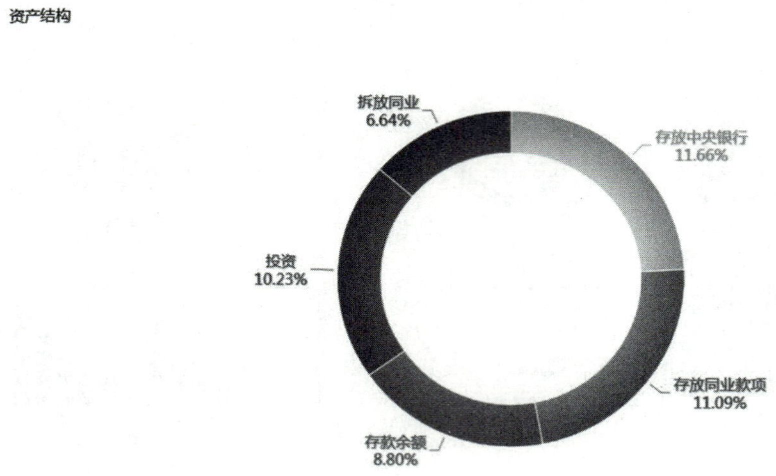

图 10－72

第 3 步：资产趋势分析。

资产趋势分析的 BI 报表如图 10－73 所示。

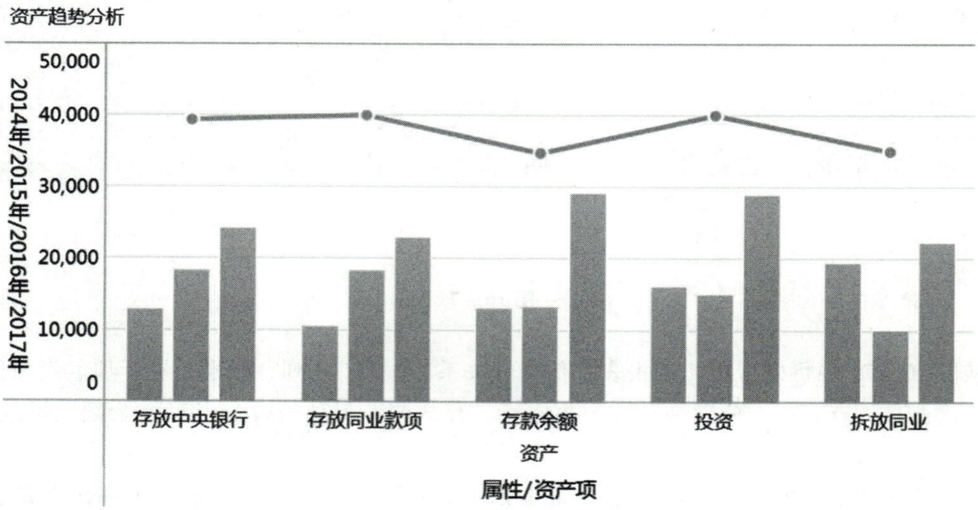

图 10－73

该图由 5 个柱状图和 1 个折线图组成。5 个柱状图分别表示存放中央银行、存放同业款项、存款余额、投资、拆放同业在 2014 年、2015 年、2016 年的值。折线图表示存放中央银行、存放同业款项、存款余额、投资、拆放同业在 2017 年的值。

从这些柱状图中可以发现，存放中央银行、存放同业款项、存款余额在 2014 年、2015 年、2016 年的趋势是增加。投资、拆放同业在 2015 年减少后，又在 2016 年增加。

从折线图可以看出，存放中央银行、存放同业款项、存款余额、投资、拆放同业的值波动不定。

第 4 步：负债及所有者权益。

负债及所有者权的 BI 报表如图 10－74 所示。

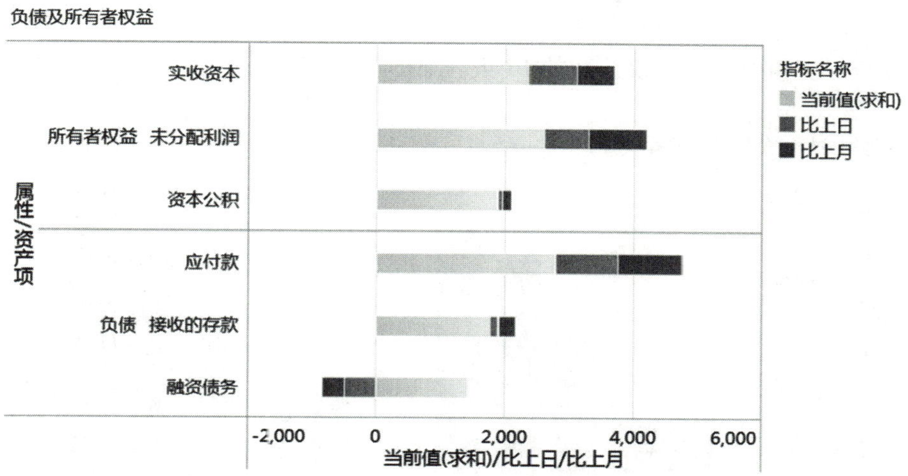

图 10－74

这是一个条状图。从图 10－74 中可以看出，实收资本、所有者权益　未分配利润、资本公积、应付款、负债　接收的存款比上日、比上月都有所增加，融资债务比上日、比上月都为负数，表示都减少。

第 5 步：结构分析（负债及所有者权益）。

结构分析（负债及所有者权益）的 BI 报表如图 10－75 所示。

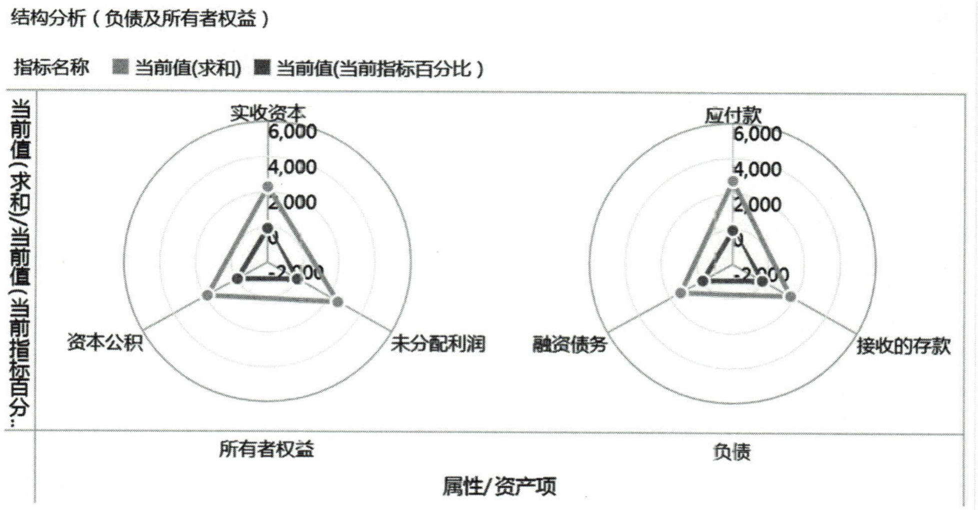

图 10－75

这是两个雷达图，分别表示所有者权益和负债。

在所有者权益雷达图中，显示了实收资本、资本公积、未分配利润。外面的一个三角形表示具体数值，里面的三角形表示百分比。

在负债雷达图中，显示了应付款、融资债务、接收的存款。外面的一个三角形表示具体数值，里面的三角形表示百分比。

第 6 步：趋势分析（负债及所有者权益）。

趋势分析（负债及所有者权益）的 BI 报表如图 10－76 所示。

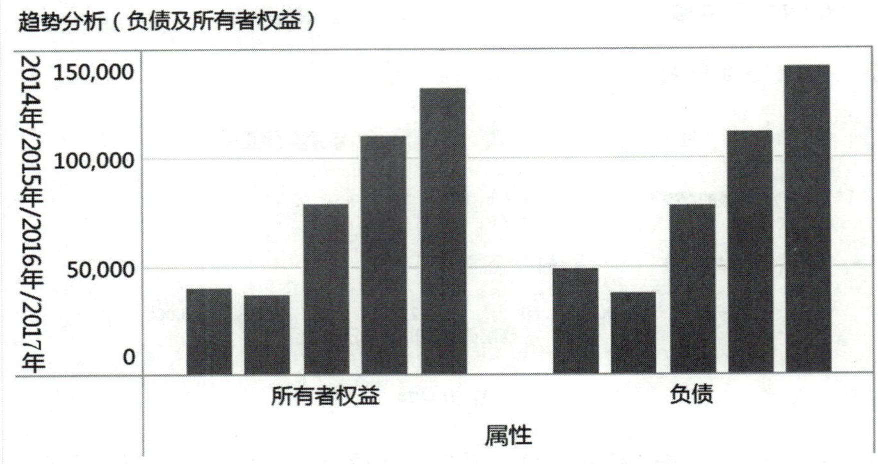

图 10－76

这是两个柱状图，分别表示 2013 年、2014 年、2015 年、2016 年、2017 年的所有者权益和负债。

从图 10－76 中可以看出，所有者权益和负债都在 2014 年减少后，2015 年、2016 年、2017 年都在增加。

项目十一
财务数据动态分析

【能力目标】

1. 数据思维培养目标

☐ 培养学生对财务知识的了解

☐ 培养学生对财务数据的基本认知

☐ 具备对数据进行可视化的能力

2. 数据能力训练目标

☐ 掌握从不同角度对数据进行可视化并分析结论的方法

☐ 掌握数据落地的方法

【任务情境】

在大数据和信息化浪潮的推动下，财务人员只是简简单单记账和做报表已经远远不能满足企业运营管理的需要，借助实用有效的 BI 工具构建专业的财务数据分析与展示系统，是企业运营管理、内部控制和战略决策的基本要求。某公司的财务管理使用一套完善的财务管理系统软件，运用大数据技术手段从财务管理系统中动态提取财务数据，进行数据可视化呈现，即时监控企业的财务运行状况，为企业决策提供直观、清晰的依据。

【知识准备】

对财务指标进行评价，无法即时反映企业经营管理状况的变化。动态财务分析通过对企业即时经营数据进行分析，可以合理预测未来发展趋势，并确定应对策略。动态财务分析的步骤主要包括明确分析目标、采集整理即时数据、确定分析模型及参数、分析结果可视化和形成分析报告。在动态财务分析的流程中，分析目标是基础，即时数据是关键，分析模型是手段，结果可视化是形式，分析报告是成果。

由于即时数据的采集整理是动态财务分析的关键所在，需要建立一个畅通的数据通道，将动态财务分析系统与企业的 ERP、CRM、OA 等业务管理系统的数据传输转换渠道打通，还要构建一个动态更新的行业数据采集通道，以实现动态财务分析的纵向、横向比较分析。

【数据准备】

本项目需要五大财务指标比率表 five_financial_ratios、利润表 profit_table、现金流量表 cashflow_table、资产负债率表 asset_liability_ratio、资产负债表 asset_liability_table、股票数据表 QJWS_daily_stocks。各表的字段信息如表 11－1 至表 11－6 所示。

表 11－1 五大财务指标比率表 five_financial_ratios

列名	数据类型	含义
year	Int	年份
Cash_ratio	Double	现金与约当现金（占总资产%）
Receivables	Double	应收款项（占总资产%）
Inventory	Double	存货（占总资产%）
current_assets	Double	流动资产（占总资产%）
non_current_assets	Double	非流动资产（占总资产%）
Payments	Double	应付款项（占总资产%）
current_liabilities	Double	流动负债（占总资产%）
non_current_liabilities	Double	非流动负债（占总资产%）
Shareholders	Double	股东权益（占总资产%）
Liabilities	Double	负债占资产比率（%）
Long_term_capital	Double	长期资金占不动产及设备比率（%）
Liquidity_ratio	Double	流动比率（%）
Quick_ratio	Double	速动比率（%）
Receivable_turnover_rate	Double	应收款项周转率（次/年）
Receivable_Turnover_in_Days	Double	应收款项周转天数（天）
Inventory_turnover	Double	存货周转率（次/年）
Inventory_Turnover_Days	Double	存货周转天数（天）
Fixed_assets_turnover_rate	Double	固定资产周转率（次/年）
Complete_Business_Cycle	Double	完整生意周期（天）
Days_of_Payable_Turnover	Double	应付款项周转天数（天）
Days_of_lack_of_money	Double	缺钱天数（天）
Total_asset_turnover_rate	Double	总资产周转率（次/年）
ROA	Double	资产收益率（%）
ROE	Double	净资产收益率（%）
IncomeBefore_Tax	Double	税前纯益占实收资本比率（%）
Gross_profit_margin	Double	毛利率（%）
Operating_profit_margin	Double	营业利润率（%）
Net_interest_rate	Double	净利率（%）
Operating_expense_rate	Double	营业费用率（%）
Marginal_rate_of_operational_safety	Double	经营安全边际率（%）

续表

列名	数据类型	含义
EPS	Double	基本每股收益（元）
Revenue_Growth_Rate	Double	营收增长率（%）
Net_profit_growth_rate	Double	净利增长率（%）
Net_capital_growth_rate	Double	净资本增长率（%）
Cash_flow_ratio	Double	现金流量比率（%）
Fund_Flow_Adequacy_Ratio	Double	现金流量允当比率（%）
Cash_reinvestment_ratio	Double	现金再投资比率（%）

表 11－2　　利润表 profit_table

列名	数据类型	含义
Deadline	Date	截止日期
total_operating_income	Double	营业总收入
total_operating_cost	Double	营业总成本
Sales_tax_and_extra_charges	Double	税金及附加
sales_expenses	Double	销售费用
management_expenses	Double	管理费用
financial_expenses	Double	财务费用
asset_impairment_losses	Double	资产减值损失
non_operating_net_income	Double	非经营性净收益
net_income_from_changes_fair_value	Double	公允价值变动净收益
net_income_from_investment	Double	投资净收益
investment_income_to_joint_ventures	Double	对联营合营企业的投资收益
operating_profit	Double	营业利润
Plus_non_operating_income	Double	加_营业外收入
minus_non_business_expenditure	Double	减_营业外支出
net_loss_on_disposal_of_non_current_assets	Double	非流动资产处置净损失
total_profit	Double	利润总额
minus_income_tax_expenses	Double	减_所得税费用
net_profit	Double	净利润
net_profit_attributable_to_parent_company	Double	归属于母公司所有者的净利润
minority_interest_income	Double	少数股东损益
Other_Comprehensive_Income	Double	其他综合收益
Total_comprehensive_income	Double	综合收益总额
Total_comprehensive_income_attributable_to_parent_company	Double	归属于母公司所有者的综合收益总额
Minority_shareholders_Total_comprehensive_income	Double	归属于少数股东的综合收益总额
Primary_Earnings_Per_Share	Double	基本每股收益（元）
diluted_earnings_per_share	Double	稀释每股收益（元）

表 11－3　　现金流量表 cashflow_table

列名	数据类型	含义
deadline	Date	截止日期
cash_received_sale_goods	Double	销售商品提供劳务收到的现金
taxes_fees	Double	收到的税费返还
receive_other_cash_business_activities	Double	收到其他与经营活动有关的现金
cash_inflows_operating_activities	Double	经营活动现金流入小计
cash_paid_purchase_goods	Double	购买商品接受劳务支付的现金
payment_employees_employees_Cash_paid	Double	支付给职工以及为职工支付的现金
various_taxes_paid	Double	支付的各项税费
pay_other_cash_operating_activities	Double	支付其他与经营活动有关的现金
subtotal_cash_outflow_operating_activities	Double	经营活动现金流出小计
net_cash_flow_operating_activities	Double	经营活动产生的现金流量净额
cash_received_investment_recovery	Double	收回投资收到的现金
cash_received_investment_income	Double	取得投资收益收到的现金
disposal_fixed_other_long_term_assets_recovered_net_cash	Double	处置固定资产无形资产和其他长期资产收回的现金净额
other_cash_investment_activities	Double	收到其他与投资活动有关的现金
cash_inflows_investment_activities	Double	投资活动现金流入小计
purchase_construction_fixed_assets_other_long_term	Double	购建固定资产无形资产和其他长期资产支付的现金
investment_paid_Cash	Double	投资支付的现金
obtain_net_cash_paid_subsidiaries_other_business_units	Double	取得子公司及其他营业单位支付的现金净额
pay_other_cash_investment_activities	Double	支付其他与投资活动有关的现金
subtotal_cash_outflows_investment_activities	Double	投资活动现金流出小计
net_cash_flow_investment_activities	Double	投资活动产生的现金流量净额
cash_received_investment	Double	吸收投资收到的现金
including_subsidiaries_shareholders_investment	Double	其中子公司吸收少数股东投资收到的现金
obtain_cash_received_loan	Double	取得借款收到的现金
receive_other_cash_fundraising_activities	Double	收到其他与筹资活动有关的现金
cash_inflows_fundraising_activities	Double	筹资活动现金流入小计
repayment_cash_paid_debt	Double	偿还债务支付的现金
distribution_dividendscash_paid_interest_payments	Double	分配股利利润或偿付利息支付的现金
payment_other_cash_fundraising_activities	Double	支付其他与筹资活动有关的现金
subtotal_cash_outflows_financing_activities	Double	筹资活动现金流出小计
net_cash_flow_fundraising_activities	Double	筹资活动产生的现金流量净额
exchange_rate_changes_Impact_cash_equivalents	Double	汇率变动对现金及现金等价物的影响
net_increase_in_cash_equivalents	Double	现金及现金等价物净增加额

续表

列名	数据类型	含义
plus_balance_cash_equivalents_at_beginning_period	Double	期初现金及现金等价物余额
balance_cash_equivalents_at_end_period	Double	期末现金及现金等价物余额
net_profit	Double	净利润
provision_impairment_assets	Double	资产减值准备
depreciation_fixed_assets	Double	固定资产折旧
amortization_intangible_assets	Double	无形资产摊销
long_term_Amortization_deferred_expenses	Double	长期待摊费用摊销
disposal_fixed_assets_intangible_assets_other_long_term_assets	Double	处置固定资产、无形资产和其他长期资产的损失
loss_fixed_assets	Double	固定资产报废损失
loss_fair_value	Double	公允价值变动损失
financial_expenses	Double	财务费用
investment_losses	Double	投资损失
deferred_income_tax_assets	Double	递延所得税资产减少
deferred_income_tax_liabilities	Double	递延所得税负债增加
decrease_in_inventory	Double	存货的减少
decrease_in_operating_receivables	Double	经营性应收项目的减少
increase_in_operating_payables	Double	经营性应付项目的增加
other_items	Double	其他
net_cash_flow_notes_on_operating_activities	Double	经营活动产生的现金流量净额
ending_balance_cash	Double	现金的期末余额
opening_balance_cash_reduction	Double	现金的期初余额
net_increase_cash	Double	现金及现金等价物净增加额

表 11－4　　资产负债率表 asset_liability_ratio

列名	数据类型	含义
year	Int	年份
Cash_ratio	Double	现金与约当现金（占总资产%）
Receivables	Double	应收款项（占总资产%）
Inventory	Double	存货（占总资产%）
current_assets	Double	流动资产（占总资产%）
non_current_assets	Double	非流动资产（占总资产%）
Payments	Double	应付款项（占总资产%）
current_liabilities	Double	流动负债（占总资产%）
non_current_liabilities	Double	非流动负债（占总资产%）
Shareholders	Double	股东权益（占总资产%）

表 11－5　　资产负债表 asset_liability_table

列名	数据类型	含义
deadline	Date	截止日期
monetary_funds	Double	货币资金
trading_financial_assets	Double	交易性金融资产
notes_receivable	Double	应收票据
dividends_receivable	Double	应收股利
interest_receivable	Double	应收利息
accounts_receivable	Double	应收账款
other_receivables	Double	其他应收款
prepayments	Double	预付款项
inventories	Double	存货
other_current_assets	Double	其他流动资产
current_assets_adjustment_projects	Double	流动资产调整项目
total_current_assets_Available_sale_financial_assets	Double	流动资产合计
Available_for_sale	Double	可供出售金融资产
investment_real_estate	Double	投资性房地产
long_term_equity_investments	Double	长期股权投资
fixed_assets	Double	固定资产
construction_in_progress	Double	在建工程
intangible_assets	Double	无形资产
development_expenses	Double	开发支出
goodwill	Double	商誉
long_term_deferred_expenses	Double	长期待摊费用
deferred_income_tax_assets	Double	递延所得税资产
other_non_current_assets	Double	其他非流动资产
non_current_assets_adjustment_Projects	Double	非流动资产调整项目
total_non_current_assets	Double	非流动资产合计
total_assets	Double	资产总计
short_term_loans	Double	短期借款
notes_payable	Double	应付票据
accounts_payable	Double	应付账款
advance_receipts	Double	预收款项
employee_benefits_payable	Double	应付职工薪酬
dividends_payable	Double	应付股利
taxes_payable	Double	应交税费
interest_payable	Double	应付利息
other_payables	Double	其他应付款
non_current_liabilities_due_within_one_year	Double	一年内到期的非流动负债
other_current_liabilities	Double	其他流动负债

续表

列名	数据类型	含义
current_liabilities_adjustment_items	Double	流动负债调整项目
total_current_liabilities	Double	流动负债合计
long_term_loans	Double	长期借款
long_term_payables	Double	长期应付款
estimated_liabilities	Double	预计负债
deferred_income_tax_liabilities	Double	递延所得税负债
other_non_current_liabilities	Double	其他非流动负债
total_non_current_liabilities	Double	非流动负债合计
total_liabilities	Double	负债合计
paid_in_capital_equity or Paid_in_capital	Double	实收资本或股本
capital_public_Accumulation	Double	资本公积
surplus_reserve	Double	盈余公积
undistributed_profit	Double	未分配利润
minus_stock	Double	减_库存股
foreign_currency_statement_translation_difference	Double	外币报表折算差额
total_equity_attributable_to_the_parent_company	Double	归属母公司所有者权益或股东权益合计
minority_shareholders_equity	Double	少数股东权益
owners_equity_shareholder_equity	Double	所有者权益或股东权益合计
liabilities_all_Total_shareholders_equity	Double	负债和所有者权益或股东权益总计

表 11－6　　股票数据表 QJWS_daily_stocks

列名	数据类型	含义
date	Date	日期
stock_price_open	Double	开盘价
stock_price_high	Double	最高价
stock_price_low	Double	低价
stock_price_close	Double	收盘价
stock_volume	Int	成交数量
stock_price_adj_close	Double	已调整收盘价

【技术准备】

- 项目、数据工作流、数据源组件的创建技能
- 柱状图、气泡图、折线图等数据可视化操作技能

【任务实施】

任务 11－1　财务数据动态更新管理

财务数据动态更新管理

第 1 步：新建工作流并打开。

进入 DEEP 开始数猎云实验，在项目面板上新建项目“财务数据动态分析”，在这个项目下创建一个工作流“财务数据动态更新管理”，并打开这个工作流（见图 11－1）。

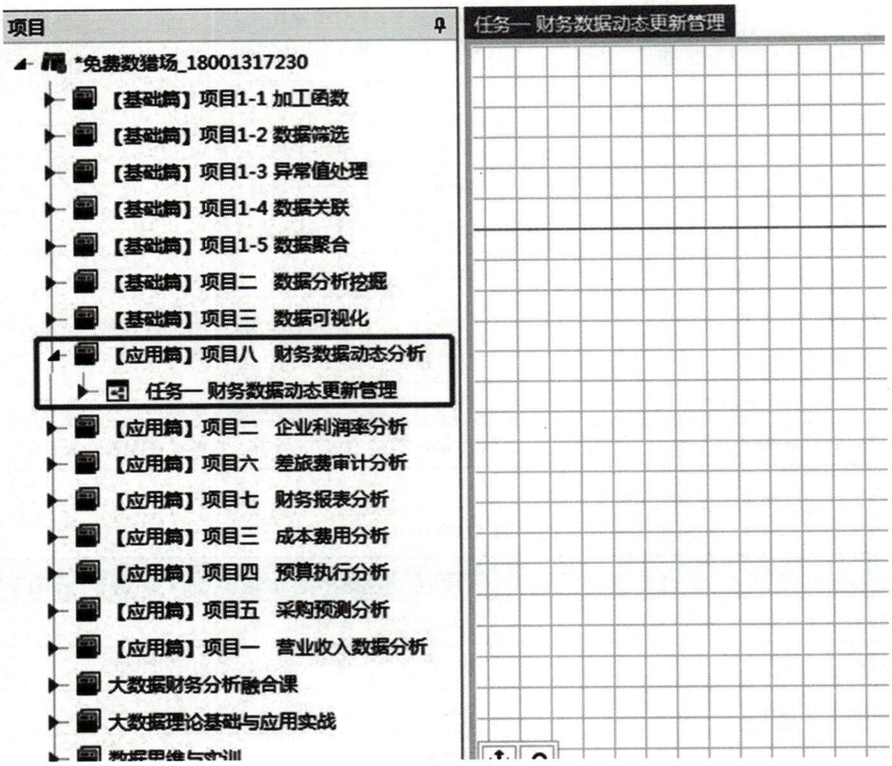

图 11－1

第 2 步：连接数据源。

在【工作流节点】面板将【数据源】分组展开，找到“课程数据库”组件，并使用鼠标左键将其拖拽到工作流设计区，见图 11－2。

选中课程数据库，在【属性】面板课程选择“大数据财务分析”，然后点击连接，可以在【数据源】面板看到课程数据库中的表，见图 11－3。

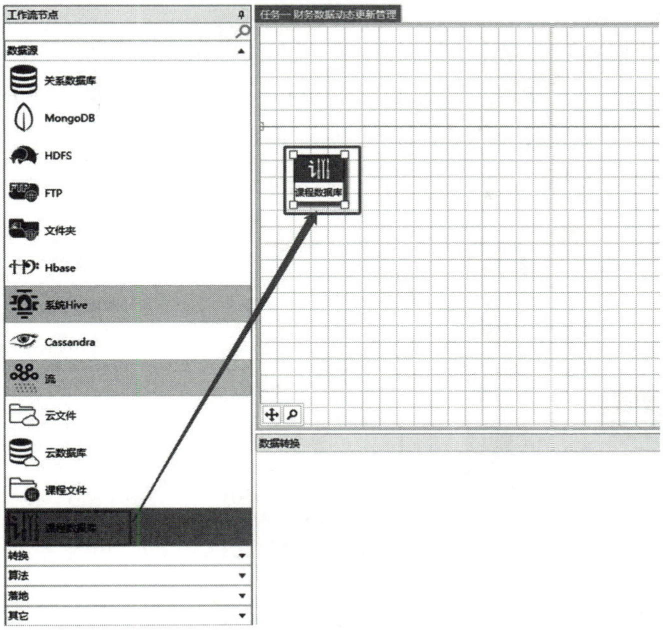
工作流节点
数据源
关系数据库
MongoDB
HDFS
FTP
文件夹
Hbase
系统Hive
Cassandra
流
云文件
云数据库
课程文件
课程数据库
转换
算法
落地
其它
课程数据库
数据转换

图 11-2

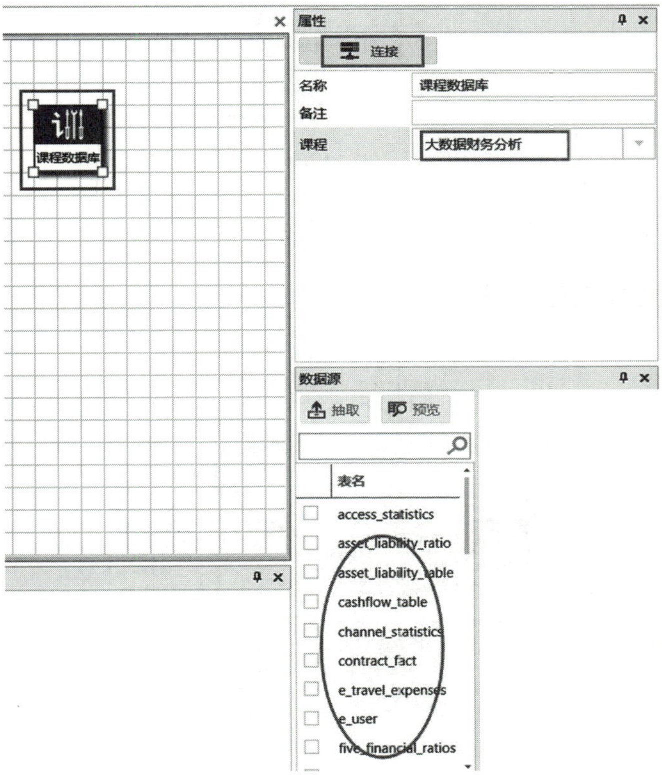
课程数据库
属性
连接
名称
课程数据库
备注
课程
大数据财务分析
数据源
抽取
预览
表名
access_statistics
asset_liability_ratio
asset_liability_table
cashflow_table
channel_statistics
contract_fact
e_travel_expenses
e_user
five_financial_ratios

图 11-3

第 3 步：抽取财务数据。

在"公司业务数据库"的数据源面板中选中本任务用的财务指标表 five_financial_ratios，资产负债率表 asset_liability_ratio，利润表 profit_table，现金流量表 cashflow_table，资产负债表 asset_liability_table，股票表 QJWS_daily_stocks，点击【抽取】按钮，抽取本任务所需相关的财务数据，见图 11 -4。

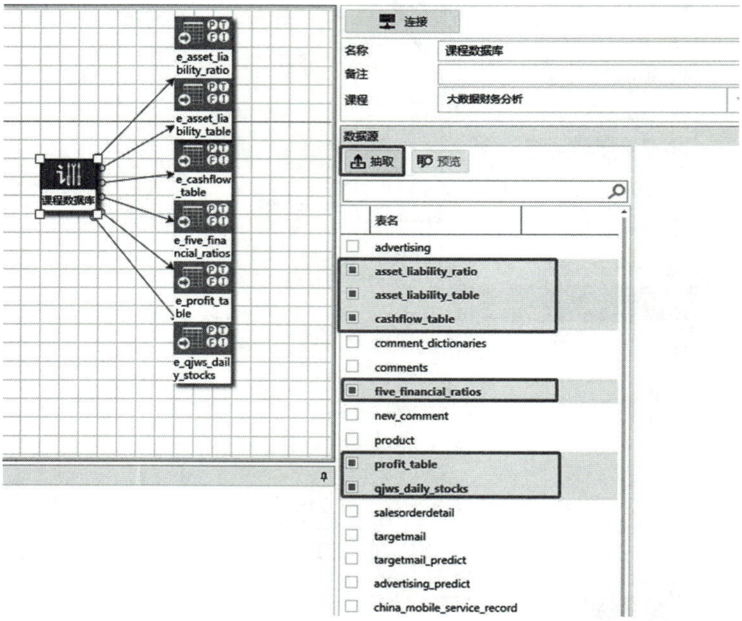

图 11 -4

第 4 步：创建云数据库节点，用于落地，见图 11 -5。

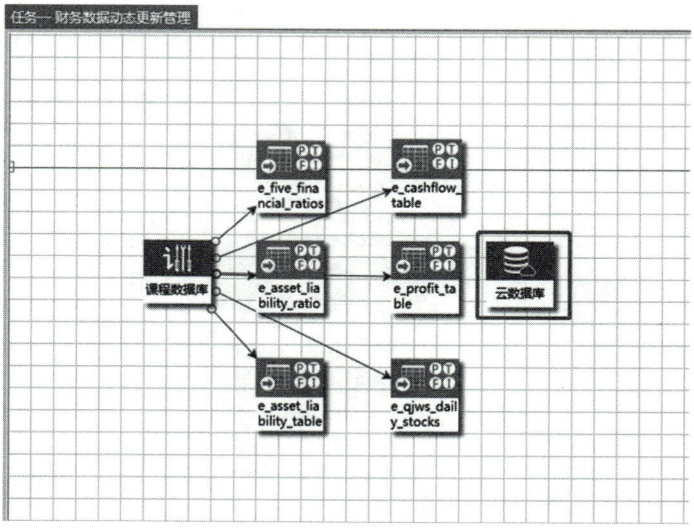

图 11 -5

第 5 步：设置财务数据节点落地属性。

将 6 个抽取节点都勾选落地并设置落地目标为“云数据库”（及设置落地表明），见图 11－6。

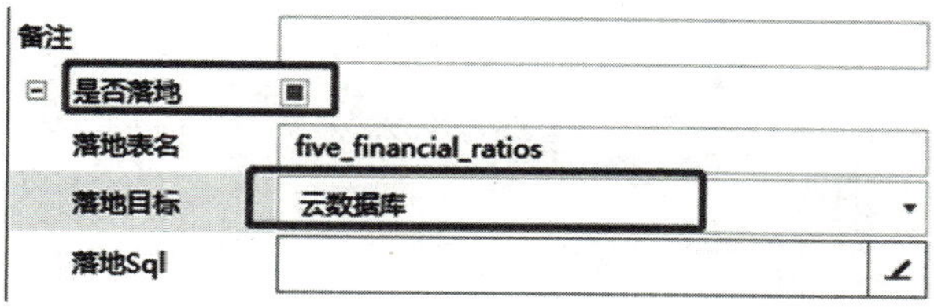

图 11－6

第 6 步：数据落地到个人库。

创建落地对象。方法是选中所有需要落地的节点，在上面点击右键选择“创建落地对象”完成落地表的创建，见图 11－7。

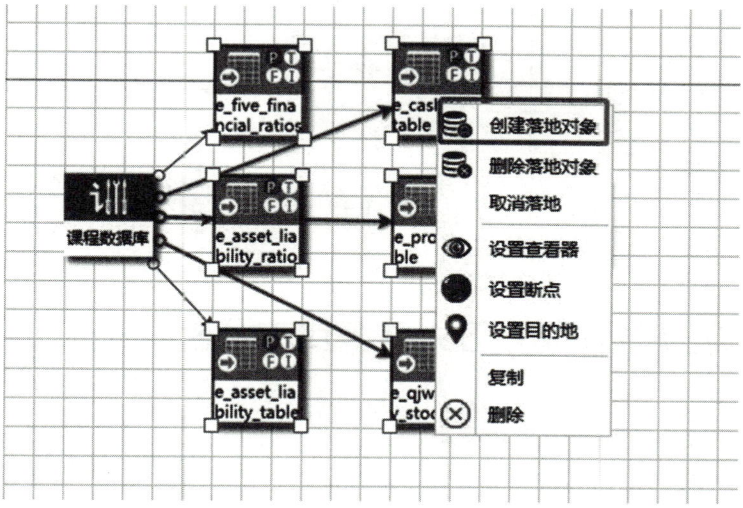

图 11－7

运行调试，见图 11－8。

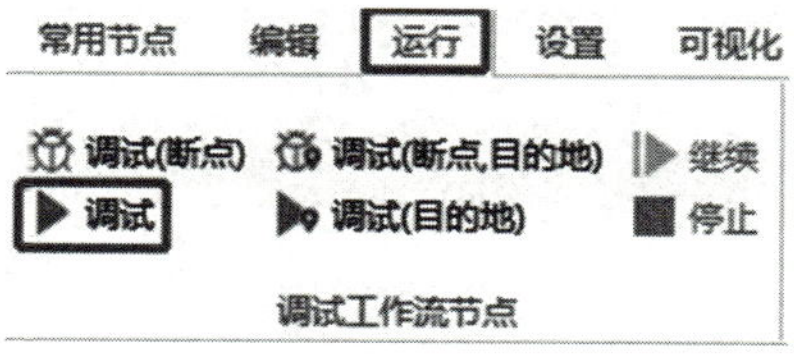

图 11－8

运行完成之后，连接云数据库，可以在【数据源】面板看到上述落地的表，也可以对表内容进行预览，见图 11－9。

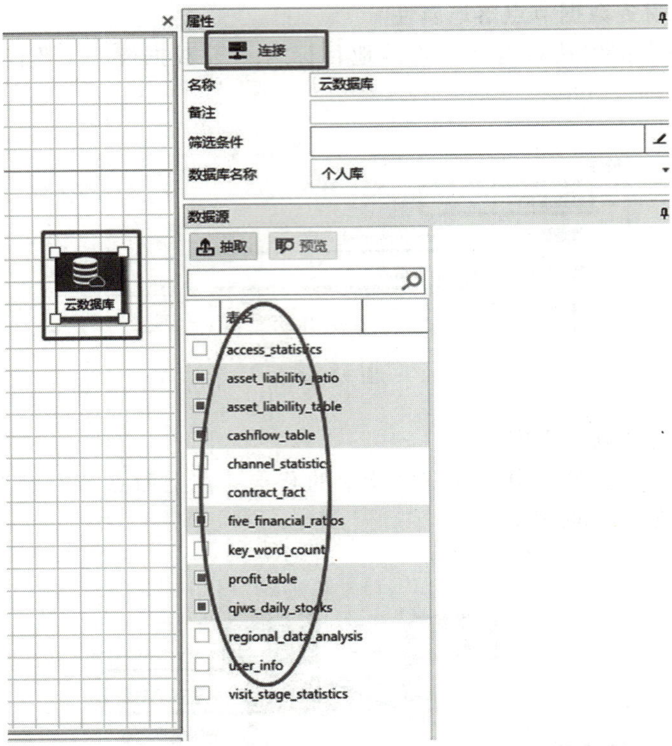

图 11-9

任务 11-2 五大财务比率分析

五大财务比率分析

进入 DEEP 可视化页面，点击数据准备，选择“【××××】用户业务包”，见图 11-10。

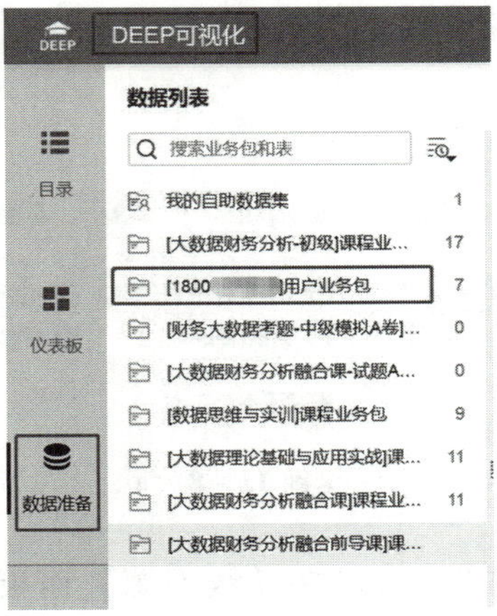

图 11-10

点击添加“DB 数据库表”，见图 11－11。

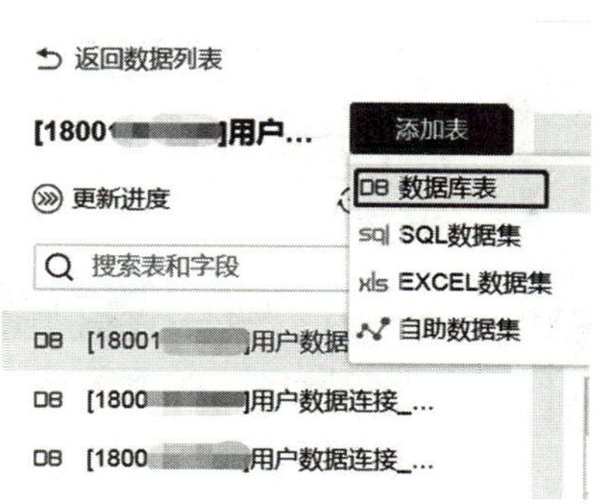

图 11－11

选择下列几个表 cashflow_table，five_financial_radios，profit_table，并点击确定，见图 11－12。

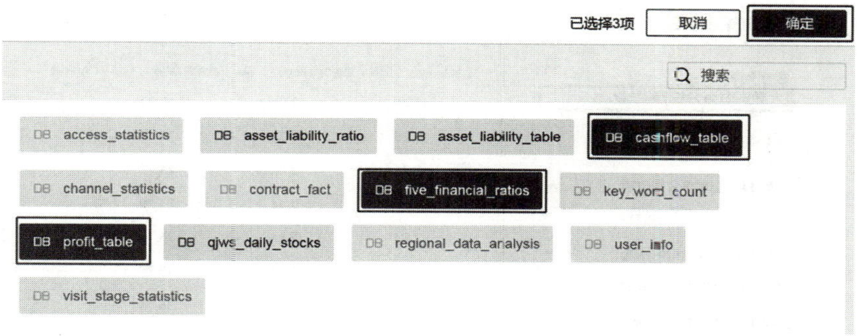

图 11－12

几个表都勾选实时数据，见图 11－13。

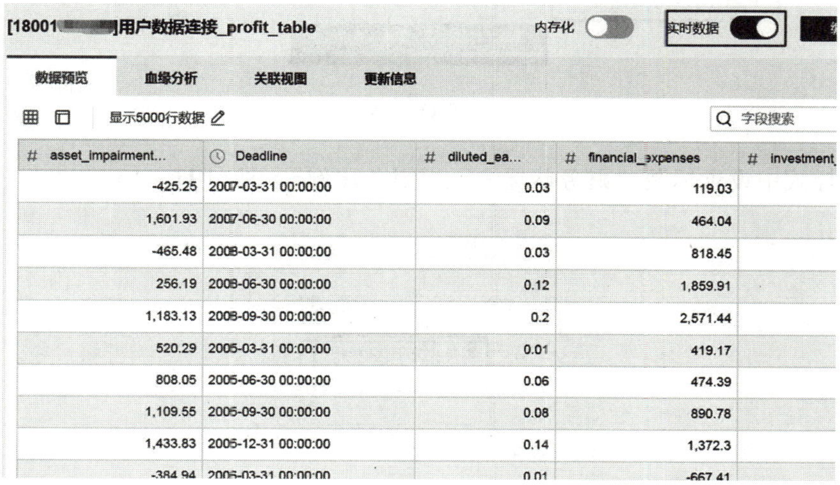

图 11－13

点击仪表板—> 新建仪表板，命名为“财务数据可视化”，见图 11 - 14。

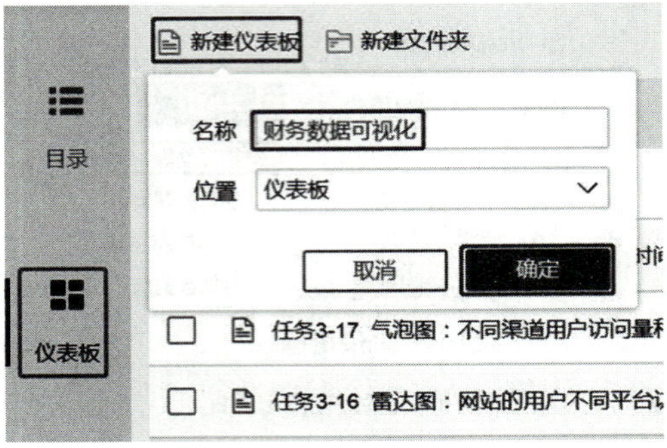

图 11 - 14

添加组件，数据源选择 five_financial_radios，见图 11 - 15。

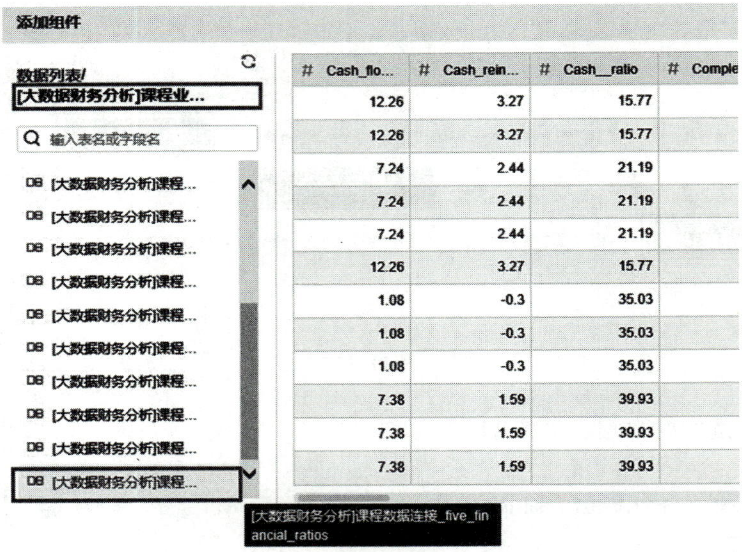

图 11 - 15

在组件样式中设置标题“财务状况—五大财务比例”，见图 11 - 16。

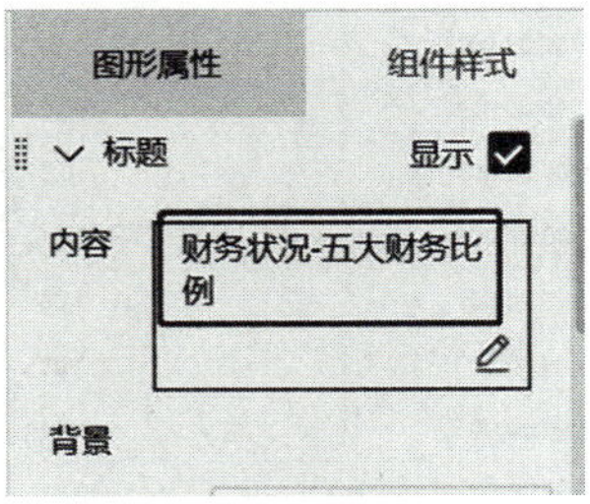

图 11 - 16

在组件设计页面指标一栏，将 year 转化为维度，见图 11－17。

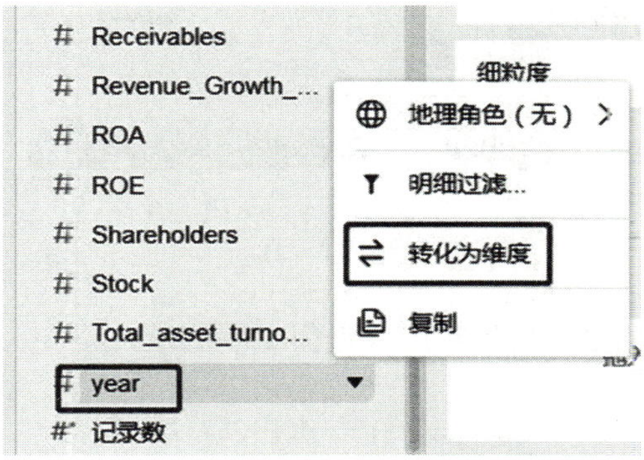

图 11－17

将 year 拖入横轴，并设置相同值为一组，见图 11－18。

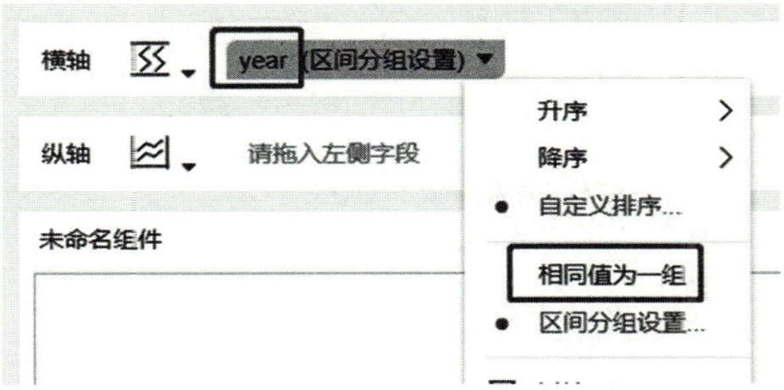

图 11－18

下面拖入需要展示的指标，如 Cash__ratio（现金比例），将 Cash__ratio 拖入纵轴，见图 11－19。

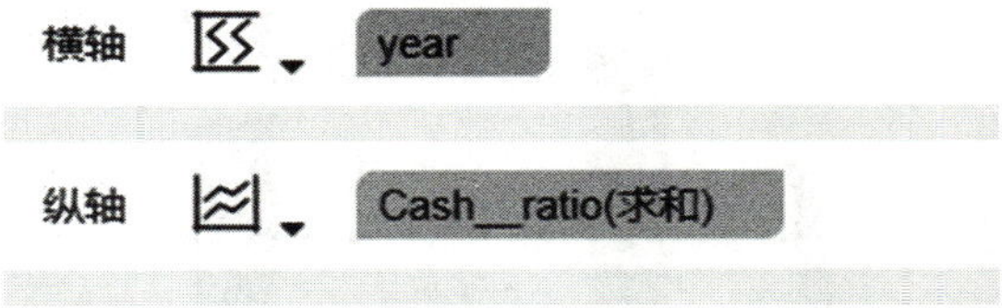

图 11－19

将 year 改为年份，将 Cash_ratio 改为现金比例，见图 11－20。

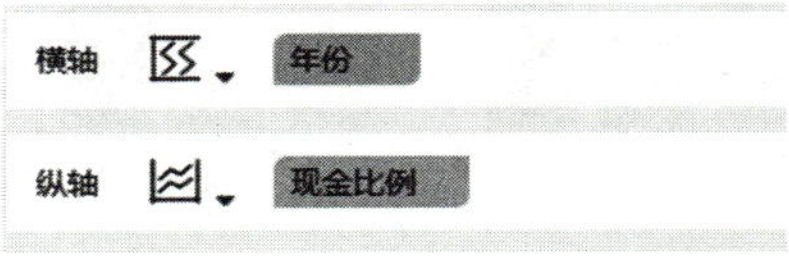

图 11－20

我们继续拖入现金流比率和流动资产，见图 11－21。

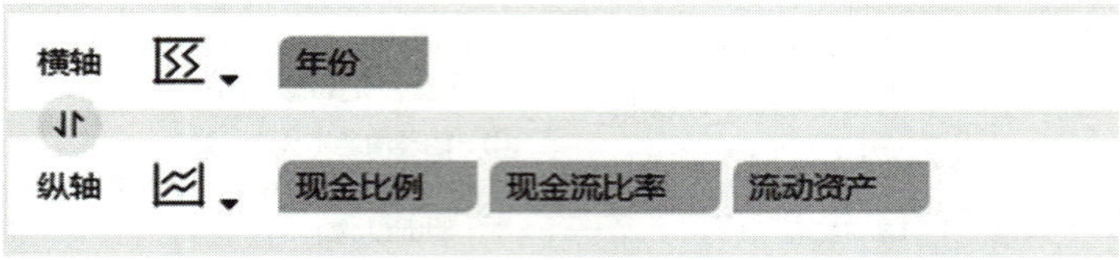

图 11－21

然后在图表类型上选择多系列柱状图，见图 11－22。

图 11－22

显示效果，见图 11－23。

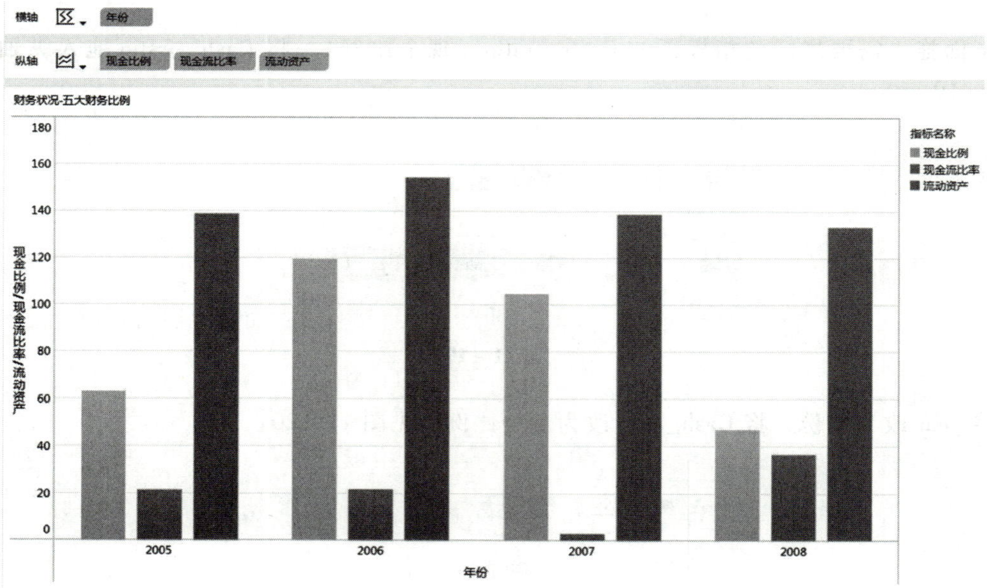

图 11－23

任务 11－3　利润表可视化

利润表可视化

打开“财务数据可视化”，见图 11－24。

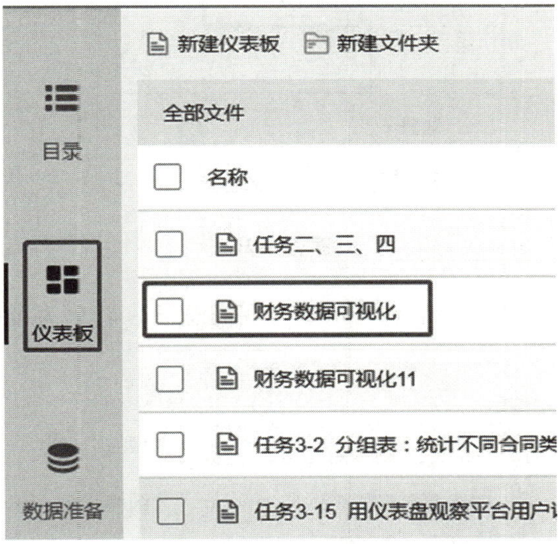

图 11－24

添加组件，数据源选择 profit_table，见图 11－25。

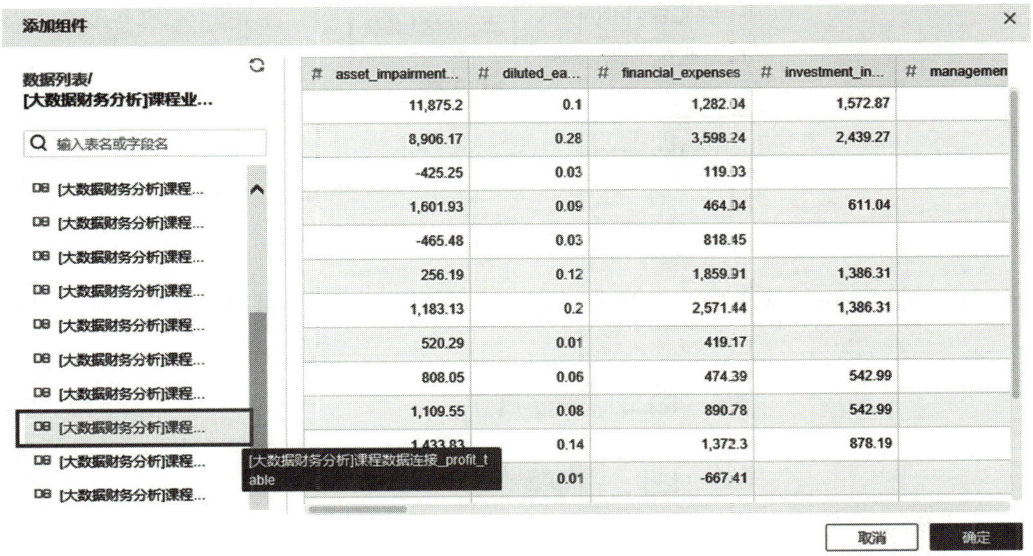

图 11－25

在组件样式中设置标题“利润表可视化”，见图 11 – 26。

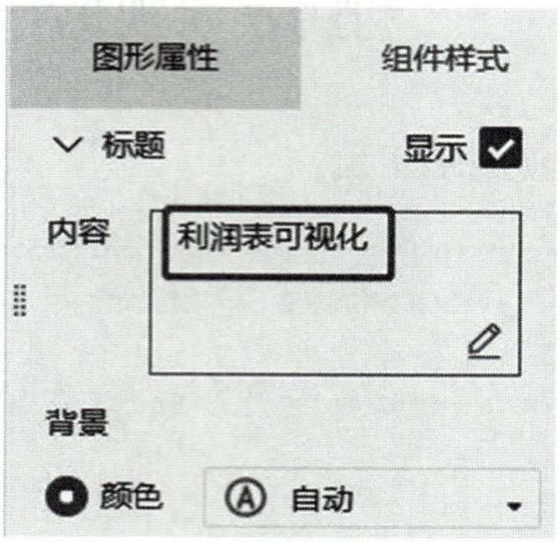

图 11 – 26

在组件设计页面指标一栏，将 total_profit（利润总额）转化为维度，见图 11 – 27。

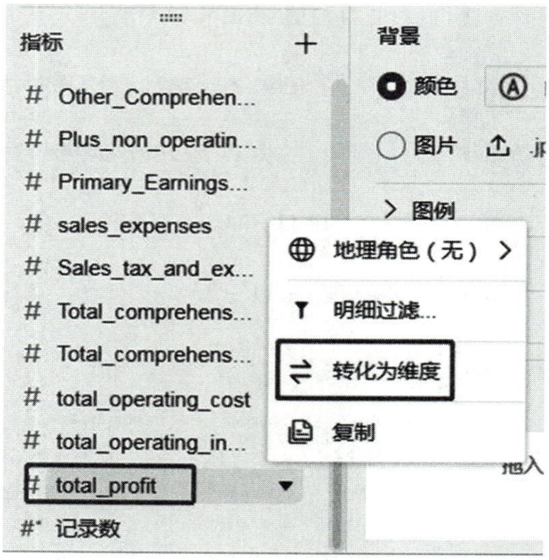

图 11 – 27

将维度 total_profit 拖入纵轴，将指标 operating_profit 拖入横轴，并且重命名，见图 11 – 28。

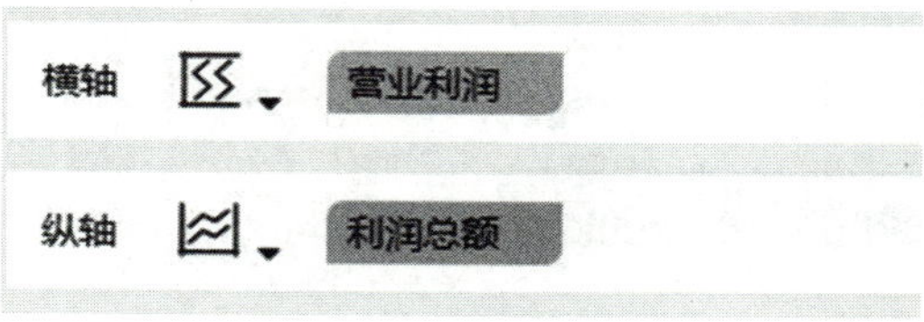

图 11 – 28

纵轴选择按利润总额降序排列，见图 11－29。

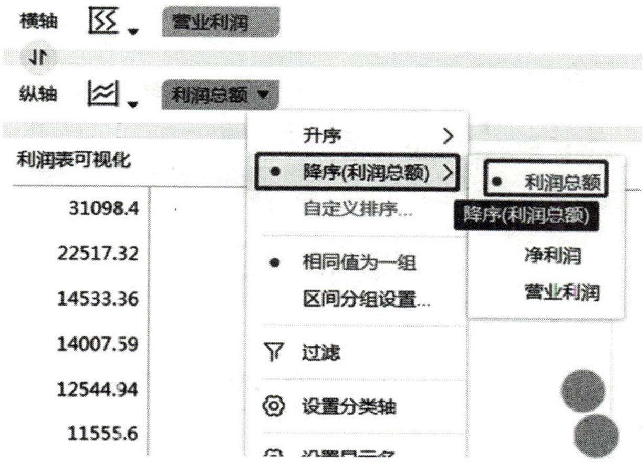

图 11－29

在图表类型中选择散点图，见图 11－30。

图 11－30

将 net_profit（净利润），拖入图形属性中的大小一栏，见图 11－31。

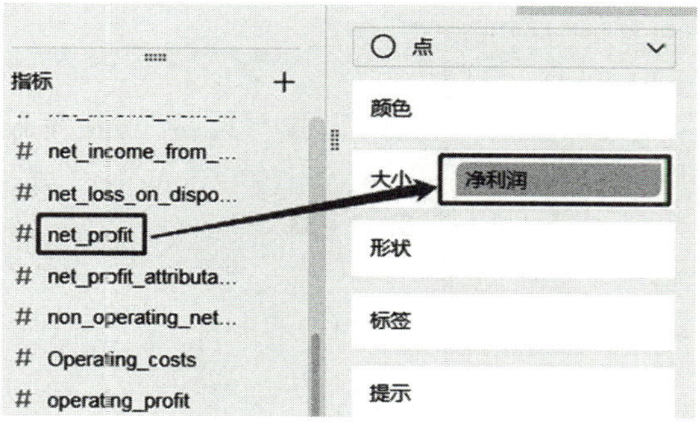

图 11－31

将 net_profit 拖入颜色并选择渐变方案，见图 11－32。

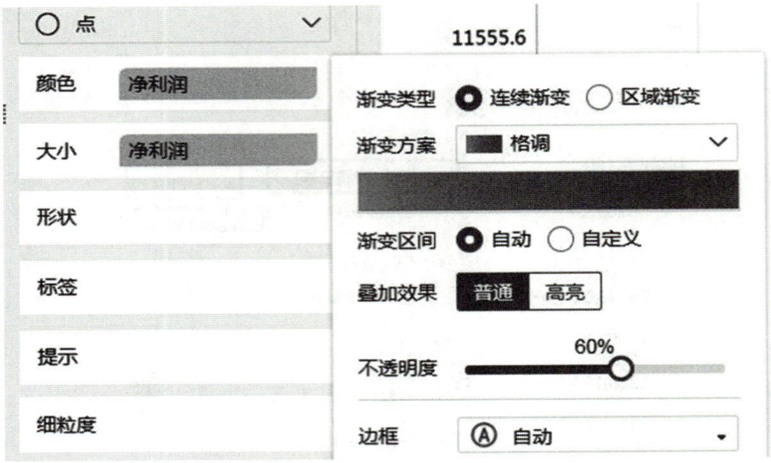

图 11－32

最终效果如图 11－33 所示。

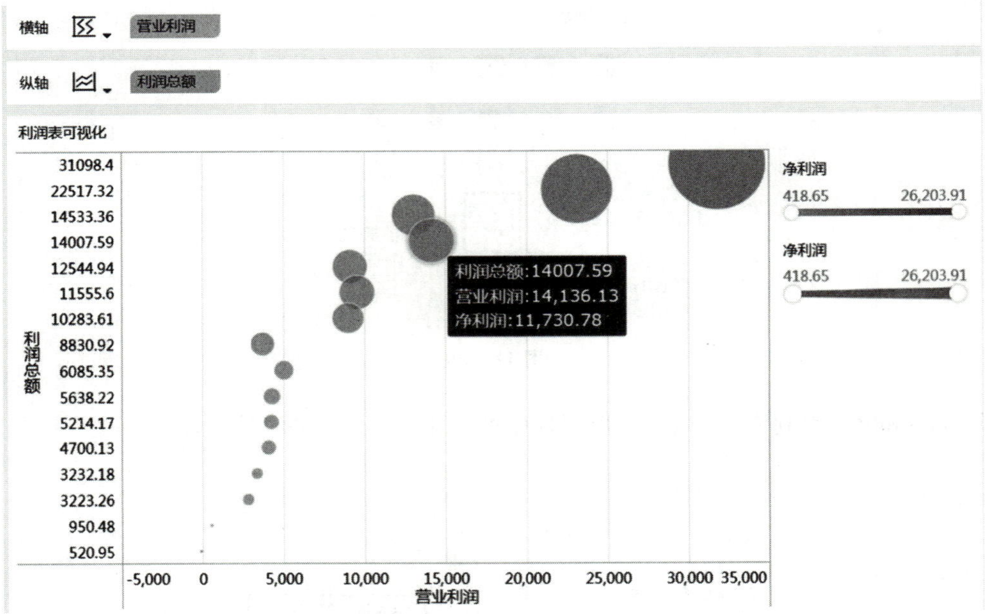

图 11－33

任务 11 -4　现金流量表可视化

现金流量表可视化

打开“财务数据可视化”，见图 11 -34。

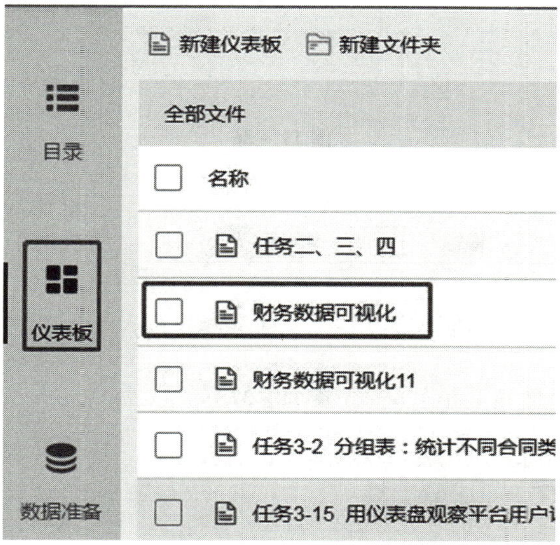

图 11 -34

添加组件，数据源选择 cashflow_table，见图 11 -35。

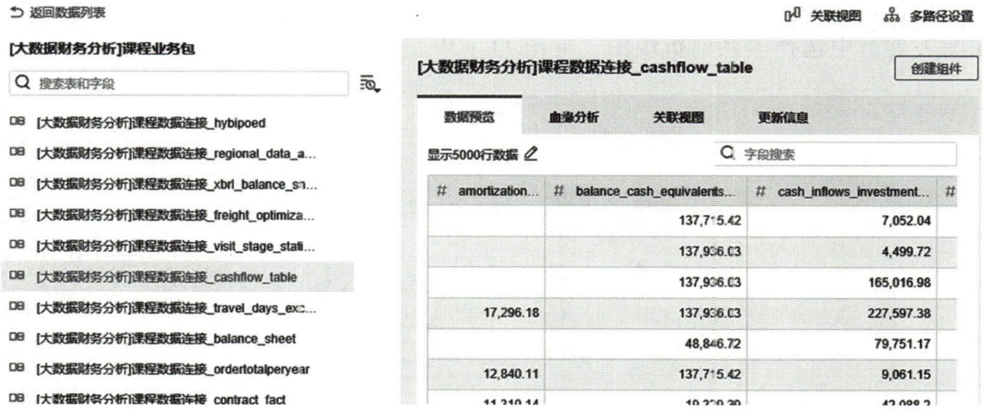

图 11 -35

在组件样式中设置标题“现金流量表可视化”，见图 11 -36。
将维度 deadline 拖入横轴，并且重命名为日期，见图 11 -37。
在指标栏中选择一些指标拖入纵轴，并重命名，见图 11 -38。

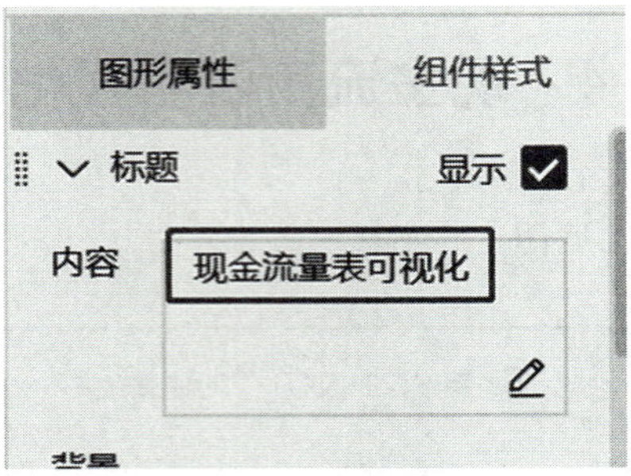

图 11－36

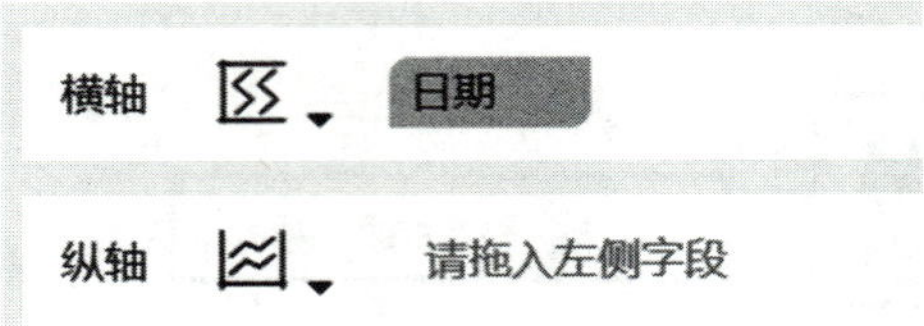

图 11－37

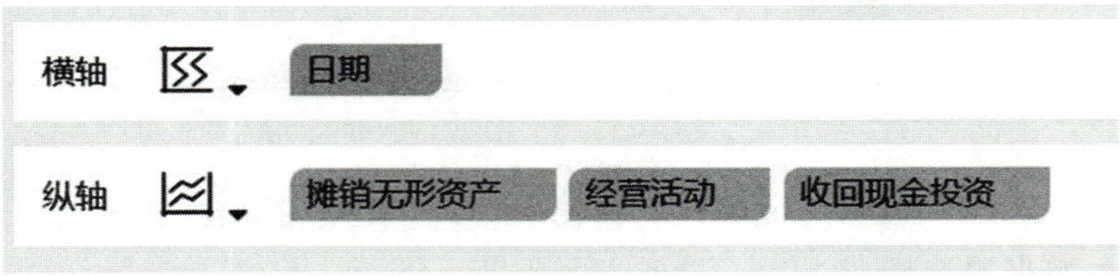

图 11－38

在图表类型中选择多系列折线图，见图 11－39。

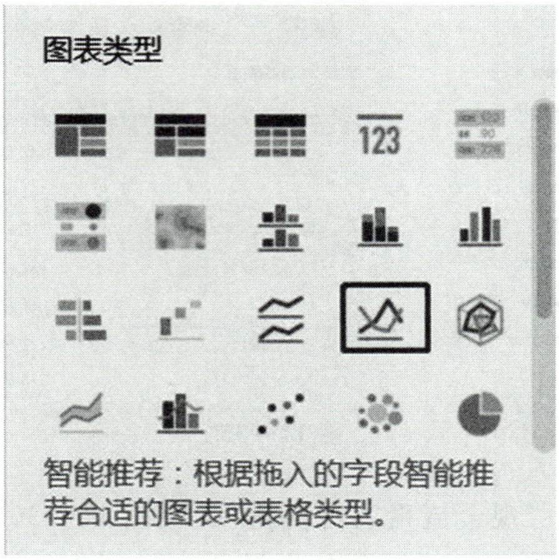

图 11－39

最终效果如图 11－40 所示。

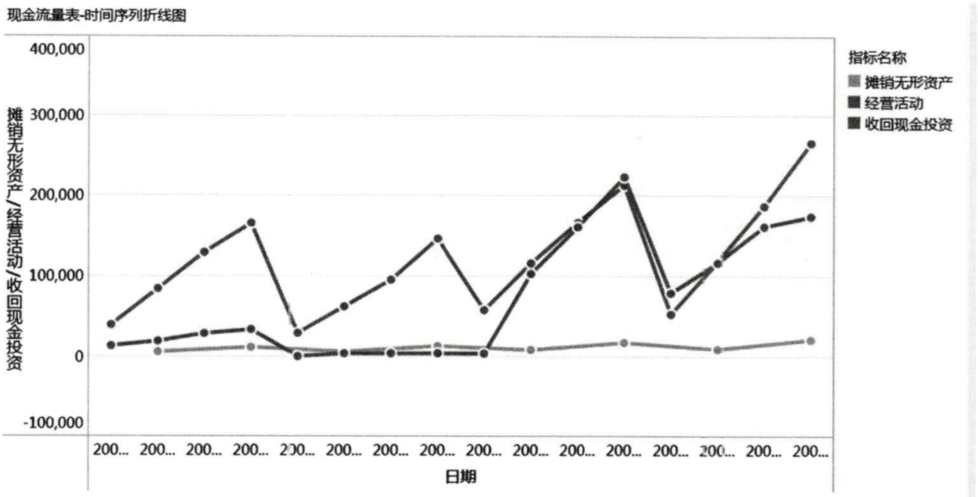

图 11－40

从看板上可以很方便地看到每一年的变化情况。